인문학으로 읽는

교육철학사

노상우 저

교육과학사

| 머리말 |

교육으로 사람을 키우고 세상을 바꿔보자! 젊은 시절 교육학자가 되고 싶은 꿈이었다. 이제 교육철학을 전공한지 30년이 넘었다. 그리고 곧 정든 대학에서 은퇴한다.

철학과 교육학을 통해 인간과 교육을 더 깊이 사색하였다. 이러한 삶은 신께서 주신 큰 은혜이다. 그 덕택으로 사회를, 자연을, 종교를 더 많이 알게 되었고, 더 좋은 인간, 더 정의로운 사회, 더 자유로운 세계를 구현하고 싶었다.

교육철학은 철학을 통과하여 아동과 젊은이를 어떤 사람으로 키울 것인가에 대한 대답을 제공한다. 철학이 인간과 그 연관을 탐구하면, 그것을 토대로 교육철학이 탄생한다. 그래서 이 책은 교육에 관한 인문학이다.

'인문학으로 읽는 교육철학사'는 1998년 출판된 이래 상당히 많이 읽힌 졸저 '교육의 역사와 사상'의 개정판이다. 기존의 책에 많은 위대한 저술들의 교육적 영향을 넣어 상당 수준으로 개편하였다. 또 지속가능한 미래를 위한 교육철학의 다양한 흐름들을 새롭게 소개하였다. 이 책에서는 고대에서 현재 21세기까지 위대한 사상과 철학에 기초한 교육철학의 성격과 의미를 기술하였다. 고대는 지나간 과거가 아니고 훌륭한 인간 이해의 지혜가 축적된 인간교육철학의 출발이었다. 동서양의 종교사상에서는 도덕적 삶과 사랑의 공동체 그리고 선한 영혼을 위한 교육의 길을 안내하고 있다. 근대에는 이성과 경험과 자유에 의한/위한 현대교육학이 성립하였고, 21세기 전후 포스트모더니즘, 다문화주의, 학문융합, 지속가능발전과 같은 이념들은 미래를 위한 훌륭한 교육철학의 토대임을 보여주고 있다. 그리고 또 하나, 우리세대 처음 겪는 환경파괴에 대응할 생태학적 역량을 기르는 생태교육을 제시하고 있다.

'인문학으로 읽는 교육철학사'는 대학생과 대학원생뿐만 아니라 교사와 학부모를 위한 전문교양도서이다. 이 책을 교재로 사용하실 선생님은 10여 개의 강의 주제를 선택하여 주제별 1–2주 할애해서 가르치면 좋을 것이다. 이 인문학을 읽고 자녀, 학생의 교육에 대한 깊은 통찰과 사색이 풍성해지길 바란다.

가르치는 일은 배움을 동반한다. 내 학자적 삶의 절반은 가르침이었고, 남은 절반은 배움이었다. 그 배움은 특히 제자들과 함께 수업하고 연구하는 과정에서 일어났다. 나는 그들과 대화하면서 많은 지적 영감을 얻었고, 그것은 내 학문활동의 원동력이었다. 제자들은 나의 선생님이셨다.

모든 연구와 배움은 전북대학교에서 이루어졌다. 내 생애 가장 감사한 직장이다. 이 책도 전북대의 지원으로 출판하였다. 전북대가 지역과 함께 세계로 뻗어나가는데 계속 일조할 것이다.

곧, 지금과는 다른 삶을 살 것이다. 그 삶에 항상 함께 할 가족과 형제들이 있어 마음 든든하다. 이제는 그들에게 더 많은 관심과 사랑을 쏟을 것이다.

양미자! 힘듦을 나누고 아낌없이 사랑을 쏟아낸 나의 아름다운 아내이다. 그가 있어 난 항상 행복하다. 앞으로 그 분과 어떤 삶을 꾸려갈 지 많이 궁금해진다.

2020. 2

정읍 내장상동 작업실에서

CONTENTS

제1부

서양교육철학사

1강
그리스 철학자들: 인간교육의 서막을 열다

라파엘로의 '아테네 학당'(1510–1511)[1)]

1. 신화에서 인본주의 철학으로의 이행

서구 문화의 사상적 뿌리는 고대 헤브라이즘(Hebrewism)과 헬레니즘(Hellenism)이다. 서구정신과 전통은 이 두 사상의 융합으로 출발하였다. 헤브라이즘은 유일신 하나님을 믿고 율법에 따른 엄격한 윤리적 삶을 추구한 중동지역 히브리 민족의 세계관이자 가치관이다. 이는 후에 인류의 보편적 사랑을 추구하는 그리스도교를 탄

1) http://well.hani.co.kr/163693에서 2019.07.24.인출

생시킨 종교사상이다. 헬레니즘은 그리스(희랍)와 로마의 인간적인 철학과 문화를 잉태한 인본주의사상이다. 이는 그리스 아테네의 철학자들을 중심으로 합리적이며 자유로운 인간 정신에 기초를 두고 현재의 서구문화와 인간교육의 철학적 서막을 열었다.

우선 인간교육의 역사와 관련해서 그리스 헬레니즘의 인본주의가 어떻게 나타나게 되었는가를 알아보자. 인본주의는 신화와 자연철학을 극복하는 과정에서 탄생하였다. 인류는 언제인지는 모르지만 영혼의 세계나, 자연과 우주와 관련된 사유와 경험을 이야기로 만들었다. 이 이야기는 인간을 둘러싼 경험세계와 초경험세계에 관한 것들로 우리가 흔히 말하는 신화, 전설, 민담으로 전해져 내려왔다. 우리나라 단군신화와 같이 그리스 신화 역시 이런 전통이 있었다.

기원전 700년경, 그리스의 호메로스와 헤시오도스가 그리스 신화의 대부분을 글로 적어 놓았다. 신화가 희랍어로 번역되면서, 그 신화에 관한 토론을 벌일 수 있게 되었으며, 신화를 비판적으로 바라볼 수 있게 되었다. 신화가 그러했듯이 노동과는 상관없이 자유로운 삶을 살았던 희랍의 지식인들은 인간이란 어떤 존재인가? 세계는 어떻게 존재하는가? 인간은 세계를 어떻게 인식하는가? 세계에서 인간이 차지하는 지위와 역할은 무엇인가? 더욱이 자신들이 이룩한 아테네라는 위대한 공동체의 보존과 발전에 있어서 인간의 책무는 무엇인가에 대한 해답을 추구하였다. 이러한 사유방식의 철학자들은 소피스트, 소크라테스, 플라톤, 아리스토텔레스와 같은 위대한 고대철학자들이었다.

2. 소피스트의 철학은 궤변적이지 않았다

그리스는 5세기 중엽 다양한 학자들의 등장으로 지적 전환이 이루어졌다. 서로 학문적 경쟁을 하였고, 각자의 학문 영역을 개척하기도 하였다. 그 중 가장 괄목한 만한 공헌은 일단의 '소피스트'였다. 소피스트(Sophist)는 BC 5~4세기에 활동한 그리스의 강연자 · 문필가 · 교사집단을 일컫는 말이다. 그들은 그리스어권을 여행하면서 강의료를 받고 광범한 인간 관련 주제에 대해 가르쳤다. 이들은 당대 명예욕을 추구하고, 경제적 부를 유지하면서 지배적 위치에 필요한 수사와 법 등과 같은 실용적 학문을 발전시켰다.

'소피스트'라는 표현은 sophistes에서 유래했으며, '영리한' 또는 '능숙한 사람' 그리고 '현인'이라는 의미로 사용되어 오다 나중에는 '궤변론자'와 같은 말로 변질되었다. 프로타고라스는 소피스트를 '직업적 교사'라는 뜻으로 썼지만 사실은 현인(賢人)이라는 뜻과 연결된, 지혜의 교사임을 나타내려고 했다. 지금까지 이름이 남아 있는 그리스 시대의 소피스트는 약 30여명이며 중요한 인물은 프로타고라스 · 고르기아스 · 안티폰 · 프로디코스 · 트라시마코스 등이다. 이들은 BC 380년경까지 대략 70여 년 동안 그리스 사회에서 수준 높은 교육을 이끌었다. 대다수의 소피스트들은 아테네 시민이 아니었지만 아테네를 중심으로 활동했다. 그것은 누구나 정치적으로 성공할 수 있었던 아테네 민주주의의 특수한 정치 상황 때문이었다. 아테네 사회가 변하면서 예로부터 내려오는 가문의 배경이 없는 다양한 출신의 시민들이 새롭게 진출했다. 특히 청년들은 이성적인 논증술을 사용하여 전통적인 사고방식을 비판하는 소피스트들에게 커다란 매력을 느꼈다.

소피스트가 '궤변가'라는 말로 변질되어 사용하게 된 연유는 플라톤과 아리스토텔레스 때문이다. 이들은 소피스트들이 당시 아테네 청년들을 지나치게 삶에 유용한 지혜와 기술을 가르친다고 평가절하했다. 또한 당대 시민들의 요청과 요구에 부응한 개인교습에 열중하여 부를 좇았고 그리스 인본주의적 정신의 쇠락과 맞물려 새로운 인본주의자들로부터 비판을 받게 되었다.

서양교육사적 위치에서 볼 때, 논리학, 수사학, 정치학, 자연과학 등의 자유 수업과 학문적 진보는 소피스트들의 기여라고 할 수 있다. 소피스트들은 아테네 시민 사회에서 성공할 수 있도록 계획된 교육을 제공했고 수사학과 웅변술을 가르쳤다. 그러나 그들은 웅변술과 수사학 그 자체만을 목적으로 삼은 것은 아니었다. 그들은 연설의 기법뿐만 아니라 문법, 덕(arete), 도덕의 기초, 사회와 예술의 역사, 시와 음악, 천문학과 물리학을 가르쳤다. 이것들은 대부분 현재 학교교육에서 가르치고 있는 것들이다. BC 5세기 소피스트들은 이후 르네상스 시대에 부활하는 인문주의의 수준 높은 학문과 방법을 가능하게 한 학자들이었다.

교육철학사의 맥락에서 소피스트는 새롭게 조명되어야 한다. 독일의 저명한 교육철학자 발라우프(Th. Ballauff)에 따르면 소피스트의 실용적인 교육철학은 더 이상 소크라테스나 플라톤이 행한 비판적 관점에서 보아서는 안 되며, 또한 웅변학과 같은 단순한 교수 활동에 초점을 두고 평가해서도 안 된다(Th. Ballauff, 1966: 45). 소피스트는 실용적 교육철학사에 고전적 위치를 차지하고 있다. 그들은 소크라테스 이전의 철학적 사유가 인간의 실제적인 삶의 문제보다는 비실제적인 객관세계를 대상으로 진리를 추구하는 신비주의 혹은 지나친 형이상학적 경향을 비판하고, 현실 세계에서 어떻게 인간의 실제적인 삶을 향상시킬 수 있는가에 관심을 갖는 인본주의적 교육사상을 발전시켰다. 소피스트는 인간의 사회적 삶의 향상을 위한 교육내용을 중시했고, 삶에 직접적으로 필요한 웅변술과 수사학뿐만 아니라 문법, 도덕, 사회와 예술의 역사, 시와 음악, 천문학과 물리학 등을 가르쳤다. 이러한 교육내용들은 당대의 대철학자 소크라테스, 플라톤, 아리스토텔레스 등이 주창했던 형이상학적인 도덕철학에 기초한 인본주의 교육철학에 반(反)한 것이다. 소피스트들의 실용적 교육철학의 전통은 로마 시대에도 이어져 당대 최고의 지식인으로 추앙받았던 수사학자 · 산문작가들이 등장하였다. 또 중세의 반인간적 시대를 마감하려는 르네상스 이후 인문주의 교육사상 발달에 영향을 미쳤다.

3. 소크라테스: 지혜를 사랑하는 인간교육 주창자

가. 소크라테스는 누구인가?

소크라테스(Socrates)(BC 470–399)는 서구에서 가장 많이 회자되고 연구되는 위대한 아테네의 철학자이다. 로마시대 대표적 철학자 키케로는 소크라테스를 평하기를, 그는 '철학을 하늘에서 땅으로 끌어내렸다'.고 했다. 이를 해석하면, 소크라테스는 이전의 철학자들의 관심이었던 자연과 우주에 관한 철학에서 인간과 그의 도덕적 삶을 사유하는 인본주의로 철학적 관점을 전환시켰다.

소크라테스의 외모는 기이한 편이었다. 뚱뚱하고 키가 작고 눈은 튀어나왔으며 들창코이고 입은 컸다. 그러나 친구들은 그가 '내면적으로 매우 훌륭하고', '당대에 가장 곧은 사람'으로 믿고 있었다. 그는 비교적 늦은 나이에 크산티페와 결혼하여 세 아들을 두었다. 크세노폰은 그녀의 기질이 불같았다고 전하지만 그녀가 바가지 긁는 여자였다는 증거는 없다. 그는 사색을 즐겼고, 원칙에 항상 충실했다. 그가 군대 생활을 할 때 어느 여름날 아침 일찍부터 다음날 새벽까지 한자리에 서서 움직이지 않고 사색에 잠겨 있었다고 한다. 그는 또한 공직이 자신의 원칙과 타협하는 것이라고 보고 정치적으로 어느 편에도 편향되지 않았다.

소크라테스는 70세인 BC399년 '불경죄'로 기소되었다. 소송을 제기한 자는 멜레토스였다. 기소 이유는 2가지, 즉 '젊은이들을 타락시키고', '도시가 숭배하는 신들을 무시하고 새로운 종교를 끌어들였다'는 점이었다. 그는 501명의 배심원 겸 재판관 앞에서 자신을 변호하였다. 이 광경을 지켜본 당시 28세 된 플라톤은 후에 '소크라테스 변명'을 저술하였다. 그 책에는 소크라테스가 멜레토스 등이 고소한 진술서를 읽는 다음과 같은 장면이 나온다.

> 소크라테스는 그릇된 행동을 하는 죄인입니다. 그는 천상과 지하의 온갖 것을 탐구하는 데 여념이 없으며, 나쁜 논증도 강한 논증으로 바꾸고, 그런 것들을 다른 사람에게 가르치기까지 합니다.

아테네 규칙에 따르면 유죄판결을 받은 자는 24시간 이내에 독배를 마셔야 하는데, 델로스로 신성한 배를 보내는 기간에는 형을 집행하지 않기 때문에 형집행이 1개월간 미루어졌다. 그는 친구들을 매일 면회하면서 많은 이야기를 나누었다. 친구 크리톤이 탈출 계획을 꾸몄으나 소크라테스는 거절했다. 판결이 사실과 어긋나는 것이지만 그 판결은 법정의 판결이고 그것을 지켜야 한다는 이유로 '악법도 법이다'라는 후세에 가장 유명한 말을 남기고 독배를 마셨다. 그의 최후에 관한 이야기는 플라톤이 쓴 〈소크라테스의 변명〉과 〈파이돈〉에 잘 기술되어 있다(브리태니커 12권, 384~385).

나. 무지를 깨달은 자가 지혜롭다

소크라테스는 청년들에게 지혜를 사랑하는 인간이 될 것을 권유하였다. 지혜를 사랑하는 사람은 선하고 도덕적인 사람이다. 그는 자기를 별로 지혜롭지 않다고 생각해서 그리스인 중의 현자를 방문하고 자기보다 나은 현자가 있는가를 확인한 적이 있었다. 그런데 용감한 장군은 용기란 무엇인가? 라는 질문에 대답하지도 못하고, 공정한 정치가는 정의란 무엇인가'? 라는 것을 모르고, 현명한 시인도 '미란 무엇인가?'를 설명하지 못했다. 〈소크라테스의 변명〉에는 다음과 같은 말이 있다.

> …카이레폰을 알고 계실 겁니다. 그는 저의 오랜 친구이자 여러분 대다수의 친구이기도 합니다. 언젠가 여러분 중의 몇 사람과 함께 망명했다가 귀국한 적도 있지요. 여러분은 그가 어떤 유형의 인간이었는지, 매사에 추진력 있게 행동하는 인간이었는지 잘 알고 계실 겁니다. 그가 한 번은 델포이에 가서 감히 신탁을 요청했다고 합니다. 여러분, 앞서 말씀드린 대로 제발 소란을 피우지 말아 주십시오. 그는 저보다 더 지혜로운 사람이 있는지 물었답니다. 그랬더니 무녀가 대답하기를, 저보다 지혜로운 사람은 없다고 말했답니다. 카이레폰은 죽었지만 그의 형제가 여기 있으니, 그 일을 여러분에게 증언해 줄 겁니다. 알고 계시겠지만, 제가 이 이야기를 꺼낸 이유는 저에 대한 온갖 험담이 어디서 나온 것인지를 여러분에게 말씀드리기 위해서입니다. 그 신탁을 전해 듣고 저는 스스로에게 이렇게 물었습니다. "신은 도대체 무슨 말씀을 하시는 것인가? 이 수수께끼 같은 말을 어떻게 이해해야 하는가? 내가 전혀 지혜롭지 못하다는 것은 누구보다도 나 자신이 잘 알고 있지 않은가? 그렇다면 내가 가장 지혜로운 사람이라는 그분의 말을 어떻게 이해해야 하는가? 그렇다고 그것이 거짓말일 리는 없지 않은가? 신은 원칙상 거짓말을 하는 분이 아니지 않은가?" 저는 그 말의 의미를 이해하기 위해 오랫동안 고민했습니다. 그러던 차에, 썩 마음에 내키지는 않았지만 그 문제를 다음과 같이 탐구해 보기로 했습니다. 지혜로운 사람으로 널리 알려진 어떤 사람을 만나 보기로 한 겁니다. 멀리 갈 것도 없이 바로 그 자리에서 신탁이 틀렸음을 증명할 수 있으리라 생각했던 것입니다. "당신은 제가 지혜롭다고 하셨습니다마는, 저보다 지혜로운 사람이 여기 있습니다."라고 말입니다.

소크라테스는 이렇게 생각하고 당시 이름만 대면 누구나 알 수 있는 정치인과 비극작가 그리고 서정시 작가 등 여러 저명인사를 만난다. 그가 생각하기를 이들은 자기보다 훨씬 더 훌륭한 말과 글을 쓰는 사람들이다. 그런데 그들에게서도 다음과 같은 사실을 발견한다.

> …그(저명인사)는 알고 있지 못하면서도 알고 있다고 생각하고 있어. 그런 그와는 달리 나는 알고 있는 것도 없고, 알고 있다고 생각하지도 않아. 적어도 이 점에서 그보다 내가 더 지혜롭다고 말할 수 있어. 나는 내가 알지 못하는 것을 안다고 생각하지는 않아.' 그 후에 저는 그 사람보다 저 지혜롭다고 알려진

> 사람을 찾아갔습니다. 그를 만나고 나서도 똑같은 생각을 했습니다. 그리고 그 자리에서도 저는 그와 다른 많은 사람의 미움을 샀습니다...

마지막으로 소크라테스는 기술자를 만났다. 왜냐하면 그는 기술자들이 좋은 물건에 대한 해박한 지식을 갖고 있을 거라고 생각했기 때문이다. 확실히 그들은 물건 만드는 지식과 지혜가 출중하였다. 그렇지만 기술자는 시인과 마찬가지의 잘못을 범하고 있었다. 그들은 자신들이 보유한 기술을 탁월하게 구사할 능력이 있기 때문에 여타의 크고 중요한 일도 매우 지혜롭게 처리할 수 있을 것이라고 스스로 생각하고 있었다. 그리고 이 잘못된 생각은 그들이 가진 지혜마저 어둡게 하고 있었다. 결국 이상의 대화를 통해 소크라테스는 현재의 자기가 더 지혜로운지, 아니면 정치가, 시인, 기술자가 더 나은지 자문해 보았다. 그러면서 다음과 같은 결론을 내린다.

> 지금의 제가 더 지혜롭다!
> 무지를 깨닫는 자가 진정으로 지혜로운 자이다!

소크라테스가 만난 유명인사들은 "무엇이 용감한 행동인가", 혹은 "무엇이 옳은 행동인가" 그리고 "무엇이 아름다운 것인가"의 예는 들었지만 "용기나 정의나 미란 무엇인가"를 말할 수가 없었다. "용기란 무엇인가"를 말할 수 없는 점에서는 소크라테스도 마찬가지이었다. 그러나 그는 그것에 대한 지식을 알 수 없다는 것을 인정하였다. 그것을 알지 못하면서 훌륭한 지식인이다고 주장하는 당대의 지식인들에 비해 '모름을 인정하는 자가 지혜롭다'라고 대답한 것이다. 델포이 신전의 입구에는 "너 자신을 알아라"는 말이 조각되어 있다. 무지하다는 것을 알고 있을 때는 안이한 자기만족에 빠지지 않고 참다운 진리에 가까워지려는 노력이 시작된다. 이러한 앎, 지식은 그냥 생기는 것이 아니라 '대화', 즉 상대와의 문답을 통해 진실을 알게 된다. 여기에 소크라테스의 또 하나의 위대한 교육방법인 대화법이 등장하게 된다.

다. 무지를 깨닫고 진리를 낳는 대화법

소크라테스 대화의 궁극적 목적은 진리를 알기 위함이다. 대화를 통하여 진리를 찾는다는 것은 사물에 대한 본질(ousia)을 알려고 하는(언어적) 행위이다(박해용, 2010: 233-235). 그의 대화방법으로는 '논박적 대화법'(반어법)이 있다. 예를 하나 들어보자(플라톤, 필레보스, 박종현 역. 2004: 106-108).

소크라테스(이하 '소') : 즐거움만의 삶과 지혜만의 삶이 있다고 할 때 무엇이 행복한 삶이냐, 자네는 전자를 선택하겠다는 것이지?

프로타르코스(이하 '프') : 네

소 : 최대의 즐거움을 완벽하게 향유할 경우라도 추가로 뭐가 더 필요할거라고 생각 하지 않나?

프 : 전혀요

소 : 하지만, 분별 있음이나 지성에 의한 사유, 헤아리는 추론함 등은 자네에게 더 필요하지 않을까?

프 : 제가 즐거운 상태에 있다면 저는 모든 것을 다 가진 것 아닌가요?

소 : 하지만 적어도 지성, 기억, 앎(지식) 참된 판단을 가지지 않았다면, 첫째 자네는 자네가 기뻐하고 있는지 아니면 기뻐하고 있는지조차도 모르고 있지 않을까? 사리분별력이 없는데 어떻게 자네가 기쁜 줄이나 알겠나?

프 : 그러게요...

소 : 자네가 기억이 없다면 과거에 기뻤는지는 물론, 당장 마주칠 즐거움이 기억으로 남게 되겠나? 참된 판단이나 추론이 없다면 기뻐하면서도 기뻐하는지 판단을 하지 못할 것이고, 또 장차 기뻐할 것인지도 알 수 없겠지? 그런 삶을 사람의 삶이 아니라 바다속 해파리나 다름 없는 동물들의 삶을 사는 것 아닌가?

프 : 그러네요.

소 : 그런데도 즐거움만 있고 지성이나 올바른 판단이나 기억이나 분별력은 없는 그런 삶을 선택하겠나?

프 : 저는 완전히 어안이 벙벙해졌어요...당혹스러워서 할 말을 잃은 상태에요.

소크라테스의 논박술은 진리탐구를 목적으로 묻는 질문에 가급적 짧게 대답하여 앎의 한계를 자각시키는 것으로 상대방이 '어안이 벙벙'해 한다. 다시 말해서 문답을 통하여 상대방이 자기모순에 빠지게 하여 스스로 무지하다는 것을 자각시키는 반어적 대화법이다. 반어법은 자신의 잘못된 인식 안에 투영되어 있던 사회적인 독단과 학습자의 잘못된 신념의 망들을 드러내어 부수고 제거하는 역할을 하는 것이다. 따라서 학습자는 자신이 진리라고 믿고 있었던 것들을 더 이상 믿을 수 없게 되는 혼동의 상태, 즉 아포리아(aporia)에 빠지게 된다. 반어법이 학습자를 아포리아에 이르게 하는 것은, 자신이 이미 어떤 문제에 관한 지식을 소유하고 있다는 망상에 사로잡혀 있을 경우에는 그런 지식을 탐구하려는 어떠한 동기를 갖기 힘들기 때문이다(이승미, 2007: 163-165).

소크라테스는 무지를 자각시키는 것으로 만족하지 않는다. 그는 서로간의 대화를 통해 새로운 진리와 지식을 낳는 산파적 문답법으로 나아간다. 「테아이테투스(149b - 150c)」에서 소크라테스는 자신을 산파에 비유한다. 이때 소크라테스는 자신의 산파술이 보통 산파들과는 같은 점도 있지만 다른 점도 있는데 그것은 상대가 여자가 아닌 남자라는 점과 그의 관심이 육체가 아닌 영혼에 있다는 점이라고 밝힌다. 또한 소크라테스는 일반적인 산파들이 그러하듯이, 자기 자신에게는 지혜가 없기 때문에 청년들에게 참된 지혜를 직접 줄 수 없으며 다만 그들이 참된 지혜를 얻을 수 있도록 돕는 역할을 할 뿐이라고 말한다. 따라서 그의 대화법은 무지를 자각시킨 후에 계속적인 문답을 통해 새로운 진리와 지식을 낳도록 돕는 산파적 방법인 것이다(이승미, 2007: 166-167). 소크라테스의 문답법은 승패를 위한 경쟁적인 문답이 아니라 앎과 진리를 추구하는 문답인 것이다.

무지의 자각을 넘어 진리를 사랑하는 지혜의 인간을 추구하는 '대화의 교육법'은 현대에 이르기까지 최상의 인간교육철학과 방법이다.

라. 소크라테스는 인간교육의 원조이다

소크라테스는 그리스 아테네라는 공동체의 민주주의와 도덕성을 아주 높이 평가했다. 따라서 새로운 세대인 청년들의 민주정신과 도덕심 함양은 그의 최대 과제였다. 어떤 사람이 과연 민주성과 도덕성을 갖춘 공동체의 주역이 될 수 있는가? '덕'을 갖춘 사람이다. 그런 사람은 진리를 깨우친 사람이고 '지혜를 사랑하는 사람이다. 진정한 지혜(sophia)는 신만이 가질 수 있는 것이고, 인간으로서 가질 수 있는 최고의 지혜는 그 '지혜를 사랑하는 것'(philosopia)이다. 그렇다면 지혜를 사랑하는 사람은 어떤 사람인가? 이에 대한 소크라테스의 통찰이 뛰어나다. 그는 '너 자신을 알라'라는 델포이 신전의 경구를 통해서 '무지의 자각'과 '진리의 깨우침'에 이르는 길을 안내한다. 소크라테스는 당시 지배층과 지식인들의 오만과 자만, 지식으로 위장된 신념을 경멸하였다. 회의론자이면서 회의에 가득찬 질문을 제기했던 소크라테스가 어떻게 그의 신념에 따라 놀랄 만큼 꿋꿋하게 행동할 수 있었는가를 설명하면 다른 사람과 뚜렷이 구분되는 점이 나타난다(R. Barrow, 1975/박재문 외 역, 1992: 29-31).

이러한 소크라테스로부터 발견되는 교육적 특징을 요약하면, 인간은 어떻게 살아야 하는가의 문제의식 속에서 '도덕적 삶'을 최우선 과제로 삼았다는 점이다. 그는 평생의 신념으로 삼았던 도덕적 삶은 '너 자신을 아는 일'로부터 가능하기 때문에 자신의 무지를 깨닫고 선한 영혼(정신)을 갖도록 하는 것이 교육의 본질임을 일깨웠다. 또한 가르치는 자와 배우는 자간의 대화적 방법을 통해 인간 자신에 대한 진정한 이해를 추구하면서 올바로 살아가는 철학과 방식을 깨우치려는 '각성'의 인간교육관을 제시하였다.

이러한 교육관은 상호적 대화를 통해 무지에서 애지(愛智)의 새로운 삶으로 안내하는 인간교육의 철학과 방법을 포함하고 있다. 더 나아가 아테네라는 공동체를 유지·발전시키려는 것으로 보아, 도덕적 공동체 형성이라는 교육이상을 내포하고 있다.

4. 플라톤: 이상주의 교육철학의 시조(始祖)

가. 이데아를 발견하다

플라톤(Platon, BC 428-348)은 아테네 귀족 가문의 태생으로 형이상학적 토대를 세웠던 철학자이다. BC 387년경 그는 철학과 과학을 교육하고 연구하는 기관으로 아카데메이아(Academeia)를 창설했다. 아카데메이아는 좁은 의미의 철학에만 국한하지 않고, 수학이나 수사학과 같은 다양한 분야에 관해 광범위하게 탐구했다. 플라톤에게 가장 중요한 영향을 끼친 사람은 소크라테스였다. 그는 소크라테스를 가리켜 '스승'이 아니라, 존경하지 않을 수 없는 연상의 '친구'라고 했던 것으로 보아, 그의 '제자'는 아니었던 것 같다. 플라톤은 소크라테스의 재판과 죽음이 갖는 의미를 되새겨본 뒤 일생을 철학 연구에 바치기로 결심했으며, 그의 합리적 방법과 윤리적 관심을 이어받았다. 그는 당시 소피스트들에 의해 가르쳐졌던 수사술보다는 최고의 도덕성을 위한 선한 '영혼'의 소유자가 될 것을 주창하였다.

인간의 윤리적 삶에 대한 플라톤의 관심은 변화하는 감각적 사물들과는 독립적으로 존재하는 불변적이고 영원한 이데아에 대한 믿음에 기반을 두고 있다. 그에 따르면 영원한 이데아는 우주 속에 현존하는 모든 사물들의 원인이자, 동시에 그것들의 내용, 특히 인간의 삶에 가치와 의미를 제공한다. 플라톤의 최고의 목적은 인간이 '선(좋은)의 이데아'로 등정하는 것이다. 철인, 진리, 정의, 용기 등의 덕은 '좋은 이데아'로 가기 위한 여정이라고 한다. 이를 '영혼의 등정'이라고 한다.

플라톤은 영혼을 세 부분으로 나누어 설명한다. 첫째, 배우는 부분인 이성이다. 둘째, 격정을 느끼는 부분인 기개이다. 셋째, 여러 종류라서 명확하게 이름 붙이기는 어려우나 온갖 욕구들과 관련된 욕망이다. 그러나 영혼이 세 부분으로 나누어질 수 있다고 해서 인간이 하나의 육체와 여러 개의 영혼들로 이루어졌다고 말하는 것은 아니다(장영란, 2009 : 21-22).

영혼의 세 부분과 상응하는 세 종류의 사람들이 있다. 우선 이성은 언제나 진리를 향하고 있기 때문에 이성이 지배하는 사람은 지혜를 사랑하는 사람이다. 다음으로 기개는 무언가를 지배하고 승리하고 명성을 떨치려 하기 때문에 기개가 지배하는 사람은 이기기를 좋아하는 사람이다. 마지막으로 욕망은 돈이나 재물을 좋아하기 때문에 욕망이 지배하는 사람은 이익을 탐하는 사람이다(장영란, 2009 : 22). 플라톤은 영혼의 세 부분의 역학적 관계를 더 잘 설명하기 위해 영혼의 부분들을 괴물에 비유한다. 그것은 외모는 인간이지만 속은 괴물인 존재이다. 괴물은 여러 개의 머리들을 가진 '욕망'과 사자의 머리를 가진 '기개'와, 인간의 머리를 가진 '이성'으로 되어 있다. 영혼의 세 부분의 크기를 비교해보면, 욕망이 가장 크고 기개가 두 번째로 크고 이성은 가장 작다. 만약 이 세 가지 중에서 여러 개의 머리를 가진 짐승 같은 욕망과 사자 같은 기개를 배불리 먹이고 인간의 모습을 한 이성을 굶겨서 쇠약하게 만든다면, 이성은 욕망이나 기개가 이끄는 대로 끌려 다니게 되며 결국 서로 싸우다가 잡아먹히게 된다. 그러나 이 세 가지 중에서 이성을 가장 크고 강하게 키우고, 욕구가 가진 여러 개의 머리들 중에 유순한 머리는 길들이고 사나운 머리는 못 자라게 하고, 사자와 같은 기개를 이성의 협력자로 만들면 서로 조화를 이룰 수 있다(장영란, 2009 : 22). 결론적으로 이성을 바람직하게 사용하면 지혜롭게 판단하여 지혜로운 결정을 하는 것이고, 기개를 바람직하게 사용하면 어떤 상황에서 용기를 발휘하는 것이며, 욕망을 적절히 통제하는 것은 절제이다.

플라톤은 인간의 영혼은 두 마리의 말과 한 사람의 마부로 이루어진 것으로 비유한다. 마부는 이성적인 영혼의 부분이며, 말들은 비이성적인 영혼의 부분들을 나타낸다. 비이성적인 영혼의 부분들인 두 마리 말들은 각기 다른 영혼의 특성을 나타낸다. 마부를 따르는 좋은 말은 용감한 영혼(기개)을 상징하고, 마부를 따르지 않는 나쁜 말은 충동적인 영혼(욕망)을 상징한다. 여기서 플라톤은 이 세 측면이 잘 조화되어 이성적인 부분에 의해 통제될 수 있을 때 인간에게 행복을 가져다줄 것이라고 한다(장영란, 2009: 23).

나. 이데아로 가기 위한 영혼의 등정

플라톤은 이데아의 세계는 영원불멸한 진리, 정의, 선으로 구성되어 있다는 이상주의적 신념을 갖고 있다. 그에 의하면, 인간들은 이데아계의 완전한 이상적 형태가 투영된 불완전한 존재들이자 이러한 완전한 이상에 도달할 수 있는 가능한 존재이다. 플라톤은 이데아계와 현상계의 이원적 세계관에 입각하여 교육의 궁극적 목적을 진·선·미의 절대적인 가치를 추구하는 이데아의 실현에 두고, 이를 위해 인간을 도덕적으로 인도할 뿐만 아니라 유능한 철인(哲人)으로 육성해야 한다고 보았다.

그는 〈국가〉에서 도덕적인 '올바름'(正義, dikaiosyne)의 이데아로 나아가기 위한 영혼의 등정을 동굴의 비유를 통해 설명한다. 플라톤의 '동굴의 비유'는 매우 유명한 교육적 은유이다. 이는 '국가' 제7권에 상술되어 있다. '국가' 제7권 514A−515A를 인용해보자(장영란, 2009 참조).

> 지하의 동굴에 살고 있는 사람들을 상상해 보자. 빛으로 향해 동굴의 폭 가득한 통로가 입구까지 달하고 있다. 사람들은 어릴 적부터 손발이나 목도 속박되고 있어 움직이지 못하고, 쭉 동굴의 안쪽을 보면서, 되돌아 보는 것도 할 수 없다. 입구의 아득한 윗쪽에 불이 불타고 있고, 사람들을 뒤로부터 비추고 있다. 불과 사람들의 사이에 길이 있어, 길을 따라서 낮은 벽이 만들어져 있다. …… 벽을 따라서, 여러가지 종류의 도구, 나무나 돌 등으로 만들어진 인간이나 동물의 상이 벽 위에 옮겨져 간다. 옮겨 가는 사람들 속에는 소리를 내는 것도 있으면, 입다물고 있는 것도 있다. ……

동굴에 사는 속박된 사람들이 보고 있는 것은 '실체'의 '그림자'이지만, 그것을 실체라고 믿어 버리고 있다. '실체'를 옮겨 가는 사람들의 소리가 동굴의 안쪽에 반향하고, 이 믿음은 확신으로 바뀐다. 똑같이, 우리가 현실에 보고 있는 것은 이데아의 '그림자'에 지나지 않다고 플라톤은 생각한다.

플라톤의 동굴의 비유는 첫째 '동굴 안의 어둠', 둘째 '동굴 안의 수인', 셋째 '전향', 넷째 '동굴 밖의 태양', 다섯째 '동굴 안으로의 귀환'이다. 교육은 인간으로 하여금 이 다섯 단계를 거쳐 인간세계를 '좋음의 이데아'로 인도할 수 있는 철인을 양성하는 것으로 요약될 수 있다. 이를 세부적으로 살펴보면 다음과 같다(장영란, 2009).

다. 영혼의 등정을 동굴에 비유하다

첫째 단계인 동굴 안은 어둠의 세계이다. 그 세계는 동굴 밖의 빛의 세계와는 달리 인간의 신체적 감각기관으로 보고 듣는 변화하는 세계이다. 영원한 진리의 세계는 아니다. 밝은 진리의 빛이 가려진 무지의 세계이다. 반면 동굴 밖은 빛과 진리로 가득 찬 세계이다. 이 세계는 단지 사유, 지성을 통해서만 인식될 수 있다.

둘째 단계인 동굴 안에 갇힌 인간의 모습이다. 인간은 자신이 감각을 통해 인식하고 경험하는 세계가 진정한 세계라고 믿는다. 동굴 안의 수인은 이 동굴 안의 생활 세계를 참으로 실재하는 세계로 여기고 감각과 경험에 의해 모든 것을 평가한다. 그는 모든 일상적인 것에 익숙해져 있기 때문에, 동굴 안의 세계에 있는 수많은 사물들과 나아가 동굴 안의 다른 수인들이 단지 그림자와 같은 것일지도 모른다는 의심조차 하지 않는다.

셋째 단계 '전향'에서는 사슬에 결박된 인간이 고개를 돌려 그림자로부터 진정한 존재를 보는 장면이 나온다. 동굴 안의 어둠 속에서 생활하던 수인은 사슬에서 풀려서 갑자기 일어나 고개를 돌리게 된다. 이전에 보았던 그림자들과 달리 불빛을 바라보게 되면 새로운 세계가 희미하게 나타난다. 그러나 그 세계는 아직 불빛에 익숙하지 못하기 때문에 혼란 상태에 있다. 그는 어둠으로부터 밝음으로 나가기 위해 몸 전체를 함께 돌리는'전향'을 시도한다.

넷째, '동굴 밖의 태양'에서는 궁극적으로 인식하고자 하는 좋음의 이데아와 그것으로 나아가도록 이끌어주는 어떤 사람, 즉 참된 교사에 관해 논하고 있다. 동굴의 비유에서는 누군가가 동굴 밖으로 나온 해방된 사람을 험하고 가파른 오르막길로 억지로 끌고 올라가 태양의 빛이 비추는 곳으로 갈 때까지 놓아주지 않는다. 그래서 그 빛에 이르게 되면 처음에는 익숙하지 않아 어떤 것도 볼 수 없게 되지만 점차로 익숙해지면 태양 그 자체를 보게 된다는 것이다. 태양은 좋음의 이데아이며 진리 자체를 가리킨다. 진리를 인식하게 되면 완전히 해방될 수 있으며, 진정한 교육도 성취될 수 있다.

다섯째, '동굴 안으로의 귀환'에서는 좋음의 이데아를 인식한 후에 다시 동굴로 귀환하는 사람이 겪게 되는 사회의 현실이 어떤 것인지를 기술하고 있다. 우리는 여기서 플라톤이 생각하는 이상적인 교육에 대해 생각해볼 필요가 있다. 동굴의 비유에서 태양, 즉 좋음의 이데아를 인식한 사람은 자기 자신을 행복하게 생각하지만, 동굴 안의 세계의 삶을 떠올리고 동굴 안의 동료들을 가엾게 여기게 된다. 그래서 그는 동굴 안으로 다시 귀환하지만, 어둠에 너무나 익숙해져 있는 다른 수인들로부터 조롱을 당한다. 왜냐하면 그는 이제 빛에 익숙해져 어둠 속에서 헤맬 수밖에 없기 때문이다. 그는 그들의 사슬을 풀어주고 동굴 밖의 세계로 인도하려 하지만, 오히려 그들은 자신들을 해방시키려는 사람을 살해하려고 한다.

라. 철인(哲人) 교육이 최선이다

플라톤의 최고의 목적은 '선(좋은)의 이데아'로 등정하는 것이다. 동굴의 다섯 단계는 철인, 진리, 정의, 용기 등의 '좋은 이데아'로 가기 위한 여정이다. 그는 이를 '영혼의 등정'이라고 한다. 플라톤의 동굴의 비유는 철학자가 불명료한 상상에서 출발하여 자연 현상 배후에 있는 실재 이데아에 이르는 철학 과정을 제시하기 위함이다. 또한 실재의 그림자에 불과한 것을 믿고 있는 망상속의 사람들을 깨우치는 철학자의 사명을 알리는 것이기도 하다. 그런 점에서 플라톤은 '철인'(哲人)을 최고의 국가운영이자 교사상으로 상정하였다. 그가 말한 철인은 진리, 정의, 용기, 자제의 덕을 갖춘 선한 영혼의 소유자이다. 철학자는 불완전하고 온갖 것들이 뒤엉켜 있는 현실세계, 그 세계를 정화시켜 이상의 세계로 나아가는 과제를 실천하는 자이다. 그는 사람들을 형상의 밝은 세계를 볼 수 있도록 인도할 사명을 가지고 있는 자이다. 사람에게는 변화하는 육체와 불멸의 영혼이 있다. 영혼은 물질적(질료적)인 것이 아니기 때문에 이데아의 세계를 향해 눈길을 돌릴 수 있다. 대부분의 사람들은 감각세계에 집착하기 때문에 영혼을 이데아의 세계로 되돌아 갈수 있도록 인도하는 것이 필요하다. 그러기 때문에 교사로서 철인은 대중들을 도덕적이고 이성적인 인간이 되도록 가르쳐야 한다(노상우, 2014 : 53–54).

선한 영혼을 위한 교육은 도덕적 공동체의 절대조건이다. 공동체의 올바름은 구성원들 모두가 선한 영혼을 가지고 있을 때 가능하다. 선한 영혼을 가진 특히 개인에게는 이성이, 공동체에서는 선의 형상을 통찰한 철학자가 지배할 때 도덕적 공동체가 달성된다.

선한 철인(哲人)을 육성하기 위한 교육은 선의 이데아를 통찰할 수 있을 때까지 장기간의 엄격한 훈련과정을 거쳐야만 한다. 10년 동안의 자연과학 계통의 지식들과, 15년 동안 '변증술'(dialektike) 등의 훈련을 통해 밝은 선의 이데아계를 재생할 수 있다.

플라톤 철학에는 형이상학적이고 관념적이며 세계를 이분법적으로 나누어 바라보게 하지만, 그 안에는 바로 현실의 부조리를 정화시켜 보다 나은 세계로 나아갈 수 있다는 희망이 있다. 그리고 그는 인간은 그런 가능성을 가지고 있음을 확신하였다. 그 이유로 인간 안에는 불멸의 영혼이 있고, 그 불멸의 영혼에는 이성이 거하고 있으며, 이 이성에 의해 인간은 육체의 욕구를 극복할 수 있다. 이러한 이성적인 인간됨에 대한 사유는 이후 형이상학 발전의 계기가 되었고, 이는 교육의 이상주의적인 사유의 출발이었다(R. Barrow, 1975/박재문 외 역, 1992).

플라톤은 완전한 이데아에 대한 지식은 무의식 속에 억압되었다고 믿었다. 그래서 훈련과 노력을 통하여 그러한 것을 의식 속으로 재생시킬 수 있다고 보았다. 교육은 이데아의 형상을 통찰할 수 있을 때까지 장기간의 엄격한 훈련과정을 거쳐 철인의 수준에 이르게 하는 것이다. 이러한 철인의 양성은 소피스트가 주장하는 웅변술이나 수사학의 학습으로는 불가능하고, 이성능력을 키워주는 엄격한 교육으로써만 가능하다. 또한 그는 아테네라는 공동체의 선과, 개인의 이성이 상호 조화를 이뤄 이상 세계를 준비하려면 철인과 같은 지혜와 상인과 같은 절제와 군인과 같은 용기의 덕목을 가르쳐야 할 것을 주창하였다.

5. 또 한 명의 위대한 인간교육 철학자: 아리스토텔레스

아리스토텔레스(Aristoteles, BC 384~322)는 플라톤과 함께 그리스 최고의 사상가로 서양지성사의 방향과 내용에 매우 큰 영향을 끼쳤다. 그는 〈정치학 Politica〉 제7권의 12개 장을 쓴 듯하다. 이 책에서 철학과 정치학의 관계를 설명하면서, 도시국가(폴리스)의 최고 목적은 철학적 생활을 할 수 있는 사람들에게 그러한 조건을 마련해주는 것이라고 주장했다. 그리고 이러한 생활을 할 수 있는 사람은 그리스인뿐이며 따라서 그리스인은 비(非)그리스인을 노예로 삼아 비천한 일을 시킬 자격이 있다고 주장했다.

아리스토텔레스는 후견자 헤르메이아스와 좋은 관계를 유지했으며 그의 조카딸 피티아스와 결혼하여 딸을 얻었다. 그의 저술 〈정치학〉에는 이상적인 결혼 나이를 남편은 37세, 아내는 18세로 규정한 대목이 있는데, 이때 아리스토텔레스의 나이가 37세였다. 피티아스가 18세였는지는 분명하지 않다. 흉상과 조각으로 우리에게 낯익은 아리스토텔레스의 모습은 잘생기고 세련되어 보인다.

아리스토텔레스는 플라톤과는 달리 존재의 기반을 현상계로부터 출발하였다. 그는 식물과 동물의 생태계를 연구하면서 영혼과 육체의 관계도 고찰했다. 〈영혼에 관하여 De anima〉에서 그는 영혼이 독립적으로 존재하는 실체이며 일시적으로만 육체 속에 살뿐이라는 플라톤의 견해를 배척했다. 그는 플라톤이 말한 이데아라는 본유관념은 존재하지 않는 것이라고 단정하면서 플라톤이 모든 것의 질서를 거꾸로 뒤집어 놓았다고 비판하였다. 예를 들어 '말(馬)의 이데아'는 우리가 몇몇 말을 직접 눈으로 본 뒤에 만들어 낸 개념일 뿐이라고 생각했다. 말의 이데아 혹은 형상은 말을 경험하기 전에는 존재하지 않는다는 것이다. 그는 사람의 영혼 속에 있는 것은 자연적 대상의 반영일 뿐이라고 말한다. 우리 마음속에 생각과 관념의 형태로 존재하는 모든 것은 우리가 보고 들음으로써 우리의 의식 속에 처음으로 들어오게 된 것들이라는 것이다. 이러한 철학은 근대 이후 경험주의 철학의 원조가 되었다.

아리스토텔레스는 행복을 덕과 일치하는 영혼의 활동이라고 정의한다. 그러나 인간은 태어날 때부터 이 덕을 가지고 있는 것이 아니라 살아가면서 덕을 개발할 능력 또는 성향을 가지고 있을 뿐이라고 주장한다. 예를 들어 어린이는 처음에는 자기 행동의 도덕적 우수함을 깨닫지 못한 채 부모의 명령에 따라 거짓말을 하지 않지만 결국 참말을 하는 습관이 그의 도덕성의 뿌리깊은 일부가 된다.

아리스토텔레스는 인간이 본성적으로 '정치적 동물'이라는 전제에서 출발하여 교육문제를 다루고 있다. 〈정치학〉에서 그는 '적절하게 교육된 개인'과 '적절하게 교육된 시민'과의 상호 보완적 관계성을 논하고 있다. 자유스럽게 인문교육을 받아 합리적인 사람이 된 개인이 사회나 정치에서 가치로운 시민이 될 것이라는 주장을 한다.

아리스토텔레스에게 있어서 교육이란, 행복을 추구하는 합리적인 인간을 양성하는 일이다. 합리적인 인간 양성은 인간의 성장 발전의 형태에 맞추어 교육되어져야 한다. 유아에게는 놀이와 육체적인 활동의 기회와 적절한 공부를 준비하기 위한 기회가 제공되어야 하며, 성인이 되기 전까지는 주로 적절한 가치관과 도덕적 성향을 계발해 주어야 한다. 14세 이전의 어린이들은 계속되는 학습을 위해서 기본적으로 셈하기 · 읽기 · 쓰기를 배워야 하며, 14세에서 21세까지는 산수 · 기하 · 천문학 · 음악 · 문법 · 문학 · 시 · 수사학 · 윤리 · 정치학 등과 같은 지적인 과목을 배우고, 21세 이후에는 더욱 전문화되고 세분화된 과목으로 생물학 · 심리학 · 논리학 · 형이상학 · 우주론 등의 과목을 다룰 것을 주장하고 있다.

교육에서 중요한 것은 지적 영역과 실천의 영역에서 합리적으로 완전하게 되는 것이다. 이런 목적은 국가의 목적인 동시에 개인의 목적이기도 하다. 이런 점에서 아리스토텔레스의 교육은 도덕교육이고, 그 이상은 실천적 지혜와 중용의 덕을 지닌 합리적 인간에 초점을 두고 있다.

2강

기독교의 영향들

성 아우구스티누스(보티첼리, 1480)[1)]

1. 서구교육사에 깊이 스며들다

서구의 인간교육사의 서막을 연 또 하나의 정신은 기독교이다. 소크라테스 사후 400여년이 지난 BC 7~6년 경 로마의 아주 작은 정복지역인 이스라엘 나사렛 지방에 한 위대한 성인 예수가 탄생하였다. 로마의 권력에 의한 압박의 질곡에서 해방시킬 구세주에 대한 유대인의 희망 속에 예수는 질곡과 고통 속에 사는 사람들에게

1) https://terms.naver.com/entry.nhn?docId=1210975&cid=40942&categoryId=33054에서 2019.07.25. 에 인출

구원의 희망을 선포하면서 새로운 창조적 정신세계와 자유를 선포하였다. 그의 탄생을 계기로 서구에는 새로운 자유와 해방과 사랑의 인간교육이 시작되었다. 기독교는 서구 전 역사를 통하여 가장 위대한 창조적 인간교육의 토대를 구축하였다.

상상력이 풍부하고, 예술적이며 창조적인 희랍인은 정치적, 개인적 자유와 독창력을 강조한 결과 후대의 위대한 상속재산이 되는 문학, 예술, 철학을 발달시켰다. 실제적이며 체계적인 로마인은 정치와 실용적 기술을 통해 무질서하고 비조직적인 세계를 법률에 기반한 체계적이고 조직적인 제도로 발전시켰다. 이에 비해 예수의 말씀들과 제자들의 가르침은 이 양자의 가장 좋은 점을 결부시키고 조화시켜서 개인과 사회가 공존하고 만족할 수 있는 윤리적 표준을 발달시켰다. 첫째는 성실, 정직, 진실, 순결과 같은 덕을 포함하는 개인적 도덕의 이념이고, 둘째는 동포애, 충의, 친절, 관용, 애타주의 등의 동기에 근거를 두는 사회적 책임이다. 이러한 윤리는 계급적 차별, 인종적 편견이 감소되고 보통의 인간들과 아동들은 존중받게 되었다.

개인적 자유와 민족 혹은 국가의 도덕적 표준을 세우는 문제에 대해 그리스 아테네의 학자인 소크라테스, 플라톤, 아리스토텔레스가 시도한 해결방법은 인간의 이성과 지성에 의거한 것이었다. 그러나 그것은 귀족적이어서 소수인에게만 가능한 것이었다. 로마의 지식계급의 교양 있는 사람을 움직인 스토아(Stoa)철학 역시 너무 지적이었기 때문에 극히 소수인만을 만족시켰다. 그러나 기독교는 지성보다는 감정에 호소하였으며 모든 계급의 인간과 모든 형태의 사람의 생활에 깊이 침투해갔던 것이다.

보편적 인간사랑과 사해동포에 의한 지상천국(Kingdom of heaven on earth)의 기독교적 교리는 하나의 획기적인 인간교육의 원리로 작용하였다. 보편적인 인간사랑은 인격과 개인의 권리를 존중하는 자유교육으로, 지상천국은 인종간의 불신, 계급간의 격차를 해소하는 평등교육으로 발전하였다. 또한 보편적인 인간사랑의 정신은 개인의 윤리적 삶의 교육이념을 후대에 가장 중요한 교육적 가치로 삼게 하였으며, 지상천국의 정신은 교육을 인간의 개인적 도덕적 삶을 넘어 시민의 의무와 책임으로 승화시켜 인류 공동체 정신을 함양하는 차원으로 발전하였다. 이에 대해 Wilds는 다음과 같이 말하고 있다(E.H. Wilds, 1982/김봉수 역, 1994: 101-103).

> 예수의 가르침에 의한 교육은 필연적으로 보편적이고 민주주의적이었다. 그

> 는 그들이 필요상 가르침을 받으려고 오는 모든 사람들을 가르쳤다. 신은 모든 인류의 공동의 아버지라는 가르침으로써 그는 민족적인 제한과 인종적인 편견의 속박에서 교육을 해방시켰다. 이 위대한 진리로써 그는 동방교육과 희랍 및 로마의 교육의 무거운 중압이던 계급적인 차별을 없애버렸다. 모든 사람을 신의 아들로 만듦으로써 신의 구현으로 나타냄으로써 그는 모든 개인에 필연적으로 속하였던 모든 노예의 형식, 즉 노동자의 노예, 부녀의 노예, 아동의 노예를 폐지하였다. 그래서 사회의 부정과 포학을 전복시켰다. 이와 같이 해서 모든 남녀 아동에게 공통적이고 보편적인 교육의 필요를 역설하고 또 그 길을 닦았다.

예수의 가르침은 무엇이 인간의 행동이 되어야 하는가에 대한 교육과 지도로 일관되어 있다. 어느 특정한 지배계급의 관습과 규범과 가치를 거부하였다. 또한 경건하고 엄숙한 교조주의와 형식주의를 반대하였다. 그는 인간사랑을 어느 특정한 교육기관에 한정하지 않았다. 수많은 유대 민족 문학의 설화를 인용하면서 가정에서, 바닷가에서, 언덕 위에서, 동네 어귀에서 인간의 지혜와 사랑과 용기를 심어 주었다. 현대적 표현을 빌면 비형식적 열린교육을 실천한 셈이다.

2. 위대한 성직자 아우구스티누스의 가르침

여기서 로마시대 위대한 신학자이자 철학자인 성 아우구스티누스의 고백론을 통해 기독교를 통한 진정한 자아의 성찰을 느껴보자. 아우구스티누스(Aurelius Augustinus, 354–430)는 『고백록』을 쓴 후 다음과 같이 말한다. "『고백록』 13권은 나의 악한 행동과 선한 행동을 말함으로써 정의롭고 선하신 하느님을 찬양하고 있으며, 사람들의 이해와 사랑을 자극하여 하느님에게 향하게 하는 데 있다." 아우구스티누스는 젊은 시절, 그리고 중년기에도 상당기간 그 자신의 정체성의 근원과 방향에 대해 제대로 인식하지 못하였음을 솔직히 반성하며, 회심과 함께 자기 안에 있는 하나님의 은혜와 인도의 능력을 깨달았을 때 비로소 참다운 자아를 찾고 실현하게 됨을 고백한다. 그는 친근한 주변인의 죽음의 경험을 통해 자신과 인간, 이 세상의 유한성을 자각하고, 자신의 능력이 어디서부터 온 것인지의 성찰을 통해 삶의 정체성과 방향을 찾게 된다(심승환, 2017: 67).

가. 고백론

『고백록』은 아우구스티누스가 397년 집필을 시작해 400년에 완성하였다. 이 책은 그가 북아프리카의 항구 도시 히포에서 주교로 활동하던 시기에 과거 30여년의 방탕하고 무절제한 삶을 반성하고 진정한 신앙생활과 하느님의 진리세계로 나아가기 위한 지침서이다. 『고백록』 라틴어 원본을 번역한 강영계 교수의 서평(2014) 소개에 따르면 1-9권에서 유년시절부터 주교가 될 때까지의 구체적인 현실생활과 하나님을 향한 영혼의 험난한 과정이 상세히 그려진다. 그가 가톨릭으로 개종할 때까지 온몸과 마음을 다하여 헌신한 어머니 모니카의 사랑의 힘, 그리고 그가 드디어 새로운 영적 생명을 찬양할 수 있었던 신앙의 힘 등이 생생하게 구체적으로 묘사되고 있다. 또한 10-13권에서는 기억, 시간, 창조에 대한 철학적, 신학적 문제를 논의하고 있다. 10권은 아우구스티누스가 주교가 된 후의 고백으로 1-9권을 종합하면서 '현재와 기억 그리고 욕망'에 관해 서술하고 있다. 11권에서는 성서의 창세기를 고찰하면서 시간을 철학적으로 사색하고 있다. 아우구스티누스의 과거, 현재, 미래에 관한 시간론은 현대철학에서도 중대한 의미를 가지고 있는 시간의 철학이다. 12권과 13권에서는 창세기 1장 1-3절을 신학적, 철학적으로 해석한다.

"아우구스티누스의 [고백록]은 일상적 의미의 단순한 죄의 자백과 고백을 넘어선다. 불완전한 삶의 매 순간과 과정에 대한 유한한 한 인간인 아우구스티누스의 인정과 고백 그리고 더 나아가서 전지전능한 하나님에 대한 찬미와 감사 등을 다 포함한다"고 옮긴이 강영계 교수는 전한다.(아우구스티누스, 고백론, 강영계 역, 2014).

고백론 중 청소년 교양에 도움이 되는 구절을 인용해보자.

– 부모님 말씀 거역하고 공부를 싫어하다

(1권 10장) 나는 부모님과 선생님들의 말씀을 거역하여 죄를 지었습니다. 그들이 무슨 동기를 가지고 나에게 그 공부를 하라고 했는지는 몰라도 그들이 나에게 하라고 요청한 공부는 나의 훗날을 위해 도움이 될 것이었습니다. 그러나 나는 모든 경기에서 승리하기를 좋아했고, 내 귀를 거짓된 우화로 즐겁게 하는 것을 좋아했으니 그것은 내 귀를 더욱 더 빛나게 되었습니다.

(1권 12장) 나는 이 소년 시기에 공부하기를 싫어했고 또한 강제로 공부시키는 것을 좋아하지 않았습니다. 나를 강제로 공부시킨 그들의 관심은 다만 부끄러운 영광과 재물에 대한 끝없는 욕심을 만족시켜 보자는 목적뿐이었습니다.

– 청년기에는 욕망과 거짓된 삶으로 영혼이 혼탁하였다(열 여섯 살 이후 청년 시절)

(2권 1장) 나는 청년기로 접어들어서 세상적인 것에 만족하려는 욕망으로 불타 있었고 여러 가지 허망한 사랑을 추구하는 자가 되어 버렸습니다. 그리하여 나의 미모는 시들어졌으니 당신이 보기에는 썩어진 존재였으나 내 자신을 눈에는 좋게 보였으므로 다른 사람은 눈에 잘 보이게 하려고 애를 썼습니다. (2권 2장) 진흙 투성이인 육체의 정욕과 사춘기의 열정적인 상상력이 안개같이 일어나 나의 마음을 흐리게 하였고 어둡게 하였기 때문에 나는 무엇이 순수한 사랑이고 무엇이 추잡한 정욕인지 분간할 수 없었습니다. 이 두 가지는 나의 마음에서 복잡하게 엉키어 나를 안절부절 못하게 하였고 나의 젊음을 불결한 욕심의 낭떠러지로 이끌어가 치욕의 소용돌이로 던져 버렸습니다. 내 영혼의 교만 때문에 내게 주어진 벌, 즉 죽을 수밖에 없는 몸에 쇠사슬 소리가 땡그랑 하게 들려도 나의 귀는 어두워져서 당신을 멀리 떠났습니다. 나는 음탕한 생활에서 이리저리 뒹굴며 자신을 낭비하고 쏟아 버리면서 헤매고 있었습니다. 나는 당신을 멀리 떠나 길을 잃고 거만한 낙담과 불안한 피곤함에 젖어 슬픔의 불모지에 더욱 깊이 빠져들어 가고 있었습니다. 그러나 가련한 나는 당신을 떠나 바다의 노도와 같이 거품을 내 품고 내 정욕의 조류를 따라 당신이 정해주신 법의 한계를 벗어났습니다. 나의 부모들까지도 망해가는 나를 결혼으로 구해 줄 생각은 하지 않았습니다. 그들의 유일한 관심은 내가 훌륭하게 연설법을 습득하여 설득력 있는 웅변가가 되는 것이었습니다.(저자 주: 로마시대 최고의 교육목적은 훌륭한 웅변가를 양성하는 것이었다)

– 부모가 유학시킨 목적은 오직 웅변에 능한 아들로 키우기 위함이었다.

(2권 3장) 아버지는 내가 당신을 향해서 잘 나가고 있는가 혹은 그렇지 않은가, 정결한가 그렇지 않은가에 대해서는 염려하지 않았습니다. 당신이 경작할 내 마음은 밭이 불모지가 되든지 말든지 간에 내가 웅변에 능하기만 하면 된다는 것이었습니다. 내 정욕의 가시덤불이 내 머리 위에 자라나 우거져 있어도 그것을 뽑아 줄

손은 하나도 없었습니다.

...뻔뻔스럽게 자기들의 추행을 자랑하는 동년배들 보다 내가 덜 뻔뻔스러움을 나는 부끄럽게 생각하였습니다. 더 나빴던 것은 내가 그 추행을 행하는 것은 쾌감을 얻기 위해서뿐 아니라 친구들로부터 찬사를 받기 위함이었다는 것입니다. 그리하여 나는 친구들로부터 흉잡히지 않고 찬사를 받을려고 하다가 더 못된 짓을 하게 되었습니다. 그리고 그들 중에서 가장 타락한 자들이 한 짓을 내가 하지 않은 것 같았을 때는 내가 하지 않은 것까지도 했다고 말하였습니다. 나는 마치 값진 기름과 향료 침대에서처럼 그 거리의 흙탕물에서 뒹굴고 늘어져 있었습니다. 그리고 나의 보이지 않는 원수는 그 도시 한복판에 가까이 끌고 가기 위해서 나를 발길로 차 넣어 유혹하였으니 나를 유혹하기 쉬워서 그랬나봅니다. 내 육신의 어머니는 이미 바벨론의 복판에서 몸을 피하여 그 가장자리로 서서히 가고 계셨습니다.

당신에게 바라는 어머니의 희망은 내세에 대한 것이 아니고 내가 출세하는데 필요한 공부를 하는 것이었습니다. 그동안에 나에게는 마음대로 놀 수 있는 자유의 고삐가 늦추어져서 있었으므로 어떤 심한 제한도 없이 내가 하고 싶은 놀이의 한도를 넘어 방탕의 지경까지 다다르게 되었습니다. 오 하나님 이런 짓을 하는 동안 안개가 자욱이 끼어 내 눈으로 하여금 당신 진리의 광채를 못 보게 하였으니 나의 죄는 마치 피부 지방질이 부풀어 나오듯 나에게서 튀어 나왔습니다.

(2권 10장) 그러나 나는 당신으로부터 떨어져서 길을 잃었습니다. 나의 젊은 시절의 나를 붙들어 주시는 당신을 멀리 떠나 헤매고 다녔습니다. 그리하여 나는 스스로 황폐한 땅이 되어 버리고 말았습니다.

– 카르타고 유학 시절은 방탕하고 이신교인 마니교에 빠졌다

(3권 1장) 그곳은(카르타고) 가증한 사랑으로 가득찬 후라이팬이 내 주위에서 펄펄 끓고 있는 곳이었습니다. 나는 아직 사랑하고 있지는 않았으나 사랑하기를 사랑하고 깊이 숨겨진 욕구불만에서 내가 그 욕구불만을 더 강하게 느끼지 못함을 스스로 미워했습니다. 나는 사랑하기를 사랑하고 올가미가 없는 평탄한 길과 안전한 길을 미워하면서 사랑의 대상을 찾아 헤맸습니다. 하나님, 나는 내 마음의 양식이 당신이 없어서 굶주리고 있었지만 배고픔을 느끼지 못했습니다. 그래서 나는 썩지 않

은 음식을 갈망하지 않고서 그대로 머물러 있었습니다. 그것은 내가 썩지 않는 음식으로 이미 배불러 있어서가 아니라 내 속이 비어 있으면 있을수록 구역질이 났기 때문입니다. 이렇기 때문에 내 영혼은 건전하지 못했으니 종기 투성이가 되고 곪아 터져서 그 가려움을 없이 하려고 나는 감각적인 것으로 긁고 있었습니다.

그러나 감각적인 것은 영혼을 가지고 있지 않기 때문에 그것이 진정한 우리의 사랑의 대상이 될 수는 없었습니다. 사랑을 주고 사랑을 받는 것은 내게 달콤한 것이었습니다. 내가 사랑한 자의 육체를 즐길 수 있을 때는 훨씬 더 그 도수가 높았습니다. 이리하여 나는 우정의 맑은 광휘를 지옥의 욕정으로 흐리게 하였습니다. 이렇게 나는 추하고 부정직한 놈이었지만 지나친 헛된 생각에 사로잡혀 고생하고 점잖게 보여지기를 원했습니다.

(4권 1장) 여러 가지 욕정으로 인해 남을 유혹하기도 하고 유혹 당하기도 하며, 또는 속이기도 하고 속기도 하면서 살았습니다. 공직생활에 있어서는 학예라고 부르는 학문의 이름으로 그랬고 개인생활에 있어서는 거짓된 종교의 이름 하에서 그랬던 것입니다. 전자의 경우에 있어서 나는 거만했고 후자의 경우에 있어서는 아주 미신적이어서 모든 면에서 볼 때 나는 헛되고 비어 있었습니다.

– 진정으로 마니교에 빠짐을 반성하다

(4권 15장) 내 영혼은 진리 자체가 아니니 진리에 참여하기 위해서는 다른 빛에 의하여 조명되어져야 함을 모르고 있었습니다. 나는 당신의 자리에 올라가기 위해 온갖 힘을 다 하였습니다. 어리석게도 나는 본질적으로 당신과 같은 존재라고 생각을 했으니 이것보다 더 교만한 것이 어디 있습니까? 당신도 나와 같이 변화하는 존재라고 보기를 더 좋아했습니다. 그러기에 당신은 나를 밀쳐 내리시고 변덕스러운 교만을 격퇴하셨습니다. 그리하여 나는 물질적인 형상만을 생각하게 되었고 나 자신도 육체뿐이라 하여 내 육체만을 탓하게 되었습니다. 나는 떠돌아다니는 바람처럼 당신께 돌아가지 않고 당신 안에나 내 안에나 물체 안에도 존재하지 않는 허망한 것들 사이를 그저 떠돌아다니고 있었습니다. 그 허망한 것이란 당신의 진리에 창조된 것이 아니고 물질적인 사물을 토대로 내 어리석은 상상력이 만드는 선물이었습니다. 내 자신을 잘못된 음성으로 말미암아 나는 나 자신의 밖으로 끌려 나왔

고 내 자신의 교만의 무게로 말미암아 계속 심연으로 빠져들어가고 있었습니다.

– 회개하고 자기성찰하다

(제5권 4장) 사람이 이 모든 것을 알고 있다 할지라도 당신을 모르면 불행하게 됩니다. 그 반면에 나무를 재고 그 가지의 수를 셀 수 있는 지식이 있어도 그것을 소유하고 있지도 않고 또한 그것을 만드신 창조자를 알거나 사랑하지도 않는 사람이 있습니다.

(5권 10장) 그때까지도 나는 죄를 짓는 것은 우리가 아니요 우리 안에 있는 어떤 것이라고 생각하였습니다. 그러므로 이러한 생각은 내 교만에 만족감을 주어 스스로 잘못이 없다고 생각하게 하였습니다. 따라서 내가 죄를 지었을 때도 그것을 내 죄로 당신께 고백하여 용서를 받으려고 하기 보다는 오히려 나 자신을 변명하고 내 안에 있는 나 아닌, 나도 모르는 어떤 것에 죄를 돌렸습니다. 그러나 실상 나는 하나뿐 이였는데 내 불경건은 나를 둘로 나누어 그런 분열을 내 안에 만들어 놓았던 것입니다. 그러므로 내가 나를 죄인으로 여기지 않았던 것이 고침을 받을 수 없는 더 큰 죄이었습니다. 오 전능하신 하나님, 내가 당신에게 패배를 당해 구원을 얻게 되기보다는 당신을 내 안에서 패배시켜 스스로 멸망에 이르는 것을 더 좋아했사오니 이것이 나의 가증한 죄악이었습니다.

(6권 1장) 나는 내 마음의 하나님을 찾지 못했습니다. 내가 바다의 깊은 밑바닥까지 내려가 보았어도 진리를 발견할 수 있다는 희망과 확신을 잃어버리고 말았습니다.

(6권 3장) 내 마음은 학문탐구와 논쟁에만 몰두해 있었습니다. 나는 세상 사람들의 행복의 표준에 따라 그를 행복한 사람이라고 여겼습니다.

(6권 6장) 그때 나는 명예와 돈과 결혼을 열망하고 있었고, 당신은 나를 보고 웃고 계셨습니다.

(6권 12장) 나는 육욕의 질병에 걸려 있었고 그 치명적인 쾌락의 쇠사슬에 얽매여

그것을 이리 저리 끌고 다녔습니다. 그러나 나는 그 병에서 풀려나기를 두려워하였습니다. 내 아픈 상처를 건드릴까봐 쇠사슬에서 나를 풀어주려는 손을 거부한 것처럼, 나는 알리피우스(당대의 위대한 성직자)의 현명한 충고를 거부하였습니다.

아우구스티누스는 10권 이하에서는 사람을 현혹시키는 것 중에서 식욕의 유혹(31장), 청각의 유혹(33장), 시각의 유혹(34장), 호기심의 유혹(35장), 교만의 유혹(36장) 등을 깊이 있게 성찰하고 있다.

나. 조명설을 통한 신앙과 이성

아우구스티누스는 신의 진리를 파악할 수 있는 것은 신이 무한의 빛으로써 인간의 이성을 조명하기 때문이라고 본다. 이를 '조명설'이라고 일컫는데, 그것은 '현재 주어지는 이데아를 이성이 봄으로써 앎이 실현된다는 이론'이다(주영흠, 2007: 188). 아우구스티누스는 기독교 진리와 관련지어 영원한 진리인 신에 도달할 수 있는 것은 모두 신의 빛이 밝혀준 이성에 의해 가능하다고 하였다. 그는 이성적 사유가 기독교적 진리를 믿고 받아들인 것들을 소화하고 정리하는데 도움이 되며, 성경의 난해한 교리들을 학술적으로 해명하고 체계화하는 데도 도움이 된다고 보았다. 그 자신 역시 내면의 이성과 그 이성으로 발전한 철학이 자신의 개종을 이끄는 힘이 되었으며, 성경을 주석할 때나 신학이론들을 전개할 때 해당 주제와 관련된 철학자들의 이성에 호소하곤 했다. 이렇게 기독교적 진리에 비추어서 세계에 대한 모든 견해를 철학적, 이성적 사유구조로 전개하고, 철학자들의 이론을 수용하여 기독교적 세계관에 맞게 수정 보완하였다. 그는 또한 지성적 존재만이 믿을 수 있는 능력이 있다고 보면서 "이성은 육체의 개입 없이 그 자체로부터 진리를 받아들이는 마음의 눈이다."(주영흠, 2007: 188)라고 말한다.

그러나 아우구스티누스는 이성을 중시한다하여 인간의 이성만으로 기독교적 진리를 완전히 이해하는 일은 불가능하다고 생각했다. 그에 있어서 이성은 이차적 차원이다. 왜냐하면 기독교적 진리는 궁극적으로 이성으로 해명될 수 없는 신비이기 때문이다. 그는 직접 내적 체험과정을 거쳐 하느님을 발견한 경험이 매우 중요하다고 보았다. 하느님의 발견은 이성적 사유의 결과로 얻어지는 것이 아니라, 신비적인 체험이나 환상, 혹은 왔다가 사라지는 접촉경험에 의해 가능하다는 것이다. 결국 '최고의 존재가 실재한다'는 진리는 순전히 이성적 사유에 의해서보다는, 그 진리를 몸소 뼈저리게 느끼게 하는 편이 진리인식에 더 좋은 방법이라는 것이다.

그래서 아우구스티누스는 신앙은 이성에 의한 신의 탐구에 앞선다고 말한다. 신앙은 영혼을 밝혀주는 인식을 불러오고, 이성에게 신의 말씀을 이해하는 접근 통로를 열어 준다. 그래서 "신앙은 신을 추구하고, 지성(이성)은 신을 발견한다"고 하였다. 즉, 신앙으로 정화되지 않은 자연적 이성은 영원한 행복에 이를 수 없다는 것이다. 결국, 아우구스티누스는 이성적 사유가 내면화할 대상의 정체성을 지적으로 규명하여 기독교적 진리에 이르는 데는 도움이 되지만, 이는 신의 조명에 따른 결과로 철학자들 역시, 성서적 계시의 인도를 받아 하나님을 알아가며 기독교적 진리에 이를 수 있다고 본 것이다. 그러나 비록 아우구스티누스가 이성을 신앙의 하위에 놓고 제한적인 틀에서만 인정하고 있기는 하지만, 인간의 차원에서 이성은 성서 진리를 탐구하고 말씀을 해석하여 진정한 신의 세계를 신앙하는 출입문으로서의 위치는 그대로 인정되었다(Gaarder, 1995(2): 9-20).

3. 중세의 기독교와 교육

로마가 기독교를 공인하고 또 국교화 한 이후 기독교는 서구 유럽의 지도적 종교로 유럽인의 정신적 지주가 되었다. 그 본격적인 출발이 기독교적 신정체제를 구축한 중세(5-15세기)이다. 중세(Middle Ages)[2]는 서로마 제국의 멸망(395년 경)부터 르네상스운동 이전[3]까지의 시기를 말한다. 로마 제국 해체 이후 유럽을 하나의 거대한 그리스도교 왕국으로 세우려는 중세의 이상은 성직자와 세속통치자간의 공통된 철학이었다. 희랍시대가 이성을 발견하고 그것을 통해 진정한 형상의 세계에 도달

2) 중세의 명칭과 그 시대 성격에 대한 의미는 이탈리아 인문주의자들에 의해 부정적으로 사용되어 왔다. 인문주의자들은 고전적인 학문과 문화를 부활시키는 작업을 하면서 1,000년에 걸친 암흑과 무지의 시대가 고대 그리스·로마 사회와 자신들을 갈라놓았다고 보았다. 이런 그들의 생각은 그들 자신의 업적과 인간중심의 이상을 돋보이게 하는 의도성이 없지 않다. 오늘날에는 중세 교회, 특히 수도원의 과학과 교육에의 공헌한 바가 위대하다는 연구들이 많이 등장한다(토머스 E. 우즈, 2001 참조).

3) 르네상스시대의 출발점은 인문주의 운동의 지역적 요인과 성격에 따라 13~15세기 등으로 보고 있다.

하고자 했다면, 중세는 개인 영혼의 구원이라는 종교적 이상에 도달하기 위한 통로로서의 철학을 중시하였다. 이러한 철학을 교부철학이라고 한다. 교부철학은 5세기 말에서 15~16세기에 이르는 약 1000년간의 서양철학을 일컫는다.

이론상으로 성직자와 세속통치자 두 집단은 서로 보완적 관계로서 각기 인간의 정신적 요구와 세속적 요구를 충족하는 역할을 했다. 이중 첫 번째 영역에서는 교황이 지상권(至上權)을 행사하였으며, 두 번째 집단에서는 황제가 행사하였다. 그러나 한편으로는 이 두 권력이 서로 끊임없이 분쟁에 직면하거나 반목하였고, 다른 한편에서는 지배 권력의 유지와 확대라는 공동의 이익과 목적을 위해서 야합하였다. 예컨대 교회는 군대를 소유하고 국정문제에 간섭하면서 기독교 파문을 지배도구로 삼아 황제의 지위를 박탈할 권리를 주장하였고, 반면에 황제는 성직임명권과 교리문제에 관여하기도 하였다. 그러나 양자는 지배계급의 이해관계를 충족하기 위해서는 십자군전쟁과 같은 사건을 통해 상부상조하는 관계를 유지하기도 하였다.

중세의 정신은 세 가지 요소를 지니고 있다. 첫째는 로마의 귀족중심의 정치 · 경제로 인한 타락된 사회적 · 윤리적 요소이고, 둘째는 권력화되고 교권 정치화된 기독교 교회적 요소, 그리고 셋째는 북방에서 내려와 로마제국의 세력을 침식한 게르만족의 봉건적 요소이다.

이들 중 중세 통일의 토대를 제공해 줄 수 있었던 유일한 세력은 로마 카톨릭 교회뿐이었다. 따라서 중세는 기독교의 정신적인 기반 위에 계급적 성지구소를 세우려고 시도하는 모순된 봉건사회의 모습을 띠었다.

가. 기독교의 지배 이데올로기화

중세 초기에 인간의 관심은 기독교 신에 집중하였다. 로마 말기적 증세, 즉 정치적인 억압과 경제적인 소외, 평민들의 삶의 고통, 북방으로부터 내려온 게르만족의 약탈, 로마의 식민지로 전락한 변방국 민족의 애환 등을 경험하면서 중세의 사람들은 새로운 삶의 구원을 소망하였다. 그들은 오직 신만이 억압과 빈곤으로부터 그들을 해방시켜 행복한 삶을 가능하게 해 줄 것이라는 믿음을 지니고 있었다. 그들은 언제나 신을 생각하였고, 신에 대해 연구하였으며, 그의 의지를 확증하고 그것에 복종하고 기도하였다.

중세인들의 삶은 서구 역사상 전례가 없는 신 중심적인 것이었다. 중세의 철학과 학문과 사회 전반은 언제나 신학과 연관성을 가지고 있었다. 따라서 중세의 철학은 신학이 대신하였고, 인간중심이 아닌 신중심의 시대이었으며, 인간 이성의 힘이 발휘되기보다는 신앙의 힘이 우선되었다. 더 나아가 교황세력과 영주세력들은 기독교적 하느님을 자신들의 권력 확대와 통치력 확보의 지배이데올로기로 전락시켰고, 이에 대항하고 부정하는 세력들은 가차없이 신의 이름으로 처단되었다. 신중심의 중세에 형성된 서구의 봉건세력들은 기독교와 야합하여 이후 지배와 피지배의 계급사회 형성에 강력한 힘을 발휘하였을 뿐만 아니라 세계의 지배권 확보에 결정적인 역할을 하였다.

여하튼 인간 역사에서 인간 대신에 신이 중심이 된 중세는 인간에 의한 인간을 위한 창의적 지식과 이론과 학문이 발전되지 못하였다. 따라서 역사가들은 이러한 시기를 암흑시대라고 불렀다. 다만 한 가지 지적되어야 할 것은 중세는 기독교 사상만이 있었던 것은 아니다라는 점이다. 고대 그리스 · 로마시대의 인본주의사상과 문화, 게르만족의 봉건제 등이 기독교 사상에 융합되어 중세의 새로운 신의 왕국 건설이라는 이상의 사상적 토대가 되었다고 할 수 있다.

나. 봉건제와의 야합

기독교의 지배이데올로기와 함께 서구 중세사회를 지탱하게 했던 사회제도는 봉건제(Feudalism)이다. 봉건제는 근세로 넘어오기 전 비민주화된 시대에서 동 · 서양을 불문하고 채택된 제도이다.

봉건제도는 폐쇄적인 농업경제에서 번성한 문명의 한 형태이다. 이 제도는 절대적인 힘을 가진 왕의 권한을 견제하고 권력분점을 원한 영주들의 이해관계에 의해 성립된 정치 경제제도이고, 이를 통해 지배자와 피지배자의 관계 규정, 양자의 의무와 권리 등 삶의 형태를 규정한 정치적 성격을 지니고 있다. 따라서 봉건제는 봉신들이 영주한테서 받은 봉토를 보유하되, 그 대가로 영주에게 특정한 봉사를 해야 하며 개인적인 충성으로 영주와 주종관계를 맺게 된다.

중세시대 봉건제의 기원은 프랑크 왕국에서 찾아볼 수 있다. 8세기 경 토지 소유권을 가진 왕들은 봉신과 농노에게 토지의 이용권과 개발권을 부여했다. 9세기를 거치면서 봉건제는 더욱 발전하여 유럽 전역과 교회에서까지 실시하게 되었다. 특히 교회의 봉건화로 세속 영주는 주교와 대수도원장들에게 성직과 재산을 주었고, 그 대신 주교와 대수도원장은 세속 영주에게 군사적 봉사뿐만 아니라 신앙적 봉사를 할 의무를 지니게 되었다.

이러한 봉건제가 정착된 중세사회는 군주와 개인적인 주종관계 속에서 수행해야 할 의무가 규정되어 있다. 봉토를 받은 이들은 이를 자손에게 물려줄 수 있으나, 자유가 없는 소작농에 대해 영주는 광범위한 경찰권과 사법권 및 과세권을 갖고 그들의 이해관계를 관철시켰다.

'영주는 영주답게, 신하는 신하답게'라는 원칙을 지키는 봉건적 주종관계에서 영주는 12~13세기 르네상스 출범기에 자신의 권익을 상실하게 된다. 이 시기에 출현한 지방시장권의 형성, 교환경제의 발전, 중세 도시의 성립 등으로 장원제가 해체되고, 영주는 권력을 잃고 단지 지주의 지위로 전락하면서 다시 정치권력은 절대군주에게로 집중하게 된다.

봉건제가 역사 진행과정에서 인간존중의 측면에서 긍정적이었느냐 부정적이었느냐에 대한 상반된 논의가 있다. 봉건제가 권력의 분산화의 측면에서 볼 때 권력의 집중화보다 발전된 제도라고 해석되기도 한다. 그러나 철저한 계급사회를 정당화하고 그 정당화가 다수의 대중을 비인간적인 삶으로 전락시켰다는 점에서 비민주적인 제도임에는 확실하다. 중세의 신 중심사회에서 봉건제는 소수의 영주와 교황 및 성직자가 권력과 부를 확대 재생산하는 제도였고, 그 외의 사람들에게는 가장 비참하고 억압적인 지배체제이었던 것이다.

4. 중세의 교육형태

신 중심사상과 봉건제적 정치 · 경제하에서 교육은 어떤 성격과 방식으로 진행되었을까? 간단히 요약하면, 신 중심사상에 입각한 교육은 대표적으로 수도원교육과 스콜라철학(Scholastism)에 입각한 교육이 있었고, 봉건체제와 관련해서는 기사도교육이 있었다. 이 양자는 기독교적 정신에 입각해 있다는 점에서는 공통적인 성격을 지닌다.

가. 수도원교육

기독교적 수도원은 명상적이고 신비적인 생활에 봉사하는 금욕주의자들에게서부터 발전하였다. 영원한 구원을 믿고 세속적인 향락과 실제적인 삶에서 떠나 금욕적인 신앙생활을 추구하였다. 따라서 수도원 생활을 하는 자들은 일반사람들을 떠나 육체의 엄격한 훈련과 신에 철저히 봉사하고 기도하는 정신을 갖도록 훈련되었다. 현실의 생활에 관심을 갖지 않고 다가오는 새로운 세상을 위한 최선의 준비, 즉 노동하고 기도하는 일에만 열중하도록 가르쳤다.

대표적인 수도원은 성 베네딕트[4](Benedict, 480~543)가 이탈리아 남부에 세운 몬테 카시오노(Monte Cassiono)이다. 베네딕트는 수도원의 조직과 관리와 구성원의 일상생활을 상술한 73개조의 법전을 작성하였고, 이후 이 규정은 서방의 모든 수도원 교육에 채택되었다.

이러한 은둔적 수도원은 고대학문과 종교 문화를 보존하고 전파하였을 뿐만 아니라 새로운 종교 교본을 창작하였다. 이와 함께 가난한 자, 병든 자 등을 구제하는 사회복지의 역할도 하였으며, 중세기의 악과 부패에 대항하기도 하였다.

수도원은 육체적 욕망을 억제하는 금욕과 청빈 그리고 현세 부정의 도덕 교육적 성격을 지니고 있었다. 예를 들어 베네딕트의 규칙은 순결, 청빈, 복종의 세 가지 서약을 승려에게 부과하였다. 여기서 순결은 가족을 포함한 모든 인간관계를 단념하고 명상과 예배에 헌신하는 순수한 종교적 태도를 의미한다. 청빈은 모든 물질적 이익과 소유를 거절하는 것이고, 복종은 권력, 계급, 차별에 대한 부정을 통해 개인적 이익을 취하는 권리를 단념하는 것이다. 따라서 수도원 생활과 교육은 가정과 경제와 정치 모두를 부정하고 오직 내세를 위한 준비를 위한 도덕적 훈련과 영적 훈련에 몰입하도록 하였다.

수도원의 교육형태는 수공노동과 성서문학독서이다. 베네딕트의 규칙에 따르면, '승려들은 항상 수공노동과 성경독서를 하지 않으면 안 된다'라고 되어 있다. 그 규칙은 매일 7시간의 수공노동을 하고 매일 두 시간 동안 교회의 성전문학을 읽어야만 되었다. 수공노동의 필요는 승려들의 건강을 유지하는 방법이기도 하였으나, 유

---

4) 14세기 초까지 베네딕트 수도회는 24명의 교황, 200여명의 추기경, 7,000여 명의 대주교, 15,000여 명의 주교, 그리고 1,500여 명의 성인을 배출하였다. 베네딕트 수도회가 절정기에 있을 때는 37,000여 개의 수도원이 있었다(토머스 E. 우즈, 2001: 42).

혹과 망상에 빠지지 않기 위해 생산업에 열중하도록 하였다. 이러한 수도원 생활은 새로운 농업에 관한 지식을 만들어 수공업 발전에 크게 기여하기도 하였다. 이와 더불어 성서 관련 문헌을 수집하고 종교적 · 도덕적 · 역사적 작품을 창작하고 읽는 것을 필수로 삼았다.

수도원 수사들은 소와 말을 키우는 방법, 맥주 만드는 법, 포도주 생산하는 법 등 각종의 과학기술을 발전시키기도 하였다. 우즈는 '카톨릭교회는 어떻게 서양문명을 세웠나'에서 수사들의 공헌을 이렇게 요약하였다.

> 수사들은 연금술을 가르쳤고, 새로운 작물을 소개하였고, 고대문헌들을 필사했고, 교육을 지켜냈고, 기술의 선구자적 역할을 했고, 샴페인을 발명했고, 유럽의 풍경을 향상시켰고, 차별없이 모든 방랑자들에게 필요한 물건을 베풀었고, 길을 잃거나 난파된 선원들을 돌보았다. ...서양세계에 수사를 데려다 준 교회는 또 대학을 만들었다(토머스 E. 우즈, 2001: 65).

나. 기사도교육

중세시대에서는 기독교 승려와 봉건적 귀족 그리고 농노계급으로 나누어져 있었다. 수도원교육과 스콜라철학이 기독교 교회에 의해 발전된 것에 비해, 기사도(Chivalry)교육은 봉건체제가 발전했던 9세기 조부터 16세기경까지 사리삽은 내표적인 비형식적 중세교육이다.

봉건제는 본래 토지소유관계가 봉사와 보호의 사회적 계급으로 전환되면서 발전하였다. 즉 봉건제는 영주로부터 토지를 부여받은 봉신이 본래 토지소유자인 영수에게 봉사의 의무를 짓게 되어, 영주의 군사적 필요시에는 군사로서의 봉사를 수행하는 절대적 충성심을 갖는 계급제도이다. 바로 영주의 권력과 연결되어 영주의 세력을 보호하는 사회적 규율과 관습이 기사도를 성립시켰다.

기사도란 불어 말(馬; Cheval)에서 유래된 것으로, 규정된 훈련을 통해서 규정된 서약을 지키는 귀족 자제가 기사가 되었다. 따라서 기사도교육은 기사를 양성하는 훈련으로 기독교적 도덕성과 게르만족의 무사정신을 결합한 귀족교육이다. 약자에 대한 보호와 여자에 대한 의협심, 그리고 매사에 정직할 것을 목적으로 행동이 실천을 중시하였다. 진실한 기사는 신과 왕과 부인에 봉사와 헌신하는 자이었다. 이러한 사람이 되기 위해 그는 ① 교회에 대한 충성의 표현으로서 신앙의 서약과 ② 봉건적 군주에 대한 충성의 표현으로서 충성의 서약 ③ 부인에 대한 충성의 표현으로서 의협의 서약을 하였다.

이러한 서약을 한 기사의 생활신조는 '사람들이 가장 높이 우러러보도록 행동하라'는 것이다. 이에 기사도교육은 육체적, 사회적, 군사적, 종교적 활동력을 기르는데 필요한 신체훈련, 복종과 예절 훈련, 군사훈련, 그리고 종교교육을 실시하였다.

기사도 교육과정을 보면, 7세까지 상류계급의 자녀들은 가정에서 어머니에게 필요한 신체적, 도덕적, 종교적 훈련을 받는다. 7세에 그들은 봉건군주의 성에 들어간다. 7세에서 14세까지의 소년은 시동(侍童; Page)으로서 귀족부인에게 시중들고, 귀부인은 소년을 지도한다. 14세부터 21세까지의 청년은 기사에게 시중든다. 그는 귀부인에게 봉사하고 노래하고 악기를 연주하지만, 그의 주임무는 그의 군주에게 절대 봉사하는 것이다. 예비기사는 식탁에서 봉사하고 잠자리를 만들고 말을 손질하고 방패를 운반했다. 그는 경기장과 훈련장에서 평화와 전쟁의 두 기술을 배운다.

21세 때에 그의 교육은 완성되고 기사로서의 준비가 완성된다. 그는 고백과 단식을 하고 무장한 채 철야하면서 의식을 행할 준비를 한다. 그는 엄숙한 종교적 의식 속에 군주에게 충성을 다할 것, 여자와 고아를 보호할 것, 거짓이나 비방하지 않을 것, 그의 동료와 협조하며 살 것, 그리고 교회를 보호할 것을 서약한 후 기사작위 수여식을 거쳐 정식 기사가 된다(E.H.Wilds, 1982/김봉수 역, 1994: 133).

다. 조합교육과 대학성립

중세에서 눈여겨볼 것은 중세기 말 상인들의 비형식적 실업기술 전수를 위한 조합교육(The guild system)의 성립과 부흥 그리고 이러한 전문지식과 기술학습의 조합형태인 대학 설립이다.

1) 조합교육

중세의 최고의 목적이었던 성지 예루살렘 탈환을 위한 십자군전쟁[5]은 무역과 상

5) 십자군전쟁은 실패했음에도 불구하고 중세사회의 새로운 경제적 변화를 촉진하는 계기로 작용하였다. 좁은 봉건적 생활의 틀을 깨고 무기 운송을 위한 국가간의 교통이 활성화되었고, 이 과정에서 새로운 상품과 사치품 등의 교류가 이루어져 무역이 발달하게 되었다. 이러한 무역과 상업이 집중된 도시는

업을 발달시킨 계기가 되었다. 상업을 중심으로 한 자유도시의 성장으로 중간계급, 즉 새로운 경제력을 확보한 시민계급이 형성되었고, 이들은 상업을 발전시키기 위한 조합제도를 발전시켰다.

조합제도는 상업과 산업영역에서 새로운 시민계급들이 조직한 상인조합과 직공조합으로 구분된다. 상인조합은 상인들간의 이익 도모를 위한 조직이고, 직공조합은 제작인과 공인과 기술노동자들이 조직하였다.

중세 말기 시민계급들은 그들의 자녀가 이러한 조합에서 실시하는 조합교육을 통해 상업적, 산업적 활동을 준비시켰다. 이로 인해 조합은 조합학교를 운영하였고, 모국어와 읽기, 쓰기, 산술 등의 초보지식과 생산기술교육이 결합된 직업교육을 실시하였다.

일반적으로 조합학교는 도제교육(apprenticeship system)이라고도 하며 성직자가 교사로 활동하기도 하였다. 조합에서 이루어지는 교육은 철저히 마스터(master) 중심이었다. 10세 전후의 도제(견습공, apprentice)는 일정 기간 마스터와 동거하면서 임금없이 봉사하면서 직업교육을 받은 후(예를 들면 영국의 경우는 보통 7년 정도이었음) 직공(journeyman)으로 승격한다. 직공은 마스터에게 구속되지 않고 그가 원하는 대로 다른 마스터에게서 배울 수 있다. 그리고 임금도 받고 자기 가정을 가질 수도 있다. 직공은 자기가 속한 마스터나 조합에 자기 창작품을 제출하여 심사를 받고 난 뒤 정식 조합원이 됨과 동시에 새로운 마스터로 활동할 수 있게 된다.

르네상스시대의 많은 인문주의 예술가들은 이러한 도제교육을 통해 훈련받았다. 예를 들면 레오나르도 다 빈치(Leonardo da Vinci)의 아버지 피에로(Piero)는 아들이 그림과 건축에 흥미가 많은 것을 보고 그를 플로렌스의 저명한 화가이자 조각가인 베로키오(Verrocchio)의 공방(工房)에 보냈다. 15세의 다빈치는 베르키오의 정식 도제가 되어 7년(1466-1472) 동안 공부와 수련을 쌓았다. 그는 화가조합에 1472년 가입하였고, 독립한 예술가로서 마스터가 된 것은 1477년이었다. 그는 25세에 비로소 독립된 화가가 된 것이다(손인수, 1997: 133-134).

비형식적 조합교육은 새로운 기술생산시대로의 전환을 촉진하였고, 이로 인해

봉건적 세금면제와 교회와 국가로부터 독립된 자유교환시장의 역할을 수행하였다. 이 도시는 자치권을 얻고 그 자치권을 확보한 새로운 시민계급이 그 사회의 주체가 되었으며, 이들을 중심으로 산업이 번성하여 갔다.

교육의 세속화와 실생활에 도움이 되는 전문직업교육이 발전하였다. 이러한 도제 형태의 기술교육은 지금도 서구 유럽의 상공업 관련 계통에서 부분적으로 행해지고 있다.

2) 대학의 성립

11세기 유럽 전역에서 성행하던 조합교육은 새로운 자유 시민정신의 태동과 함께 배우려는 학생과 가르치려는 교수가 모여 학교조합을 형성하였다. 이 학교조합은 학문을 매개로 길드사회가 성립시킨 고등 학문기관으로서의 역할을 수행하였다. 바로 오늘날의 대학의 전신이다.

대학 성립 과정을 보면, 신학이나 법학 혹은 의학을 가르치는 학자가 있는 곳에 배우고자 하는 학생들이 모이게 되고, 자연스럽게 학자와 학생은 공동생활을 위한 협동조직, 즉 조합을 형성하였다. 때로는 학생들만의 조합도 있었고, 교수와 학생이 결합된 조합이 만들어지기도 하였다.

중세시대 대학은 원래 studium generale로 불렸다. 이 학교는 성직자와 수도사를 대성당 및 수도원의 학교보다 더 높은 수준으로 교육시키고자 하는 데서 생겨났다. 여기서 studium은 높은 학문을 의미하고, generale는 '누구든지 원하는 자는 연구할 수 있다'는 의미를 지니고 있다.

초기 대학은 학생과 교수의 조합이었고 교황과 황제로부터 허가를 받았다. 11세기말 볼로냐(Bologna)에 최초의 대학이 설립되었다. 이 대학은 주로 법학을 중심으로 가르쳤다. 1158년 프리드리히 1세는 볼로냐의 학자들에게 부당한 체포로부터의 보호, 동료들 앞에서 심판 받을 권리 같은 특권을 부여했다. 이런 특권은 교수와 학생에게만 한정되었다. 이들 대학은 무신론이나 이교(異敎)를 가르치지 않는다는 조건으로 자율적으로 운영되었으며, 학장 선출권, 학비 자체 조달권 등을 갖고 있었다.

13세기에 대학 성격의 조합은 행정 기능을 갖춘 법인체로 발전하여 universitas studii로 불려지게 되었다(브리태니커 4권, 509쪽). 오늘날 사용되는 영어 university라는 말은 라틴어 universitas에서 유래된 것으로 본래는 협동체인 조합을 의미한다.

이 때의 대학은 18세기 말까지는 거의 교회나 국가에서 유능한 능력을 기르도록 하는 목적으로 젊은이들을 교육시켰다. 대학에는 교육과정이 편성되어 산수, 기하, 음악, 천문학, 문법, 논리학, 수사학의 자유7학과를 공부하였고, 그 후 법학, 의학,

신학과 같은 전공과목을 선택했다. 모든 수업은 라틴어로 실시하였다. 수업연한은 일정치 않았으나 대체적으로 4~7, 8년이었다. 예를 들어 옥스퍼드대학은 4년간의 기본적인 과정(자유7학과 등)을 마치고 시험을 거쳐 학사학위(B.A.)를 수여하였다. 그리고 난 후 3년 동안 다시 인문학, 기하학, 천문학, 아리스토텔레스 철학 등을 공부하여 시험을 거쳐 석사학위(M.A.)를 수여하였다. 박사학위는 그 후에 생겨났다.

중세대학은 일정한 건물이 없었다. 도시에서 도시로, 국가에서 국가로 이동하면서 학문을 연마하였기 때문에 학생도 교수도 매우 빈한하였다고 한다. 특히 학생들은 방랑객과 같이 이동하면서 구걸하며 걸식하는 학생이 많았다고 한다. '파리 대학의 노래'에 적힌 다음과 같은 구절이 이를 잘 설명해 주고 있다(손인수, 1997: 138).

> 그의 아들로 하여금
> 파리에 가서 나날이 현명해지도록 한다는 것이
> 늙은 농민의 유일한 포부이도다.
> 그의 학비와 공납금을 대기 위하여 빈한하고 근면한
> 아버지는 노예같이 일하도다.

초기에 이동하는 대학은 점차 기숙사를 중심으로 정착하게 된다. 콜레기움(collegium)이라는 빈곤한 학생을 돕기 위한 기숙사를 중심으로 강의가 이루어지다가 후에 단과대학(college)으로 발전하게 된 것이다. 이와 같은 중세 대학은 교회 혹은 국가로부터 다음과 같은 특권을 부여받았다.

① 병역 · 부역 · 세금 면제
② 독립된 법정 설치
③ 학위수여권
④ 자치권 보장
⑤ 신분 보호와 자유 보장
⑥ 대학 권리 침해 시 동맹 휴학

이러한 특권을 가진 중세 대학은 ① 자유이념의 전파 ② 고전문화 계승 ③ 문예

부흥의 선구적 역할을 하게 된다.

참고로 오늘날과 같은 종합대학으로의 성격은 미국의 대학 발전과 밀접히 관련되어 있다. 미국은 1785년 Georgia 대학 설립 이후 18세기 말부터 주립대학 형식의 고등교육이 급속도로 발전하였고, 이 주립대학은 20세기에 들어와서 '다목적 대학'으로 성격이 변화하였다. 여기서 '다목적 대학'이란 교수와 연구와 사회봉사의 3가지 목적을 위해 교양교육, 전문 직업교육, 고등 학문 전수의 다기능을 실천한다는 의미를 지니고 있다. 현대의 '종합대학교'는 바로 하나의 캠퍼스 안에서 이러한 '다목적 · 다기능'을 수행하는 대학으로 규정할 수 있다(신철순, 1988).

지금까지 제1부에서는 유럽 고대와 중세의 교육사상을 살펴보았다. 고대 그리스는 휴머니즘에 입각하여 소피스트와 같은 실용주의적 교육과 함께 인간의 도덕적 삶에 관심을 두고, 지행합일의 교육관, 이상주의와 실재주의, 그리고 이에 상응한 철인의 양성과 합리적 인간 양성이라는 인간 교육적 사고를 발전시켰다. 또한 로마는 실용주의에 입각하여 사회의 지도자적 자질을 갖춘 웅변가 양성의 교육을 실천하였다. 이러한 고대의 교육사상은 인간중심의 자유주의와 민주주의를 지향하는 서양 교육의 철학적 기초로 현대에 이르기까지 미치는 영향이 지대하다.

한편 로마의 귀족중심의 교육과는 정반대로 예수의 가르침에 의한 기독교는 인류 사상 처음으로 민족적인 제한과 인종적인 편견의 속박에서 교육을 해방시켰고, 그리스 및 로마 교육의 계급적인 차별을 없애는 동시에 남녀 아동에게 공통적이고 보편적인 교육관을 제시하였다.

유럽의 중세는 기독교적 이상과 봉건제적 사회제도가 결합되어 고대에서 이룩된 인본적 학문과 인간의 행복한 삶을 추구하려는 이상을 가졌지만, 교회와 봉건 영주들의 계급적 이해관계로 오히려 도덕적 부패, 정치적 무질서와 혼란을 겪으면서 인간의 가치상실을 초래하였다. 이로 인해 인간을 위한 학문과 교육이 무시되었고, 지적인 탐구정신은 희박해졌다. 다만 수도원에서 금욕적 삶의 태도와 신학을 중심으로 한 학문 발전, 고대문명 계승, 새로운 과학적 세계관의 탐구와 기술 발전, 기사도에서의 도덕적인 실천 행위, 중세 말 조합학교에서 상업 및 무역 활성화를 위한 직업기술교육의 발전, 그리고 새로운 자유시민사회 발전의 지적 견인차 역할을 했던 대학의 성립은 서구 교육 발달사에서 그 의의가 매우 크다고 하겠다.

5. 종교개혁운동

수 백 년 동안 교회, 특히 교황청은 유럽의 정치 · 경제 · 사회 · 문화 · 교육 영역에 깊이 개입하였다. 또한 면죄부와 성물판매, 성직자들의 타락으로 인해 대중들이 착취당하고 교회의 영적인 권위는 실추되었다. 교회는 그의 절대 권력화에 따른 자체 모순 때문에 강력한 비판운동에 직면하게 되었다.

중세 교회의 권력지향의 문제는 이미 마틴 루터가 1517년 종교개혁운동을 일으키기 이전 에라스무스 같은 신학자에 의해 꾸준히 비판되어졌다. 그는 교회에 만연된 미신과 도덕적 악습을 공격하고 최고의 교사인 그리스도를 모방하라고 촉구하기까지 하였다.

종교개혁운동은 단순히 종교라는 한 영역의 개혁이 아니다. 다시 말하면 중세가 신 중심 시대인 만큼 종교개혁운동은 교회 혁신운동으로 출발하였지만 결국에는 그 시대 전체를 변화시키려는 대개혁 운동이었다. 이렇게 볼 때 종교개혁은 교회의 민주화를 통해 급진적으로 인간중심의 시대사상을 발전시키는 계기가 되었고, 이를 통해 보다 근대적인 사회로의 변화를 추구하려는 지적 움직임과 함께 근대교육관 형성에 기여하게 된다.

여기서는 루터를 중심으로 한 종교개혁운동과 그의 교육적 의미를 살펴보기로 한다.

가. 마틴 루터의 종교개혁

루터((Martin Luther)는 독일 작센에서 1483년에 태어나 1546년까지 살았던 수도원 수사이자 신학자이었다. 그는 당시 일반 가정들처럼 경건하고 엄격한 훈련의 가정분위기에서 성장하였다.

1501년 루터는 독일에서 가장 역사가 깊고 학생수가 많았던 에르푸르트(Erfurt)대학교 인문학부에 등록했다. 학창시절 오랫동안 심각하게 말하는 버릇 때문에 '철학자'라는 별명을 얻기도 하였다. 1502년 그는 일반 인문학부 과정을 이수하여 문학사 학위를, 1505년 17명의 이수자들 가운데 2등으로 문학석사학위를 받았다.

루터가 가입한 아우구스티누스 수도회는 중요한 탁발 수도회로, 15세기 중엽에 이르러 2,000개 이상의 지회를 거느리고 있었다. 그는 1506년 수사로서 서원을 했고, 1507년 사제 서품을 받고 처음으로 미사를 집전했다.

그가 만년에 쓴 〈식탁 담화 Tischreden〉에 따르면, 1505년 7월 2일 부모를 방문하고 돌아올 때 슈토테른하임 마을 근처에서 천둥을 동반한 폭풍우를 만나 공포에 휩싸여서 "성 안나여, 나를 도우소서. 수사가 되겠나이다!"하고 외쳤다고 한다. 〈수도서약에 관하여 De votis monasticis〉(1521)라는 글에서 "내가 수사가 된 것은 자유롭게 결정한 것도 아니고 원해서도 아니었다. 갑자기 죽을지도 모른다는 공포와 고뇌에 휩싸여 어쩔 수없이 서약하게 되었다"고 말했다.

루터는 신학을 더 깊이 연구하고자 1508년 비텐베르크대학교(1502 창설)에 입학했다. 이 대학교는 활기에 넘치고 진보적인 학교였다. 1509년 3월 루터는 이 대학교에서 성서학사(baccalaureus biblicus) 학위를 받고 그 다음 단계의 학위, 곧 명제집 정통자(sententiarius)학위를 받기 위해 에르푸르트로 되돌아갔다. 그는 아리스토텔레스의 〈니코마코스 윤리학 Nicomachean Ethics〉 강의로 교수생활을 시작했다.

이후 루터는 1517년 10월 95개조 명제에서부터 시작하여 1521년 제국의회에서의 도전, 1525년 농민전쟁에의 영향 등 올바른 신앙을 촉구하면서 교회개혁과 사회개혁을 위한 수많은 저서와 논문 그리고 실천적 활동을 벌였다.

루터는 그가 태어난 아이슬레벤에서 1546년 과로로 사망했다.

1) 루터의 종교관

루터의 신학은 무엇보다도 '십자가의 신학', 즉 십자가에 나타난 그리스도의 계시를 강조하는 신학이었다. 루터에 따르면 '십자가의 신학'은 그리스도교도들이 고난과 유혹 속에서 그리스도의 십자가를 함께 나누어 질 필요성을 크게 강조했다.

루터가 생각하는 기독교 복음으로서의 구원은 일차적으로 은혜 곧 하느님의 선물이다. 하느님의 자유로운 죄사함의 은혜는 예수 그리스도 안에서 드러났고, 양심은 죄사함을 받고 깨끗해질 때 평화를 누릴 수 있으며, 죄의 멍에에서 벗어난 영혼은 즐겁고 자발적이고 창조적으로 하느님께 복종하면서 인간은 하느님을 섬길 수 있다는 것이다.

루터는 평민들을 위해 성서를 알기 쉽게 해석했으며, 성서를 평민들의 구체적인 삶의 현장과 연결시켰다. 그는 성서를 번역하면서 "사람은 율법을 지키는 것과는 관계없이 믿음을 통해서 하느님과 올바른 관계를 맺는다고 우리는 확신합니다"(로마서 3:28)라는 구절에서 '믿음'이라는 낱말 다음에 '오직'(sola fide)이라는 낱말을 덧붙였다. 독일어로 본래 뜻을 충분히 전하려면 그 낱말이 필요하다고 생각했기 때문이다. 이 '오직'이라는 낱말은 당시 성직자 중심의 종교세계를 하느님과 개인의 종교적 관계는 믿음으로 만이 '오직' 가능하다는 점을 적극적으로 드러낸 것으로 해석된다. 즉 하느님을 믿는 자 중심으로 관계를 설정하여 기독교의 인간화를 촉진하려는 루터의 종교개혁 의지가 깊이 배어 있다고 할 수 있다.

2) 면죄부사건과 교회개혁

1476년 교황 식스투스 4세가 교황의 권한을 연옥의 영혼들에까지 확대하였다. 이는 교회세력에게 탐욕과 공포심을 이용하려는 속임수와 면죄부와 관련된 허세와 화려한 격식, 그리고 면죄부 판매자들의 심각한 잇속 차리기 등으로 변질되어 많은 사람들의 불만을 사게 되었다.

교회의 부패를 공박한 루터의 95개 조항은 프로테스탄트 개혁을 촉진시켰다. 본래 면죄부의 성격과 범위는 중세 후기에 명확히 규정되어 있었다. 면죄부는 돈을 지불함으로써 죄로 인해 현세에서 받아야 할 징벌의 일부, 곧 고해성사 때 신부가 부과하여 실제로 치러야 할 고행을 면제받을 수 있도록 규정되었다. 이 경우에 죄를 고백하는 사람은 참회해야 하며 사제에게 사면을 받아야 했다. 면죄부는 교황의 권위로 수여되었고, 교황의 권한을 위임받은 사람들을 통해 사들일 수 있었다. 면죄부가 하느님의 죄사함을 사고팔 수 있다거나, 참회하지 않고 신앙을 고백하지 않는 사람들도 이용할 수 있다는 취지로 통용된 적은 단 한 번도 없었다. 그러다가 중세에 교황청의 재정이 점점 어려워지자 교황청은 자주 면죄부 발행에 의존했기 때문에 아우크스부르크의 은행 가문인 후거가(家)는 신성한 어음인 면죄부 유통을 감리해야 했다.

루터는 면죄부의 오용을 공격하는 설교를 자주 했다. 그가 공개적으로 면죄부에 저항하게 된 직접적인 이유는 특권을 부여하는 희년(禧年) 면죄부였다. 이 면죄부의 표면적인 목적은 로마의 성 베드로 대성당을 중수하는 것이었지만 수익금의 절반은 마인츠의 대주교인 젊은 알베르트에게 흘러 들어가도록 되어 있었다. 그는 고위 성직으로 빨리 승진했고 그 대가를 지불하기 위해 큰 빚을 지고 있었다.

루터는 '진리를 이끌어낼 목적으로' 95개 조항을 작성하여 1517년 10월 31일 비텐베르크의 만인성자 교회의 문에 붙였다. 그날은 '모든 성인의 날' 대축일 전날 밤이었고 그곳에서는 성인들의 유물이 전시되어 있었다. 루터의 95개 조항은 잠정적인 견해였으며, 연옥의 교리와 같은 기존의 교설들을 공격하지 않고 그리스도교의 영적 · 내적 성격을 주로 강조했다.

95개 조항에서 참회는 그리스도교도의 전인적 삶을 포함해야 한다고 주장한 첫째 조항과, 교회의 진정한 보물은 가장 거룩하고 영광된 복음과 하느님의 은혜라고 주장한 62번째 조항은 루터의 의도를 잘 보여준다. 마지막 부분은 그리스도교도가 되는 것이 십자가를 지고 고난의 길을 통해 하늘에 들어가는 일임을 인정하지 않는 사람들의 거짓 평화, '평안'을 공격했다. 당시 발전하기 시작한 인쇄술의 도움을 받아 95개 조항 사본들은 먼 지역까지 널리 유포되었고, 그리하여 단순한 국지적 문제일 수도 있었던 그의 주장은 점점 더 넓은 범위에서 논의되어 공개적으로 쟁점화되었고, 이로 인해 그는 교황청에 소환되기까지 하였다.

루터는 결국 교황 레오 10세에 의해 1520년 파문당하고 황제 카알 5세는 그에 대해 체포령을 내렸다. 루터는 작센의 영주인 프리드리히(Friedrich)의 도움으로 바르트부르크성에서 보호를 받으며 10개월에 걸쳐 성서를 처음으로 독일어로 번역하였다.

이후 성서는 성직자뿐만 아니라 평민 모두가 모국어만 알면 읽을 수 있게 되었고, 기독교의 대중화에 크게 기여하게 되었다(브리태니커 6권, 451~457).

6. 코메니우스의 범지학적 교육학: 기독교와 교육의 융합

신중심의 중세를 지나 근세를 열어가는 위대한 신앙인이자 교육자는 코메니우스(John Amos Comenius, 1592~1670)이다. 그는 17세기 초반의 유럽 교육계에 새로운 교육이론과 방법을 제시하여 '최초의 근대교육가' 또는 '근대 교육의 아버지'라고 불린 인물이다. 그의 사상은 그가 살아있을 때에는 별로 주목받지 못하였다가 20세기에 들어와서 기독교뿐 아니라 일반 학계에서 재조명을 받아 새롭게 부각되었다. 에비(Eby)는 "비천한 민족 출신으로서 이렇게 박식하고 지혜롭고 인정 많은 교사로 존경받고 또 거의 비판받지 않는 교육자를 찾아 볼 수 없다. 코메니우스의 말 가운데서 예언자의 목소리를 듣는 사람이 있는가 하면, 지금까지 그의 진가가 나타나지 못하다가 최근에야 그의 사상이 존경의 대상이 되었다."(Eby, 178)라고 평가하였다. 우리 한국에서는 이런 코메니우스가 대체로 과학적이고 계몽주의적인 성격이 강한 자연주의 교육자, 아동중심교육의 선구자, 시청각 교육의 원리를 도입한 근대적인 탁월한 교수이론가로 소개되었다.

가. 기독교적 인간관

코메니우스는 1614년 초에 학업을 마치고 고향 모라비아로 돌아와 22세에 자신이 다녔던 프르제로프의 라틴어 학교에서 교사와 교장으로 평생동안 활동하였다. 또한 교육하는 목사로 활동하며(오춘희, 1997: 54), 당시 신 · 구교간의 30년 전쟁(1618-1648)으로 황폐화된 유럽현실에서, 교육이야말로 아동들에게 새로운 인간성을 일깨워주는 매개이자 유일한 방법이라고 믿고 교사로서의 직분을 새롭게 수행하였다. 아울러 인간에게 치명적 피해를 주고 있는 사회적 불안과 부패, 갈등과 전쟁의 근본적인 원인이 인간성의 타락에 있다고 보고서, 타락된 인간성을 회복하는 유일한 방법은 교육밖에 없다고 강조하면서 기존의 교수방법을 개선하기 위한 끊임없이 저술활동을 전개했다.

코메니우스에게 있어서 이 세상의 존재 근거는 기독교적인 하나님이다. 이 세상은 하나님이 창조하여 하나님에 의해서 움직이고 그 움직임의 방향이 하나님에게로 귀결되는 질서정연한 세계로 이해하였다. 또한, 그는 인간을 하나님의 형상을 가진 천하와 바꿀 수 없는 존재로 보았으며, 자연을 '하나님의 지혜의 학교'로 이해하고, 인간은 자연의 학교에서 다양한 지식을 얻을 수 있다고 말했다.

하나님은 스스로 인간의 사고와 이해와 지혜를 초월하는 신령한 의지와 속성을 우주와 자연의 창조를 통하여 나타내 보였다. 하나님의 전지전능과 거룩성은 그의 모든 창조물 속으로 확산되어 있다. 동시에, 하나님이 창조한 모든 피조물은 그가 통치하며, 그의 목적이 성취될 수 있도록 우주 안에 있는 모든 것을 형성하고 있다. 하나님은 창조자로서 세상에 있는 가시적이거나 혹은 불가시적인 모든 것을 지배하며 보존한다. 그 이유는 세상에 있는 모든 것, 그것이 물질적인 것이든, 혹은 정신적인 것이든 하나님과 분리하여 그 무엇도 존재할 수 없기 때문이다. 따라서 하나님은 어느 곳에서든지 존재하고 있는 모든 것의 중심이 된다. 이러한 의미에서, 코메니우스는 플라톤의 말을 인용하여 "하나님은 지고한 선이며, 모든 존재 위에 군림하고, 모든 창조가 지향하고 있는 자연을 초월한 분이다"(Keatinge, 1921: 47)라고 말한다.

우주의 모든 사물 속에서 나타난 진리는 동시에 하나님의 말씀으로 계시된 진리와 조화를 이룬다. 그 이유는 자연의 모든 사물의 진리는 하나님의 또 다른 창조인 성서의 진리를 설명하고 해석하기 때문이다. "하나님의 창조는 그의 말씀 안에서 스스로 계시하는 하나님의 속성에 그 기반을 두고 있다."(Karl. Barth, 1961:40) 이러한 의미에서, 하나님의 존재는 그의 창조의 솜씨인 자연을 통해서, 그리고 자연의 속성은 하나님의 말씀을 통해서 알 수 있다고 인식했다.

또한, 구속자로서 하나님은 영의 존재에서 사람의 형태로 성육신(incarnation)하였다. "성육신한 하나님은 모든 사람들이 하나님 창조의 본래적 형상으로 회복될 수 있도록 모범을 보였다."(Keatinge, 1921: 74) 하나님의 성육신은 창조 이래로 계획된 하나님의 구속사업의 현시(顯示)였으며, 그 구체적 존재는 예수 그리스도였다. 따라서, 예수 그리스도는 우주의 창조의 의미이자 목적이었으며, 그 안에서 나타난 하나님의 은혜는 전 인류를 구속의 대상으로 삼고 있다. "예수 그리스도는 하나님이 창조한 통치권의 신적 보존의 의미이자 목적이다."(Karl, Barth, 1961: 39)

코메니우스는 인간이 하나님에 의해 창조된 피조물이지만 다른 피조물과는 구분되게 하나님의 형상을 따라 창조되었으므로 인간은 하나님과 다른 피조물 사이의 중간 위치라고 보았다. 또한, 인간은 하나님의 창조과업을 완성하는데 동참할 수 있는 동역자의 의미를 갖는다고도 해석하였다. 그는 인간이 창조되었을 때의 정상적인 위치가 인간의 죄에 의해서 상실되었는데, 인간의 궁극적인 목적은 모든 완전함과 영광과 행복의 절정이신 하나님과 하나가 되는 것이며, 하나님과 더불어 절대적인 영광과 행복을 영원히 즐거워하는 것이라고 했다(마송희, 80).

하나님의 형상으로서의 인간의 특성은 하나님의 전지성, 전능성, 거룩성, 자족성에 상응하는 인간의 지혜, 유용, 거룩 등으로 표현하고 있다. 코메니우스는 이러한 특성들은 하나님에 의해 주어지는 은혜라고 생각하였으며(노상우, 89), 「대교수학」(The Great Didactic)의 첫 장에서는 "창조된 모든 사물들 중에서 가장 고상하고, 가장 탁월한 존재"로 언급하고 있다(코메니우스, 1991: 27). 그는 또한 대교수학에서 하나님께서 존재(existence), 생명력(vitality), 감각(sense), 그리고 이성(reason)을 다른 피조물들에게는 하나씩 주었으나 인간에게는 이 모든 것을 결합하여 주셨다고 하였다(코메니우스, 1991: 27). 또한 이성, 언어, 그리고 행동의 자유는 하나님이 인간에게 부여한 것으로 인간이 다른 피조물들을 다스릴 수 있게 하는 특별한 선물이라고 하였다.

코메니우스의 인간관은 인간이 하나님의 창조물 가운데 가장 뛰어난 존재이며, 또 이성을지닌 만물의 영장이라는 것이다. 코메니우스에게 있어서 인간은 이성적인 존재이기 때문에 교육을 받을 수 있고, 적절하게 교육을 받게 되면 모든 사물의 지식이나 진리를 추구하게 되어 모든 도덕적 규범과 하나님을 사랑하고 이해하며 자연 세계와 조화를 유지할 수 있다고 보았으며, 인간이 하나님과 올바른 관계를 맺을 때 하나님의 창조적 활동을 기대할 수 있고, 하나님이 창조의 능력을 발휘할 때, 인간의 세속적 경향과 죄의 성품은 하나님의 완전성으로 변화될 수 있다고 보고 있다. 즉, 죄악의 속성에서 벗어난 인간적 성품은 하나님의 형상으로 회복될 수 있다고 그는 말한다. 코메니우스는 타락한 인간이 본래적이고 고유한 하나님의 형상으로 회복되는 것을 교육으로 간주하면서, 교육에 의하여 인간은 본래적인 모습을 회복할 수 있을 뿐만 아니라, 교육에 의하여 인간은 모든 사물에 대한 지식을 얻을 수 있다고 강조한다(이숙종, 1995: 157). 또한, 그는 『대교수학』에서 인간은 하나님의 피조물로서 다른 피조물을 지배할 수 있으며, 선택과 자유를 부여받았고, 이성의 빛을 부여받았기 때문에 지혜롭게 자기 자신의 선택과 행위를 결정할 수 있는 존재이며, 모순과 타락에 빠져 있는 인간이 기독교적 삶의 모델인 예수 그리스도를 통해 바로 설 수 있다고 이해하였다(노상우, 89).

나. 범지학적 지식관

코메니우스는 '앎'과 '앎의 과정'에 대해 경험주의적 · 합리론적 입장을 취하고 있다. 코메니우스는 '앎'이란 사물의 존재를 아는 것을 말하고 이것이 어디에서 온 것이며 어떻게 존재하게 되었는가를 말하는 것으로서, 역사적 · 철학적 의미를 갖는다. 여기에서 역사적 · 철학적인 지식 모두를 생각해 볼 때 지식이 되기 위한 세 가지의 요소를 지적할 수 있다. 첫째로 지식의 대상인 원형(原形) 혹은 최초의 형상

(形象), 둘째는 지식의 결과인 모형 혹은 그 형상의 표현, 셋째는 첫째 것을 둘째 것으로 변형하는 도구–감각이다.

코메니우스는 지식을 획득하기 위해서는 감각적 인지 단계, 내면적 지각 단계, 마지막으로 의사소통 단계를 거쳐야 한다고 말한다. 인간이 어떤 사물을 지각하는 과정, 다시 말하여 사물이 존재하는 것을 아는 과정은 인간이 자신의 감각을 통하여 지식의 자료가 될 수 있는 현존하는 모든 것을 지각하고 지성을 통하여 감각적으로 인지된 사물에 대하여 추론하고, 내면세계에서 형성된 지식을 언어와 손을 수단으로 한 의사소통이 이루어지는 과정을 통해서라고 말할 수 있다(송원임, 1995: 15–22).

코메니우스는 「대교수학」에서 그의 교육목적과 방법 등을 서술하고 있다. 코메니우스의 교육목적은 신과 더불어 영원의 행복을 영위하는데 있었다. 그는 이러한 영원한 행복은 이 지상에서 바른 생활을 하는 데서 만 얻을 수 있다고 믿었다. 그는 이 목적에 도달하기 위한 지상에서의 생활의 준비로써 바른 지식, 도덕, 경건한 신앙이 필요하다고 했다.

확실히 그는 인간생활을 개선시키는 교육의 힘을 확고히 믿은 사람이다. 그는 30년 전쟁으로 황무지가 된 사회와 타락한 인간의 생활을 정상적인 궤도로 끌어올리는 데는 청소년을 올바르게 교육시키는 길밖에 다른 도리가 없다고 생각하였다. 그러기에 그는 종교교육과 도덕교육을 중시하였고 신과 함께 영원한 행복을 누릴 수 있는 사람을 만드는 데는 올바른 지식이 필요하다고 생각하였다.

코메니우스에 있어서 올바른 지식은 신 · 인간 · 자연에 관한 범지학(Pansophia)적인 지식을 말한다. 이는 그가 내세운 도덕적 인간됨과 경건한 삶은 범지학적으로 신, 자연, 인간에 대한 보편적 진리를 전제하고 있기 때문이다. 그에 따르면 바른 지식은 덕을 위해서 존재하고 덕은 경건한 신앙을 위해서 존재한다. 그래서 범지학적으로 바른 지식을 알아야만 도덕과 경건심을 길러 신과 일체가 될 수 있다.

이를 위해서 코메니우스의 합자연적 교육원리, 즉 자연의 질서에 따라서 교육할 것을 주장하였다. 그가 말한 자연이란 다음과 같은 성격을 지닌다.

① 자연은 적당한 시기가 있다.

② 자연은 질서가 있어 비약하는 일없이 한걸음 한걸음 전진한다.

③ 자연은 쉬운 것에서 어려운 것으로 이행한다.

④ 자연은 불용불요한 짓을 하지 않는다.

⑤ 모든 자연은 그 내부에서 발전한다.

⑥ 자연의 움직임은 일반적인 것에서 특수한 것으로 옮아간다.

코메니우스는 이러한 합자연적 교육원리에 따라 빈부 · 남녀 차별을 두지 않는 교육의 기회균등과 성장과정에 알맞은 단계적 의무교육을 강조한다. 그가 모든 어린이들은 교육을 받아야 한다고 주장한 이유로는 다만 성서를 읽기 위해서가 아니라 신을 본따서 창조된 이성적 존재로서 참된 진리를 발견하기 위하여 교육을 받아야 한다고 하였다. 이러한 교육은 다음과 같이 성장 시기를 4단계로 나누어 단계별 6년으로 실시할 것을 주장하였다.

(1) ① 모친학교(1–6세)

취학전 교육으로서 가정에서 모친으로부터 교육을 받아야 하는 데, 이 때는 신체적 건강과 도덕적 인격을 발전시키는 데 관심을 가져야 한다. 특히 책은 사용하지 않고 자연계의 여러 가지 사실과 진리를 배워 질서, 절제, 청결, 경건의 덕을 쌓도록 하여야 한다.

(2) ② 모국어학교(6–12세)

이 학교는 오늘날 초등수준으로 학비 없이 의무적으로 취학하여야 한다. 이 학교에서는 모국어로 가르쳐야 하며 어린이의 전 생활을 통한 일반적 도야를 하며 교과는 모국어가 중심이고 그 외에 산수, 역사, 종교문답, 성서 등으로 편성된다.

(3) ③ 라틴어학교(12–18세)

이 학교는 중등수준으로 어학 외에 7자유학과를 배우도록 한다.

(4) ④ 대학(18–24세)

대학 교육을 받을 수 없는 자의 입학을 방지하기 위하여 입학시험을 친다. 여기서는 모든 방면의 지식(범지학)을 제공하여 전공분야 이외에 학생이 취미 있는 것은 무엇이나 가리지 않고 배울 수 있게 한다.

코메니우스의 교육방법은 감각적 직관을 중요시하는 것으로써 언어보다는 사실을, 규칙보다는 사례를 앞세워야 할 것을 강조하였다. 이를 잘 나타내주고 있는 것이 사물세계를 그림으로 그린 〈세계도회〉라는 교과서이다.

3강
근대철학과 교육

칸트(1724. 4. 22.-1804. 2. 12.)[1)]

서구의 중세봉건시대에 종지부를 찍은 것은 인간재발견을 주창한 르네상스운동과 기독교 혁신을 주창한 종교개혁운동이다. 이 두 운동은 중세의 신(교회)중심의 세계관과 인간관 그리고 지식관에 대한 반항운동이자 기독교 교회의 권위주의와 형식주의 그리고 속박으로부터의 인간해방운동이기도 하다. 바로 이 두 운동이야말로 교회와 봉건영주로부터 자유 이념을 쟁취하여 근대를 여는 역사적인 사건이자 현대교육철학의 양축인 인간의 이성과 경험에 의한 근대철학의 새로운 장을 열게 한 사건이었다.

지성사적으로는 신학 중심에서 인간의 실제적인 삶을 향상시키는 데 기본적인 관심이 있는 실학 중심으로의 전환이 이루어졌다. 따라서 초자연적 사고가 인간 중

1) https://terms.naver.com/entry.nhn?docId=3407019&cid=47343&categoryId=47343에서 2019.07.25.에 인출.

심 사고로, 초자연적 지식이 인간과 그의 삶에 대한 지식으로, 일방적으로 주어진 지식이 인간에 의해서 만들어지는 과학적 지식으로 급격히 바뀌게 되었다. 한 마디로 말해서 양대 운동을 통해 인간중심주의에 기초한 근대과학의 등장과 인간의 실제적인 삶의 향상이라는 실학주의(realism)적 사고로의 전환이 이룩되었다. 데카르트의 이성중심의 합리주의철학, 베이컨과 로크의 경험주의철학 등이 상호 영향을 주고받으면서 근대철학을 성립시켰고 그 토대 위에서 새로운 근대교육이 발전하기 시작하였다.

1. 르네상스의 인문주의 교육운동

르네상스는 문자 그대로는 '재생'을 뜻한다. 다시 말하면 고전 학문과 그 가치에 대한 관심의 확대로 인간의 본성을 재발견하여 그의 존엄성을 드높이려는 지적 각성운동이다. 이러한 지적 각성운동은 신 중심에서 인간중심으로의 전환을 가져오게 한 계기가 되었기 때문에 당시의 학자들은 인문주의(humanism)라고 하였다.

인문주의가 처음으로 시작되어 발전을 주도한 나라는 이탈리아이며, 그 대표적인 인물은 단테, 페트라르카, 레오나르도 다빈치 등이다. 인문주의는 상실된 인간정신과 지혜의 부활을 고대했다. 인간정신과 지혜의 재생을 위해 노력하는 과정에서 인문주의자들은 새로운 정신과 지식에 대한 전망을 공고히 하고 새로운 학문을 발달시키는 데 공헌했다. 인문주의는 전통적 종교교리가 강요한 정신의 억압상태에서 인간을 해방시키고, 자유로운 탐구와 비판력을 자극했으며, 인간의 자유로운 사고와 창의력을 중시하였다.

이러한 인문주의에 나타난 교육적 성격은 무엇인가? 중세시대는 기독교 사상이 지배하여 교회가 절대적인 권위를 가지고 있었기 때문에 인간의 가치가 무시되었고, 중세 말기에 이르러 스콜라 철학이 주류를 이루었을 때는 모든 학문과 교육이 신학을 옹호하는 수단으로 전락되었다. 인문주의 교육은 이러한 상황에서 인간의 존엄성을 되살리고, 인간 이성의 가치를 그리스·로마 문화 및 고전 연구를 통해 재발견하는 데 기여하였다.

인문주의 교육사상가들은 고대의 자유7교과목과 같은 인문학 중심의 교육을 정착시켰다. 그들은 이러한 자유교양교과를 가르침으로써 지적 · 도덕적 · 미적으로 완성된 인간을 양성하는 것을 그 목적으로 삼았다. 이를 위해 자기표현이나 사고의 자유, 창의적 탐구와 같은 교육방법을 중시하게 되었다.

대표적인 인문주의 교육사상가는 에라스무스(D. Erasmus, 1466~1536)이다. 그는 교육의 목적을 경건한 마음, 도덕적 정신 함양과 선한 생활, 그리고 성서문학을 통한 마음의 풍요함을 갖게 하는 것이라고 말한다. 이를 위해 그는 '아동의 자유교육론'(The Liberal Education of Children, 1592)에서 모든 교육은 빈부귀천과 남녀의 차별 없이 평등하게 개성에 의한 교육이 이루어져야 한다고 주장하였다.

그러나 인문주의 교육에서 지향하는 자유교양인을 위한 교과목을 가르치기 위해서는 고대 그리스어와 라틴어를 학습할 필요가 있었는데, 점차 수단과 목적이 전도되어 고전문학의 학습 자체에 관심이 쏠리게 되었다. 특히 16세기를 지나면서 고전 문장을 암송하는 언어주의와 형식주의에 빠지는 경향이 생기게 되었다. 그 중에서도 시세로(키케로)의 문장은 고전 문장 중에서도 가장 우수한 것으로 공인됨에 따라 시세로가 사용한 단어나 구절을 이용하여 생각을 표현하는 소위 시세로주의 현상이 나타나기도 하였다.

2. 실학주의 교육운동

르네상스시대 뿌리를 내리기 시작한 인문주의 교육사조는 16-17세기 유럽의 새로운 질서를 가져온 종교개혁운동기에 나타난 실학주의 교육운동으로 이어진다. 현대적 시점에서 볼 때 유럽은 이 인문주의와 실학주의 교육사상을 통해 '인간'의 '실제적인 삶'의 향상을 추구하는 근대교육으로 나아가게 되었고, 그에 힘입어 과학을 증진시켜 오늘에 이르렀다. 이 점을 생각하면서 실학주의 교육사상의 특징과 그 대표자인 코메니우스의 교육사상을 살펴보도록 한다.

실학주의자들은 형식적이고 암기주의에 빠져버린 인문주의 교육에 대항하여 교육의 실제 생활에의 유용성을 주창하면서 ① 실용성을 교육의 목표로 할 것 ② 구체적인 사물에 대한 지식을 다룰 것 ③ 자연과학을 정규 교육과정에 포함시킬 것 ④ 고전어 대신에 자국어를 가르칠 것 ⑤ 여행, 관찰, 실험, 시청각 교재의 활용 등 다양한 교수방법을 활용할 것 ⑥ 학습자의 감각능력에 맞도록 교육과정을 운영할 것 등을 내세웠다.

이러한 교육사상은 17세기부터 일반화되기 시작했는데, 여기에는 근대 자연과학의 발달과 함께 새로운 과학적 탐구 원리를 교수활동에 응용하려는 의도가 있었다. '언어 이전에 사물' 또는 '모든 지식은 감각으로부터'라는 표어는 이러한 사상적 배경을 단적으로 드러내준다(브리태니커 2권, 666).

모든 실학주의자들은 인문주의자와 종교개혁자에 의하여 발달된 학교를 검토해야 한다는 것과 교육의 새로운 형태는 실제 생활의 의무에 대하여 소년소녀를 더욱 적응하도록 준비시켜야 한다는 데 동의하였지만 그러한 준비를 하는 방법에는 일치하지 아니하였다. 이러한 의견의 차이는 실학주의 교육의 발달단계 또는 실학주의의 어떠한 측면에 강조점을 두느냐에 따라서 세 가지 흐름으로 발전하였다. 즉, ① 인문적(언어적) 실학주의 ② 사회적 실학주의 ③ 감각적 또는 과학적 실학주의로 발전하였다.

16세기에서 17세기 초 인문적 실학주의는 인문주의 학풍 선상에서 시세로주의에 편협한 인문주의 교육에 반대하여 나타났다. 인문적 실학주의는 그리스 로마의 고전을 중요한 교육내용으로 삼았다는 점에서는 인문주의 성격을 지니지만, 형식적이고 문법적인 언어주의를 배격하고 고전에 담겨있는 인간적 요소들을 발견하여 현실생활을 개선할 수 있는데 도움이 되고자 한 점에서는 실학주의이다.

인문적 실학주의는 그리스 로마의 고전을 연구함으로써 현실생활에 훌륭히 적응할 수 있는 유능한 인간을 양성하는 것을 주요 목적으로 생각하였다. 그들에 따르면 사람은 고전을 학습할 수 있어야 하며, 고전을 통해 지혜를 발견할 수 있어야 한다고 보았다. 즉, 고전을 인간의 현실생활을 이해하기 위한 도구로 삼고 현실생활에 유용한 지적, 도덕적, 사회적, 종교적인 인간됨을 추구하였다. 대표적인 사상가는 비베스(J. L. Vives, 1492–1540), 라블레(F. Rabelais, 1483–1553), 밀턴(J. Milton, 1608–1674) 등이다(현인홍, 1971: 143).

사회적 실학주의(Social Realism)는 인문적 실학주의에서 주장하는 고전 학습에 의한 실제적인 인간 형성에 반대하고 사회생활에 있어서 개인주의적인 생활을 준비하는 것을 중요시하였다. 인문적 실학주의가 실생활에 유용한 지식 습득을 강조하였지만 여전히 고전의 내용에서 인생에 대한 지도원리를 얻으려고 한데 대해서 사회적 실학주의는 사회생활에 기초를 둔 사회의 관찰과 경험으로부터 유용한 지식을 얻으려고 하였다.

따라서 교육목적은 학자나 전문가의 양성이 아닌 풍부한 교양을 지닌 신사(Gentleman)를 만드는 것에 두었다. 예를 들어 귀족 출신 청년들은 학문적으로만 지식을 쌓는 사람만이 아닌 사회에서도 잘 적응할 수 있는 '세상 일에 밝은 인간'(man of world)으로 키우는 것이었다.

서구 유럽에서 발전한 새로운 근대교육관 형성에 결정적으로 기여한 실학주의는 감각적 실학주의이다. 감각적 실학주의 운동은 당시 자연과학에 대한 지식과 연구방법을 교육활동에 결부시켜 인간생활을 보다 더 합리화하고 사회생활의 향상을 의도한 교육과학 운동이라고 할 수 있다. 감각적 실학주의는 자연과학의 발전에 따른 과학적 지식과 연구방법을 교육에 도입하여 실제적인 인간생활을 합리적으로 향상시키려는 과학적 성격을 지닌다. 감각적 실학주의자들은 서적에서 발견되는 실재대로, 일상생활의 인간관계에서 경험하는 실재대로, 자연의 힘과 법칙에서 발견되는 기본적인 실재를 감각기관을 통해 관찰하고 그 본질을 규명하여 실생활에 유용한 지식으로 삼았다. 따라서 감각적 실학주의는 인간의 감각적 직관을 기초로 사물의 본질을 파악하려 한 것으로 실물이나 표본을 감각적으로 직접 관찰하여 학습하는 것을 강조한다. 감각적 실학주의는 자연과학적 지식과 실생활의 결합을 도모하였으며 교수의 모든 원리를 자연의 원리에서 찾고자 하였다(신승규 · 박의수 외, 205-6). 이는 서양교육사에 있어서 최초로 교육의 과학화를 이룩한 교육운동이라고 평가된다.

감각적 실학주의자의 최고 목적은 자연 법칙에 일치하는 활동을 통해서 개인 및 사회를 발달시키는 데 있었다. 따라서 교육의 궁극적 목적도 인간과 신이 일체가 되어 영원한 행복을 얻는 데 두고, 그 성취를 위하여 인간의 개선, 사회의 개선이라는 입장에서 교육이 영위되어야 한다는 점에 기본 관심을 둔다. 감각적 실학주의자들은 교육은 언제나 인간에 이롭게 작용해야 하며 이를 위해 사회를 개혁할 필요가 있다고 주장한다. 이를 위해 모든 사람들은 교육받을 필요가 있으며 교육은 모든 인간의 근본적인 필요로서 요청되며 특수층 만의 특권이나 혜택이 아닌 모든 사람에게 개방되어야 하는 것이라고 주장했다. 그들의 교육은 이전 시대보다 지극히 사유적이고 모든 실제적 지식을 포함하는 전 교과과정에 흥미를 가졌다. 이러한 감각적 실학주의자의 현저한 특징의 하나는 특히 하류계급을 위한 민주주의적 교육을 강조하는 데 있었다.

감각적 실학주의자들이 내세운 교육내용은 자연현상의 연구, 공예 및 유희 활동, 과학적 연구조사 등이 있다. 교육방법에 있어서도 동물원, 식물원, 표본, 그림, 사진, 지도, 지구 등의 새로운 도구를 학습에 사용하였다. 대표적으로 코메니우스의 '세계도회'를 들 수 있다. 베이컨 역시 감각적 실학주의자이다. 그는 사물에 대한 관찰과 실험을 강조하였다. 지각과 감각에 의한 철저한 관찰, 상세한 예를 든 표 그리고 일반원칙의 공식화라는 점에서 근대적인 학습지도 방법의 기초를 닦았다.

이와 같은 교수법은 지식이란 '감각을 통하여 나온다'는 것과 학습은 반드시 '사물-사고-언어' 순으로 되어야 한다는 근대적 교육방법론으로 평가될 수 있다. 이후 이러한 방법은 자기계발이나 자기학습 혹은 자기교육이나 자기 주도적 학습과 같은 인간교육의 방법적 원리로 발전하였다.

3. 이성중심의 합리주의 철학

르네상스 시대 이후 형성된 인문주의와 실학주의는 서구 교육발달사에서 근대교육사상을 형성하는 계기가 되었다. 근대 시민정신의 형성과정을 추적해 보면, 인간 역사에서 가장 억압적이고 비인간적인 봉건제도의 붕괴와 함께, 새로운 철학적 관심은 신의 은총으로, 천부적으로 주어진 인간의 내면적 힘, 가능성 그리고 능력에 초점을 맞추게 되었다(K. Schaller, 1979: 14). 철학자들은 그 인간의 내면적 힘, 가능성 그리고 능력을 이성이라는 범주 안에서 활발하게 탐구하였다. 대표적으로는 데카르트를 중심으로 한 합리주의와 로크를 중심으로 한 경험주의 그리고 이 둘을 종합한 칸트철학을 들 수 있다.

이성은 근대철학의 핵심개념이다. 17세기 근대철학의 성립을 주도했던 대표적인 사상가가 데카르트이다. 그는 인간은 태어날 때부터 평등하게 갖고 있는 생득관념이 있다고 보았고 이를 '양식(良識)' 혹은 '자연의 빛'(안소닌 케니, 1991: 194), 즉 이성이라는 개념으로 규정하였다. 데카르트는 이성을 설명하기 위해 '나는 생각한다. 그러므로 나는 존재한다(cogito, ergo sum).'라는 코기토명제를 제시하였다. 이를 통해 신보다는 인간을, 육체보다는 정신의 사유능력을 그의 사상의 중심에 놓았다. 그에 따르면 모든 (진리의) 인식을 일으키게 하는 능력은 '생각하는 능력', 즉 이성이다. 이것은, 모든 것은 의심할 수 있어도 내가 생각하고 있고, 그런 생각하는 내가 존재한다는 사실은 전혀 의심할 수 없다는 것이다. 사유는 내 존재를 가능하게 하는 선험적 능력이다. 그렇기 때문에 사유의 능력이 없다면 나라는 존재는 존재할 수 없다. '인간은 누구인가' 하는 질문에 대해 인간은 생각하는 존재로, 그 생각을 발생시키는 정신이자 이성이고, 그 생각을 키워나가는 지성이다. 이런 점에서 인간이란 정신, 지성 또는 이성으로 환원된다. "왜냐하면 나는 사유하는 실체이고, 사유는 정신, 지성 또는 이성의 작용이기 때문에 나를 나답게 하는 것은 다름 아닌 정신, 지성 또는 이성이기 때문이다"(강영안, 2007: 48-9). 그 이성적 능력으로 세계에 대한 지식을 이끌어낼 수 있는 것이다. 인간과 세계에 대한 앎(인식)의 통로는 '인간의 이성'이다. 이성은 명석하고 판명하게 구사된다. 그런 방법으로 이성은 우주와 자연의 본질을 발견할 수 있다. 이성은 세계해석의 주개념이며, 또 시대발전의 원동력이었다. 근대의 이성주의는 신을 인식하기 위한 유일 수단으로 보는 중세적 이성과는 달리, 각 개인 안에 내재된 내면적인 능력을 강조한다. 그러한 이성개념은 보편타당한 세계인식을 가능하게 해주는 주체의 선험적인 능력이다.

데카르트의 이성론은 철학을 인식론으로 전환시키는 계기가 되었다. "그것은 지식의 중심을 자아에 놓는 것이다. 중세에는 신이 우리의 이성으로 하여금 사물에 대한 지식을 얻을 수 있도록 빛을 비추어 준다고 생각했다. 고대는 이데아와 같은 관념적 실재가 주인이었고 중세에는 모든 존재의 최상위에 있는 신이 주인이었다. 인간에세 보편적으로 내재해 있다고 간주되어진 이성이 세계를 파악할 수 있다고 믿는 인간중심적 신념은 "지난 천 년간의 유효했던 종교의 전제성을 고려할 때 가히 '이성의 권리 선언'"(조중걸, 2009: 73)이라고 할 수 있다.

세계 혹은 자연에 대한 인식 혹은 경험은 인간 내부의 어떤 능력이 작동되어야 가능하다. 그런 이유로 인간의 사유능력인 이성이 사물에 대한 인식과 경험을 주관하는 전지전능한 인간을 만들 수 있다고 확신한다. 데카르트는 세계는 이성으로 인식가능하고, 그 인식을 통해 더 나은 인간 세계로의 변화를 추구하였다. 이성은 인간중심주의를 지탱하는 중심개념이며, 과학을 빌딜시키는 인간능력이지만, 인간은 그 능력을 자연을 도구화하는데 사용하게 된다. 다시 말해서 도구적 이성으로 전락시켜 생태계를 파괴하는 주범으로 간주되고 있다. 이성은 자연을 자기 앞에 하나의 표상으로 정립하고 "단지 합리적으로 이해하는 하나의 기계이며 또한 기계적으로 실현될 수 있는"(조중걸, 2009: 82) 대상으로 객체화시켰다.

데카르트 당시는 이성을 통해 물리적 자연환경에 대한 지식을 획득하고 그 지식을 통해 자연을 도구화하여 인간의 삶을 증진시키는데 관심을 집중하였다. 이런 이성을 과학적 혹은 도구적 이성이라고 한다. 근대 초기 데카르트 같은 근대철학자들은 자신의 사유방식이 생태파괴의 도구적 이성으로 변질될 것임을 상상이나 했겠는가.

4. 로크의 경험주의 철학

경험은 이성과 함께 근대철학의 또 다른 주개념이다. 이성과 마찬가지로 경험은 아동으로 하여금 세계를 인식하고 그 세계와 감응하는 통로인 것이다. 로크에 따르면 인간의 마음은 경험을 통해서만 지식을 얻을 수 있기 때문에, 우리에게는 선천적인 지식은 하나도 없고 오직 후천적(a posteriori)인 지식만 있다고 한다. 그는 마음을 'tabula rasa(텅빈 깨끗한 석판)'로 보았다. 마음은 오직 경험을 통해서만 그 내용이 채워진다. 로크는 경험이 지식의 기초가 된다는 점에서 데카르트의 본유관념을 인정하지 않는다. 경험은 모든 지식의 근원이고 모든 지식은 감각과 이성을 통하여 인간에게 온다(임태평, 2002: 157). 로크는 본유관념이 없는 백지상태의 인간의 마음을 '경험'으로 채울 수 있다고 한다. 인간 자신과 그 자신 외부의 사물에 관한 지식은 오직 경험에 근거하고, 경험에서 그 자료를 얻는다.

로크의 경험 개념은 감각과 반성(reflection, '숙고'라고도 함)을 합친 것이다. 이에 대해 그는 감각 없이는 반성이나 숙고도 없고 따라서 관념도 생성되지 못한다고 말한다. 이성과 지식의 자료도 이러한 경험을 통해서 쌓아간다. 경험은 감각에 의해서 들어온 자료를 숙고함에 의해 관념들을 형성시킨다. 정신의 숙고 기능은 사유와 회의, 추론 등으로, 감각에서 직접 오는 것이 아닌 모든 관념을 숙고하는 정신을 기원으로 한다. 로크는 숙고를 반성 혹은 오성의 개념으로 설명한다. 그 오성은 이성의 기능을 수행하는 인간의 내적 능력이기도 하다. 지식은 관념에 기초하는데 그

관념 획득은 감각적 경험과 반성 혹은 숙고로 가능하다. 이러한 로크의 경험철학은 루소의 감각적 경험으로 대변되는 자연주의적 교육, 듀이의 경험을 통한 지성계발의 교육에 직접적인 영향을 주었다.

로크는 인간이 자연과 같은 외부 사물을 인식하는 출발선에 있어서 데카르트와는 사뭇 달랐다. 데카르트는 지식이 경험에 의존하지 않고 경험으로부터 독립된 선험적인 사유로부터 형성된 것으로 보기 때문에 그에게 감각적 경험은 신뢰할 수 없는 매우 주관적인 것에 불과하였다. 그러나 로크는 그러한 선험적 사유를 부정하면서 우리 마음 안에 그것이 필연적으로 잠재해 있다면 그에 대한 지식이 모두에게 존재해야 하는데 어린이나 백치는 동일률에 대한 지식이 없고, 문맹자나 노예들은 아마 평생을 이런 동일률에 대한 개념 없이 일생을 살아갈 것이라고 비판한다(이인화 · 노상우, 2011). 로크는 신의 관념도 본유관념이 아니라고 주장한다(로크, 1690, 추영현 역, 2011). 그는 어린 아이들은 본래적으로 신의 관념을 가지고 태어나지 않고 출생 후 오직 부모의 신앙교육과, 교회에서의 설교라는 경험을 통해 신의 관념이 발달한다고 보았다. 당연히 신에 대한 이성적 추리와 그에 관한 지식의 자료도 이러한 경험을 통해서 쌓여간다고 말한다. 로크는 모든 지식은 절대적이지 않으며 경험을 통해 참, 거짓을 끊임없이 확인하고 근거 없는 믿음을 권위에 기대어 강요하는 전통을 경계해야 한다고 주장한다.

확실히 로크의 경험철학은 교육에 있어 매우 중요한 철학적 토대를 제공하고 있다. 무엇보다도 아동 초기부터 경험을 통해 사물과 세계에 대한 감각적 인식이 생겨나고, 그 인식을 발판으로 삼아 아동 후기에는 사물과 세계에 대한 지성적 인식과 가치판단이 이루어진다는 점은 매우 설득력이 높아 보인다.

다음으로 이성우선의 합리론과 경험우선의 경험론을 통합시킨 칸트의 철학을 통해서 좀 더 진전된 근대철학을 살펴보자.

5. 근대철학의 완성: 임마뉴엘 칸트

칸트가 살았던 시대에는 근대의 새로운 주인이 된 주체가 세계(대상)를 올바로 인식하는 방법론을 두고 크게 경험론과 합리론이 대립하였다. 로크 같은 경험론자들은 대상에 대한 참된 인식은 감각을 통해서만 하는 것이기 때문에 감각적 경험을 인식의 첫 번째 통로로 보았다. 그런데 인간이 보편적인 진리를 얻기 위해서는 모든 존재들을 경험할 수는 없는 일이다. 인간은 삶의 유한한 존재로서 세계의 모든 존재들을 경험할 수 없고 그 경험을 통해 인식되는 것도 진리라고 할 수 없다(노상우, 2010). 예를 들면 컵에 물을 넣고 막대기를 넣으면 물에 잠긴 부분과 잠기지 않은 부분이 굽은 것처럼 보인다. 시각을 통한 경험으로 생긴 인식은 이렇듯 왜곡될 수 있고 다양하게 해석될 수 있다. 이 점에서 절대진리를 추구하는 합리론자에게 경험론은 회의적일 수밖에 없다. 합리론자들은 육체와 감각은 변화무쌍하기 때문에 그것을 통해 인식하는 것은 오류를 범할 수밖에 없다고 주장한다.

그러나 경험론자의 입장에서 볼 때 이러한 주장은 부분적으로만 타당하다. 예를 들어 합리론자들은 '인간에게만 고유한 이성적 사유를 통해 전능한 신이 존재한다.'고 주장한다. 그러나 어떤 다른 사람은 '이성적 사유를 통해 신이 존재하지 않는다.'고 주장할 수도 있다. 이렇듯 인간의식은 다양하기 때문에 모든 사람들이 수용할 수 있는 보편적인 진리를 얻을 수는 없는 일이다(노상우, 2010).

이러한 논쟁 상황에서, 칸트는 우리가 가진 모든 지식이 감각 경험 덕분이라는 흄과 다른 경험주의자들의 주장을 부정하지는 않았다. 또한 그는 우리가 외부 세계를 어떻게 인식하는지를 결정하는 중요한 전제 조건들이 우리의 이성에 내재한다고 함으로써 합리주의자들의 주장에도 동의하였다(Gaarder, 1995(2): 14). 칸트는 경험론적 주장에 토대를 두고 합리론적 종합을 통해 보편타당한 과학적 인식의 길을 밝히고자 하였다. 그에 따르면 대상의 인식은 감성과 오성의 두 통로에 의해 발생한다. 여기서 감성은 감각기관을 통해 대상을 받아들이는 감각의 작용이고, 오성은 감각기관을 통해 받아들인 대상을 다양하게 생각 혹은 로크의 표현을 빌리면 '반성'하면서 그 대상의 내용을 분석, 종합하는 작용을 일컫는다.[2)]

칸트가 제시한 인간의 인식 과정을 구체적으로 살펴보자. 우선 감각을 통해 들어온 가지각색의 경험적 질료들을 감성이 받아들인다. 이 감성은 수용성이라는 속성과 함께 시간과 공간의 속성을 가지고 있다. 그래서 감성이 질료를 받아들일 때

2) 칸트에게서 오성은 이성과 같은 뜻이다. 그는 교수취임논문에서 오성(Verstand)과 이성(Vernunft)을 구분하지 않는다. 이 논문에서는 오성능력(Interlligentia)과 이성능력(rationalitas)을 넓은 의미에서 사유의 능력을 가리키는 말로 함께 쓰인다(김삼봉, 2009: 39 참조).

이 질료는 시간과 공간의 형식에 의해 정돈되고 통일된다. 이때 1차로 형식과 질료의 종합으로 경험적 직관이 성립된다. 그러나 이 직관의 내용은 감각적 양상이 남아 있음으로 그것은 다시 개념에로 종합 · 통일이 되어야만 과학적 인식이 되는 것이다. 이 개념의 종합 · 통일 능력이 바로 오성이다. 오성은 자발성, 능동성이라는 특성과 함께 범주라는 선험적 형식을 가지고 있다. 칸트는 오성은 형식으로서의 12 범주[3]를 가지고 있다고 말한다. 이것이 감성적 작용의 결과인 질료를 직관한 내용에 대해 질서를 부여한다. 여기에서 2차로 형식과 질료의 결합이 이루어지며 비로소 참다운 과학적 인식이 성립한다. 결국 참다운 과학적 인식은 감성이 시간과 공간이라는 선험적 형식을 통하여 받아들인 직관의 다양한 내용을 오성이 그의 선험적 범주인 12범주에 의하여 종합 · 통일하는 데서 가능해진다(칸트, 1781, 백종현 역, 2008: 298-9). 이는 우리가 세계에 대해 인식 할 때 '이성'이라는 내면의 통로를 통하지 않을 수 없다는 것을 의미한다. 시간과 공간은 인간의 삶을 규정하는 개념이지만, 그 시간과 공간 안에 속한 세계에 대한 인식은 인간 내부에 작동하는 의식의 속성이지 세계의 속성은 아니다. 이 의식은 외부에서 받은 감각 인상을 그대로 받아들이는 수동적인 것이 아니고 자기의식 안에서 창조적으로 형성되는 것이다.

칸트는 참된 인식은 경험적이고 감각적인 질료가 없이는 성립되지 않는다는 점에서 경험론자의 주장에 동의하지만 오성이라는 선험적 형식을 통과해야만 가능하다는 점에서 합리론사들의 주장에도 동의한다. 그러나 합리론은 이성의 인식작용에 지나치게 집중하였고, 경험론은 경험할 수 있는 세계의 실체를 지나치게 강조하였다. 이에 비해, 칸트는 정신 안에 대상을 인식할 수 있는 인식틀이 내재되어 있다고 봄으로써 합리론과 경험론의 한계를 극복하려 했다(민경국, 2000). 인간은 누구나 시간적, 공간적 개념틀인 감성형식과 사유와 추리의 오성형식을 가지고 있다. 이 매카니즘의 작동 없이는 아무런 인식도 생겨나지 않는다. 주체는 이러한 고유한 인식 틀에 따라 세계를 보고 이해한다. 인식대상으로서의 세계와 자연은 그 경험과 이성적 능력에 따라 보여 지고 이해되기 때문에 그 통로로 인식된 세계는 객

3) 인간은 대상이 무엇이든지 간에 어떠한 범위, 즉 범주를 가지고 그것들을 사유한다. 양으로 파악하던지, 질로 파악하든지, 속성으로 파악하던지, 인과로 파악하던지 대상을 경험하기 전에 이미 그 대상이 존재방식에 대해서 공통의 범주를 가지고 사유하는 것이다. 그러한 사유의 틀이 되는 개념을 칸트는 범주라 부르고 그 범주를 단일성, 다수성, 전체성, 실재성, 부정성, 무한성, 실체성, 인과성, 상호작용성, 가능성, 현실성, 필연성의 12가지로 구분하였다(조중걸, 2009: 149).

관적 타당성을 가지며 논리적이다. 감각의 통로를 거쳐 생성되는 자료들은 자신 안에 내재되어 있는 선험적인 이성의 능력에 따라 마음 안에서 각각의 범주로 정리된다. 칸트에 따르면 우리가 알고 있는 세계는 바로 이러한 경험과 이성에 의한 인식의 틀에 의해 재창조된 것이다.

6. 근대과학사상과 과학적 방법론 대두

이성에 대한 믿음은 단순한 전통에 대한 항거 차원을 훨씬 넘어서서 이제는 더 적극적으로 인간은 확실한 과학적 지식에 의하여 스스로의 운명을 창조해 나갈 수 있다는 확신, 그리고 그 확실한 지식은 개개인이 이성의 주인으로서 일체의 권위에서 벗어나서 독자적으로 그 타당성을 검증함으로써 획득될 수 있다는 확신을 심었다(Boyd, 1996: 494). 이성은 기본적으로 외부의 물질을 관념(표상)할 수 있으며, 그 대상을 합리적으로 분석하고 응용하거나 자신의 목적을 위해 이용할 수 있는 능력이다. 이를 통해 생성된 객관적이고 합리적인 지식을 절대 진리로 간주하는 전통이 만들어졌다. 근대교육학자들은 이러한 지식을 가르쳐 힘없고 무지한 이들을 문명의 힘으로 이끌어야 한다고 생각했다. 근세 초기에 실험과 수학을 기초로 생활에 유용한 지식생산의 새로운 자연과학 연구방법론이 대두되었고, 이러한 방법론은 과거 신중심의 관념적인 자연관으로부터 기계론적 자연관으로 사물을 인식하는 길을 열어 놓았다. 당연히 교육적 관점도 중세의 신중심에서 인간중심으로 대체되었고, 합리적이면서 실증적이고 실용적인 지식을 효과적으로 전달하는 교수방법론이 중시되었다. 근대 교육학자들은 사회진보를 위한 합리적이고 과학적인 지식의 생산과 분배 그리고 축적과 전달의 효과성을 최대로 끌어올리는 방법 구안에 몰두하게 된 것이다.

과학적 방법론은 근대철학자의 위대한 발견이다. 뉴톤(Newton)에 따르면 모든 우주의 실재는 인간 자신의 이성과 실험에 의하여 발견될 수 있고 수학적 법칙에 의해 표현될 수 있으므로 이성과 실험이야말로 자연적 법칙을 발견하는 유일한 힘과 방법이다. 이러한 과학적 방법론은 관찰된 것으로부터 연역할 수 있는 '실체'에 관한 학문을 태동시켰다. 이의 대표적인 학자인 실증주의의 창시자 콩트(Comte)는 인간문명이 신학 · 사변 · 실증의 세 단계를 거쳐서 발달해 왔다고 말한다. 그는 신학적 단계는 신화 창조와 종교에 관련되어 있고, 사변적 단계는 형이상학과 연합되며, 실증주의는 형이상학을 거부하고 모든 지식은 인간의 감각적 경험을 근거로 한다는 주장을 편다. 실증주의 입장에서 보면 감각이나 물리적 수단에 의해 증명될 수 없는 모든 진술과 주장은 무의미하거나 비과학적인 것으로 규정한다(Rich, 1985: 211). 리치는 이러한 실증주의적 입장이 과학 만능의 유령을 불러일으켜 과학과 과학적 성과에 대한 우상숭배를 초래하였고 그러한 과학적 방법론은 거의 모든 지식의 생산의 유일한 방법으로 간주되었다고 비판한다. 이후 그 어떤 학문도 과학적 방법에 의하든지 아니면 그 주장이 공허한 것이라고 폐기하든지, 둘 중의 하나이어야만 했다.

일반적으로 과학이라는 이름으로 수행된 탐구는 인간의 자유를 추구하고 중세의 종교적 미신과 도그마에 대항하는 혁신적이고 비판적인 연구방법으로 제기되었다. 서구 중세 당시 신중심 문화에 대해 비판적인 사상가들은 기존의 관습과 전통 혹은 종교적 편파성을 극복하고, 인간이성의 힘과 능력으로 새로운 세계의 창조를 주장하였다. 이를테면 18세기 계몽시대의 학자들은 과학적 지식을 통해 종교적 미신과 신화와 편견을 일소하고, 노동의 고통과 질병을 제거하며, 새로운 유토피아를 꿈꾸었다. 이어 19세기는 과학적 탐구로 인한 각종 신기술이 발명되었고, 이는 엄청난 경제적 발달의 추진력이 되었다. 결국 인간의 삶을 급격하게 향상시키는데 결정적인 역할을 한 과학기술의 발달은 '과학지상주의'의 절대적 신뢰와 놀라운 생산-소비의 자본주의 사회의 구조 및 산업문화를 출현시켰다. 이는 과학과 산업 개념을 포함한 '발달'의 이념을 새로운 시민사회 실현의 원칙으로 삼게 되어 기존의 다른 철학분야를 능가하는 결과를 가져왔다. 이러한 과학주의는 '힘의 철학'으로 작동하고, 인간이 아닌 자연을 '힘을 행사할 수 있는 재료'로 보게 된다(페피, 1991: 111). 이로부터 목적에 대한 가치판단보다는 얼마나 효율적으로 달성할 수 있는가를 먼저 따지는 방법론 우위의 학문문화가 정착하게 된다.

근대 이후 발전한 교육사상은 이러한 과학철학적 입장에 부응하여 도덕적인 윤리문제는 이차적인 것이 되고, 과학적 방법론을 통해 생산되고 체계화된 지식의 효율적 습득과 그 습득에 충실한 인식세발을 주목적으로 삼았다. 과학적 방법과 과학적 이성 증대 그리고 과학적 지식과 기술 교육은 풍요로운 사회 진보의 조건이 되었다. 결국 현대교육철학의 주류는 과학적 이성 증대라는 교육목적 설정과 그 목적에 도달하기 위한 교육프로그램의 일반화를 정당화하였다.

과학주의에 입각한 교육실천은 학생과 세계, 학생과 자연의 관계를 필연적으로 분리하는 학문적 인식의 계기를 마련하게 되었고, 인간의 삶의 상황에서 그 인간이 자연과 끊임없이 상호작용하는 생태적 연관성을 무시하게 되었다. 이는 교육적인 반성범주를 단지 인간 자체에만 한정지을 때 나타나는 필연적 결과이다. 당연히 인간성 추구에 대한 교육학적 문제제기도 기본적으로는 인간 차원에 머물 수밖에 없다(노상우, 1992: 56).

우리가 살고 있는 과학기술시대는 급속도로 증가하는 과학적 지식과 기술을 최대한 빨리 효과적으로 습득하는 일이다. 이 입장을 대표하는 교육학자는 J. S. 브르너(Bruner)일 것이다. 그는 '교육의 과정'(Process of Education)에서 "시대는 각각 독특한 형태의 꿈을 안고 있으며, 이 꿈이 그 당시 교육의 모양을 결정한다"(브르너, 1992: 38)고 말하면서, 현대의 시대정신은 모든 생활영역에 깊이 내재해 있는 과학혁명을 반영하기 때문에 이에 부응한 교육은 질적으로 우수한 교육, 곧 '수월성'(excellence)을 추구하는 교육이 되어야 한다고 주장한다. 수월성 교육의 배경은 지식의 폭발과 새로운 기술 발달, 그리고 직업세계에의 다양화 및 전문화에 능동적으로 대처해야 한다는 과학시대의 인식이 자리잡고 있다. 과학의 힘이 어느 개인이나 집단, 더 나아가서는 국가의 경쟁력을 결정한다는 과학주의가 모든 교육의 질과 양을 결정하고 있다. 과학주의는 기술환경에 적합한 과학적 이성 증대를 통해 생존경쟁력을 높이는 교육개념을 형성한다. 이러한 과학철학적 인식론에 바탕을 둔 교육철학은 학생 주체에 토대를 둔 인간중심 교육철학이고, 이로부터 학생이라는 주체는 자신의 세계영역을 무한히 확장하고, 모든 것을 인간의 관점에서만 정당화하였다(이진우, 1998). 문제는 인간중심 교육철학이 학생 밖에 있는 자연과 숲과의 관계성을 배제하고 인간의 내면성, 즉 과학적 이성에만 초점을 둔다는 점이다. 이 철학은 기본적으로 인간과 자연을 이분법적으로 분리하고 인간과 자연의 상생의 관계를 인식하지 못하게 하여 학습자로 하여금 생태적 삶의 중요성을 깨닫지 못하게 한다.

7. 근대교육철학 성립

교육사상사적으로 보면, 교육학은 이성철학과의 깊은 내적 연관성 속에서 발전하였다. 근대 이후 '학'(學)으로서의 교육학이 성립된 배경은 인간에 대한 이성철학의 실천적 관심에서부터이다. 근대철학이 인간 주체의 주체성에 주목하면서 이성이 내재한 '자아'의 동일성과 총체성을 추구하였고, 그 철학의 궁극적 실천의 목표를 '자아실현'에 둘 때 그것을 그대로 교육의 목적으로 채용하기도 하였다. 이후 교육의 궁극적 목적은 '지적-도덕적으로 완전한 개인완성'이고, 그 개인완성을 통해 인간적인 새로운 사회 발전을 이룩한다는 기본이념을 지니고 있다. 여기서 교육은 자유주의 사회 발전의 주체로서 자신의 이성능력과는 필연적인 관련성을 갖게 된다. 오늘날 학생 '개인'에 집중하여 그의 잠재력과 가능성을 계발하고 키워줘야 한다는 교육목표도 따지고 보면 이성철학의 실천적 관심 안에서 생성되었다고 할 수 있다.

지금까지 칸트의 이성개념은 현상세계의 경험적 과정의 메카니즘을 벗어나 있으면서 동시에 경험적 과정을 규정할 수 있는 능력, 즉 선험적(transzendental) 능력이다. 인간은 이 능력을 적극적으로 사용함으로써 '자율'을 실현할 수 있다. 칸트는 이러한 자율적인 개인을 근대 시민사회의 이상적인 인간상의 모델로 제시하고, 이에 따라 이성적이고 자율적 인간을 길러내는 것을 교육의 중심과제로 설정하게 된 계기가 된다(김영래, 2003: 13).

이상의 이성의 계보학을 통해서 우리는 이성은 인간과 자연 그리고 우주와의 관계에 대한 신화적 세계관[4]을 해체하고 인간을 우주의 중심에 놓게 한 핵심 개념임을 알 수 있다. 또한 모든 존재에 대한 주도권을 인간에게 넘기고 그 인간이 시대의 주역임을 인식하도록 하였다. 그리고 세계를 합리적으로 인식할 뿐만 아니라 그 세계를 변혁시키는 '주체'의 등장을 정당화하였다. 이성과 주체, 이것은 새로운 정치와 경제, 문화, 교육 등 근대사회의 총체적 삶의 조건들을 변화시키는 '전능한 힘'

4) 각 민족들의 전통적 삶의 이야기인 신화가 미신에 불과하다는 인식이 근대이래 유포되었으나 현대에 들어와서는 그 신화에 나온 경험세계와 초경험세계에 대한 새로운 인식 구조를 재해석하여 그것의 역사적 가치를 발굴하는 학문적 노력들이 다양하게 이루어지고 있다. 본고에서는 이에 대한 구체적인 설명보다는 이성의 계보학에 의해 정립되기 시작한 과학적 인식론에 의해 결과적으로 신화가 미신화될 수밖에 없었다는 점에만 국한하여 말한 것이다. 레비-스트로스, 『신화를 찾아서』, 이동호 옮김, 서울: 동인 1994.를 참조하기 바람.

으로 간주되었다. 당연히 이성철학에서는 인간의 이성의 자유를 억압하는 그 어떤 권위와 편견과 오류도 용납되지 않는다. 그 내면의 세계에서 작동하는 '이성'이 모든 역사 창조의 근원적 힘으로 간주되기 때문에 어떻게 하면 이성능력을 가진 인간, 존재를 자기인식하는 자율적 주체를 자기완성과 자아실현으로 이끌어주느냐의 과제가 남는다. 이는 곧 다음 장에서 논의하는 교육이 담당할 영역이다.

앞에서 살펴본 이성의 계보학자들은 중세 전후를 풍미한 위대한 교육학자들이기도 하였다. 도덕적-이성적 인간됨에 대한 고대 그리스 철학자들의 교육목적은 바로 아테네라는 공동체 형성이라는 시대적 요청에 응답하는 차원이었으며, 중세 이성을 통한 신과 인간의 관계 설정은 인간으로 하여금 신에 대한 올바른 앎뿐만 아니라 절대자에 이르는 유일 통로로 '이성적 인간'을 교육적 인간상으로 설정하였다. 그러나 이성 개념에 토대를 두고 본격적으로 교육이념을 구축하고 그 이념을 구현하기 위한 지식관과 방법론의 전개는 근대 이후부터이다.

17, 8세기 실학주의적 사고에로의 전환은 모든 것을 이성에 비추어, 비합리적인 것, 몽매한 것을 철저하게 비판하게 된 계기가 되었다. 그리고 새로운 시민사회를 형성하기 위한 인간중심의 합리적인 신념과 철학, 즉 계몽사조가 성립하게 되었다. 이와 더불어 시민적 삶의 관계와 교육관계의 변화를 초래한 근대화는 사회적 삶의 폭발적인 교육화를 가져왔다. 이성적 세계관은 이전과는 전혀 다른 차원에서 정밀한 사유와 섬세한 관찰 및 모든 것에 대한 냉철하고도 분석적인 태도를 요구하였다. 이러한 요구를 충족하기 위해서는 모든 것에 대한 더 많은 주의력, 정밀한 사고의 훈련, 냉철한 태도, 보다 많은 지식의 축적, 세밀한 언어의 개발, 정확한 언어의 의미의 규정 등을 요구하였다(박이문, 2001: 227). 오늘날의 표현으로 말하면 관찰과 실험, 창의적이고 논리적인 사고력 훈련, 지식교육 강화, 다기적 학문체계 등과 같은 교육혁명이 일어난 것이다. 여기서는 특히 이성개념이 어떻게 근대교육이념 형성에 영향을 미쳤는지를 살펴보도록 한다.

이성철학이 탄생시킨 최고의 가치는 '주체'이다. 데카르트에서부터 칸트 그리고 그 이후의 근대철학자들이 밝힌 이성의 개념사를 추적해 보면, 인간역사에서 가장 억압적이고 비인간적인 봉건제도의 붕괴와 함께, 새로운 철학적 관심은 신의 은총으로, 천부적으로 주어진 내면적 힘, 가능성 그리고 능력을 이성이라는 범주에 넣고 이것에 초점을 두고 세계에 대한 존재사유를 진행하였다. 이러한 철학적 관심은 근대 이래로 '시민=주체'를 성립시키고 이 주체의 경제적 사회적 그리고 정치적 요청과 기대의 합법화를 위한 '주체에 집중하는 인간학'을 발전시키게 되는데, 이는 각각의 인간 안에 내재되어 있는 이성에 바탕을 두고 인간을 자기권능적(selbstmaechtig)인 것으로 명시하면서, 개인의 절대적인 자율성을 최대의 가치로 삼게 되었다.

근대사회에 이르러 교육적 인간상은 '절대자로서의 나'(김상봉, 2009: 131)라는 자족의 인간(autarker Mensch)이다. 다시 말하면 바로 천부적인 이성능력을 갖고 태어난 인간을 하나의 개별적이고 자율적인 자기권능적 주체이다. 그리고 이 주체는 시민사회의 정치적 경제적 발전을 주도하는 고유한 실존자로 정당화된다. 비인간적인 구시대의 사회적 관계로부터의 정치적인 해방과 함께 새로운 사회발전의 주체는 이성능력을 갖춘 각각의 시민이다. 그리고 이러한 시민을 위한 교육의 목적은 시민 각자의 자기규정성(Selbstbestimmung)이었다. 즉 시민을 새로운 사회발전의 주체로, 새역사창조의 주체로 내세우기 위한 교육적 요청이 나타나고, 이러한 요청에 부응하는 기본사고는 개인의 이성능력을 계발 · 발전시키는 것이다. 여기서 교육의 기본개념은 각각이 지닌 가능성에 따라 각자의 재능과 능력, 소질, 힘, 관심 그리고 성향에 맞춰 개인의 고유한 이성능력을 고양시키는 것이었다. 따라서 교육은 인간이 선천적으로 갖고 태어난 이성을 깨우치고 활성화하여 사회발전에 능동적으로 참여하는 주체양식의 목적을 성립시킨다(노상우, 1992).

이성철학은 정치적인 계몽차원을 넘어 시민의 삶의 관계와 교육의 변화를 초래하여 시민을 위한 교육의 자유화를 폭발시켰다(Heid/Pollak, 1990: 135). 교육자들은 인간의 변치 않는 이성과 일치하는 도덕과 윤리 그리고 종교의 기초를 세우고 이것을 담보할 수 있는 사회건설이라는 과제를 수행하였다. 그들이 최우선으로 설정한 주제는 시민의 계몽이다. 칸트는 계몽을 "미성숙으로부터 벗어남이다"고 규정한다. '미성숙이란 타자의 지도 없이는 자신의 지성을 사용하지 못하는 무능력이다'. 그러므로 계몽의 표어는 과감히 분별하라! 너 자신의 지성을 사용할 용기를 가지라! 이다. 그래서 칸트는 이 '계몽을 위해서는 다름 아닌 자유'가, 그것도 '모든 문제에서 자신의 이성을 공명하게 사용하는 자유'가 필요하다고 본다(칸트, 2008: 18). 근대 교육학자들 역시 이성의 자유를 통해 그들은 이성을 통한 지식이 널리 보급되고 나면 인류가 커다란 진보를 이룰 수 있음을 신뢰했다. 그것은 단지 시간문제이며,

비합리성과 무지가 사라지고 나면 계몽된 인간이 새 사회를 실현할 수 있다고 믿었다. 이러한 계몽을 위한 교육운동은 세계의 탈마법을 지향하였고, 미신들을 해체하였으며, 공상을 실험철학에 의해 탄생한 지식으로 붕괴시켰다. 교육사적으로 볼 때, 이성관에 기초한 교육철학과 그것의 구체적 실천을 위한 합리적-객관주의적 지식관, 그 지식을 가장 효과적으로 전달할 수 있는 방법론이 과학화된 것은 이 때부터였다.

오늘날 학생중심이란 교육관과 교사의 새로운 역할 등에 대한 것들은 근대 이성철학이 탄생시킨 주체에 다름 아니다. 그리고 학생의 창의력 계발이란 근대철학의 성과인 세계 혹은 대상에 대한 인식을 주관하는 이성능력을 계발하는 것과 상통한다. 오늘날 학교에서 가르치는 지식은 인간의 본질적 특성인 창조적 이성활동의 결과이다. 즉, 세계, 또는 자연에 대한 인간의 창조적인 인식활동을 통해 획득된 세계에 관한 앎이 곧 교과지식이라고 할 수 있다. 이러한 지식은 현실 세계에서 작용하는 제 법칙을 발견하고, 이에 기초하여 제 운동과 제 현상에 대한 정확한 이해를 얻으며, 새로운 지식과 기술을 끊임없이 생산, 발전시키는 근원적인 힘으로 작용한다. 따라서 지식은 자연과 사회를 개조하는 사람들의 의식적이고 창조적인 이성의 활동을 성과적으로 수행할 수 있게 하는 유력한 능력의 원천이다.

문제는 이성이라는 개인의 마음의 세계를 그것과 본원적 관계에 있는 대상세계에서로부터 분리, 고립시키는 결과를 초래하게 되었다는 점이다(Dewey, 2006: 423-425). 근대교육학의 발전맥락에서 보면, 자아와 세계, 주체와 객체를 필연적으로 분리하는 교육학적 인식의 계기를 마련하였고, 인간의 삶의 상황에서 주체와 객체의 끊임없는 상호작용을 무시하는 오류를 가져왔다. 더 나아가 이는 인간의 구체적인 사회적 맥락을 단지 교육적 반성의 부차적인 범주로만 여기게 되고, 인간성 추구에 대한 교육학적 문제제기도 기본적으로는 개인 차원으로 환원시키는 결과를 초래하였다. 본고에서는 이성철학이 낳은 이원론의 문제와 그것의 교육학적 한계는 다루지 않는다. 이에 대해서는 포스트모던 교육 연구에서 이미 다양하게 논의되고 있다.

4강

위대한 근대 교육철학자(1): 루소

루소(1712. 6. 28.-1778. 7. 2.)[1)]

1. 루소는 누구인가

루소(J. Rousseau, 1712~1778))는 스위스 제네바에서 1712년 6월 28일 출생하였다. 아버지 이자크(Isaac Rousseau)는 선대로 물려받은 시계공을 업으로 중류생활을 한 신흥 부르주아였다. 어머니 수잔나(Suzanne Bernard)는 교양도 높고 감성도 부드러운 훌륭한 현부인이었다.

어머니 수잔나는 둘째 아들인 루소를 낳은 지 10일 만에 세상을 떠났다. 루소는

1) https://terms.naver.com/entry.nhn?docId=389144&cid=41978&categoryId=41985에서 2019.07.25.에 인출

그의 〈고백 Confession〉에서 "나의 출생은 나의 최초의 불행이었다."고 쓰고 있다. 자신의 생명과 어머니의 죽음을 맞바꾸었다는데 대해서 영원한 회한과 죄책감을 느꼈던 것이다.

루소는 모성애를 동경하였으며 어머니에 대한 감정과 그리움은 대신 아버지에 강한 의존 감정으로 발전했다. 루소의 아버지는 루소를 정규교육을 시키지 않고 〈플루타크 영웅전〉 등의 소설을 읽게 하였다. 그는 자식에 대한 사랑이 강했으며, 따라서 루소에게 있어서 아버지는 어머니였고 소꿉친구였다.

어머니의 사랑을 받지 못하고 성장한 루소는 내향적이고 사회성이 없으며, 고독을 좋아하고 정서적으로 불안하고 심리적으로 방황하는 삶의 성격이 형성되었다.

1725년에는 시계조각사 듀코망(Abel du commun)밑에서 5년 계약을 맺고 제자가 되었다. 이 때 듀코망의 폭력과 학대로 루소는 거짓말과 도둑질하는 인간으로 변질되어 가는 자신의 모습을 발견하고 여러 가지 책에 몰두하기 시작했는데, 그는 점점 나빠져가는 자신의 부도덕한 행실에 대한 혐오와 고독한 기질과 공상하는 버릇이 생겼다.

16세가 되는 1728년에는 구차스러운 생활을 버리고 방랑의 길을 떠났다. 그러던 중에 퐁티에르(Pontuerre)신부를 만났다. 신부는 그에게 침식을 제공해 주고 카톨릭 교리문답을 가르쳐 주었다. 신부는 그에게 바랑(Mme de Warens)부인을 소개시켜 주었다. 그녀는 남편과 헤어져 카톨릭으로 개종한 젊은 여성으로, 王으로부터 연금을 받고 생활하고 있었다. 바랑부인 곁에서 약 10년간 정착생활을 했다. 이 시기를 그는 회상하기를 "내 생애의 가장 행복한 나날"이었다고 한다.

바랑부인의 집에서 그녀에게 의존생활을 하면서 어머니로서의 사랑, 이성으로서의 사랑을 받으며, 음악과 자연을 즐기는 등, 하루하루 만족한 생활을 보냈다. 이때에 루소는 플라톤, 라이프니찌, 로크, 파스칼을 읽었고, 고대 철학과 근대 철학, 자연과학을 공부하였으며, 문학, 음악, 역사, 철학을 연구할 수 있었다. 그는 이상의 세계에로 눈을 뜨게 되면서 처음으로 글을 쓰기 시작하였고, 사색도 할 수가 있었으며 바랑부인에게서 여성을 알게 되었다.

1740년 28세 때 바랑 부인 곁을 떠나 넓은 세계로 새 출발을 하게 되었다. 지금까지의 의존적인 생활에서 독립적이고 전투적인 생활이 시작된 것이다. 1742년 30세 때 파리로 갔다. 그때 문필가로서 야망을 지닌 드니 디드로를 운 좋게 만났다. 두 사람은 곧 디드로가 편집자로 임명되었던 프랑스 〈앙시클로페디 L'Encyclopédie〉를 중심으로 모인 지식인 집단인 '철학자들'에서 중심역할을 했다. 급진적 · 반(反)교권적 견해를 발표하는 주요수단이었던 〈앙시클로페디〉기고자들은 대개 철학자이자 개혁가 · 구습타파주의자였다. 이 가운데 루소는 가장 독창적이고 강렬하면서도 유려한 글 솜씨를 지녔다. 뿐만 아니라 오페라 〈마을의 점쟁이 Le Devin du village〉(1752)를 작곡하여 왕과 왕실로부터 인정받기도 했다. 그러나 그는 칼뱅주의적 기질 때문에 이러한 세속의 영화를 거부했다.

37세 때 반종교적 성향의 글로 구속된 디드로를 만나기 위해 뱅센으로 가는 도중, 훗날 〈고백록 Confessions〉에서 밝혔듯이 '빛'을 보았으며, 그 빛은 당시의 진보가 인간을 개선하기는커녕 타락시키고 있다는 '무서운 섬광'으로 다가왔다. 이러한 통찰은 뒤이어 쓴 디종 아카데미 현상 논문 〈학예론 Discours sur les sciences et les arts〉(1750)의 골격을 이루고 있다. 이 논문은 "인간은 본래 선하지만 사회와 문명 때문에 타락했다"는 그의 사상의 중심 주제를 잘 보여주고 있다. 많은 로마 카톨릭 작가들도 유럽문화가 중세 이래 타락했다고 지적했지만, 루소는 인간이 본래 선하다고 본 점에서 독특했다. 음악과 작곡교사로 생계를 이어 나가면서 음악 신보법과 오페라 희곡과 몇 편의 시로 음악계에 선풍을 일으켜 음악가로서 입신 출세를 희망하였다.

루소가 디드로(Diderot)와 그림(Grimm)등 백과 전서파 사상가들을 알게 된 후, 사교계와 살롱에 출입했지만 가식과 허영에 차 있음에 실망하여 자신은 더욱더 군중 속의 고독을 체험하게 되고 사회로부터 소외의식을 경험했다.

1743년 31세에는 베니스 주재 프랑스 대사 몽테규의 비서직을 맡았다. 그러나 이때에도 귀족들의 무능과 오만을 경험하고 환멸을 느끼면서 충돌을 피할 수가 없었다. "약자의 억압, 강자의 횡포를 정당화함으로써 진실된 질서를 파괴한다"고 느꼈다. 그러나 1년 만에 비서직에서 면직되고, 파리로 다시 돌아왔다. 이때의 경험이 후에 〈사회 계약론〉으로 결실을 보게 되었다. 돌아온 파리에서 병까지 얻은 루소는 실의와 좌절에 빠지게 되고, 이때 하숙집의 세탁부 테레즈(Marie Therese le Vasseur, 1721~1801)를 만나게 되어 루소가 죽기 10년 전까지 동거 생활을 하게 된다.

루소는 1762년 『에밀』과 『사회계약론』을 출판하여 인간의 자유, 평등, 주권재민

사상을 제시하고 근대 민주주의 정신과 이념을 표방했다. 이로써 루소는 사상가로서 지위가 확보되고, 양심 있는 지성인으로 추앙을 받게 되지만 프랑스 정부로부터 루소 체포령이 내려지고, 그의 책에 대한 출판금지령이 내려졌다. 나중에는 제네바 정부마저도 『에밀』, 『사회 계약론』의 출판금지령을 내리게 됨으로서 1763년 루소는 제네바 시민권을 포기했다.

1767년 정신이상의 병을 얻었지만 루소의 체포령은 취소되지 않았다. 그는 테레즈가 의지할 수 있는 유일한 사람이라고 확신하고 1768년 56세 때 그녀와 결혼했다. 그런 와중에서도 1770년에 『고백』을 1771년에는 『폴란드 통치권』을, 1776년에 『고독한 산보자의 꿈』을, 1777년에는 『제 9산책』을 완성하고 1778년 7월 2일 숨을 거두었다(박득자, 1994).

루소는 비판과 자유의 근대교육의 문을 활짝 열 교육사상가이자 정치사상가, 사회사상가이다. 루이16세는 "나의 왕국을 쓰러뜨린 것은 볼테르와 루소, 이 두 놈이다."라고 말했다. 프랑스 혁명과 루소의 관계는 명확해 보인다. 세계를 뒤흔든 대혁명과 그 혁명 이념의 창시자. 루소는 혁명의 "입법자"였고, 사회계약론은 혁명의 "법전"이었다. "둘의 관계는 마치 씨앗과 나무의 관계와 같다(박윤덕, 2014: 302, 재인용). 혁명 성공 후 루소는 혁명의 사상적 기초로 추앙받았다. 혁명세력은 조국이 감사와 경의를 표하는 위인의 반열에 루소를 올려 놓았다. 국민공회는 사은의 변에서 루소에 대해 "첫째, 인간의 영원한 권리를 과감하게 주장하였고, 둘째 인간의 예속을 거부하며 불관용의 광신과 무신론의 황량함을 혐오하였으며, 셋째, 본연의 진실한 인간이라고 불릴 가치가 있는 위인이었다."고 말하였다(정태욱, 2011).

그러나 루소는 혁명 발발 10년 전에 이미 사망하였고, 혁명을 예감하지도 못하였으며, 어떤 정파, 조직에도 속하지 않고 혼자 고독한 산책자로 남았었다는 점, 저서에 혁명에 대한 선전선동의 구절을 찾을 수 없다는 점, 사회계약론의 판매가 미미했다는 점 등으로 볼 때 그가 혁명을 촉구하였다고 보기는 어렵다. 루소가 프랑스 혁명을 초대한 것이 아니라 프랑스 혁명이 루소를 찾아갔다고 말할 수 있을 듯하다(정태욱, 앞의글).

2. 구체제 교육의 비판과 아동의 재발견

루소는 계몽시대에서 사회의 변혁과 그 성원의 개조를 위해, 인간의 자연적 본성의 회복을 추구하는 교육철학을 제시하였다. 그는 아동에 대한 깊은 이해와 사랑으로 모든 비인간적 조건에 대항하는 정신으로, 인간성 실현을 위한 강렬한 휴머니스트이었다.

루소는 '에밀'(Emile)의 서문에서 "일반적으로 사람들은 어린 시절을 이해하지 못한다. 어린 시절에 대한 그릇된 생각을 가질수록 더욱 방황하게 된다. 더욱이 현명한 사람들도 어린이들이 배워야 할 것이 무엇인가는 전혀 고려하지 않고 어른들이 알아야 할 것에만 마음을 쏟는다. 그들은 늘 어른이 되기 전의 어린이가 어떠했는가에 대해선 생각조차 하지 않는다"고 말하고 "이것은 그야말로 진실인가 오류인가를 가려내는 것이 중요하고, 또 인류의 행복이나 불행을 좌우하는 그런 문제들이다"(Rousseau, 1762/권응호 역, 1993: 4)고 하여 아동에 대한 몰이해는 인간 미래의 행불행을 좌우할 것이다는 점을 지적하였다.

당시 사회에서 가장 무력한 존재로 일방적인 순응만을 강요당하던 아동이라는 인간을 새롭게 발견하고, 이 아동이라는 인간의 계몽과 교육을 통해 루소는 새사회 실현의 꿈과 희망을 실현코자 했다. 그러므로 그가 자신의 사상을 전개하면서 특히 교육에 관심을 가졌던 것은 인간의 이성적 발선을 서해하는 성지적, 사회적, 종교적 속박으로부터 벗어나, 자유롭고 풍요한 삶과 계급적 구속을 불식한 인간적 사회에 대한 열망의 결과라고 보여진다. 에밀에서 "우리 문명인은 노예상태에서 태어나고 또한 죽는나. 우리의 모든 습관은 굴종과 속박과 강제에 불과한 것이다"(Rousseau, 1762/권응호 역, 1993: 13)든가 "나는 사람들이 '학교'라고 부르는 제도를 사회교육기관이라고 생각하지 않는다. 또한 세상의 어떠한 교육에도 나는 관심이 없다"(Rousseau, 1762/권응호 역, 1993: 11)는 말로부터 반인간적이고 봉건적인 권위적 제관계를 정당화한 이데올로기에 충실한 구체제의 교육을 비판하였다. 그래서 그는 학교가 아닌 가정교육, 지 · 덕 · 체를 포함한 전인교육에 오히려 더 큰 관심을 가지게 되었다(나카우치 도시오/김경희 외 역, 1995: 33).

루소에 있어서 전통적 권위주의 아래 기계적인 임기시 수업방식의 교육은 맹목적인 순종, 모든 자유와 지성을 억압하고 그들을 기존의 권위와 사회질서에 동화시키기 위해 본질적으로 정신적 억압장치로서 작용했다. 이것으로는 신흥 부르주아지(시민계급)의 새로운 교육요구를 채울 수 없을 뿐 아니라 대중의 인간적 요구도 충족시키지 못하고, 생활이나 노동의 올바른 발전도 저해될 수밖에 없었다. 왜냐하면 인간의 해방이 아니라 억압이 교육이라는 미명 아래 수행되었기 때문이다. 대중의 생활요구에 입각하여 그 생활내용을 발전시키는 것 따위는 생각도 하지 않았다 (야나기 히사오/임상희 역, 1985: 41).

앞에서 살펴보았듯이, 인간역사에서 가장 억압적이고 비인간적인 봉건제도의 붕괴와 함께, 새로운 시대사상으로서의 계몽사상은 신의 은총으로, 천부적으로 주어진 인간의 내면적 힘, 가능성 그리고 능력, 즉 이성에 초점을 맞추게 되었다. 이러한 사상적 대전환은 인간의 경제적 · 사회적 · 정치적 요청과 기대, 그리고 그의 실천을 도모하는 거대한 정치적 프로젝트를 구상하게 되었고, 이는 개인의 절대적인 자율성을 기본 이념으로 각각의 인간 안에 내재되어 있는 지성과 이성의 힘을 키우는 인간중심의 교육을 통해 실천코자 하였다. 바로 이 점에서 계몽운동의 정치적 의도와 루소의 개혁사상이 결합하게 되었고, 그 결과 루소의 교육사상은 정치적 맥락에서 자유주의적-개체주의적인 철학적 인간학을 토대로 인간교육의 원리를 제시하게 된 것이라고 해석할 수 있다.

3. 근대교육의 조건으로서의 비판과 자유

시대사상의 중심에 인간을 관심의 초점(C.V.Doren/오창호 역, 1995: 294)에 두고 구습의 비판과 새 사회 건설이념으로서의 계몽정신은 루소의 구체제 전반에 대한 비판과 자유정신으로 나타난다. 이러한 루소의 입장은 정치적인 측면과 교육적인 측면에서 동시에 제시되고 있는데, 전자는 '인간불평등기원론'과 '사회계약론'에, 그리고 후자는 '에밀'에 담겨져 있다. 그러기 때문에 루소의 교육사상, 즉 자연주의 교육사상을 이해하기 위해서는 이 양측면을 상호 연관 속에서 파악할 필요가 있다.

루소는 무엇보다도 인간의 선한 본성을 타락시키고 자유의 속박을 합법적으로 제도화한 기존 사회의 비인간화 문제를 정치와 교육의 제1주제로 다루었다. 그는 사회의 비인간화 문제의 제1원인은 사유재산의 불평등이라고 보고, 이 불평등의 원인을 추적하였다. 그의 저서 '인간불평등기원론'에 따르면 "나는 인류에게 두 가지 불평등이 있다고 생각한다. 그 하나는 자연적 또는 신체적 불평등이다. 이것은 자연에 의해 정해진 것으로, 연령이나 건강이나 체력의 차이와 정신 혹은 영혼의 질적 차이에서 오는 것이기 때문이다. 또 하나는 일종의 약속에 의존하여 사람들의 합의에 의해 정해지거나 적어도 허용되는 것이므로, 이것을 사회적, 혹은 정치적인 불평등이라고 할 수 있다. 이 후자는 일부의 사람들이 이익을 위해 누리고 있는 여러 가지 특권, 예를 들어 남들보다도 부유하다거나 존경을 받는다거나 세력이 있다거나 나아가서는 그들을 자기에게 복종케 하는 동등의 특권으로 성립되어 있다"(Rousseau, 1755/최현 역, 1993: 31).

이러한 인식으로부터 루소는 구시대의 불합리한 사회계약이 인간의 자유를 억압하고 자연성을 변질시킨 결과를 낳았다는 비판 교육적 성격을 드러내고 있다. 그러기 때문에 루소의 인간을 위한 교육사상은 불평등이 조장한 비인간적 사회문화의 비판 및 부정에서 시작하여 인간의 자유를 담보하는 새로운 사회형성의 주체자 양성이다. 이러한 주체자는 잘못된 사회적 조건에 의해서 구속당하고 제약받고 있는 인간으로부터 탈피하여 완전히 자기 자신을 위해 생존하는 자기목적적인 자연인이다. 바로 이러한 자연인의 도야가 루소의 교육 목적인 것이다(Rousseau, 1755/최현 역, 1993: 9).

루소에 있어 자연인은 미개한 야만인이나 본능적 충동적인 인간이 아닌 자연본성을 왜곡하지 않고 선하게 유지하는 인간이다. 야나기 히사오(야나기 히사오/임상희 역, 1985: 44-5)의 해석에 따르면, 루소가 말한 자연인이란 현존사회에 대해서 부정적이다. 그러나 부정을 매개로 한 긍정이라는 변증법적 입장에 서면 그의 자연인은 진정한 사회인이기도 하다고 할 수 있을 것이다. 사실 자연인을 형성하는 에밀에서 부정된 사회는 새로운 이상사회를 구상한 '사회계약론'에서 적극적으로 소생되었다. 자연인이라는 새로운 인간형성은 앙시앙 레짐의 부정을 통해서만 가능하다. 그것은 그대로 새로운 이상사회 실현의 기초이기도 했다. 따라서 언뜻 보아 초역사적 · 비사회적으로 보이는 자연인의 인간상도 사회변혁의 논리에 비추어 보면 그 역사적 · 사회적 의의가 명백해진다. 이 점에서 루소의 인간교육론은 새로운 교육의 사회개소 및 역사적 진보를 위한 새로운 교육의 가능성을 확신하고, 그 가능성의 실현을 교육에 의한 자연인에 두고 있는 것이다(손인수, 1990: 85).

4. 인간의 자유에 대하여

교육철학과 연관된 인간의 자유론은 루소의 '사회계약론'에서 구체적으로 설명하고 있다. 루소는 자유를 포기하는 것은 한 인간의 자격을 포기하는 것이고, 인간성의 권리 및 의무를 포기하는 것이며, 이 모든 것을 포기하는 자들을 위해서는 어떠한 보상도 없다고 말한다. 자유가 없는 상태는 스스로 결정할 수 없는 상태일 것이고, 이것은 곧 노예상태이다. 인간은 자기결정의 존재이다. 인간의 삶 자체가 선택의 연속이고, 이는 곧 자유로운 상황을 전제한다. 인간적 삶, 인격의 완성은 고정되고 불변하는 것이 아니라 서서히 되어가고, 변해간다. 인간의 삶의 모습이 본래적으로 변화와 선택을 전제한다고 할 때, 인간에게 자유는 존재의 필수조건이다.

자연상태에서 인간은 모두 자연적 자유를 가진다는 루소의 생각이 "비록 내가 자연인을 알리기를 원하지만 그 목적은 모두를 야만인으로 만들고 깊은 숲속에 그들을 내버려 던져두려는 것은 아니다. 사회적 소용돌이에 갇혀 인간의 정념이나 의견들에 의해 그 스스로 휘둘리지 않게 되는 것만으로 충분하다" 인류가 실제로 그런 자유를 누리는 순수한 원시상태에서 살 수가 없는 한에서는, 자연적 자유는 자유개념의 이해에 중요하되 비실제적인 허구적 개념의 자유이다.

이에 대비하여 루소는 '사회계약론'에서 '시민적 자유'를 제시한다. 자신의 의지를 행하는 것보다는 타인의 의지에 종속되지 않으며,...우리 자신의 의지에 타인의 의지를 종속시키는 개인이 상호계약을 체결하면서 포기한 자유는 시민적 합의, 법률에 의해 보호의 수단으로 돌아온다. 결국 자연상태의 불안과 갈등이 줄고 법률적 보호 속에서 개인은 안정을 취할 수 있게 된다. 법률의 보호는 개인에게 일부 자유의 포기와 함께 공동체 속에서 지켜야 하는 보호와 관련하여 '준법의 의무'를 부과한다. 그럼으로써 개인은 자신의 생존과 자유의 이익을 보장받을 수 있다는 것이다.

자연적 자유의 일부를 포기하며 공동체의 일원이 된 개인은 자연인으로서의 개인과 공동체의 일원으로서의 개인의 속성을 동시에 지닌다. 개인은 이기적 욕구에 끌리면서도 공동선을 구현하는 일반의지를 실현하고자 한다. 이기적 개인이 아닌 시민적 자유를 지닌 시민으로서의 개인은 끊임없는 내적 갈등 속에서도 공동선에 헌신하겠다는 자기결정을 함으로서 가능해진다. 자연적 욕구를 넘어서는 자신에 대한 자기지배, 사적영역에 몰입하지 않고 공동선에 헌신하고자 하는 자기의지를 통해 인간은 도덕적인 자유를 지닌다. 루소에게 한 국민의 공동선을 구현하는 일반의지는 구성원의 한 의지가 다른 의지를 억압함으로써 실현되는 것이 아니라, 구성원 각자가 지닌 개별의지에 대한 자율적 통제를 통해서, 두 의지간의 지속적인 긴장과 갈등을 통해 실현된다. 모든 시민들의 마음에 현존하는 긴장과 갈등을 해소하기 위해서는 시민들이 공동선을 자율적으로 성찰하는 도덕적 자유가 요청된다.

5. 근대교육철학적 특징

자유의 주체로서, 인간의 권리를 최고의 가치로 삼은 루소의 휴머니즘은 자라나는 새로운 세대들의 본원적 자유에 입각하여 자기활동을 촉진하고 주체적 능력을 발전시킴으로써만 사회변혁의 주체적 인간이 될 수 있다는 근대이래 자유주의적 인간교육관을 성립시켰다. 과거의 교육이 아동을 기존의 틀에 맞추어 여러 가지 편견이나 권위를 강요하여 노예화하였다면, 루소의 교육철학은 아동의 자율적이고 주체적인 능력을 발달시켜 인간적 자유의 실현을 추구하는 전혀 새로운 근대교육관을 형성하였다.

이러한 루소의 교육사상에서 발견할 수 있는 첫 번째의 특징은 인간을 선한 자유의 존재로 보고, 인간의 조기 단계인 아동의 권리를 적극적으로 인정하고 옹호하는 인간관을 들 수 있다. 루소는 아동은 자유로운 주체로서 성장할 힘을 가지고 있으며, 자연본성 속에 발전가능성을 갖추고 있기 때문에 교육은 그 가능성을 현실적으로 전화시키는 일을 수행해야 한다고 보았다. 그는 모든 사회적 억압이나 구속으로부터 해방되어 인간적 힘과 자유의 역량을 발달시켜 인간의 자연본성을 회복해야 할 것임을 주장한다.

따라서 모든 명령, 강제, 금지, 처벌 등의 방법을 배격하고, 인간으로서 자유로이 생활하고 실천하게 하는 주체적 능력을 발전시키는 자연주의적 교육방법론을 제시하였다. 이는 에밀에서 보여진 바와 같이 인간의 자연적 발달에 따라 그의 선한 자연본성의 변질을 막고 자유로운 발전을 도모하도록 하는 교육사상의 당연한 발로라고 하겠다.

루소의 교육관은 아동은 아동으로서 자기의 자리가 정해져 있다는 아동관에 기초한다. 그에 따르면 아동은 결코 작고 불완전한 성인이 아니고 그 자신 안에 성취와 성숙을 이끄는 힘 있는 존재이다. 루소는 아동의 타고난 자연본성, 즉 그들만의 고유하고 독특한 견해, 사고방식, 감각패턴을 기성세대의 견해, 사고방식, 감각패턴에 짜 맞추려 할 때 그 자연성이 손상당하고 결국은 아동의 행복은 불가능하다고 지적한다. 그러기 때문에 루소는 교육은 사회의 편견이나 권위에 의해서 아동을 주조하는 것이 아니라, 아동의 자연본성을 그대로 살려주는 '아동을 아동으로 성숙시켜라'는 교육원리를 제시한다.

아동을 어른이 아닌 아동으로 교육하라는 말은 아동이라는 인간의 자유를 인정하고, 그 아동의 자유를 회복시켜주는 일로, '아동의 자유'를 새로운 교육적 가치로 등장시켰다. '아동의 자유 선언'은 인간은 선하게 태어난다는 성선설에 입각해 있다. 인간의 본성을 선으로 본 루소의 인간관은 있는 그대로 어린이를 보는 관점으로 이어지며 그의 교육론의 기본 전제가 된다.

그의 선에 대한 개념은 구체제의 도덕이나 인습에서 정해 놓은 도덕적 개념으로서의 선과 다르다. 즉 사람이 만든 선이 아니라 '자연선'으로, 그리고 성선설로 보는 것이다. 루소의 성선설에 입각한 인간관은 그 어느 것에 의해서도 침해되어서는 안 되는 아동의 인권, 자유, 평등을 근간으로 하는 민주주의 사상의 반영이다. 그것은 사회진보의 원동력이 되어야 할 주체적 인간의 형성을 지향한다. 이것은 전통적인 주입주의, 획일적 통제주의를 부정하고 아동의 자연본성으로 되돌아가 자주적으로 그 주체적 능력을 발전시켜 온 근대 자유주의 교육의 기초를 이루게 한 것이었다."(야나기 히사오/임상희 역, 1985: 62-63)

루소의 교육사상에서 보여지는 두 번째의 특징은 어린이의 선한 자연 본성인 감성적 측면을 중시하고 이를 바르게 단련시킬 '소극적 교육개념'을 제시하였다는 점이다. 루소는 인간 내부에는 이성 이전의 감성이 존재하기 때문에, 감성은 결코 이성에 의해 무시될 수 없다고 본다. 바로 이 점이 계몽사상가들과 다른 점으로, 그에 따르면 이성의 발달은 모름지기 감성을 기초로 한다는 감성활동과 이성활동을 일원적으로 인식할 것이 필요하다면서 다음과 같은 '소극적 교육'을 제안한다(Rousseau/정봉구 역, 2008: 70-71).

루소가 이성 이전의 선한 감성 활동은 소극적 교육을 통해 이루어져야 한다고 주장하는 것은 당시 아동의 자연성을 훼손하는 강제적이고 인위적인 교육의 문제를 지적한 것이다. 또한 여기서 소극적이라는 뜻으로 사용한 'Negative'는 기독교의 원죄설에서 본 아동관과 아이의 나쁜 성향을 바르게 시정하기 위해 선을 가르쳐야 한다는 루소의 견해를 담은 것이다.

인간의 본성을 지킨다는 의미의 소극적인 교육은 성선설에 대한 신뢰와 어린이에 대한 깊은 애정을 드러내고 있다. 인간의 본성을 선으로 믿는 루소는 감정과 의지를 배제하는 이성의 독단을 비판하였다. 그에 의하면 이성만으로는 인간의 도덕적 회복은 불가능하며 이성은 선을 바탕으로 하는 양심에 의해 인도되어야 한다고 말한다.

세 번째의 특징은 루소가 가정한 이상형인 자연인 개념을 뒷받침하고 있는 자유와 평등의 교육이념이다. 루소는 인간을 타락시키고 인간을 억압하고 불평등으로 몰아 넣은 권위적 사회상황과 나아가 이러한 문제의 사회를 지탱시키고 있는 도덕과 종교, 정치 등에 이르는 광범위한 영역을 개혁의 제1차 대상으로 삼았다. 그는 모든 사물은 결국 정치에 의해 좌우된다고 말하면서 이 테마야말로 생애를 걸고 연구를 성취하려 한다고 말한다. 우리는 루소의 인간을 위한 교육, 시민을 위한 교육의 두 가지 입장으로부터 그의 자유와 평등의 인간교육적 관점을 보다 분명하게 발견할 수 있다. 루소는 에밀에서 "사람들은 자연의 질서 안에서는 모두 평등하다. 그렇기 때문에 인간이 되도록 훌륭한 교육을 받은 사람은 누구든 인간과 관계있는 일들을 제대로 해낸다. 내 제자가 군인이 되든 성직자가 되든 혹은 변호사가 되는 내게는 상관없는 일이다. 직업을 따르기 전에, 자연은 우선 그들이 인간이 되기를 원한다. 살아가는 것, 그것이 내가 그에게 주고 싶은 직업인 것이다. 내 손에서 떠날 때, 그는 법률가도 군인도 또는 신부도 아닌 무엇보다 인간이기를 바란다. 운명이 아무리 그의 지위를 바꾸려 해도 그는 언제나 자기 자리에 있을 것이다."(Rousseau/정봉구 역, 2008: 12) 인간도 시민도 되지 못하게 하는 자유의 억압과 불평등 속에 자연적 욕구와 사회적 의무의 상반된 모순이 생기고, 그 속에서 인간은 말과 행동의 불일치를 가져오게 될 수밖에 없다.

이런 상황에서 학교는 모든 이익을 공동으로 나누는 공동체이지만 결국에는 자신의 이익, 즉 철저한 개인주의에 빠지는 이중인간을 형성할 뿐만 아니라 아동으로 하여금 내부적인 갈등을 불러일으키게 된다. 그리하여 루소는 여러 다른 충격 사이에서 필연적으로 모순이 드러나서 그 어느 목표에도 도달하지 못하고 일생 동안 시

달리고 방황하며 자신과의 조화를 이룰 수도 없고, 또 자신이나 남들을 위해 아무 것도 보지 못한 채 일생을 마치게 된다고 경고한다.

이러한 루소의 교육적 사고는 진정한 의미의 사회나 문화를 거부하는 것은 아니다. 이는 에밀이 교사의 손을 떠날 때까지 완전한 사회의 한 성원, 시민으로 도야되어 떠날 것을 요청한 데서 분명히 나타난다. 그러기 때문에 아동의 생활현실이 자유를 왜곡하고 비인간화되어 있다면 그 현실의 생활체계를 변혁하고 새로운 생활체계를 수립하는 것이 절대로 필요하다.

바로 루소의 교육은 "낡은 것을 변혁하고 새로운 것을 창조하는 이중의 과제를 짊어지고 변혁과 창조, 파괴와 건설을 동시에 추진"(야나기 히사오/임상희 역, 1985: 64)하는 성격을 지닌다. 이런 점에서 '자연으로 돌아가라'라는 루소의 선언은 이반 일리치(I. Illich)가 말한 대로 '일상적 삶의 식민화'(Kolonisation des Alltags)와 '경험의 조작(Manipulation der Erfahrung)'(Illich, 1982: 52)이 만연되어 있는 교육상황의 개선과 근원적인 인간의 자연적인 소박성과 순수성의 회복이라는 정치적-교육적 양면성을 지니고 있다고 할 수 있다.

6. 위대한 교육소설: 에밀

칸트는 자기보다 십 여살 많은 루소의 에밀을 읽다 규칙적인 운동시간을 놓쳤다는 일화가 있다. 페스탈로찌는 신학을 공부하다 에밀을 읽고 교육실천가로 전향했다고 한다. 또 나폴레옹은 스위스를 침공하기 위해 알프스산을 넘을 때 에밀을 읽다 낙마했다는 소문도 있다. 그만큼 에밀은 당대 최고의 베스트셀러였다.

다음으로 에밀에 적힌 인상적인 구절을 소개하도록 한다(Rousseau, 1762/정봉구 역, 2008에서 인용함).

– 1부 유아기

> 참으로 이상한 일이다. 모든 것은 조물주에 의해 선하게 창조됐음에도 인간의 손길만 닿으면 타락하게 된다.(1부 첫 줄)

인간이 선천적으로 선한 존재이다. 그런데 인간의 손이 닿기만 하면 모든 것이 타락한다. 여기서 사람의 손이란 그 사람이 자라온 시대의 정치 경제 교육 문화 등 일체의 사회적 환경에 뒤틀려진 부정한 영향들이다. 그 영향으로 인간의 선성은 훼손되고 있다.

> 인간의 교육은 어려서부터 제대로 이루어져야 한다. 영혼이 세상의 편견에 물들어 뒤틀리기 전에 울타리를 치고 보호해줘야 한다. 식물이 재배를 통해 성장하듯 인간은 교육을 통해 성장한다.

세상에 막 태어난 유아의 선성은 세상의 부조리와 편견과 부당함에 의해 훼손될 수밖에 없다. 그래서 루소는 그런 자신의 시대문제를 붙들고 개혁하려는 정치적 의지가 강하였다. 유아는 세상의 불편부당한 영향을 받지 않고 마치 식물이 재배를 통해 성장하듯이 교육을 통해 성장하도록 도와야 한다.

> 사람들은 자신의 아이를 보호하기에만 급급한데, 이는 잘못된 것이다. 한 인간으로서 자신의 운명을 개척하며 살아갈 수 있도록 가르쳐야 한다. 행여 아이에게 무슨 일이라도 있지 않을까, 죽지 않을까 노심초사하는 것이야말로 어리석은 태도이다. 인간은 태어난 이상 언젠가는 죽게 마련이다. 아이가 죽지 않도록 하기보다는 아이가 당당하게 살아갈 수 있도록 해야 한다.

사람의 속성은 똑같은 것 같다. 요즘의 부모들도 자신의 아이만 잘되면 된다고 생각하기 때문이다. 아이의 친구를 이 세상에서 같이 가야하는 동반자로 생각하는 것이 아니라 경쟁자로 인식하게 만들다 보니 자신의 아이 이외엔 모두가 적인 것이다. 그러나 자신의 아이만 잘 살게 할 수는 없는 것이다. 이 사회는 더불어 살아가야 하는 것이기 때문이다. 장애가 있거나, 이방인이거나 모두가 어울어져 살아가야 하는 이땅의 삶인 것이다. '한 아이를 키우려면 온 마을이 필요하다'고 한다. 모두가 우리 아이들을 내 아이처럼 보호해주고, 안전하게 자랄 수 있게 해주는 것이 이땅의 어른들이 할 일이다.

> 이 땅의 상류층 어머니들은 도시의 환락에 젖어 흐느적거리느라 정신이 없다. 어머니라는 신분에 부담을 느끼는지, 한발 더 나아가 아이를 낳은 일마저 포기하려는 경향을 보이기도 한다. 그녀들은 인류의 번영을 위해 주어진 매력을 인류를 해치는 일에 쓴다.

당시 유럽의 사회는 아이를 기르지도 않고 낳지도 않겠다는 여자들이 많았는데 루소는 이를 여성의 의무와 책임을 포기하는 것이라고 했다. 그는 이렇게 나쁜 관습의 책임은 여자들 만의 것으로 돌릴 수는 없으며, 유럽 문화 전반에 걸쳐, 학문, 예술, 철학과 기타 관습들이 타락상을 노출 시켰다고 본다. 루소는 어머니가 어머니답지 못하면 자식도 자식답지 못하게 된다고 말하면서 아이들에게 가정에서 어머니 역할의 중요성을 강조하고 있다.

> 모유를 먹이는 문제에 있어, (중략)이 문제를 단순히 육체적 관점에서만 고려해서는 안 된다. 어머니의 보살핌이라는 정신적 자아양분은 아이에게 있어 모유를 먹이는 일보다 그 가치가 결코 작지 않다.

루소는 출산 후에는 모유 수유를 강조한다. 아이에게 젖을 먹인다는 것은 신체적인 면에 국한된 것이 아니고 젖을 먹이는 동안 생겨나는 모자간의 애착의 중요성에 대해 말하고 있다. 어머니와 아기의 애착은 모든 인간관계의 바탕이 되므로, 애착이 형성되지 못한 경우 사람들은 가정보다 집 밖에서 즐거움을 찾으려 한다고 보았다.

> 사업상 바쁘다는 것을 핑계삼아 자신의 의무를 돈으로 해결 하려는 아버지들이 있다. 오, 이 얼마나 천박한 마음인가. 돈으로 아버지를 사줄수 있다고 믿다니, 그런 인간들은 자식에게 교사를 사준 것이 아니라 하인을 사준 것이다. 그 하인은 당신의 자식을 또 하나의 하인으로 만들 것이다.

아버지가 교육에서 배제되었을 경우 가정의 단란함이 자취를 감추고 그 대신 나쁜 습관을 불러일으킨다고 하였다. 바빠서 아이에게 관심을 갖지 못하는 경우 돈으로 해결하려는 경향이 있는데 이는 비천한 인간의 행동이라는 것이다.

어머니에 의해 길러지고 아버지에 의해 교육 되었을 때, 아이는 본래부터 지닌 순수한 본성을 유지시킬 수 있다. 가장 훌륭한 스승은 아버지이고 가정만큼 사람의 마음을 끄는 자연은 없다고 말하면서 가정과 부모의 역할을 강조한다.

– 2부 아동기(5–12세)

> 초기(12세까지)의 교육은 소극적인 것이어야 한다. 즉, 아이들의 마음을 악덕이나 그릇된 정신으로부터 보호하는 것이다. 만일 여러분이 아이들에게 아무것도 하지 않고 아무 일도 시키지 않는다면, 또 아이들이 열두 살이 될 때까지 건강하고 튼튼하게 기를 수만 있다면 아이의 이해력은 이성을 향해 자연히 눈을 뜨게 될 것이다. 그릇된 습관이 없는 아이에게는 여러분의 노력과 효과를 방해할 만한 것이 하나도 없을 것이다. 그러므로 그는 곧 가장 현명한 인간이 될 것이다. 그리고 여러분의 교육에 의해 현명한 사람이 됨으로써 상당한 교육의 성과를 올리게 될 것이다…. 아이의 육체나 기관, 감각들이 충분히 활동할 수 있도록 훈련시켜라. 그러나 될 수 있는 한 영혼만은 오랫동안 건드리지 마라. 아이에게 감정들을 평가하는 판단력이 생기기 전에 모든 감정들이 일어나지 않도록 주의해야 하며, 외부로부터 이상한 인상들이 아이의 마음에 들어오지 않도록 하라. 그리고 악의 발생을 막기 위해 선을 행하도록 재촉하지 말아라. 왜냐하면 선이란 이성의 빛으로 밝혀질 때까지는 선이 아니기 때문이다. 아이에게는 아이들 시대를 마음껏 누리게 하는 것이 좋다. 아무것도 잃지 않고 목표를 향해 나아가는 것은 유익한 것으로, 아이의 내부에서 유년기가 성숙되도록 도와주어야 한다. 내일까지 미루어도 아무 위험이 없다면, 그 교훈을 오늘 주는 것은 삼가야 한다.

루소는 '초기의 교육은 완전히 소극적이어야 한다.'고 주장하였다. 그리고 그는 이 말의 부연 설명을 다름과 같이 덧붙이고 있다.

"충분한 연령이 되기 전에 정신을 형성하고자 어린이에게 인간의 의무에 관한 지식을 부여하려고 하는 교육을 나는 '적극적 교육'이라고 부른다. 이에 대해서 지식을 어린이에게 가르치기 전에 지식의 도구인 제기관(諸器官)을 완성시키고 감성을 훈련시켜 이성에 대비코자 하는 교육을 '소극적 교육'이라 칭한다. 소극적 교육이란 아무것도 안하는 것이 아니다. 미덕(美德)은 부여치 않지만 악덕을 방지하다. 진리는 가르치지 않지만 오류를 방지한다. 어린이가 진리를 이해하는 상태에 도달했을 땐 진리로, 미를 사랑하는 상태에 도달했을 땐 선으로 어린이를 인도할 수 있는 모든 걸 그에게 준비시키는 것이다."(Ⅱ. p.147. 註에서)

> 아이들이 이성을 갖기 전에는 도덕적 존재나 사회적 관계 등에 관한 어떠한 관념도 가질 수 없다. 그러므로 이러한 관념을 나타내는 말은 가능한 한 사용하지 말아야 한다. 아이가 그릇된 관념에 오염될 수 있기 때문이다. 이것이 오류와 악덕의 씨앗이 될 수도 있다. 아이의 마음이 감각적 사물을 향해 열려 있는 한 그의 모든 감각에만 머물러 있도록 하라.(p.76)

루소는 이성적인 인간을 만드는 것이 가장 훌륭한 교육이라고 한다. 그러나 이 이성은 인간이 가진 정신 능력 가운데서 가장 늦게 발달되기 때문에 아이들이 이성을 갖기 전에는 아이의 모든 감각을 활용할 수 있도록 해야한다고 말한다. 시각, 촉각, 후각, 미각들의 도구를 통해서 경험을 하고 그 경험을 통해 관념을 형성할 수 있기 때문에 아이들이 스스로 이성을 획득하기 까지는 어떠한 기존체제에서 형성된 관념은 배제시켜야 한다고 한다. 어른이 되기 전까지 아이는 아이로서 있어야 하는 것이 자연의 질서라는 말이 우리 아이들에게 꼭 필요한 말이다.

> 그러니 선생들이여. 가르치는 일에 신중하라. 서두르지 말고 주의해 가르쳐라. 섣불리 선악에 대해 지식을 넣어주려다가 악마의 교사가 되지 않도록 하라. 아이가 집 밖에서 보고 듣는 것을 통제할 수 없다면, 그의 내면에 그런 것들이 적절히 안치되도록 주의를 기울이는 데만 힘써라.(p.87)

루소는 교사가 아이에게 멋진 훈시를 하려 하지 말고 침묵하며 아이가 스스로 질문해 오기를 기다렸다가 그 질문에 침착하고 정직하게만 대답해주라고 한다. 섣불리 선악에 대해 지식을 넣어주려 했다가는 악마의 교사가 될거라 말한다. 선악에 관한 섣부른 교사의 지식은 위험하다고 본다. 상대의 입장에서는 선악이 바뀌어 질 수 있기 때문이다. 요즘 벌어지는 일들에 대해 아이들이 질문을 해오면 교육자들은 뭐라 답을 해야 할까? 루소는 정직하게 대답해주라 한다. 그러나 교육자들조차 무엇이 진실인지 헷갈리는 상황에서 무슨 말로 답을 해야 할지 고민해야 하는 현실이다.

– 3부 소년기(12–15세)

소년기에 접어들면서 드디어 아동의 이성이 발현되기 시작한다. 이러한 이성의 발현은 왕성한 호기심으로 시작되고 호기심을 충족하는 방법은 여전히 자연성을 기반으로 하는 경험과 체험이다. 책 174쪽부터 185쪽에서 루소는 아이가 던지는 질문의 동기를 바르게 파악하고 대응할 것, 그리고 아이의 손이 철학자가 되게 할 것을 말하고 있다.

질문의 동기를 파악하라

> 호기심을 채워주기보다는 호기심을 불러오는 답변을 해주어라. 특히 무엇을 배우고자 하는 질문이 아니라 생각나는 대로 하는 질문을 할 때, 당신을 괴롭히려는 의도가 있는 질문이라면 단호히 물리쳐라. (중략)그의 발언보다는 그 발언의 동기를 파악하는 데 주력하라. 이 충고는 대단히 중요하다. 아이가 드디어 추론을 시작할 나이가 되었기 때문이다.(p.174)

아이가 추론을 시작할 나이가 되었다는 것은 아이의 이성이 발현되기 시작했음을 의미한다. 루소는 앞서 계속 주장했듯이 아이의 배움은 아이 스스로에게서 나와야 한다고 생각하기 때문에 아이의 질문에 만족할 만한 답변을 주기 위해 굳이 노력할 필요가 없다고 말한다. 또한 아이의 질문이 정말 호기심에 의한, 즉 이성적 활동에 의한 것인지 아니면 자연성과는 위배된 그 어떤 다른 의도가 있는 것인지를 파악하는 일이 교사의 중요한 역할이라고 말한다.

루소의 기준에 비하면 매우 빠른 수준이지만, 유치원을 다닐 정도의 나이이거나 초등학교 저학년생의 경우 끊임없는 질문으로 부모를 곤란하게 하는 경우가 많다. 아이가 끊임없이 질문을 하는데 어떻게 대처해야 할지 난감하다는 부모들의 하소연은 인터넷을 조금만 검색해보면 어렵지 않게 찾을 수 있다. 끊임없는 질문들 속에서 그 질문의 의도를 딱딱 짚어 내기란 매우 어려운 일일 것이다. 그럼에도 불구하고 부모(교사)는 그 질문들에 대해 적절한 피드백을 제공해야 한다. 루소는 정답을 내려주기 보다는 그 호기심을 계속 이어갈 수 있도록 반응할 것을 요구한다. 아이가 고민 없이 내던지는 "왜?"의 연속에 단호하게 대처하되 아이가 체험한 것과 관련된 질문에는 아이의 사고를 유도할 수 있는 답을 줄 수 있어야 한다. 아이는 아직 어른이 아니지만 그 이성이 발현하기 시작했으므로 부모(교사)는 좀 더 엄격하고 단호하게 아이의 교육에 임해야 한다고 루소는 말한다.

아이의 손이 철학자가 되게 하라

> 인간은 스스로 터득했을 때 가장 명료한 관념을 갖는다. 그래야 그의 이성이 타인의 권위에 종속되지 않는다. 관념을 실질적으로 확장하거나 어떤 기구를 발명하는 데도 그 점이 훨씬 유리하다. 주는 대로 받아들이기만 하는 정신은 무기력에 빠지기 쉽다.(p.180)

> 도구에 대한 의존이 우리의 감각을 얼마나 무디게 하는가를 보라. 줄자의 사용으로 눈대중의 감각이 떨어지며 저울의 사용으로 손이 지닌 무게감이 훼손된다. 도구가 정교하면 할수록 우리의 감각 기관은 더 퇴보한다.(p.181)

루소가 요즘의 현실을 본다면 기절할지도 모르겠다. 스스로 터득해 얻어내야만 하는 관념들을 아이들의 머릿속에 주입하기에 여념이 없다. 사실 관념이랄 것도 없이 단편 지식을 주입하기에 급급하다고 말하는 편이 더 정확할지도 모르겠다. 스스로 터득하며 얻어낸 관념을 통해 이성을 발달시키는 자유로운 이성을 지닌 사람이 우리나라에 얼마나 있다고 말할 수 있을까? 적어도 공교육 체제에서 틀에 박힌 교육을 받고 자랐다면 개인을 둘러싼 수많은 지배 이데올로기에 종속되지 않고 고유한 이성을 지니고 있다고 자신 있게 말하기는 쉽지 않을 것 같다.

또 한 가지, 스마트폰과 같은 미디어 기기의 등장으로 우리 아이들이 얼마나 쉽게 많은 것들에 노출되고 있는지 모른다. 5인치 남짓의 스크린을 통해 돌쟁이, 아니 그보다 더 어렸을 때부터 접하는 셀 수 없이 많은 정보들은 아이가 손가락 하나 까딱하지 않아도 주입된다. 아이의 손이 철학자가 되게 하라는 말을 나는 손을 통해, 더 나아가 감각을 통해 체험하고 관념을 터득하게 하라는 말로 이해했다. 그렇다면 손가락 하나 까딱하지 않고 자연스럽게 스며드는 이러한 '관념'은 루소가 말하는 '스스로 터득해 얻어내는 관념'의 개념에 완전히 반하는 것이 아닌가? 이는 학대에 가까운 것이라는 생각이 들 정도이다. 우리의 진정한 선생은 경험과 감각이며, 인간은 자신에게 적합한 것을 자신이 위치한 관계 안에서만 파악할 수 있다(p.183)는 루소의 주장에서, 편리와 편의를 위해 우리 아이들은 이성을 발달시키고 인간으로서 존립할 기회를 박탈당하고 있다는 생각이 든다.

– 4부 청년기

루소는 청년기를 두 번째 탄생이라 말한다. 새로운 성에 눈을 뜬 청년기의 학생은 정념으로 가득 차 있다. 자기애, 타인에 대한 애정, 그리고 그로부터 발생하는 타인에 대한 의존은 타인을 의식하는 마음을 만들어 내고 이는 편애나 질투와 같은 감정을 알도록 한다. 이처럼 청년기의 학생은 더 이상 육체적 존재로서만 인간을 바라보지 않고 정신적 존재로서의 인간을 이해해야 한다. p.241~251에서 루소는 쾌락의 유혹에 빠지지 않도록 주의할 것, 교육에 반드시 필요한 청년의 열정, 그리고 학생에게 인간과 사회에 대해 보여주어야 할 필요성에 대해 이야기 하고 있다.

쾌락의 유혹에 빠지지 않도록 주의하라

> 아이들의 감정은 아주 단순해서, 기쁨이나 고통 같은 양극단의 정서만을 가진다...(중략) 그러므로 젊은이의 마음을 자극하기보다는 억제하도록 하라. 그럼으로써 쓸데없는 정념에 물들어 쾌락의 유혹에 빠지지 않도록 주의하라.(p.241)

루소가 말하는 '쓸데없는' 정념은 자기애로부터 생겨난 것을 제외한 모든 것으로 자연스럽지 못한 것이다. 자연스럽지 못한 정념은 인간에게 해를 입히고 인간이 자연에 역행하도록 한다. 이러한 정념을 정확히 구분하고 절제하도록 하는 것이 이 장의 핵심이다. 앞서 말했듯 이 시기의 아이들의 마음은 양 극단의 정서를 오간다. 따라서 과도한 자극은 아이들에게 도움이 되지 않는다고 루소는 생각한 것 같다. 유혹 없이 감동하도록 하고, 감각 기관의 선동 없이 감수성을 가꾸도록 해야 한다는 루소의 말에서 현실 교육과의 괴리가 느껴진다. 잔잔한 상태에서 자연을 통해 느껴야할 감동과 감수성이 우리 아이들에게는 참으로 인위적으로 주입되고 있지는 않은가? 청년기에서도 여전히 루소의 자연주의적 교육의 흐름이 이어진다.

교육에 반드시 필요한 청년의 열정

> 아이들의 감각 기관을 통해 흘러나오는 불같은 열정은 그것 자체로 자연스러운 것이다...(중략) 이해시키지도 못하면서 명령과 규율로 아이의 마음을 통제하려 한다면, 아이는 그 선생의 변덕과 증오 외에 무엇을 볼 수 있겠는가? 자연히 반항하는 마음이 들지 않겠는가? 나는 억제시켜야 할 악덕을 오히려 자극하는 그 같은 행위로 인한 권위의 유지가 도대체 왜 필요한지 모르겠다...(중략) (p. 245) 청년의 열정이야말로 교육에 장애가 되는 것이 아니라 그 교육을 수행하기 위해 없어서는 안 될 재산이다.(p.244)

우리나라 청소년기의 아이들에서 '감각기관을 통해 흘러나오는 불같은 열정'을 본 적이 없는 것 같다. 이런 지극히 자연스러운 것이 왜 우리 아이들에게서는 찾아볼 수 없는 것일까? 이는 아마도 아이들이 너무 억압되고 통제되었기 때문일 것이다. 루소 역시 아이들의 열정을 통제하는 방식으로 교육하는 선생들의 잘못을 질책하고 있다. 물론 루소가 이상적으로 생각하는 교사와 학생의 관계와 형태가 우리의 공교육 체계하의 교사-학생 관계 · 형태와 단순 비교 될 수는 없다. 그럼에도 불구하고 우리 교육의 기본적 모습은 아이들의 개성과 열정을 북돋아 주는 방향이라기보다는 오히려 그 반대에 가깝다는 점을 부인할 수는 없다. 아이의 열정이 교사에게 부담스러울 수는 있겠으나 '교육'이라는 이름으로 그 열정을 꺼뜨리는 행위가 자행되어서는 안 된다.

인간과 사회에 대해 보여주어라

> 인간과 사회는 같이 연구해야 한다. 인간은 사회에 의해, 그리고 사회는 인간에 의해 연구되어야 한다...(중략) 자연의 상태에는 누구도 침해할 수 없는 사실상의 평등이 있다. 이 상태에서 인간은 서로를 지배하거나 종속될 만큼 특별한 차이를 보이지 않는다. 하지만 사회 상태에는 망상적이고 헛된 권리에 의한 평등이 있다. 왜냐하면 평등을 유지한다는 명목으로 자행되는 수단 자체가 그 평등을 파괴하기 때문이며, 강자에게 부여된 공공의 권력은 약자를 억압하고 자연이 확립해 놓은 균형을 파괴하기 때문이다. 이 최초의 모순으로부터 문명사회의 모든 착오가 생겨난다.(p.248)

아이는 자신에 대한 관심과 사랑에서 한 발 더 나아가 타인에 대한 관심과 사랑의 감정을 가지기 시작한다. 아이가 처음으로 타인에게 가지는 감정은 일종의 우월의식이며 이러한 과정에서 아이는 자연스럽게 이기심과 정념들을 가지기 시작한다고 루소는 말한다. 그러나 아이는 아직 정념에 대해 분별할 줄 모르기 때문에 그 능력을 기르기 위해 인간과 사회에 대해 보여주어야 한다는 것이다. 인간과 사회가 떼려야 뗄 수 없는 관계임은 모두가 알고 있다. 정치와 윤리가 한 쌍으로 이루어져 있다는 것 역시 같은 맥락으로 이해 할 수 있다. 루소는 인간의 정념이 이 둘의 관계를 복잡하게 만든다고 이야기 하며 마음의 절제가 인간을 자유롭고 독립적인 존재로 서게 한다고 말한다. 아무것도 원하지 않는 사람은 아무것에도 얽매이지 않는다는 말이 참으로 와 닿는다.

작금의 사태를 보아도 이는 자명하다. 원하는 것이 너무 많아서 탈이 난다. 사회는 욕망을 마구 주입할 뿐 마음을 절제하는 방법을 가르치지 않았다. 자연 상태에서의 평등은 더 많이 가지고자 하는 자들의 우월 욕구를 채워주지 못하지 않는가? 여기에서 루소가 말하는 사회 상태의 망상적이고 헛된 권리에 의한 평등이 얼마나 폭력적인지 알 수 있다. 평등 유지의 수단은 결국 평등 파괴의 도구이며 강자가 가진 권력은 약자를 더욱 약하게 하고 자연의 균형을 파괴한다(p.248). 만인을 위해 봉사하여야 할 특권 계층의 사람들이 실상 자신만을 위해 봉사한다(p.249)는 말이 참으로 현실적이다.

루소는 인간이 자기 운명의 주인이 되기 위해서 자신의 지위나 신분에 따른 행복에 대해 깊게 관찰하고 잘 알아야 한다고 말하며 그것을 실천하도록 하는 것이 중요한 과제라고 했다. 이를 위하여 인간의 마음을 바로 아는 것이 중요하다고 말한다. 그러면서 지금까지 루소가 강조해 온 개인의 직접 체험에 의한 교육을 넘어서 타인의 경험을 통한 학습을 제시한다. 인간과 사회, 사회는 결국 더 많은 인간들의 집합이 아닌가? 따라서 이는 아이를 둘러싸고 있는 인간관계의 중요성을 이야기 한다고 볼 수 있겠다. 사회의 여러 단면을 가르치기란 쉬운 일이 아니지만 분명히 아이에게 필요한 과정임에는 틀림없다.

자연의 이성에 따라 선택해야 할 종교

무한이나 영원성이 아무리 크게 입을 벌리고 있다 해도 아이는 별로 괘념치

> 않는다. 아이에겐 아이의 오성이 수용할 수 있는 거리와 넓이와 깊이만 있을 뿐이다. 혹시 놀랄지 모르지만, 나는 아직 내 학생에게 종교에 관한 얘기를 해준 적이 없다...아이들에게 교리문답을 가르치는 현학자보다 더 어리석은 사람이 있을까? 사람들은 내게 기독교의 교리가 신비스럽다는 것을 이유로, 아이가 그것을 이해할 수 있기를 기다려 가르친다는 것은 생전에는 가르치지 않겠다는 것이라고 말할지 모르겠다... 우리가 무엇인가를 믿는다는 것은 그 믿음의 가능성을 전제로 한다. 기독교임을 자칭하는 아이는 무엇을 믿는가? 자기가 이해하는 것을 믿는다. 그러나 그는 사람들의 얘기를 거의 이해하지 못하기 때문에 다른 사람이 다른 장소에서 다른 말로 말해주면 그 상황을 흔쾌히 받아들인다. 어른이든 아이든, 이러한 측면에서 모든 신앙은 지리적인 일이다. 그래서 누구는 기독교도가 되고 누구는 이슬람교도가 되며 누구는 불교도가 된다.
>
> ... 종교의 문제에 관한 한 언제나 세론이 승리한다. 그렇다면 세론에 흔들리지 말 것을 주문하고 권위에 예속되기를 거부하라고 가르치는 우리로선 그를 어떤 종교속에서 키워야 한단 말인가? 자연의 인간이 숨 쉴 종파란 무엇이란 말인가? 답은 간단하다. 우리는 에밀을 어떤 종파에도 소속되지 않도록 할 것이다. 그로 하여금 그 자신의 이성에 따라 종파를 선택하도록 할 것이다.(p.270-274)

우리는 지금도 잘못된 종교의 예를 많이 보고 있다. 이슬람과의 전쟁은 아직도 진행 중이다. 이렇듯 종교는 인류의 역사 속에 항상 존재해 왔고 거의 모든 전쟁에 관련되어 있다. 사람들은 신을 왜곡시키고 많은 부분 자신들의 이익을 위해 교리를 사용한다. 신은 어리석지 않다. 그를 믿는 인간이 어리석을 뿐이다. 루소는 독실한 기독교인이었다. 그리고 신에 대해 의심하지 않았다. 루소는 이 시기의 에밀이 자연적으로 이루어진 지식의 진보를 통해 진정한 신에 대한 진리를 스스로 찾길 바라고 있다.

– 5부: 에밀과 소피의 결혼

루소는『에밀』제5부 첫머리에서 다음과 같이 쓰고 있다. "남자가 혼자 지낸다는 것은 좋지 않다. 이제 에밀은 남자다. 지금은 그에게 반려자를 주어야 할 시기이다. 그 반려자는 소피다."(p. 670) 이것은 무엇을 함의하고 있는가. 여기에서『에밀』이라는 책이 남성교육론이고 소피는 에밀에 대해 종속적 위치에 있음을 의미하지 않는가 한다. 다시 말해서 여성교육론은 부수적으로 쓰인 것이고 주체적인 여성의 존재를 인정하지 않는다는 것이 단적으로 드러난다고 볼 수 있다(안인희. 1992: 237).

남녀 간의 획일적 평등은 불가능하다. 그것이 자연의 질서이다. 자연은 남자에겐 열정과 그것을 통제할 수 있는 이성을, 여자에게는 무한한 욕망과 그것을 억제할 수 있는 수치심을 주었다. 남녀는 기질적으로, 체질적으로 다르다. 남녀는 서로 다른 권리와 의무를 가진다. 따라서 다르게 교육되어져야 한다.

루소가 생각한 이상적인 여성상은 수치심으로 욕망을 억제하는 여성, 가족에 헌신하는 여성, 나태와 불순함이 없이 하는 일에 빈틈이 없이 부지런한 여성, 남자들에게 구속받는 것에 익숙한 순종적인 여성, 듣는 사람의 기분을 헤아려 말할 줄 아는 여성, 남성의 유용한 점을 이용할 줄 아는 기지를 가진 여성이었다.

그런 여성이 여기 있다. 그녀가 바로 '소피'이다.

[소피에 대하여]

소피는 이상적인 여성이다. 좋은 가정에서 선량한 성품을 지니고 태어난 인정많은 여자이다. 그녀는 사람을 현혹시키지 않으면서도 사람의 이목을 끌고, 화려하지 않으면서도 우아하다. 그녀의 옷맵시는 수수하지만 멋지다. 그녀는 스스로를 뽐내려 하지 않지만 매력적이다. 그녀는 청결하고 부지런하며 계산에 밝다.

소피는 부모와 대화, 세상에 대한 관찰을 통해 배웠다. 그녀는 상냥하고 사람들의 말을 잘 따랐다. 그녀는 감수성이 예민하지만 타인에게 폐가 될 정도로 노골적이지 않다. 그녀의 신앙은 도덕적 차원에서 형성되어 특정 교리, 교파에 얽매여 있지 않다. 그녀는 정숙하다. 스스로 자기자신을 관찰하며 스스로 빛나기를 원한다.

소피는 커가면서 혼자 있는 시간이 많아졌다. 그녀는 자신의 내면에서 사랑의 욕망이 타오름을 느꼈다. 그녀는 자기에게 맞는 정직하고 훌륭한 남자에 대해 생각한다. 훌륭한 남자.

부모는 소피를 도시에 사는 숙모에게 보낸다. 숙모는 소피를 사교계에 등장시켜 청년들을 만나보게 한다. 소피는 사교계에서 만난 청년들에게서 들떠 있는 정신과 가벼운 행실, 경박한 언사를 경험한다. 이러한 것들은 소피에게 혐오감만 갖게 할 뿐이었다.

소피는 우울하다. 그녀는 시골로 돌아온다. 관능의 혼란을 숨체 추스를 수가 없었다. 겸손한 태도와 차가운 공손함으로 사교계의 청년들을 피했으나 그녀에게는 현실에서 찾아지지 않는 훌륭한 남자에 대한 몽상이 가득하다. 평생을 같이할 동반자를 발견하지 못한 낙담. 소피는 이 고통을 견디며 다짐한다. '진정으로 사랑하는 남자가 아니라면 결혼하지 않겠다'고, '친절하고, 견실하며, 정직한 열정으로 세상을 살아가는 남자, 그런 남자가 아니라면 독신으로 생을 마감하리라'고.

[소피를 찾아 떠나다]

에밀, 그는 소피를 찾아 도보여행을 떠난다. 인적 드문 산골의 농부의 안내로 소피의 집에 간다. 그를 맞이한 주인은 정중하고 기품이 있다. 함께하는 저녁시간, 루소와 에밀은 주인의 가족과 식사를 하며 대화를 나눈다. 에밀은 주인의 삶에 대한 역사, 부부간의 정에 대한 이야기에 감동하고 주인과 부인의 손에 키스를 한다.

소피는 자신이 찾던 훌륭한 남자가 드디어 나타났음을 보았다. 에밀의 순수한 열정은 소피를 포함한 모두를 매료시켰다. 에밀의 몸짓 하나하나에 겸손함과 활달함이, 부드러움과 의젓함이 묻어있음을 느꼈다. 에밀의 감동어린 눈물에 소피도 동요한다.

에밀은 '소피'라는 이름을 듣고 놀란다. 여행의 목적이 바로 '소피'를 찾는 것이 아니었던가. 에밀은 설렘, 긴장, 들뜸의 혼란스런 감정으로 소피의 시선을 받으며 안절부절한다. 이미 그의 마음은 소피에게 쏠려있다. 소피의 목소리를 듣는 것만으로도 에밀은 마음이 요동친다. 에밀은 소피의 행동 하나하나를 놓치지 않는다. 그녀의 눈과 귀를 따라가고, 그녀의 영혼이 그의 몸을 움직이는 것 같다. 에밀의 마음속으로 소피가 벼락같이 들어왔다.

소피의 마음도 한결 편안하다. 드디어 만났다!

루소에 의하면 남성에 대하여 여성이 무조건 복종하는 것이 아니라 궁극적으로는 여성이 남성을 지배하는 것인데 그 지배 방법에 있어서 이성적 사고력에 의한 정당한 합리적인 설득이 아니라 일종의 교활한 수법, 곧 '매력'으로 남성을 유혹해야 한다는 것이다. 그의 남녀관계론에서 이성적 판단이 부족한 여성이 결국 매력이라는 통로를 통하여 자신의 불합리한 판단을 남성에게 강요한다는 사실이다. 루소는 이러한 문제에 있어서 하등 도덕적 문제와는 상관이 없다고 보고 있다(안인희. 1992: 252).

결론적으로 루소는 여성은 남자에게 순종적이고 종속적이지만 그러나 상호보완적 관계(능동과 수동의 관계)를 가질 때 조화로운 관계가 이루어지고 그렇지 않으면 불협화음이 일어난다는 것이다. 루소는 지나치게 똑똑하고 사리판단이 분명한 여자를 만나면 남자가 성가실 거라고 생각하는 것이다. 그래서 루소는 다소 知的이지는 않지만 다른 여자에게서는 볼 수 없었던 순하고 착하고 순종적이며 때로는 아름다울 수 있는 인내심을 가진, 그러면서도 자연 상태에 가까이 있는 여자로 테레즈를 선택한 것은 아닌가 하고 생각해 볼 수도 있다. 이러한 점에서 볼 때 루소의 여성관은 매우 보수적이라고 하지 않을 수 없다. 그러면서 그는 "사려와 분별 있는 어머니들이여, 나를 믿으라. 여러분의 딸을 절대로 훌륭한 남성으로 만들지 말라. 그것은 자연을 부정하려고 하는 것과 같다. 그녀를 훌륭한 여성으로 만들라. 그러면 그녀는 그녀를 위해서나 남성들을 위해서나 한층 더 가치 있는 사람이 될 것이 확실하다."(p. 684)라고 하였다. 다시 말해서 이 말의 함축적 의미는 '남성은 남성답게, 여성은 여성답게'라는 인간적 자연성에 근거를 둔 루소의 자연주의적 사상을 함의하고 있다고 할 수 있겠다.

딸을 여자로 키워라

루소는 우리의 성은 자연에 의해 결정된 것이므로 남자이든지 여자이든지 모두 존중되어야 한다고 말한다. 여자로서 존중한다는 것은 여자로서의 가치를 인정하고 계발한다는 것이라고 밝히고 있다. 인간의 두 성은 서로 상호 보완적이기 때문에, 현명한 어머니는 딸을 '여자'로 만드는 데 힘써야 한다고 주장한다. 살림만 하는 여자가 아니라 생각하고 판단할 줄 아는 여자로 길러야 한다는데 루소가 말하는 이러한 능력은 오로지 남자에 대한 것에 국한된 것으로 뵌다. 루소에 따르면 여자는 남자가 배우는 것과 같은 모든 것을 배울 필요 없이, 여자가 알아야 할 것만을 배워야 한다.

남자는 욕망을 위해 여자에게 의존하는 반면 여자는 욕망과 더불어 필요에 의해 남자에게 의존한다고 루소는 말한다. 그러면서 남자는 여자 없이 살아갈 수 있지만 여자는 남자 없이 살아가기 어렵다고 주장한다. 적어도 내가 보기엔 여자는 혼자 잘 살 수 있지만 남자는 여자 없이 절대 살 수 없는 것 같지만... 아무튼 루소는 여자가 필요한 것을 얻기 위해 남자의 마음에 들어야 하며 아무리 행실이 올바르더라도 그 평판이 나쁘면 아무 소용없는 것이라고 말한다. 사내아이들은 어머니로부터 기질이나 품성을 물려받기에 여자의 교육은 모두 남자에 관한 것이어야 하며, 심지어 남자를 즐겁게 하는 것, 가정을 평화롭게 하는 것, 남자로부터 사랑받는 법 등등까지도 어렸을 때부터 교육받아야 한다고 말하고 있다.

매력 계발의 교육

루소가 말하는 여성이 매력은 무엇인가? 남녀를 불문하고 초기의 교육은 신체 연마에서 시작되는데, 남자아이는 체력 계발을 그 목표로 하는 반면 여자아이는 매력 계발을 목표로 해야 한단다. 아무리 읽어봐도 여자의 매력은 결국 남자와 결부된다. 여자가 약하면 남자도 약하기 때문에 여자는 건강해야 하고 남자를 즐겁게 하면서 자신의 욕망을 충족하는 것이 바람직하다. 결혼하면 가정에 온전히 충실해야 한다.

루소는 여자아이의 취향을 여성의 숙명으로 연결시킨다. 여자의 숙명은 부지런하고 순종적이며 남들에게 구속받는 것에 익숙하게 교육받아야 한다.

순종적이고 온순하게 키워라

여자아이의 제한된 자유, 그리고 자유에 대한 욕망을 탐닉으로 표현한 루소는 이 탐닉으로 인하여 많은 악덕이 탄생한다고 주장한다. 이로 인해 변덕과 집착이 생겨난다는 것이다. 따라서 여자아이들이 제한된 자유를 자연스러운 것으로 받아들일 수 있도록 교육하라고 주장한다. 이러한 습관적 구속이 여자를 온순하게 하고 이 온순함은 여자의 '미덕'이다. 남자가 결점 투성이라는 점을 전제하고 있지만, 이러한 남자에게 복종하도록 만들어진 여자가 온순하지 못하면 남편을 악덕하게 만든다고 한다.

남녀에게는 저마다 취해야 할 고유한 태도가 있다고 한다. '지나치게 온순한 남편은 아내를 건방지게 만들 수 있다. 그러나 남편이 괴물이 아닌 이상 아내의 온순함은 그를 제자리에 있도록 만들며 제어하게 한다(p.305)'는 루소의 말에서 그가 앞서 말한 상호보완적 관계의 모습을 엿볼 수는 있다.

루소는 여자가 종속의 상태를 고통스럽게 받아들이지 않고 그것이 숙명이라는 것을 깨닫는 교육을 해야 한다고 주장한다. 이를 깨닫는 지혜가 여성의 타고난 재능이며 자연적 성향이라고 말하고 있다.

5강
위대한 근대 교육철학자(2): 페스탈로찌

페스탈로치(1746. 1. 12.-1827. 2. 17.)[1]

1. 페스탈로찌는 누구인가

동서양을 통해 페스탈로찌(Johann Heinrich Pestalozzi, 1746~1827)의 교육사상만큼 많이 연구된 교육사상은 없을 것이다. 왜냐하면 자기 자신을 위해서는 아무 것도 한 일이 없고(Nichts fuer sich) 오직 가난하고 소외된 사람만을 위해 살았던(Alles fuer andere) '사랑의 교육실천가' 페스탈로찌는 현대 교육이 어떻게 개선되어야 할

1) 네이버 지식백과, 상담학 사전에서 2019.07.25.에 인출함.

것인가에 대해 큰 교훈을 주고 있기 때문이다.

페스탈로찌는 스위스 쮜리히에서 태어난 교육개혁가이다. 그는 노작교육 형태의 민중교육을 주창했고, 학생의 조화로운 도야를 위한 인간교육을 실천한 교육의 성인으로 알려져 있다.

페스탈로찌는 루소로부터 많은 영향을 받았다. 젊은 시절 그는 소외된 아동과 함께 '자연으로 돌아가기'위해 신학자의 꿈을 버리고 민중교육을 실천하는 길로 들어섰다. 1769년 아아레 강 근처에 버려진 땅(노이호프)에서 농사를 지었다. 그러나 1774년 이 사업이 실패하자 빈민 아동들을 집으로 데려와 방적과 배 짜기 등의 노작과 함께 그들이 자립할 수 있도록 교육을 시켰다. 이 사업도 실패로 끝났지만 페스탈로치는 귀중한 경험을 얻을 수 있었을 뿐만 아니라 소외자들을 위한 스위스 정치에 적극적인 관심을 보이기도 했다. 정치계에서 자신의 개혁사상을 실현시키는 것이 좌절되자 그는 저작활동으로 방향을 전환했다. 〈은자의 황혼 Die Abendstunde eines Einsiedlers〉(1780)에서 교육이 '자연에 따라야 한다는 것, 가정의 안정은 인간 행복의 기초'라는 그의 기본 이론의 윤곽을 제시했다. 소설 〈라인하르트와 게르트루트 Lienhard und Gertrud〉(1781~87)는 '민중'을 위해 쓴 것으로서, 독일 전원 생활을 사실적으로 묘사한 최초의 작품이었다. 이 책은 한 이상적인 여성이 부패한 관행들을 폭로해나가는 과정을 묘사하고, 그녀의 올바른 가정생활을 통해 마을의 학교와 지역사회에 모범을 제시하고 있다.

초기 교육에 있어 어머니의 역할이 중요하다는 생각은 그의 저작에서 일관되게 나타나 있다. 페스탈로치는 노이호프 지역에서 30년 동안 고립되어 살면서, 빈민들의 생활 개선책을 제시하고 교육 · 정치 · 경제에 관한 많은 저작들을 냈다. 그의 주요 철학논문인 〈인류발전에 있어서의 〈인간성 발전에 있어 자연의 운행에 관한 탐구 Meine Nachforchungen über den Gang der Natur in der Entwicklung des Menschengeschlechts〉 (1797)는 자신의 개인적 실망감을 반영한 것이었지만 인간 본성에 대한 깊은 신뢰와 사람들은 자신의 도덕적 · 지적 상태에 책임을 져야 한다는 확신을 표현한 것이기도 했다. 그래서 교육은 사람들에게 스스로 사고력을 계발시킬 수 있도록 해주어야 한다고 확신했다.

페스탈로치는 프랑스 혁명 이후 50세의 나이에 활동할 수 있는 기회를 가지게 되었다. 프랑스가 스위스에 세운 헬베티아 공화국에서 그를 초청하여 고등교육을 조직하도록 제의한 것이었다. 그러나 그는 초등교육부터 시작했으며, 그 일은 버림받은 전쟁 고아들을 모아서 혼자 힘으로 돌보고 가족적인 분위기를 만들어 그들의 도덕성을 회복시키려는 노력이었다. 이 일로 슈탄츠(1799)에서 몇 개월 간 힘든 생활을 해야 했지만, 그는 스스로 인생에서 가장 행복한 날들이었다고 회고했다. 페스탈로치는 1800~1804년 부르크도르프에서 한 교육기관을 책임맡았다. 이 기간 동안 그는 〈게르트루트는 어떻게 그녀의 아이들을 가르치는가 Wie Gertrud ihre Kinder lehrt〉(1801)를 저술했다. 여기서 그는 아이들의 선천적인 능력은 계발된다는 것, 아이들은 관찰로부터 시작해서 명확한 사상을 형성하게 하는 이해로 점진적으로 나아가면서 생각하는 법을 배워야 한다는 것 등 지적 교육의 주요원리들을 담았다.

1805~1825년에는 뇌샤텔 근처 이베르동에서 기숙학교를 운영했다. 그 학교에는 몇몇 가난한 학생들도 다녔지만 대부분 학생들이 내는 수업료에 의존하고 있었는데, 그는 이 기관을 통해서 3영역으로 나누어지는 자신의 교육방법(지적 · 도덕적 · 신체적 영역)을 실험할 수 있었다. 이 학교는 그의 '꿈'이었던 산업학교(빈민학교)에 재정적인 도움을 주었다. 이베르동의 학교는 세계적인 명성을 얻게 되어 여러 외국 방문객뿐만 아니라 유럽 전역에서 학생들이 왔다. 프뢰벨, 헤르바르트 같은 교육자들은 많은 감명을 받아 그 곳에 머무르면서 페스탈로치의 교육을 연구했고 나중에는 자신들의 교수법에 도입했다.

페스탈로치는 이베르동 학교의 정신적 지주로 남아 계속 자신의 교육방법을 실천해 나갔다. 그는 지적 교수법을 보다 상세하게 다루었지만, 도덕교육을 더 중요하게 생각했다. 그러나 이베르동에 감돌던 가족정신도 교사들 사이에서 점차 격렬해지는 논쟁 때문에 몇 년 후에는 사라져버렸다. 이 논쟁은 페스탈로치 측에서 먼저 제기한 것이었다. 페스탈로치가 오랫동안 꿈꾸어왔던 빈민학교는 자신의 저작을 발간한 수입으로 설립되었으나 결국 2년밖에 지탱할 수 없었고, 이베르동 학교가 그 명성과 학생들을 동시에 잃게 되자 페스탈로치는 몹시 실망했다. 이 학교를 회복시키고자 하는 노력도 헛되이 끝났다. 1825년 슬픔에 잠긴 채 소수의 학생만을 데리고 노이호프로 돌아갔으나 결국에는 자신의 교육사상이 승리하리라는 것을 확신했다. 그는 〈백조의 노래 Schwanengesang〉(1826)에서 "인생은 스스로 가르친다"는 격언을 자신이 일생 동안 경험한 교육의 결론으로 제시하였다. 페스탈로치는 깊은 감화력을 가진 인물이었고 동료들은 그를 존경했다. 그의 교육사상은 정치 · 경제 · 철학을 포함하고 있으며, '교육방법론'은 광범위한 영향을 미쳤다. 그의 고향에 세워진 묘비에는 다음과 같이 그의 업적을 기리고 있다.

> 하인리히 페스탈로찌 여기에 잠들다.
> 1746년 1월 22일 쮜리히에서 태어나
> 1827년 2월 17일 부르크에서 서거하다.
> 노이호프에서는 빈민의 구원자,
> '린하르트와 게르트루트'에서는 민중의 목자.
> 슈탄츠에서는 고아들의 아버지.
> 부르크도르프와 뮈헨부흐제에서는 초등학교의 창설자,
> 이페르동에서는 인류의 교사.
> 인간, 기독교인, 시민,
> 모든 것을 남을 위해 바치고,
> 자신을 위해서는 아무것도 남기지 않았다.
> 그의 이름 위에 축복이 있을지어다.

2. 노작교육의 실천 배경

페스탈로찌 교육사상에서 무엇보다도 중요한 것은 그가 살았던 시대적 상황과 그 시대에 살았던 사람들의 삶의 문제, 그리고 이를 해결하기 위해 무엇을 실천하였는가를 파악하는 일이다. 다시 말해서 그가 살았던 시대의 특수한 삶의 조건이었던 매뉴팩처(공장제 수공업)의 사회경제적 조건들, 자유 이념에 기초한 계몽사상, 그리고 봉건적 기득권을 유지하려는 권위주의와 이를 개혁하려는 사회개혁주의 간의 정치적 갈등과 같은 역사적 맥락 속에서 페스탈로찌는 어떤 교육적 실천으로 그 시대의 비인간화 문제를 해결하려고 했는가를 알아보는 일이다. 그리고 더 나아가서 이러한 그의 교육사상과 실천이 21세기를 몇 년 앞둔 현재의 교육상황에 주는 시사점이 무엇인가를 알아보는 일이다.

가. 기독교 신앙의 영향

페스탈로찌는 시민사회의 이상인 자유와 평등 그리고 우애를 실현하려는 감수성 많고 개화된 스위스의 지식인이었다. 그는 시민사회로의 변혁을 이끈 프랑스 대혁명 전후시기에 살면서, 정치 · 경제 전반의 새로운 상황 변화로 발생한 가난한 자와 공권을 박탈당한 자 그리고 억눌린 자를 돕기 위해 농장운영가로, 편집인으로, 그리고 정치가로 활약하였고, 특히 소외된 자들의 자녀와 고아를 교육시킨 위대한 교육실천가이었다.

이러한 교육실천의 동기는 기본적으로 그의 신실한 기독교적 신앙에 뿌리를 두고 있다. 어렸을 때부터 독실한 기독교 가정에서 자라면서 이웃을 사랑하는 것이 참된 신앙적 삶이다는 정신세계가 형성되었고, 이 사랑의 대상은 당시 가장 비참하게 살았던 민중이었으며, 이 민중 사랑의 실천이 올바른 신앙적 행동이라고 확신하였다. 바로 이웃 사랑이 하나님 사랑이라는 믿음 속에 그는 가난한 이웃과 정치적 억압의 삶을 살아가는 이웃을 해방시킬 수 있는 새로운 삶의 세계 창조라는 개혁적 과제를 교육을 통해 해결하려고 했다. 단순히 형이상학적으로 머물고 마는 당시의 신앙 행태를 비판하면서, 그는 구체적인 비인간적 사회 상황에 대한 문제제기와 이를 개선하려는 교육을 실천하였던 것이다(김정환, 1974).

나. 매뉴팩처 발전단계에서의 비인간화 문제

> 신뢰, 순정, 감사, 사랑은 내가 이것을 신에게 돌리기 전에 나의 주위에 먼저 돌려졌어야 했을 것이다. 왜냐하면 눈에 보이는 형제를 사랑하지 않는 자는 눈에 보이지 않는 신을 사랑할 수 없기 때문이다. 신에 대한 믿음은 내 이웃의 희망이 되고 불신은 신앙을 파괴하는 근원이다(Pestalozzi, 1780/최종묵 역, 1994: 30).

이 인용어는 '은자의 황혼'에 나온 말로, 봉건제적 위력 속에서 정치적으로 무력하고 경제적으로 소외된 자들을 자신의 이웃으로, 형제로 알고 그들을 신뢰하고 사랑하는 일을 평생의 과업으로 삼은 페스탈로찌의 생각을 단적으로 보여준다. 페스탈로찌에게는 바로 18세기의 지배적인 생산방식인 매뉴팩처의 사회경제적 삶의 조건들이 민중들의 생존을 위협하는 가장 중대한 문제로 인식되었다(Pestalozzi, 1777: 13).

역사적으로 서구의 18세기는 영국을 비롯해 유럽 각국이 매뉴팩처 성격의 자본주의를 발전시켰던 시기이다. 매뉴팩처식의 자본주의는 본래 16세기 중반에서 시작하여 18세기에 이르러서는 경제적 생산과정의 지배적인 형태가 되었다. 페스탈로찌의 중년기인 18세기 후반에는 영국을 중심으로 과학의 발달로 인한 생산과정에서 기계가 도입되고, 새로운 교통수단이 나타나면서 원료와 부품생산물의 유입 등으로 생산관계의 점진적인 변동이 이루어졌다. 이런 과정에서 자본가는 농민을 저렴한 임금노동자화 하는 경제관계의 변화가 초래되었고, 그 결과 농민은 절대 빈곤상태에 처하는 지경에 이르렀다. 특히 매뉴팩처 단계에서 시행되었던 '전대제도'(Verlagswesen)는 기업주(Verleger)가 원료나 도구를 각 가내노동자에게 빌려주고 그 생산량에 따라 노임을 지불하는 것이었는데, 그 사이에 중개인이 개입하여 각종 전대료나 경비의 공제와 같은 중간착취로 인해 가내노동자의 손에 남는 수익은 거의 없었다. 이에 대해 페스탈로찌는 '린하르트와 게르트루트'에서 다음과 같이 말하고 있다(야나기 히사오/임상희 역, 1985: 86, 재인용).

> 새로 침투해 온 면방직은 마을을 완전히 황폐하게 만들었다. 부락민들은 이전에는 돈의 가치를 몰랐으나 이제 그들은 일주일 동안 목면을 짜서 이전의 한 달 동안 일한 것보다도 많은 수입을 올릴 수 있다는 것을 알았다… 목면방직으로 돈을 얻은 사람들… 이 빈천한 사람들은 일년 내내 일해야 한푼도 저축할 수 없고 야채나 과일을 먹기 위해 매일 힘들게 일해야 하는 토지 소유자의 참혹한 노고를 비웃었다.

가사노동의 주역인 농민은 경제적 생산관계의 객체로 전락되고, 수익성을 최상의 원칙으로 삼은 자본가들은 농민의 주체적인 노동의 삶을 파괴하였으며, 농촌가정의 공동성을 유지케 하는 가부장제적 관계를 와해시켰다. 더욱이 매뉴팩처 생산노동은 농민의 불평등을 가속화하여, 농부의 상태를 아주 저급한 상태로 빠르고 엄청나게 변화시켰으며, 그의 자녀들을 도덕적 일탈로 빠져들게 하였다. 결국 농민의 자녀들은 기독교적 도덕심을 길러주는 가정교육을 제대로 받지 못하고 공장노동의 임금에 대한 선호, 혹은 탐욕과 도벽 그리고 나태와 낭비와 같은 부정적인 청소년

하층문화를 형성하였다.

봉건적인 토지제도가 무너지면서 농민과 그의 자녀들이 저렴한 임금노동자 아니면 절대 빈곤의 프롤레타리아로 전락되는 상황에서 자기의 농지를 잃고 새로운 경제관계에 적응할 수 있는 기술이나 능력을 갖추지 못할 때 그들은 생존 자체를 위협받는 상태에 처할 수밖에 없다(Schleife, 1985: 30). 페스탈로찌는 절친한 친구인 N. E. Tscharner에게 보낸 '빈곤한 농촌청소년 교육에 관한 두 번째 편지'에서 다음과 같이 말하고 있다(Pestalozzi, 1780/최종묵 역, 1994: 25).

> 존경하는 친구, 농업은 더 이상 빈자들에게 충분한 양식을 제공하지 못합니다. 여기 저기 많은 곳에 세워진 공장에서의 작업이 빈자들의 생계원이 되어버려 생산노동에 그의 모든 관심이 쏠려있습니다. 그것은 확실히 빈자들의 양육을 위해 미래의 욕구와 상황에 적합한 것이 되어 버렸습니다. 그래서 그들은 미래의 삶에 도움이 되는 돈벌이 일을 발견할 수 있는 곳에 거주하게 되고, 그 곳에서 그들은 절대빈곤의 상태에 빠져들고 있습니다. 그들은 생존을 위해 확실히 임금을 보장받을 수 있는 숙련기술을 발전시키지 못한 상태에서 자녀 양육 상태는 더욱 어려워지고 있습니다. 절대빈곤상태로 악화되면서 자녀 양육은 생산산업에 맡겨지게 되고, 결국 그의 양육을 위한 다른 보조수단이 없음으로 인해 그 스스로 벌수 있는 능력을 키우는 일이 아주 시급한 일이 되고 있습니다.

페스탈로찌는 빈자는 빈곤에서 벗어나야 하는데 그 누구에 의해서 이러한 빈곤이 해결될 수 없고, 자기 스스로의 힘을 키워 극복해야 할 것으로 생각하였다. 왜냐하면 빈곤을 극복하려는 자기과제 설정은 인간에 있어서 자신의 힘과 능력을 계발해야겠다는 욕구를 불러일으키는 원천이기 때문이다. 그는 인간은 빈곤을 스스로 극복할 수 있는 능력이 있다는 신뢰 속에 잠재해 있는 힘과 능력을 키우는 일이 무엇보다 우선되어야 한다고 생각하고, 빈곤은 인간다운 인간(Menschenwerden)이 될 수 있는 중요한 계기이다고 말한다(Pestalozzi, 1780/최종묵 역, 1994: 15-16). '빈자는 빈곤극복을 위해 교육되어야 한다'(Pestalozzi, 1780/최종묵 역, 1994: 18)는 페스탈로찌의 말은 바로 매뉴팩처라는 경제상황에서 소외된 농민과 그의 자녀들의 비인간화 문제를 해결할 수 있는 교육을 모색하여야 한다는 의미이고, 이의 실천은 자신의 필생의 과제가 되었던 것이다.

다. 계몽사상의 이념적-교육적 영향

한편 매뉴맥처로 인한 새로운 경제체제의 영향 속에서 스위스 민중들은 프랑스 혁명사상의 확대로 자신의 상태에 대한 인식이 보다 강하게 성장하였고, 그 결과로 도시군주의 절대권력에 대항하기도 하였다. 무엇보다도 시민의 자유주의적 정치의식의 성장은 새로운 세계관을 구성하려는 계몽주의자들의 노력에 의해 더욱 가속화되었다. 바로 페스탈로찌가 살았던 18-19세기 전반에는 매뉴팩처 방식의 자본주의 발전과 새로운 자유주의적 시민의식을 촉진하는 다양한 철학적-이념적 접근이 활성화된 시대이기도 하였다.

계몽사상은 페스탈로찌가 살았던 스위스에서도 비슷하게 활발히 전개되었다. 이미 페스탈로찌 이전에 Bodmer(1698-1783)과 Breitinger(1701-1776) 같은 이들은 계몽사상을 스위스에 관철하기 위해 많은 노력을 기울였다. 그들은 인간 행복의 기본에 대한 자아인식을 형성하였고, 특히 고대의 이상과 스위스 자유정신을 실현코자 했던 시민연맹(Eidgenosseenschft)을 복원하고 실현하려고 노력했다(Pestalozzi, 1815: 208). 스위스의 계몽운동가들은 낡은 것의 파괴와 같은 이상을 추구하는 다른 유럽 국가들과는 달리 스위스 시민연맹의 본원적 상황을 알고 이를 다시 복원하려는 힘을 활성화시키기 위한 개혁의 성격을 띠었다. 그들은 루소가 에밀(Emile)에서 형상화한 자연인(Nuturmensch)을 자신의 시민연맹의 인간적 모델로 삼고, 이를 위한 사회 개혁을 추진하려고 했다.

이러한 일련의 계몽주의적 흐름 안에서 페스탈로찌는 새로운 근대적 요소들을 적극적으로 수용하였다. 그의 청년기의 저술에는 계몽주의적 생각들과 그것들이 미치는 영향들 그리고 수정해야 할 점 등에 관한 많은 글들을 남겼을 뿐만 아니라 실천적인 활동을 수행하기도 하였다. 그는 프랑스 혁명 이전 그리고 그 이후의 시대에서 유럽의 진보적인 사상가들과 교류하고 스위스 헬벳 공화국에 참여하여 계몽활동을 펼치면서 주로 해방된 시민의 정신적 각성을 위한 교육적 실천에 모든 정성을 쏟았다.

그가 실천한 모든 교육활동은 계몽주의적 사상의 흐름 안에서 이루어졌으며, 그 목적과 내용은 교육과 노동을 통해 빈자와 억눌린 자들의 삶의 상황을 개선하려는 데에 모아졌다. 그의 교육이 인간적이고 도덕-윤리적이며 역사적-철학적인 성격을 띠는 것은 바로 민중의 삶의 더 나은 개선을 위한 계몽주의적 이론과 실천의 결합을 추구했기 때문이다.

이상에서 우리는 페스탈로찌가 살았던 시대의 사회경제적 삶의 조건의 변화는 많은 농민들과 그의 자녀들을 기존의 삶의 관계로부터 소외와 정신적 황폐화를 초래하여 과거와는 또 다른 차원의 비인간화 문제를 낳게 되었고, 페스탈로찌는 이러한 문제에 단순히 사회계몽의 형이상학적 사고에서 벗어나 실천적인 계몽, 즉 교육을 통해 접근하려고 했음을 알 수 있다.

3. 노작교육의 실천과정

공장제 수공업 형태의 자본주의 발달과 계몽사상에 기초한 시민의식의 확산 속에서 페스탈로찌가 어떤 형태의 교육을 실시하였는가를 살펴보자. 어찌 보면 페스탈로찌가 살았던 시대의 산업자본주의 발전과 시민주의의 고양이 상호 모순적인 것으로 이해될 수 있다. 다시 말하면 매뉴팩처 생산관계에서 소외되고 빈곤화된 프롤레타리아 수가 급증하는 상황과, 자유와 평등 그리고 우애를 모토로 한 시민주의의 활성화가 교차하면서 근대사회가 발전해 왔다는 파라독스는 쉽게 해석하기 힘든 문제이다. 혹자는 이를 계몽정신으로 잉태한 시민주의는 결국 민중소외를 필연적으로 낳는 자본주의 발달의 기본 이념이다고 말할 수 있을 것이고, 아니면 이는 자본가가 시민주의를 자신의 경제적 이익증대를 위해 도구화했다고 해석할 수 있다.

다만 페스탈로찌 연구에서 관심을 갖는 것은, 인간의 이성을 진리 인식의 기초로 자유와 평등을 끊임없이 외친 계몽주의, 자연법에 기초한 정치적 자유사상, 인류의 문명을 급속하게 변화시킨 자연과학의 발달과 같은 시대의 역사-사회적 맥락(小澤有作/백산서당 편집부 역, 1985: 21)에서 과거와는 전혀 다르게 증가한 사회경제적인 소외자들을 어떻게 새로운 계몽된 시민의 삶의 세계로 인도하는 교육을 전개하였는가이다.

이런 문제의식 속에서 페스탈로찌의 교육을 이해하는 첫 단계는 매뉴팩처 경제구조에서 새롭게 나타난 교육양태를 이해하는 일이다. 당시의 경제적 상황에서 주된 생산인력은 빈농의 여자와 아동이었고, 이들에게 기술을 훈련시키고 생산 현장에 적응할 수 있는 도덕적 품성, 이를테면 근면의 규범을 내면화하는 것이 교육의 시급한 과제이었다. 이런 맥락에서 시도된 새로운 교육체제가 그 당시 유럽에서 유행하였던 '산업학교'(Industrieschule)와 '빈민학교'(Armenschule) 그리고 '농촌학교'(Landschule)이었다.

이들 학교들은 기술습득을 통해 빈곤을 해소하고 사회복지를 증진시킨다는 교육목적을 가지고 있었지만 실제로는 값싸고 부지런한 임금노동자의 노동력을 공급하는 가진 자들의 요구에 철저하게 순응했다. 이에 대해 유구웅은 다음과 같이 설명하고 있다(야나기 히사오/임상희 역, 1985: 41).

> 국부(國富)의 증진에 필수적인 식산흥업(殖産興業)의 정책적 요청에 따라서 고아원=빈민학교를 산업학교로 재편하여 빈민의 아동들을 새로운 자본주의적 생산양식에 적합한 노동력의 담당자로 만들기 위해 '근면한 인간', '신앙심이 가득하고, 성실하며, 직업에 헌신적인' 노동자를 형성하려 했던 것이다. 따라서 생산노동과 교육의 결합은 이러한 종류의 산업학교에서 처음으로 발달했다고 할 수 있다. 자본의 본원적 축적과정에서 발생한 농촌프롤레타리아 · 부랑자 · 고아 · 거지 등을 노동숙사 · 빈민시설 그리고 고아원에 강제 수용하여 그들에게 임금노동자로서의 기능이나 노동의욕을 부여하는 산업교육이 시대적인 요청이 되어 있었다.

농촌경제의 붕괴와 함께 과거처럼 단순한 논밭에서의 생활교육으로는 생존력을 갖기 어려운 지경에서, 새로운 경제적 상황 변화에 대처하기 위한 학교가 설립되고 여기서 실시된 교육은 생산노동과 지식학습을 결합한 노작교육 성격으로 진행되었다.

페스탈로찌도 임금생산자를 양성하려는 목표로 세워진 산업학교의 대표적인 주창자이었다. 그는 농민의 아동들에게 목면방적과 읽기 및 계산을 가르쳐 '노동실습과 교육활동의 결합'을 꾀하였다. 특히 부농과 중농의 아동들은 가정교육이 행복의 기본적인 조건이라는 인식에 여전히 머물고 있었지만, 토지나 재산을 갖지 못한 빈농의 아동들은 가정보다는 학교에 수용해서 노동과 학습을 결합시켜 생존력을 키워주는 일이 매우 중요하다고 생각하였다. 따라서 그는 '아이들은 처음부터 자기의 생활비를 벌어야 한다'는 원칙을 세우고, 이 원칙이 관철되지 않으면 빈민학교도 재정적으로 성립할 수 없고 또 실제로 쓸모없다고 보았다. 1777년 '노이호프의 빈민학교론'에 관해 페스탈로찌는 "빈민의 경우, 자신의 필요를 자기 힘으로 충족시키도록 교육받지 못했기 때문에 궁핍한 것이다. 이 근원을 파헤쳐야 한다…. 빈민은 자기의 가난을 이기도록 교육받아야 한다. 바로 이 점이 이러한 학교의 실제적인 유효성 여부에 관한 규준이다"(Pestalozzi, 1777: 95)고 말한 바 있다.

이를 위해 그가 그의 부인과 함께 운영한 노이호프 농장에 아동과 부랑아를 위한 교육시설을 설립하고 모든 계몽주의 교육가들이 했던 일들, 즉 실을 잣고, 옷을 짜고 지우며, 땅과 정원 그리고 가사일을 하고 절약과 근면과 자제력과 공동체성을 가르쳤다. 그리고 몰락한 빈농의 가정으로부터 아동들을 이끌어내서 가내공업노동을 시키면서 다면적이고 실제적인 교육을 조직하여 아동들 자신이 경제적인 욕구를 스스로 만족하도록 하였다. 면방직 소규모 농업 그리고 생활필수품의 제작, 이러한 노동과정 속에서 실생활에 필요한 지식이나 기술을 다면적이고 종합적으로 교육했다.

페스탈로찌의 계몽주의적 교육실천은 상품경제의 농촌 침투로 농촌해체가 진행됨에 따라 하층 농민의 경제적 빈곤상태에서 그들을 구출하는 데 꼭 필요한 기초적 능력을 심어주는 것이 무엇보다도 중요하다는 인식에서 출발한 것이었다. 초기 페스탈로찌에 있어서 빈민이나 고아를 대상으로 한 교육은 당시 사회적 경제적 조건을 무시한 단순한 지식중심이 아닌 그들의 삶을 주체적으로 살아갈 수 있도록 하는 '자생력을 높여주는 노작교육'이었다. 그러나 이런 일들은 크게 관심을 끌지는 못하였다. 즉, 당시의 일반적인 교육행태, 즉 하나의 학습장인 동시에 작업장인 교실에서 이루어지는 노직교육은 자본가들이 의도한 자본 축직의 재생산 수단일 수밖에 없는 한계를 지니고 있었다.

이 때문에 페스탈로찌에 있어 경제적 자립주의를 넘어 진정한 시민사회의 인간주의를 실현할 노작교육에로의 전환은 필연적인 귀결이었다. 노이호프 교육이 실패로 돌아가고 난 뒤, 그는 많은 저술을 하게 되는 데 그 중 '린하르트와 게르트루트'는 농부를 착취하고 소외시킨 사회경제적 조건들을 비판하고 개혁되어야 한다는 주장을 펴 많은 식자들의 관심을 불러 일으켰다(Blankertz, A.a.O., S. 106~107). 이 책은 보날(Bonnal)에 사는 린하르트라는 석공과 그의 착한 아내인 게르트루트를 중심으로 꾸민 단편소설이다. 페스탈로찌는 이 소설에서 정직하지만 우유부단한 린하르트, 그를 꾀어 돈을 뺏고 음주와 도박으로 유인한 불량배들, 가난에 신음하는 일곱 명의 자녀들을 등장시켜 주인공인 게르트루트를 통해 훌륭한 자녀교육이 가정을 구하고 탈도덕적인 사회문화를 개선하는 밑거름이 됨을 기술하고 있다(한기언, 1983: 420-422).

페스탈로찌는 중상주의(Merkantilismus)에 토대를 둔 계획적이며 계몽적인 교과중심이 아닌 민중 스스로 조화를 이루는 공동체적 삶을 살아가도록 돕는 교육을 중시하였다. 이를 위해 가정연대를 가능하게 하는 사랑과 신뢰를 간직한 인간간의 감성적인 관계를 소중히 여기고 더불어 사는 언어적 태도와 행동을 학교에서 배울 수 있도록 하였다. 즉, 아동들을 능력있게 만들고 힘을 불어넣어 주는 기술교육뿐만 아니라 기독교적 사랑을 실천하는 행동하는 믿음을 갖도록 하는 정서교육을 함께 병행하였다.

이러한 그의 교육적 관심을 슈탄츠 고아원 교육에서 찾아볼 수 있다. 1798년 프랑스가 스위스를 침입, 그 중 한 지역인 슈탄츠는 폐허가 되었고, 수많은 시민들은 부상당하거나 빈민으로 전락하게 되었다. 페스탈로찌는 새로운 혁명정부로부터 슈탄츠 지역의 빈민교육을 위탁받고, 부모를 잃은 고아들을 대상으로 새로운 교육을 실시하였다. 그는 그가 기르는 어린이의 마음을 사랑의 힘으로 북돋아주는 일이 최선의 길이라고 생각하고 다음과 같이 말하였다(김병구, 1989: 236).

> 나의 마음은 나의 아이들에게 쏠려 있다. 그리고 그들의 행복은 나의 행복이며, 그들의 기쁨은 나의 기쁨이라는 것을, 내 아이들이 아침 일찍부터 밤늦게까지 모든 순간에 나의 이마 위에서 보고, 나의 입술 위에 느끼게 하였다. 나는 오직 혼자 아침 일찍부터 밤늦게까지 그들 속에 있었다…. 나의 손은 그들에게 있고, 나의 눈은 그들의 눈 속에 끌려갔다. 나는 그들과 같이 울고 그들과 같이 웃었다. 그들은 세상을 잊어버리고 슈탄츠도 잊어 버렸다. 그들은 나와 같이 있고 나는 그들과 같이 있었다. 그들의 먹을 것은 내가 먹을 것이고, 그들이 마실 것은 내가 마실 것이었다. 나는 아무것도 가진 것이 없었다. 주위에 가정이 없고, 천국도 없고, 일꾼도 없이 오직 그들만을 갖고 있었다. 그들이 건강할 때는 나는 그들 안에 있고, 그들이 앓을 때는 그들 옆에 있었다. 나는 그들의 한 가운데에서 잠을 자고, 밤은 제일 나중에 침실에 들어가고 아침은 가장 일찍 일어났다. 나는 자리에서 그들이 잠이 들 때까지 그들과 같이 기도하고 그들을 가르쳤다.

여기서 우리는 고아들의 행복은 자기의 행복이고, 고아들의 기쁨은 자기의 기쁨이며, 고아들의 슬픔과 고통은 자기의 슬픔과 고통으로 일체화한 페스탈로찌의 완전한 사랑의 교육적 실천을 본다. 매뉴팩처의 자본가 이익에 부응하며 민중을 단순 임금노동자로 만드는 산업학교 일반의 노작교육과는 달리 페스탈로찌의 교육은 가장 소외된 자들의 자립적 삶의 토대를 세워줄 뿐만 아니라 자본가에 순응하는 도덕적 규범이 아닌 기술적 · 지적 · 도덕적으로 조화로운 도야를 추구하는 인간교육을 실시하였던 것이다.

4. 노작교육의 자연주의적 성격

교육을 생산노동과 결합하여 아동의 생존권을 회복하고 자생력을 키워야 한다는 초기 페스탈로찌의 생각은 당시 산업학교 교육행태에서 보여지듯이 아동을 단순한 임금노동자로 전락시킬 위험이 있었다. 사실 산업학교에서 실시된 노작교육은 아동들을 생산노동의 영역에만 묶어두게 되고 그들의 삶을 둘러싸고 있는 비인간적인 사회경제적 상황 개선을 위한 주체적인 역량을 높인다는 점에는 큰 관심을 기울이지 못했다. 초기 페스탈로찌의 노작교육사상은 중기 이후에 들어서 어떻게 소외된 아동들의 능력을 전면적으로 발달시켜 모든 분야의 생산영역에 능동적으로 참여하고, 새로운 사회진보의 힘이 될 수 있는가로 관심이 전환되었다. 여기서 아동의 전면적인 발달이란 지적인 면과 기술적인 면 그리고 도덕적인 면의 조화로운 인간형성을 의미하고, 이러한 인간으로 형성될 때 비로소 그들의 능동적인 사회참여로 인한 사회 진보가 가능하다는 생각이 내재되어 있다.

독실한 기독교 가정에서 태어난 페스탈로찌에 있어 조화로운 인간형성은 최대의 종교적 덕목인 인간사랑의 발로이다. 그렇기 때문에 그는 이 덕목은 손상되지 않은 자연상태에서 인간의 모든 능력을 조화롭게 발전시키는 교육, 즉 인간의 자연적 본성을 중시하고 그 본성을 지키기 위한 자연주의적 교육을 추구하였다. 그에 따르면 인간은 태어날 때부터 똑같은 인간성을 가지지만 교육에 의해서 인간의 인간성이 계발되기 때문에 결고 교육은 인위적이고 강제적이어서는 안 된다. 생산영역에 주체적으로 참여하고 새 사회 건설의 인간양성이라는 노작교육은 바로 이러한 자연주의적 관점을 확실히 드러내고 있다.

우선 페스탈로찌의 자연주의적 입장은 다음과 같은 그의 말속에서 쉽게 찾아 볼 수 있다(Pestalozzi, 1780/최종묵 역, 1994: 17).

> 인간은 어찌하여 질서도 없고 궁극적인 목적도 없이 진리를 연구하고 있는가? 어찌하여 인간은 본성의 요구를 따르지 않는가? 인생의 즐거움과 행복을 찾아야 하는데 왜 평안과 삶의 즐거움을 누릴 수 있는 진리를 구하지 않는가? 진리는 마음 속 깊은 곳에서 인간을 만족시켜 주고, 인간의 여러 가지 능력을 발휘하게 하며, 하루하루의 생활을 즐겁게 해 주고 해마다 복을 누리게 해 준다. 인간은 각자가 필요에 따라서 진리에 이르는 길을 자기 본성의 가장 깊은 데서 찾아낸다. 인간이 자연의 순서를 성급히 스쳐가면 내부의 힘을 스스로 파괴하고 마음속에 평안과 조화를 잃게 된다. 인류의 도야에서 자연의 질서는 인간의 지식과 재능과 그런 소질을 응용하여 실천에 옮기는 힘이다.

페스탈로찌에 있어 자연주의란 인간의 본성을 따를 때 진정한 평안과 즐거움이 스스로 우러나오고, 자기만족하며, 인간의 본성에 충실할 때 자기능력을 전면적으로 올바르게 발전시킬 수 있다. 반면에 인간이 본성에서 벗어날 때, 무질서하고 자신을 파괴하여 평안을 잃게 되고, 결국에는 삶의 의지력을 상실하게 된다.

자연주의적 노작교육에 의한 인간도야는 인간의 힘과 능력의 자기발전이고, 외부에서 강요한 질서와 도덕을 극복하는 유일한 길이다. 그래서 페스탈로찌는 교육을 자연 그대로 자라나는 한 그루의 나무에 비유한다. 교육이란 마치 비옥한 물가에 심어진 한 그루의 나무와 같다. 그 나무의 구상, 형태, 성질을 간직하고 있는 한 개의 조그만 씨가 땅에 뿌려진다. 수목 전체는 유기적 부분의 연속적인 연결로서 그 계획은 이미 씨와 뿌리 속에 존재한 것이다. 인간은 말하자면 이 수목과 같은 것이다. 초생아 가운데는 생애를 통해서 스스로 조화를 이루고 종국에는 신을 닮게 하여 인간성을 만든다(한기언, 1972: 255). 따라서 교육자는 아동에게 새로운 힘과 능력을 불어넣어 주는 것보다, 사회문화적인 나쁜 영향이 아동의 자연적 발전과정을 해치지 않도록 이끌어 주는 일을 우선시 해야 한다. 인간의 도덕적 · 지적 · 신체적 여러 가지 힘은 그 자신 속에서 키워진다는 자연주의적 관점에서, 적극적인 교사는 자칫 아동의 자기발전을 방해할 수도 있다. 그래서 페스탈로찌는 아동은 각자의 필요에 따라서, 진리에 이르는 길을 자기 본성의 가장 깊은 데서 찾아낼 수 있다고 말하면서, 다음과 같은 예를 들어 설명한다(Pestalozzi, 1780/최종묵 역, 1994: 10).

> 배불리 흡족하게 먹은 어린아이는 본성적으로 어머니가 자기에게 어떤 분인가를 배우게 된다. 어머니는 어린이의 마음속에 감사의 바탕인 사랑을 길러준다. 어린아이가 의무니 감사니 하는 말들을 듣거나 입 밖에 내기도 전에 아버지가 주는 빵을 먹으며 둘이서 나란히 불을 쬐다가 아들은 자연의 이치에 따라 아들로서의 의무를 다하고 생의 행복을 누리게 되는 것이다.

노작교육의 본질은 자기 스스로의 필요에 따라 자신의 능력과 힘을 스스로 키우도록 하는 소극적 교육의 성격을 지니고 있다. "자연은 너그럽게 기다리며, 결코 서둘지는 않는다. 자연스런 성장을 기다리지 않고 억지로 순서를 밀어 넣는 인위적인 교육은 어린이를 겉으로만 반짝이게 할 따름이다. 이것은 어린이 속에 깃들여야 할 자연성의 결핍을 안보이게 덮어 버림으로서 오늘날과 같은 경박한 시대의 사람들만을 만족시켜 주는 것에 지나지 않는다"(Pestalozzi, 1780/최종묵 역, 1994: 12).

이와 같은 교육적 관점은 이미 루소(Rousseau, 1984: 72–3)가 제시한 것으로 당시의 지배적인 사회문화 환경에 대한 비판의식에 기인한다. 페스탈로찌에 있어서도 소외된 아동의 자생력 함양은 주어진 모순적인 사회경제적 틀에 순응하기보다는 오히려 이로부터 벗어나 가난하게 살수밖에 없도록 강제하는 사회 전체의 개선이 필요하고, 이 필요를 실현시키는 인간됨은 지적 · 기술적 · 도덕적인 면이 조화롭게 발전함으로서 가능하다. 이러한 교육적 사고는 오늘날에 비추어 상당히 낭만적이고 비현실적인 것으로 보이지만 비민주적이고 억압적인 당시 상황에서는 인간화를 위한 근본적 개혁의 발상이라고 할 수 있다.

원론적이지만, 인간은 본래 자연적인 내부의 힘의 순수한 발전에 의해서만이 참된 사람이 될 수 있다. 페스탈로찌의 노작교육에 대한 자연주의적 신념은 모든 인간의 본성을 충족하고 조정하는 힘을 기르는 것이다. 인간은 자연의 힘을 거역할 수 없으며, 이 자연의 순리대로 살 때 자신의 능력을 최대한 발휘하게 된다. 만일 소외된 아동들이 자연의 순리대로 교육된다면, 억압적인 사회질서에의 순응과 편입을 거부할 것이고, 이들은 오히려 새 사회로의 진보를 위한 힘을 준비하게 된다.

그러나 만일 이들에게 자연의 순리를 벗어난 강제교육을 시킨다면 그들은 억압적인 매뉴팩처의 경제체제에 충실한 단순 기술노동자가 될 수밖에 없게 된다. 페스탈로찌에 있어서 이러한 인간은 한쪽으로 치우친 반쪽의 인간이다(Pestalozzi, 1780/최종묵 역, 1994: 27).

페스탈로찌에 있어서 자연의 순리에 따르는 합자연교육(naturgemaesse Erziehung)은 "안에서 밖으로, 단순한 것에서 복잡한 것으로, 가까운 곳에서 먼 곳으로, 그리고 동물의 생활에서 보듯이 욕구의 충족에서 사랑의 발현으로, 이기적 본능에서 사회성으로, 수동성에서 자발성"(강승규 · 박의수 외, 앞 책, 240)으로 이끌게 된다. 이 원리에 따라 그는 안방교육(Wohnstubeerziehung)을 중시하는데, 이는 믿음과 사랑을 바탕으로 한 가족 생활에서 이웃에 대한 행동양식과 가치규범의 내면화가 이루어지게 된다는 점에서다. 또한 이 곳에서 지 · 덕 · 체의 조화로운 발전을 추구하는 진정한 인간교육이 가능하다고 믿기 때문이다. 이는 당시의 산업학교에서 이루어진 노작교육에서 기술습득 중심의 직업 교육적 성격보다 조화로운 인간됨을 추구하는 인간 교육적 성격이 더 우선되어야 함을 보여주는 것이다. 이러한 그의 생각들은 좋은 행동 규범이나 지식, 기능, 행동양식 등을 밖에서 안으로 주입하는 것이 아니고, 안에 지니고 있는 내면적인 힘을 스스로 계발, 발전시켜 스스로가 이러한 것을 찾으며 익히게 된다는 자연주의적 관점에 근거하고 있다.

한편, 자기계발이 가장 자연스럽게 일차적으로 이루어지는 곳은 아동이 생활하는 장(場)이다. 이 생활의 장에서 그의 좋은 심성과 태도가 형성된다. 그래서 페스탈로찌는 '생활이 도야한다'(Das Leben bildet)고 말한다. 이 말 속에는 도덕적인 생활환경이 더 좋은 인간을 도야한다는 의미를 담고 있다. 여기서 페스탈로찌의 교육을 통한 사회개혁적 입장을 찾아볼 수 있다. 그에 따르면 교육은 아동들로 하여금 부당하게 자신의 삶을 규정하고 있는 사회적 조건들에 대한 비판적 인식력을 키워주어야 하며, 더 나아가 보다 향상된 생활세계로의 개선을 추구하는 과제를 수행해야 한다는 것이다.

이런 맥락에서 페스탈로찌의 자연주의적 사고는 당시 인간불평등의 문제를 교육적으로 해결하고자 한 정치적 성격을 강하게 담고 있다. 페스탈로찌는 인간을 세 가지 존재양식, 즉 자연적, 사회적, 정신적인 양식으로 개념화한다. 자연상태에서는 인간이 평등하였으나 그를 외부의 차별과 불평등으로 몰아넣는 것은 사회적 영향이다. 상이한 사회적 관계와 상황이 구체적으로 상이한 사회적 경제적 삶의 지위를 조건지운다. 이는 당시 농지경작이나 소유관계 그리고 상공업과 새로운 생산양식, 법적 규정, 그리고 정부의 영향 등에 의해 민중의 불평등이 가속화된 역사적 상황에서 당연한 지적이기도 하다. 페스탈로찌는 인간은 점차로 단순한 자연적 생의 방식으로부터 멀어져가고 언제나 인위적인 사회적 관계에 휩쓸려 들어가게 되어, 인간은 결국 일방적이 되고 그의 향락은 교활해진다고 말한다. 그는 주간지인 '스위스인 신문' (Schweizerblatt)에 기고한 '농민에 대해서(Ueber den Bauern)'라는 글에서 다음과 같이 설명한다(Pestalozzi, 1782: 38-39).

> 농민의 상태가 일반적으로 상이하게 보이는 것은 그가 해야만 하는 육체적 노동과 그가 살고 있는 봉사가 그에게 미친 영향 때문이다. 인간이 자연 상태에 더 가까울수록, 그에게 그의 머리, 그의 손, 그의 주의 , 간단히 말하면 그의 모든 활동과 그의 모든 존재를 규정하는 주된 것인 빵과 영양과 옷을 더 많이 찾게 될수록, 그리고 그가 자연 상태에서 더욱더 멀어지게 될수록, 그는 빵 조각에 대한 소망이 더 크게 되고 자신의 능력으로 향유할 수 있는 단순한 자연적인 양 이상의 욕구와 소망이 더 높아진다. 그래서 그가 비자연적이고 비양심적인 봉사에 더 깊이 빠지게 되면 그는 그의 본성에서 우러나오는 욕구를 만족하기 위해 그의 능력을 사용하고 이용하는 데 훨씬 더 방해받게 된다. 그리고 인간성의 자연적 욕구들간에 그리고 그에게 충분한 만족을 주는 것을 방해하는 상황들간의 충돌은 인간성과 농부를 무질서 속으로 가져오게 하고, 지금의 일반적인 상황에로 자리잡게 하였다.

페스탈로찌에 따르면, 인간은 본래 자연의 상태에 있었고, 이런 상태에서 수 천년을 지내왔는데 지금 농부는 더 이상 이 상태를 유지하지 못하고, 그의 모든 상태는 오히려 억압적으로 다양하게 봉사하면서 살아야 하는 국가조직에 얽매여 있다. 이런 상황에서 항상 하라는 대로 해야만 하는 객체적 존재로 전락된 민중은 언제나 예속물이나 수단으로 취급되었다. '은자의 황혼'에서 페스탈로찌는 "인간은 왕좌에 앉아 있으나 오두막 그늘에 앉아 있으나 마찬가지이다. 그렇다면 인간의 본성은 무엇일까? 어찌하여 현자는 이에 대하여 우리에게 대답해 주지 않는가'? 철인 또한 인류가 무엇인지 모르고 있다. 소를 모는 농부는 소에 대하여 잘 알지 않는가? 하물며 목자도 양에 대하여 연구하고 있지 않는가? 아무리 낮은 지위에 있어도 본질상 그 지위와 동등하며, 주인은 하인의 본성의 요구를 만족시켜 줄 책임이 있다"(Pestalozzi, 1780/최종묵 역, 1994: 9)고 말한다.

페스탈로찌는 바로 그 책임을 지기 위해 인간을 타락시키고 비인간화시키는 봉건제도와 산업제도에 항거했으며, 이 제도에 의해 소외된 민중을 자신의 사상과 실천의 중심에 놓았다. 반복된 말이지만 정치적 경제적 억압이 정당화되고 있는 역사-사회적 상황이 그로 하여금 민중을 위한 인간성 회복의 노작교육을 실천하게 한 동기였다. 민중의 진정한 인간회복은 불평등 상태에 있는 인간을 본래의 평등한 상태(자연상태)에로 회귀시키는 것이다. 페스탈로찌는 이를 가능케 할 수 있는 에너지는 머리와 가슴과 손의 전면적이고 조화로운 발달, 즉 소외된 자들의 심정력 · 지성력 · 기능력의 조화롭고 전면적인 발달에서 나온다는 점을 확신하였다.

결국 교육을 통해 소외된 자들의 인간화를 위한 사회개혁으로 새로운 자유시민사회를 추진하였던 페스탈로찌 교육사상과 실천은, 봉건적 '폐쇄 사회에서 시민의 새로운 자유민주적 경험이 결핍'(Freire, 1974: 31)된 민중들의 부당한 삶으로부터의 해방을 추구하려는 정치적 관심과 분리해서 생각할 수 없다. 오히려 민중들의 삶의 비인간화를 결정하는 사회경제적 조건들을 개혁의 대상으로 삼고, 이 개혁의 주체로 전인적 인간모델을 상정하고 있음을 볼 때, 그의 자연주의 성격의 노작교육관은 정치 지향적인 진보적 인간주의 교육관이라고 할 수 있을 것이다.

잠깐!

프뢰벨(F. W. A. Froebel, 1782~1852)은 자유주의 교육관에 입각하여 특히 유아에 초점을 두고 자신의 인간교육철학을 전개하였다. 코메니우스, 루소, 페스탈로찌로 이어지는 자유주의적이고 자연주의적인 교육사상은 프뢰벨에 이어져 새로운 유아교육관이 탄생하게 된 것이다.

프뢰벨은 훌륭한 교육학자이자 유아교육의 아버지로 널리 알려져 있다. 그는 1782년 독일 튀링켄(Thueringen)주 오버바이스바하(Oberweissbach)에서 태어났다. 일찍이 어머니를 여의고 목사인 아버지의 목사관에 기거하면서 그는 작은 정원의 식물, 튜링겐의 자연의 숲속에서 사색과 명상에 잠기는 소년기를 보냈다. 10대 때는 자연의 세계, 특히 풀, 꽃, 나무의 세계를 관찰하고 사색하는 탐구생활에 익숙했었다. 예나 대학에서는 낭만주의적 사상을 접하고 문학과 예술 등과 관련된 서적에 심취하기도 하였다.

그는 건축가가 되려는 꿈을 포기하고 친구 그뤼너의 소개로 이페르턴 학교를 운영하고 있는 페스탈로찌를 만나게 된다. 2년 동안 그는 페스탈로찌의 교육자로서의 인격과 교육을 통해 국가, 인류사회를 개혁하려는 이념에 감명을 받고 삶의 방향을 교육자의 길로 바꾸게 된다. 1835년 한때 프뢰벨은 페스탈로찌가 운영하였던 브르크도로프 고아원장직을 수행하면서 어린 고아들을 교육시키기도 하였다.

1837년 프뢰벨은 고향으로 돌아와 '자기교수와 자기학습으로 이끄는 직관교육 시설'을 설립하였다. 여기에서 그는 놀이활동을 통한 교육을 시간낭비로 보는 것을 비판하면서 인간의 타고난 자연적 본성은 놀이, 게임, 동식물을 기르고 재배하는 활동을 통해 개화되어 전체적으로 통일된 조화로운 인간을 형성할 수 있다는 자기 확신을 가지고 교육을 실천하였다. '오라, 우리들의 어린이와 함께 살지 않으려는가' 라면서 부모와 교육자들에게 어린이에 대한 사랑과 존경에 기초하여 더불어 살아가는 생활공동체를 형성할 것을 호소하였다. 그는 나아가서 놀이감과 교구를 '하느님으로부터 받은 은혜로운 선물'이라고 하면서 이를 1839년에 남녀 유아교사를 양성하는 강습소의 실습을 위해 만들어진 40명의 유아교육 활동에 적극적으로 활용하였다.

1840년 봄날 프뢰벨은 튜링겐의 산길을 걸으면서 산에서 햇살이 내리 쬐이는 경치를 보고 매료되어 자신의 유아교육시설을 '킨더가르텐(Kindergarten)'으로 불렀다. 이 말은 녹색이 짙은 '어린이의 정원'이란 말이다(김제한, 1995: 62-67).

6강
듀이의 진보주의 교육철학과 논쟁들

듀이(1859. 10. 20.-1952. 6. 1.)[1)]

듀이의 진보적 교육철학은 '경험'의 개념을 통해 형성되었다. 경험은 서구의 근대 철학에서 교육하적으로 채용한 개념이다. 이는 루소, 페스탈로찌, 그리고 프뢰벨의 교육사상을 거쳐 듀이의 진보주의 교육철학에서 정점에 이른다. 여기서는 듀이가 경험을 어떻게 보았고, 그 경험에 입각하여 어떤 진보적 교육사상을 제시하였는가를 먼저 살펴보도록 한다.

다음으로는 Dewey의 진보주의 교육철학은 20세기 중반 미국의 4가지 주요 교육사상 및 운동, 즉 진보주의 교육운동, 본질주의, 항존주의, 재건주의 교육철학자들과 논쟁하였다. 이 4가지 교육사상은 그동안 서구 역사에서 발전된 진보적 인간교육관과 전통을 존중하는 보수적 교육관 등이 교육의 성격과 실천적 기능면에서 새로운 제안과 그 제안에 대한 비판과 긍정이 상충되어 있다. 독자들은 이러한 주장

1) http://www.kyosu.net/news/articleView.html?idxno=21539에서 2019.07.25.에 인출함.

들을 통해 교육의 본래적 성격과 기능을 다양한 관점에서 볼 수 있는 안목을 갖게 될 것이다.

1. 듀이의 진보주의 교육철학

가. 생애

존 듀이(John Dewey, 1859~1952)는 미국 버몬트(Vermont)주 벌링톤(Burlington)에서 태어났다. 1875년에 버몬트 대학교에서 학사 학위를 받고 1879년부터 1881년까지 교사로 재직하였다. 그 후 존스 홉킨스 대학 대학원 박사과정을 밟으면서 당시 유럽 및 영국에서 크게 유행하고 있던 헤겔의 관념론에 입각한 철학사상에 심취하게 된다. 후일 그가 초기의 헤겔 철학 단계에서 벗어나게 되었을 때도 변화, 과정, 유기적인 상호작용의 헤겔적 사유방식은 여전히 그의 이론 형성에 큰 영향을 미쳤다.

듀이는 박사학위 취득 후 1884년에 미시간 대학교로 옮긴 이후 10년간 그 대학에서 강의하였다. 그리고 난 후 1894년에 시카고 대학의 교수가 되어 교육학과, 철학과, 심리학과의 학과장으로 학문에 정진하였다. 1894년부터 1904년까지 그는 "듀이 학교"라 불리는 대학 실험학교(University Laboratory School)를 운영하며 그의 심리학적, 교육학적 가설들을 검증하고 실천하는데 노력하였다.

이 실험학교는 4세에서 14세까지의 어린이를 대상으로, 놀이 · 자연학습 · 구성 · 자기표현 등의 방식을 통하여 '상호 협동적인 삶의 경험'을 증진하는데 목적을 두었다. 이 학교는 학습자를 북돋아서 학습자 자신들의 경험을 활발하게 재구성하도록 고안된 프로그램을 운영하였다. 수업은 다섯 단계로 이루어진다. 첫 단계의 수업은 실제적인 활동과 초보적 경험을 하도록 하였으며, 둘째 단계는 문제 발견과 그 문제에 대한 반성적 사고(das reflektierende Denken)를 하도록 돕는다. 셋째 단계는 문제 해결을 위해 실제 사실에 관련된 자료를 발견하고 정보를 수집하며, 넷째 단계는 가설을 세우거나 문제해결 방안을 제시하는 단계이다. 마지막 단계에서는 문제해결 방안을 실제적인 행위를 통해 검증하도록 한다(Schaefer, 1985: 226-229). 이러한 수업방식은 한국에서는 듀이의 '반성적 사고'라는 개념 안에 포괄하여 소개하고 있으나, 사실은 듀이가 자신의 인간과 환경의 상호작용인 경험의 교육철학을 실험

학교에 적용한 데서 비롯된 것이다.

이 수업 프로그램의 특징은 '축소된 지역사회'와 '온실적 사회'(embryonic society)로서의 학교 기능을 발휘하는 것이었다. 그리하여 어린이들의 개인적인 성향은 학교라는 지역사회 안에서 '협동적인 삶'을 지향하도록 했다. 이러한 듀이의 실험학교는 그의 교육적 가설인 개인의 삶의 경험을 넓은 사회에서 재구성시켜 보고 더 큰 직업사회와 공중사회에서 펼칠 수 있도록 하는 교육이론 형성에 크게 기여하였다.

1904년에 시카고 대학에서 사임하고 콜롬비아 대학에 철학 교수로 부임하여 1930년까지 교수로서 명성을 얻었다. 듀이는 국제적으로도 평판이 높아서 일본 · 중국 · 멕시코 · 소련 · 터키 등의 나라에서 강연했으며 미국의 교육과 철학에 지속적으로 영향을 미쳤다.

그는 1952년 사망할 때까지 끊임없이 연구 활동하여 교육학 및 철학 분야에서 약 1,000여 편의 논문과 책을 저술하였다. 그의 주요 저서로는 '학교와 사회'(The school and society, 1899), '어린이와 교육과정'(The child and the curricular, 1902), '사고방식'(How We Think, 1910), '민주주의와 교육'(Democracy and Education, 1916), '개인주의의 옛과 오늘'(Individualism, Old and New, 1920), '경험으로서의 예술'(Art as experience, 1934), '경험과 교육'(Experience and Education, 1938), '자유와 문화'(Freedom and Culture, 1939) 등이 있다.

나. 진보주의 교육관

듀이의 실용주의 교육은 진보주의 교육이라고도 부른다. 이러한 그의 교육사상을 올바로 이해하기 위해 여기서는 두 부분, 즉 전통적 교육관에 대한 비판과 경험의 개념에 입각한 진보적 교육관으로 나누어 설명하도록 한다.

1) 전통적 교육관에 대한 비판

듀이는 자신의 실용주의적 교육론을 제시하면서 지금까지 교육현장에 뿌리깊게 내려온 전통적 교육과 그 형태에 대해 폭넓은 비판을 가하면서 새로운 진보적 교육에 대해 상세히 논의하고 있다. 이에 대한 논의는 주로 '민주주의와 교육(Democracy and Education)'(J. Dewey, 1916/이홍우 역, 1991)과 '경험과 교육(Experience and Education)(J. Dewey, 1938/강윤중 역, 1995)에서 자세히 다루고 있다. 여기서는 이 두 책을 중심으로 살펴보도록 한다.

전통적 교육 구조는 본질적으로 위로부터 교수-학습을 일방적으로 부과하는 것이다. 그러한 교육은 단지 성숙을 향하여 배우는 학생에게 성인의 표준과 교과 내용 및 방법을 부과한다. 성숙한 성인이 위로부터 부과하는 것은 학생들의 경험, 능력을 별로 배려하지 않는다. 바로 그러한 상황이 학생들로 하여금 학습의 진전에 적극적으로 참여치 못하게 한다.

듀이는 이에 대해 학교 교육이 시작된 이래 지난 600여 년 간 사람들이 그저 배우고 죽은 것처럼, 그저 행하고 배우는 것일 뿐이다고 말한다. 여기서 배운다는 것은 이미 책이나 선인들의 머리 속에 들어 있는 것을 습득한다는 뜻이 된다. 더욱이 가르쳐지는 내용은 본질적으로 고정된 것으로 이해된다. 그것은 하나의 최종적 산물로서 가르쳐지는 것이며, 그것이 원래 형성되게 되었던 방식 혹은 분명히 미래에 발생하게 될 변화 등은 거의 고려되고 있지 않고 있다(Dewey, 1938/강윤중 역, 1995: 20).

요구되는 교과 내용, 학습 방법과 행위 방식들은 학생이 이미 지니고있는 경험의 테두리를 넘어 선다. 일정한 교재와 방법이 어떤 다른 시기에 어떤 다른 개인들에게 효과적이었음이 입증되었다는 것으로는 충분치 않다. 그래서 듀이는 교재와 방법이, 특정한 시기에 특정한 개인들에게 교육적인 내용을 가지는 경험을 산출하는 역할을 할 것으로 생각할 수 있는 근거가 있어야 한다고 주장한다(Dewey, 1938/강윤중 역, 1995: 59).

전통적인 교육목적 혹은 목표는 젊은이들로 하여금 미래의 책임과 삶의 성공을 위한 준비를 하도록 하는 것이며, 이는 수업 자료 속에 포함되어 있는 지식 체계와 미리 마련된 형태의 기능을 획득하는 일이다. 교과 내용과 타당한 행위의 기준은 과거로부터 전해 오는 것이므로, 배우는 이들의 태도는 대체로 유순하거나 수용적이거나 복종적이어야 한다.

행위의 기준과 규칙들은 과거로부터 발전되어 왔으므로, 도덕적 훈련은 이러한 기준과 규칙에 일치하는 행동 습관을 형성하는 것이 된다. 결국 학교는 이러한 행동규칙을 습관화하는 특수한 기구로 인식된다. 문제는 사회적 체제로서 학교, 즉 '축소된 사회'가 아닌 학교는 학생의 사회적 경험과의 연관성을 거의 상실하고 있다는 점이다.

전통적인 교육의 또 한 가지 문제점은 경험의 종류를 결정하기도 하는 학습자의 내적 요인에 대해 거의 관심을 기울이지 않았다는 점이다. 다시 말하면 경험을 창조하는 또 다른 요인, 즉 교육받는 사람들의 능력과 목적이라는 요인을 고려하지 않고 모든 교육작용에 대한 책임을 교사가 모두 떠맡고 있다는 점이다. 이로 인해서 학생의 주체적인 학습권은 교육실제에서 존중되거나 인정받지 못하게 된다(Dewey, 1938/강윤중 역, 1995: 56).

교과내용은 과거로부터 축적된 지식과 기능의 체계들로 구성되며, 따라서 학교의 주요 과제는 그 체계들을 새로운 세대에 전달하는 것이 된다. 특히 교과서는 과거의 지식과 지혜를 대표하는 것이며, 교사는 학생들을 이러한 재료들과 효과적으로 연결시키는 자이다. 말하자면 교사는 지식이나 기능을 전달하고 행위 규칙을 강요하는 매개체이다.

듀이에 따르면, 전통적인 교육은 교육 자료를 크게 줄여서 미리 소화된 교재라는 음식물로 한정해 버렸다. 학생들은 외부로부터 처방된 그 교재를 알약으로 섭취할 것이 요구되었다. 만약 학생들이 그것을 섭취하지 않고 남겨두거나, 혹은 신체적인 게으름에 빠지고 마음이 갈피를 못 잡는 정신적인 게으름에 빠져 결국 그 교과에 대하여 혐오감을 일으킨다면, 그 학생에게 잘못이 있는 것으로 간주되었다. 문제가 교과내용에 있는 것인지, 아니면 교재가 제시되는 방법에 있는 것인지에 대해서는 의문이 있을 수 없었다(Dewey, 1938/강윤중 역, 1995: 60-61).

교사중심의 전통적인 교육에서는 학생의 경험이 무용지물로 간주되었다. 이로 인해 많은 학생들이 새로운 아이디어에 무감각해지고, 학습 의욕을 잃는다. 학생들은 기계적인 훈련으로 특수한 기능을 습득함으로써 새로운 상황에 지적으로 행동할 수 있는 판단력이나 능력을 제한 받게 된다. 또한 그들은 공부라면 권태나 지루함을 연상하게 된다. 전통적 교육 실제에서는 학생들이 배운 것은 학교 밖의 사회적 삶과는 너무도 거리가 멀어서, 학교 밖의 삶에 대한 아무런 통제력을 길러 주지 못한다. 그들은 책이라면 재미없는 고역을 연상하고, 따라서 야한 읽을거리에만 몰입하게 된다(Dewey, 1938/강윤중 역, 1995: 30).

2) 진보주의 교육의 철학적 토대: 경험

듀이는 이러한 전통적 교육관에서 벗어나 새로운 교육철학, 즉 진보적 교육철학을 제시한다. 그는 "위로부터의 부과는 개성의 표현이나 함양으로 대치된다. 외적인 훈련은 자유 활동으로 대치된다. 교재와 교사에게서 배우는 것은 경험을 통해서 배우는 것으로 대치된다"(Dewey, 1938/강윤중 역, 1995: 20)고 하였다. 다시 말해서 전통적 교육 실제에서 이루어진 훈련을 통한 기능과 기술을 습득은 새로운 진보적 교육 실제에서는 직접적이고 생동력 있는 흥미를 자아내는 목적 달성의 수단으로서의 기능과 기술의 습득으로 대치된다. 그리고 요원한 미래를 위한 준비로서의 교육은 현재의 삶의 기회를 최대한 활용하는 것으로 대치된다.

듀이의 진보주의 교육철학은 기존의 전통적 교육과는 다른 새로운 교육철학이다. 그 철학은 로크 이래 근대철학의 핵심인 경험이론이다. 듀이는 이 경험을 통해 새로운 교육목적과 교육내용과 교육방법을 선정하고 조직하는 지침을 제시한다. 그러면 듀이가 교육의 토대로 삼은 경험은 무엇인가?

(1) 경험의 개념

듀이는 경험을 능동적 요소와 수동적 요소의 특수한 결합이라고 보았다. 능동적 측면에서 볼 때, 경험은 '해 보는 것'(trying)을 말한다. 이것은 '실험'이라는 의미와 연결된다. 수동적 측면에서 볼 때, 경험은 '당하는 것'(undergoing)을 말한다. 이는 무엇의 작용으로 무엇을 하지 않으면 안되는 소극적 성격을 의미한다. 경험의 이 두 측면이 어떤 방식으로 연결되어 있는가에 따라 경험의 성과 또는 가치가 달라진다(Dewey, 1916/이홍우 역, 1991: 219). 듀이는 이러한 경험과 교육 사이에는 유기적 관계가 있으며, 새로운 진보적 교육철학은 일종의 경험적이며 실험적인 철학을 따른다고 말한다.

듀이는 '경험'의 개념을 비교육적인 경험과 교육적인 경험으로 구분하여 창조적으로 설명하고 있다. 그에 따르면, 모든 경험은 반드시 교육적이지만은 않다. 어떤 경험은 비교육적이기 때문에 경험과 교육이 서로 직접적으로 동일시 될 수는 없다. 어떤 경험이라도 이후의 경험의 성장을 막거나 왜곡하는 결과를 가져온다면 그 경험은 비교육적인 것이다.

여기서 비교육적인 경험이란 무감각을 낳을 수도 있고 감수성이나 감응의 결핍을 가져올 수 있는 경험이다. 또 즐겁지만 태만하거나 부주의한 태도를 조장하는 경험이다. 이러한 경험은 후속되는 경험의 질에 부정적으로 영향을 미친다.

다른 한편으로 매우 특수하게 서로 연관되지 않은 개별적인 경험들도 비교육적일 수 있다. 이러한 경험들은 그 자체로서는 좋거나 혹은 매우 흥미로운 것들이지만, 서로 축적적으로 관련되지는 못한다. 그리하여 힘은 분산되고 그 사람은 주의가 산만해진다. 개별적인 경험은 활발하고 생생하며 "흥미 있는"것일지라도, 그 경험들이 서로 연관되어 있지 않다면 인위적으로 산만하고, 분열된 습관을 만들어 낸다. 그리하여 미래의 보다 풍부한 경험을 가지게 될 가능성이 제한되고 그 결과는 또 다시 이후의 경험 영역을 좁혀 놓게 된다.

경험이 교육적이냐 비교육적이냐는 경험이 가진 '질'에 달려 있다. 듀이는 경험의 질은 두 가지 측면을 가지고 있다고 말한다. 하나는 즐거움 혹은 불쾌함이라는 즉각적인 측면이고, 다른 하나는 나중의 경험에 미치는 영향이라는 측면이다. 전자의 경우, 교육자의 임무는 학생들이 반감을 일으키지 않고 오히려 자신의 활동에 열중하게 되는 종류의 경험을 마련하는 것이며, 그러한 경험은 바람직한 미래의 경험을 증진시켜 주는 것이기 때문에 즉각적인 즐거움을 넘어서는 것이다.

후자의 경우, 누구도 혼자 살거나 혼자 죽지 않는 것과 마찬가지로, 어떤 경험도 혼자 생겨서 혼자 없어지지는 않는다. 바램이나 의도와는 전혀 관계없이, 모든 경험은 이후의 경험 속에서 생명을 이어간다. 따라서 경험을 바탕으로 하는 교육의 과제는 후속하는 경험 내에서 충실하고 창조적으로 살아나가게 될 그러한 종류의 현재의 경험을 선택하는 것이다(Dewey, 1938/강윤중 역, 1995: 33).

(2) 경험의 원리

교육이 경험 내부의, 경험에 의한, 경험을 위한 발전이라고 할 때, 경험의 결과는 교과 내용을 결정하고, 수업과 훈련 방법을 결정하며, 학교의 물리적 설비와 사회적 기구를 결정한다. 교육이 경험을 바탕으로 이렇게 교육적으로 운영되기 위해서는 경험의 이론을 만들어야 할 필요가 있다. 이러한 이론 구성에서 듀이는 계속성의 원리와 상호작용의 원리를 적용하고 있다(Ballauff · Schaller, 1973: 647).

우선, 경험의 계속성 원리란, 모든 경험은 앞서 지나간 경험에서 무엇인가 영향을 받으며 그 이후에 하게 되는 경험의 질을 어떤 식으로든 변화시킨다는 것이다. 이러한 계속성의 원리는 교육적 경험과 비교육적(mis-educative) 경험을 구분하는 기준으로 삼을 수 있다. 왜냐하면 모든 경험은 일정한 선호감과 혐오감을 만들어 주고 이러저러한 목적을 위한 행동을 더 쉽게 혹은 어렵게 만들어 줌으로써, 이후의 경험의 질을 결정하는 데 도움이 되는 태도에 긍정적인 혹은 부정적인 영향을 미치기 때문이다. 어떤 경험은 이후의 경험의 질을 결정하는데 부정적이다. 반면에 어떤 경험은 호기심을 불러일으키고 주도력을 강화하며 사람을 장차 어려움을 극복할 만큼 충분히 강한 욕구와 목적을 이루어 준다. 이러한 경험의 지속은 이후의 경험의 질을 결정하는데 긍정적이다.

이런 점에서 교육자의 근본적인 책임은 어떤 환경 조건에서 실재 경험이 형성되는 계속성 원리를 이해하는 것뿐만 아니라, 어떤 경험이 올바른 성장으로 인도하는지를 구체적으로 인식해야 할 필요가 있다. 또한 교육자들은 가치 있는 경험을 형성하는데 기여할 수 있는 물리적 환경이나 사회적 환경을 활용하고 개선할 줄 알아야 한다(Ballauff · Schaller, 1973: 47-52).

둘째로 상호작용의 원리이다. '상호작용'이라는 말은, 경험의 교육적 기능과 힘을 설명하기 위한 두 번째 원리이다. 이 원리는 경험 속의 두 가지 요소, 즉 객관적 환경과 개인은 계속적으로 상호작용하게 된다는 의미이다. 인간은 그가 관련을 맺고 있는 다른 인간 그리고 집단이라는 환경에 어떤 방식으로든지 참여하지 않을 수 없고, 그 참여는 개인과 개인, 개인과 집단 간의 상호작용을 전제하고 있다. 특히 듀이는 사회적 환경과 개인 간의 상호작용에 관심을 갖는다. 사회적 환경과의 상호작용은 개인들의 마음속에 지적, 정서적 성향을 형성하고, 개인들이 가지고 있는 특정한 충동을 일으키고 강화하는 활동을 하게하며, 어떤 목적을 가지고 있고 어떤 결과를 초래하는 활동 속에 개인들을 참여시킨다(Dewey, 1916/이홍우 역, 1991: 31).

개개인이 사회적 환경과 상호작용한다는 말은, 구체적으로 보면, 일련의 상황 속에서 산다는 의미이다. 그것은 한 개인과 사물이나 다른 사람들과의 사이에서 상호작용이 진행되고 있음을 의미한다. 그 상호작용의 내용이 경험이다.

경험의 계속성 원리와 상호작용 원리는 서로 분리되어 있는 것이 아니다. 이 원리들은 서로 결합되어 있다. 말하자면 그 원리들은 경험의 종적인 면이자 횡적인 면이다.

3) 교육의 목적: 성장과 경험의 재구성

이상과 같은 경험의 개념과 원리에 입각한 새로운 교육은 성인과 미성년자 사이에 전통적 학교에서 있어왔던 것보다도 훨씬 다양하고 더 친밀한 경험이 있어야 한다는 것을 전제로 한다. 그러나 문제는, 개인적 경험을 통한 학습의 원리를 해치지 않으면서, 어떻게 그러한 경험을 제공할 수 있느냐이다.

과거 전통적인 교육은, 나중에(아마도 대학이나 성인 생활에) 필요하게 될 일정한 기술을 습득하고 일정한 교과를 배움으로써 당연히 학생은 미래의 필요와 환경에 대한 준비를 최상의 가치로 삼았다. 그런데 '준비'(preparation)로서의 교육은 교사 중심적이고 교수–학습을 일방적으로 이끌어가게 한다. 교사는 학생이 체험하게 되는 현재 경험의 종류에 대한 책임을 거의 지지 않는다.

그러나 어떤 의미에서 모든 경험은 학생들이 보다 깊고 더 넓은 성질을 가진 나중의 경험을 준비하기 위한 어떤 것이어야만 한다. 그것은 바른 경험의 성장, 경험의 지속과 축적 그리고 경험의 재구성이 되어야 한다(Dewey, 1938/강윤중 역, 1995: 61). 듀이에 따르면, 교육의 유일한 목적은 성장과 경험의 재구성이다. 특정한 경험은 늘 평가과정을 거치게 되는데, 성장에 얼마나 도움을 주느냐 그렇지 않느냐에 따라 평가되며, 또 그것은 더 많은 경험을 갖게 하느냐 그렇지 않느냐에 따라 평가를 받게 된다. 듀이가 말하는 지성이라는 단어에는 다양한 경험들 간의 상호 연관성을 찾아서 문제를 포괄적으로 풀어 가는 사고력, 즉 반성적 사고(reflective thinking)력을 포함하고 있다. 그가 말하는 성장의 뜻에는 개인이 여러 경험들에서의 상호 관계성을 이해하는 능력을 획득하는 것을 포함시키고 있다. 교육은 많은 문제를 풀어가며 학습하고 그런 과정을 통해 계속적으로 경험을 재구성하는 과정이다.

따라서 교사는 미래에 대한 좋은 영향을 주는 종류의 현재 경험을 위한 여건을 마련할 책임이 있다. 듀이는 사회적 제도로서 학교는 현대적 요구에 맞게 문화를 재구성하는 선택된 기관이라고 본다. 그는 학교가 사회의 축소판으로 단순히 보다 큰 사회를 반영하는데 그칠 것이 아니라, 그 사회의 주요 제도들을 대표하고 있어야 한다고 생각했다. 학교의 잘 통제된 분위기 속에서 창조적인 개인들의 발달을 촉구하여 그들로 하여금 사회악을 제거하며 효과적 역할을 담당하게 할 수 있기 위해서 학교는 탐구를 위해서나 경험의 개조를 위해서 필요한 것을 개발하기 위한 곳이 되어야만 한다.

또한 학교는 그 곳에서 학습하는 사람이 서로에 대한 독자적인 이해를 하며 민주적인 생활 태도를 하는 곳이라고 했다. 그는 학교라는 사회에서 서로가 협동적 활동을 권장하고 그러한 경험들이 실제 사회로 확산되기를 바랬다. 이러한 신념 때문에 그는 평생 동안 전통적인 학교의 문제와 그의 실용주의 철학을 오용하여 근본주의적 자유를 내세운 진보적 교육운동(다음에서 살펴볼 것임)에 대항하였던 것이다(Goetz, 1973: 22).

듀이는 진정한 민주적인 교육은 실험적이고 탐구 지향적인 학교에서만 이루어진다고 말한다. 그가 생각했던 민주사회는 집단적 경험의 공유를 방해하는 종교적, 인종적, 지역적, 경제적 차별이 없는 사회이다. 또한 민주사회는 인간적인 교류의 가능성과 개인의 성장의 가능성을 높이도록 다양한 경험이 공유되는 사회이다. 그에 있어서 교육의 궁극적인 목적은 이러한 민주사회를 이룩하는 데 있는 것이다.

한편, 듀이의 진보주의 교육사상은 해방 이후 한국에서 미군정 시기에 적극적으로 수용되었다. 당시 교육은 사회적, 경제적 모순을 극복하려는 개혁이 결여된 상황에서 사회 변화와 사회 이동의 유일한 수단이었다. 이런 상황에서 듀이의 진보주의 교육사상은 교육목적, 학교구조, 교수방법, 커리큘럼, 교과서 등의 개혁 이념으로 채택되었다. 특히 이원체제로서 수정, 도입된 6-3-3학제와 커리큘럼 트랙의 도입 등은 미국의 행정지향적 진보주의에 영향받은 것으로 진정한 의미에서 듀이의 사상과는 거리가 멀었다. 미군정의 진보주의적 교육개혁은 불행하게도 일제가 남긴 불평등한 사회, 경제체제를 유지 · 발전시키는 데 기여하는 결과를 가져왔다.

50년대 듀이의 진보주의 교육사상은 '새교육운동'의 교육철학적 기초로 수용되어 아동중심의 새 교수방법의 도입되었고, 새로운 커리큘럼 개정이 추진되었다. 그러나 이 역시 듀이의 기본 생각과는 달리 결과적으로 새로운 미국의 지배구조를 유지하는 데 필요한 사고 유형을 학생들에게 심어주도록 디자인 되었다. 이것은 애초 미군정의 교육개혁 정책이 한국사회의 민주적 변화를 지향한 것이 아니라 친미 지배구조를 구축, 강화시키기 위한 수단으로 오용된 점이 없지 않았음을 보여 주는 것이다(김천기, 1992: 67).

2. 진보주의 교육철학에 대한 논쟁

Dewey의 진보주의 교육철학은 20세기 중반 미국의 4가지 주요 교육사상 및 운동, 즉 진보주의 교육운동, 본질주의, 항존주의, 재건주의 교육철학자들과 논쟁하였다. 이 4가지 교육사상은 그동안 서구 역사에서 발전된 진보적 인간교육관과 전통을 존중하는 보수적 교육관 등이 교육의 성격과 실천적 기능면에서 새로운 제안과 그 제안에 대한 비판과 긍정이 상충되어 있다. 독자들은 이러한 주장들을 통해 교육의 본래적 성격과 기능을 다양한 관점에서 볼 수 있는 안목을 갖게 될 것이다.

가. 진보주의 교육운동

진보주의 교육운동은 교사 중심의 전통적 교육의 편협성과 형식주의가 낳은 비인간화에 대한 반발로 19세기 유럽과 20세기 미국에서 일어난 교육운동이다. 진보주의 교육운동은 근대사에서 볼 때 루소의 '에밀'이 보여 주었던 자유주의적 아동교육론으로 거슬러 올라가지만, 페스탈로찌와 프뢰벨을 거쳐 미국의 듀이, 영국의 니일의 섬머힐, 이탈리아 몬테소리 등 자유주의 아동중심 교육사상과 같은 맥락에서 발전하였다. 미국에서의 진보주의 교육운동은 듀이의 진보주의 교육사상에 힘입은 바 크다. 이 운동에서 주창한 교육은 모든 중심에 아동이라는 인간을 두고, 아동의 전인적 성장 발달에 초점을 두었다. 따라서 진보주의 교육운동의 기본사상은 아동중심주의에 입각하여 '행함으로 배우는'(learning by doing), 즉 최근의 용어를 빌리면 아동의 '자기 주도적 학습'을 내세웠다. 특히 1918년에는 듀이의 신봉자들이 진보주의교육협회(Progressive Education Association)를 결성하여 전통적 교육환경을 개선하는 데 기여하였다. 이 협회는 미국의 교육개혁 운동으로 발전하였고, 이후 30년 이상 미국내외에 영향을 미쳤다. 우리나라의 경우는 앞에서 언급했듯이 해방 후 미군정시대에 교육정책의 기본이념으로 진보주의를 채택하였으며, 50년대 새교육운동으로 발전하기도 하였다.

프래그마티즘의 철학을 중심으로 발전한 진보주의 교육운동은 전통적 교육 형태에 대한 반대와 그 대안으로 새로운 진보적 인간교육 원리와 형태를 제시하였다. 전통적 교육 형태인 권위적 교사, 교재중심의 교육방식, 암기위주의 학습, 사회로부터의 학교 격리, 체벌 등의 학습분위기를 반대하면서 진보주의교육협회(Progressive Education Association)가 결성되었고, 이 협회는 다음과 같은 7개항의 교육강령을 채택하였다(김정환, 1988: 147, 재인용).

① 학생은 외적인 권위에 의하지 않고 자신의 사회적 필요에 의하여 자연스럽게 발전할 자유를 누려야 한다.
② 흥미가 모든 학습활동의 동기가 되어야 한다.
③ 교사는 학생의 모든 활동을 고무하고 적절한 정보를 제공해주는 안내자이어야 한다.
④ 학생에 대한 평가는 교과에 대한 평가뿐만 아니라 학생의 신체 · 지성 · 사회성을 포함하는 넓은 것으로서 학생의 지도를 돕는 것이 되어야 한다.
⑤ 가장 중요시해야 할 것은 학생의 건강이며 따라서 학교의 시설 · 환경 · 인적 조건은 명랑해야 한다.
⑥ 학교는 학생의 교육을 학부모와의 긴밀한 협조관계 속에서 수행해야 한다.
⑦ 진보주의 학교는 좋은 전통 위에 새 것을 첨가하는 실험학교로서 교육개혁운동의 중추가 되어야 한다.

이와 같은 진보주의 교육운동의 강령은 아동중심의 인간교육을 표명한 것으로, 교사는 조언자, 협력자가 되어야 함을 강조하고 있다. 이러한 강령에 의거하여 진보주의자들이 내세운 교육원리들을 정리하면 다음과 같다(Kneller/안상원 역, 1992: 77-83).

첫째, 교육은 현재의 생활 그 자체이지 미래의 생활을 위한 준비가 아니다. 교육은 경험의 재구성 과정이기 때문에 현명한 생활과 그것에 비슷한 경험은 그대로 학습이 된다. 교육을 통해서 아이들에게 비판적 · 지성적 사고방식을 길러주어야 한다. 그러기 위해서는 배우는 장소가 비판정신과 지성을 발로시킬 수 있는 곳이어야 한다. 학교는 특히 어린이가 장차 부딪칠 생활환경과 비슷한 것을 교육해야 한다.

둘째, 학습은 직접적으로 아동의 흥미와 관련되어야 한다. 교육활동에 있어서 아동의 생활을 무시해서는 안 되며, 그들의 흥미와 관심의 소재를 파악해야 한다. 그러기 위해서는 학습과정은 교사 혹은 교과서에 의해 일방적으로 정해져서는 안 되며, 아동의 흥미와 욕구가 반영된 것이어야 한다. 아동은 그들의 생활 속에서 배워야 하며 학습은 어린이의 성취도에 맞추어 진행되어야 한다.

셋째, 교육내용의 이수보다 더 중요한 것은 문제해결의 방법을 배우는 것이다. 전통적인 교육에 있어서 지식은 그 자체로서 가치가 있는 것이므로 교사를 통해 그것은 체계적으로 배워야 할 것으로 여겨졌다. 그러나 진보주의 교육에 있어서는 지식이란 늘 새롭게 전개되며 능동적인 활동에 의해 얻어지기 때문에 행동으로도 옮겨져야 할 것이다. 안다는 것과 행동한다는 것은 일치해야 한다. 이것이 실험적 방법의 원리이다. 예를 들면, 배울 내용은 주말마다 학급에서 서로 상의해서 계획해야 하며 문제해결은 간단하게 단번에 끝나서는 안 되고 일관성 있게 지속되는 것이라야 한다.

넷째, 교사는 아동을 지휘하는 입장이 아니라 도와주는 입장에 서야 한다. 왜냐하면, 어린이의 흥미는 그 자신이 그가 무엇을 배워야 할 것인가를 결정할 것이기 때문이다. 교사는 어린이가 그의 발달단계와 능력의 수준에 알맞은 학습계획을 짤 수 있도록 상담해 주며, 자유롭게 학습하도록 하되, 곤경에 처해 있을 때는 도와주어야 한다. 즉 교사는 권위를 지닌 자로서가 아니고 경험이 풍부한 조력자가 되어야 한다.

다섯째, 학교는 경쟁을 시키는 곳이 아닌 협동을 장려하는 곳이어야 한다. 인간이란 원래 사회적이고, 대인관계가 원만할 때 만족을 느끼는 존재다. 경쟁심을 길러주거나 개인적인 성공을 위해 뛰게 하지 말고, 사랑과 동료의식을 갖도록 배려해야 한다. 더욱이 과학기술문명이 발달하면 할수록 공동체적 경험이 중요한 것임을 인식하고 학교는 공동체적 가치를 심어주도록 한다.

여섯째, 민주주의만이 진정한 성장에 필요한 사상과 인격의 자유로운 상호작용을 허용하고 촉진한다. 진보주의 입장에서는, 민주주의는 하나의 정치제도 이상의 것이며 사람들이 협력해서 사는 방식이자 경험을 교환하는 방식이다. 따라서, 민주주의를 가르치기 위해서는 우선 학교생활 그 자체가 민주적으로 운영되어야 하며, 민주주의에 대한 이해를 깊게 하고 그것을 실천할 수 있는 과외활동이 권장되어야 한다. 따라서 관성의 질서 · 규범을 주입하지 말아야 하며 아직 사회에 수용되지 않은 새 규범도 가르쳐서는 안 된다.

듀이의 실용주의적 교육사상을 기반으로 한 진보주의자들은 미국의 공교육에 뿌리를 내려 1930년대 교육 전반에 큰 영향을 미쳤다. 그러나 초창기부터 본질주의와 항존주의자들이 중심이 되어 진보주의 교육을 비판하였다. 무엇보다도 1957년 소련이 미국을 앞질러 스푸트닉(Sputnik)인공위성을 발사한 후, 이에 자극 받아 미국의 지식인들은 아동중심 · 생활중심의 진보주의 교육에 근본적인 문제를 제기하였다.

진보주의가 지니는 취약점을 밝히려는 비판적 관점을 요약하면 다음과 같다(Kneller/안상원 역, 1992: 155-156).

① 아동에게 지나친 자유를 부여하고 그의 흥미를 너무 존중한 나머지 아동으로 하여금 어려운 교과목을 피하고 비교적 쉬운 교과목만을 택하게 하였다.
② 자유를 존중한 나머지 미래에 대한 교육의 준비성을 너무 소홀히 했으며, 민주방식을 과신한 나머지 가치의 절대적인 측면을 보는 눈을 키워주지 못했다.
③ 아동중심 · 생활중심 교육이 지나쳐 교육의 명확한 목표설정을 하기가 힘들었고, 문제해결 방식은 비효율적인 시행착오와 산만한 수업분위기를 낳기 일쑤였다.
④ 학교는 본래 특수한 훈련기관이 되어야 하는데 도리어 사회의 복사판 · 축소판이 되었고, 다수의 협동적 노력을 강조한 나머지 우수한 소수자의 지도성을 반영시키지 못했으며, 민주주의 이외의 사상체계에 대한 객관적 이해를 소홀히 했다.

흔히 이러한 진보주의 교육운동의 한계점을 듀이의 교육사상 탓으로 돌리기도 하였다. 이는 듀이의 교육사상과 진보주의 교육운동을 동일시하는 그릇된 인식 내지 오해에서 기인된 것이다. 듀이 자신은 만년에 자신의 교육이 속되고 얄팍한 진보주의 교육운동으로 변질된 것에 분통을 터뜨렸다. 실제로 그는 진보주의 교육운동이 지나치게 아동의 흥미중심으로 나아가고, 문제해결 학습이 일방적으로 생활주변의 문제해결학습으로 전락되어 버린 점, 그리고 경험이 제일이고 지식에의 탐구는 부차적으로 다루어진 점 등에 대해 크게 분노하였다.

나. 본질주의 교육사상

1920~1930년대에 미국 교육의 주류를 형성하였던 진보주의 교육은 제2차 세계대전의 시작과 함께 본질주의(Essentialism) 교육자들로부터 신랄한 비판을 받기 시

작하였다. 그들은 진보주의자들이 지나치게 아동의 흥미와 자유를 존중한 나머지 진정한 문화유산의 전달을 망각하고 있다고 비판하였다. 또한 진보적 학교에서는 학습자가 기본적인 학문을 학습할 수 없다고 보고, 학습은 인류가 쌓아온 문화적인 전통 중에서 가장 본질적이고 정수적인 것을 배우는 것이어야 한다고 주장하였다.

이러한 본질주의자들의 주장은 배글리(Bagley)를 중심으로 1936년 2월 26일 '본질주의교육협회'를 결성한 데서 시작되었다. 배글리는 진보주의 교육이 객관적, 전통적 문화를 경시하고 지나친 아동의 자유와 개인적 욕구만을 존중하는 방임주의를 취하였기 때문에 사회에서 요구하는 기본적인 학력을 배우는 데 많은 결함과 지체 현상이 나타났다고 경고하였다. 또한 진보주의 교육운동의 유력한 지도자인 보드(Bode)도 그의 저서 「십자로에 선 진보주의 교육」에서 교사가 물러가고 아동에게 주도성을 줌으로 해서 아동에게 풍부한 생활경험을 줄 수 없었고 또 나쁜 습성을 붙이게 하였다고 비판하였다.

본질주의자들은 오늘날의 보다 더 진실하고 올바른 문화를 건설하는 길은 오직 선조들이 남겨놓은 문화유산의 뛰어난 것을 이어받음으로서 이 사회를 안정된 바탕 위에 올려놓을 수 있을 뿐만 아니라 문화의 진실한 성장과 발전에 기여할 수 있다고 주장하였다.

본질주의는 어떤 특정한 사상을 근거로 하여 출발된 것은 아니다. 진보주의 교육은 실용주의 사상을 기본으로 출발한 데 비하여 본질주의는 과거의 문화적 전통을 존중하고 이를 다음 세대에 전달해야 한다는 신념에 기초하고 있다(최정웅, 1982: 272-273). 따라서 본질주의는 전통교육이 지니고 있던 장점을 소홀히 하고 아동의 흥미와 욕구를 지나치게 존중했던 진보주의의 한계를 보완 · 극복하려 한 점에서는 진보주의를 비판하였지만, 다음 장에서 살펴볼 항존주의와는 달리 민주사회 발전이라는 교육의 사명에는 어느 정도 동조하고 있음을 알 수 있다.

본질주의 학자로는 배글리(William C. Bagley), 브릭스(Thomas H. Briggs), 화이트헤드(Alfred N. Whitehead, 1861~1947), 칸델(I.L. Kandel), 럿셀(James E. Russell) 등이 있다. 이들 중 대표자격인 배글리(1872~1946)는 사회적 유전에 순응하고 이것을 통하여 문화를 습득하여 사회적 능률을 올릴 수 있는 인물을 육성함을 교육의 임무로 보았다.

또 다른 본질주의자인 화이트헤드의 관점은 교양과 전문적 지식을 지닌 인간양성이었다. 그는 너무 많은 과목을 가르쳐서는 안 된다는 것과 가르칠 것은 철저하게 가르쳐야 한다고 말한다. 그리고 아동교육에서는 주요한 지식을 소량으로 그리고 중요한 것에 한해서 계열적으로 가르쳐야 하며, 그것을 자기 자신의 것으로 하고 난 뒤 실제 생활환경에 적용하는 방법을 이해시켜야 한다고 주장한다.

대부분의 본질주의자들은 과거의 인류의 예지와 통찰에 의하여 제시된 방향으로부터 점점 이탈되어 사회가 불안과 혼란을 겪고 있다는 문제의식을 지니고 있다. 따라서 그들의 입장은 보다 건실하고 올바른 문명세계를 건설하기 위해 문화적 정수를 전수해야 한다는 것이다(유영진, 1980: 101).

본질주의 관점에서, 학교는 우리의 문화를 물려준 선조들이 확립해 놓은 태도, 신념, 가치, 제도 등을 변경시키는 일보다 오히려 그것들을 강화하고 개선하는 장소이어야 한다. 본질주의자들이 제시한 교육원리는 다음과 같다.

첫째, 본질주의는 문화적 유산의 보존과 전달을 중요시한다. 문화라는 것은 선조의 경험에 대한 축적을 의미한다. 그러므로 인간 생활에 있어서 이 문화적 유산은 대단히 중요하다. 이것의 전달 없이는 인간은 야만적 생활을 면할 수 없으며 문명이나 인간생활의 진보나 발전도 있을 수 없다. 이런 점에서 교육의 사명은 전통적 문화유산 가운데 가장 근본적인 것, 인류 최고의 지혜를 선택하여 다음 세대에게 전달하는 것이다.

둘째, 학습은 그 본질에 있어 훈련의 교육방법을 채택한다. 본질주의자들은 아동의 직접적 흥미보다는 원대한 목적에 뜻을 두고 엄격한 훈련을 통해서 문화의 본질을 획득할 수 있다고 본다. 생물 중에 인간만이 그의 직접적 충동을 조절할 수 있다고 한다. 만일 교육이 이러한 자기충동 조절능력을 학습자에게 가르치지 않는다면 학습자는 가치 있는 목적을 달성할 수 없게 된다. 따라서 본질주의자들은 학습자는 교사에 의하여 지적인 훈련에 자발적으로 복종하도록 하여야 한다고 말한다.

셋째, 교육의 주도권은 학생보다 교사가 가져야 한다. 교사의 역할은 성인세계와 아동세계 사이에 있는 중개자이다. 이러한 조정자로서의 전문적 준비를 갖춘 이가 교사이므로 학생들보다 교사가 학생들의 성장을 훌륭하게 지도할 수 있는 것이다. 본질주의자들은 학습자의 흥미나 목표는 교재의 논리적 조직과 아동의 교육적 성장발달에 대한 지식과 이해를 가진 교사에게 맡겨야 한다고 주장한다. 따라서 그들은 교사를 교육의 중핵적인 위치에 둔다. 교사는 교양교육을 받아야 하고, 전공

분야에 대한 학문적 지식을 갖추어야 하며, 교육의 철학적, 역사적 기초를 이해해야 하고, 자신에게 부과된 임무에 대해 진지한 헌신적 정신을 체득해야 한다. 본질주의자들은 교사의 권위를 중시한다.

넷째, 학습자는 규정된 교육내용(교과목)을 충실히 익혀야 한다. 본질주의자들은 교육은 개인으로 하여금 그의 가능성을 최대한으로 실현할 수 있도록 해야 한다는 데 동의한다. 그렇지만 그러한 개인의 실현은 개인이 복종해야 할 법칙을 가진 세계 속에서 실현된다는 것을 강조한다. 학습자가 학교에 가서 공부를 하는 목적은 세계를 존재하는 그대로 알고자 하는 데 있는 것이지, 자신의 취향에 맞게 세계를 해석하자는 데 있는 것이 아니다. 학습자는 세계를 그가 좋아하는 대로 제멋대로 배워서는 안 된다. 세계에 대한 지식은 논리적 조직으로 구성된 교재를 통하여 학습자에게 제공되어야 한다.

다섯째, 학교는 지적-정신적 훈련방법을 통해 기본개념과 본질을 학습할 수 있어야 한다. 예를 들면 인디언이 어떻게 생활하였는가를 학습하기 위하여 아동은 실제로 토인 움막집을 지어보아야 하는가? 물론 토인의 움막집을 지어본다는 행동은 인디언의 생활방식을 이해하는 데 도움을 주겠지만 그러한 학습 방법은 인디언의 생활방식에 대한 어떤 본질을 학습하는 방법은 되지 못한다. 학습자는 인디언의 생활방식에 대한 기본적 개념을 배워야 한다. 이러한 기본개념은 학습자 개인의 심리적, 지적 수준에 맞추어서 학습되어야 한다.

본질주의는 문화유산에 대한 학문 체계인 인문과학을 지나치게 중시하는 반면 사회의 비인간화 문제의 해결 방안을 논의하는 사회과학 분야의 학문을 소홀히 하였다. 새로운 민주사회에 대한 이상과 전망을 가지고 현재 문제의 핵심이 무엇인가, 그리고 그 해결을 위한 대안은 어디서 찾아야 하는가 등 사회 개혁적인 이념이 부족하다.

또한 교사중심의 체계적인 지식 전수를 강조하는 본질주의는 아동중심의 자유와 참여에 의한 학습을 중시하지 않았다. 교사의 교육 주도권은 전통적 교육의 전형이다. 그러나 20세기에 들어와서 이러한 교사중심의 교육관은 학생이라는 인격을 고려하지 못하고 있다는 점에서 가장 크게 비판받았다. 교육은 교사의 지식 전달의 능력과 함께 학생 자신의 자기교육을 북돋우는 데도 관심을 가져야 한다.

다. 항존주의 교육사상

진보주의 교육의 한계를 보완하려는 운동이 본질주의라면, 항존주의(perennialism, 영원주의로 번역되기도 함)는 진보주의 교육을 완전히 극복하려 했다. 이런 점에서 본질주의는 진보주의를 부분적으로는 인정하였지만, 항존주의는 진보주의를 전면 부인하였다.

진보주의 교육이 전성기에 있을 1930년대 무렵, 30대의 젊은 나이로 시카고 대학교의 총장이 된 허친스는 당시의 교육이 반지성적인 점을 비판하는 동시에, 대학의 교육내용을 전면적으로 개편하여 세속적인 교육을 배제하고 지성교육을 시도하였다. 그는 시카고 대학교의 교양과목으로 '위대한 저서 읽기 프로그램'(The Great Books Program)을 창안하여 학생들에게 읽게 하였다. 그는 그러한 책을 통달하여 인류의 위대한 지성사를 알아야 한다고 주장하였다. 이러한 허친스의 절대적 진리 추구를 위한 지적 단련은 항존주의 교육운동을 일으키게 하는 결정적 계기가 되었다.

항존주의(Perennialsim)는 라틴어 '페르'(per)에서 나온 '불변', '영원', '항존'의 의미를 지닌 진리의 절대성과 불변성, 그리고 영원성을 믿는 신념을 말한다. 이러한 뜻을 지닌 항존주의의 철학적 배경은 고전적 실재론에 뿌리를 두고 있다. 고대와 중세의 고전, 특히 영구적 · 항구적 · 근본적인 것의 추구에 관심을 기울인 플라톤과 아리스토텔레스에 사상적 뿌리를 두고 있다.

형이상학에 기초한 항존주의는 변화를 추구하고 진리와 가치의 상대성을 강조하는 진보주의에 대립되는 것으로, 인간의 본성은 변하지 않으며 본질적으로 동일하다는 가정을 내세웠다. 항존주의 철학자들은 과학주의, 세속주의, 물질주의 성격을 띤 진보주의와 본질주의 교육사상을 배격하고 반과학주의, 탈세속주의, 정신주의를 견지하였다. 철저히 비세속적인 입장에서 항존주의는 시간과 공간을 초월한 정신적, 초자연적, 영구불멸의 진리를 이성을 통해 획득할 수 있어야 한다고 주장하였다.

항존주의에 속하는 학자들로는 비종교적인 학자로 허친스(R. M. Hutchins), 아들러(M. J. Adler) 등이 있고, 종교적인 색채가 강한 학자들로는 마리탱(Jacques Maritain), 커닝햄(W. F. Cunningham) 등이 있다.

이들 학자 중 허친스는 물질주의에 사로잡히고 절대적인 진리와 가치를 상실한 현대 문명, 특히 현대 교육이 병들고 있다고 지적하면서, 이 사회를 다시 건강하게 만드는 길은 옛날 플라톤, 아리스토텔레스 및 아퀴나스 등이 수립해 놓은 불변의 진리와 가치에 복귀하여 오직 사람만이 가지는 이성을 단련 · 계발시키는 일이라고 믿었다. 그는 이 중대한 과업은 올바른 방향감을 잃고 그릇된 가치관에서 방황하며 타락해 있는 현대의 교육을 근본적으로 개혁하여 교육의 본연의 자세를 되찾게 함으로써 만이 성취할 수 있다고 확신하였다.

이러한 신념은 대학교육 개혁으로 이어져 대학 교육과정을 구성하고 있는 잡다한 학과목을 추방하고 대학을 순수한 학문의 전당으로 격상시켜야 한다는 주장에 이르렀다. 이와 같은 주장은 학문과는 상당히 거리가 먼 생활경험 중심으로 이루어진 당시의 진보주의 교육 행태를 부정하고 다시 전통적인 가치가 내재한 지식중심의 교육으로 전환해야 한다는 보수적 학자들의 견해에 힘입어 항존주의라는 이념을 적극적으로 개진하게 되었다.

항존주의자들은 미국 청소년들의 정신이 지성적으로 훈련되지 못했다고 비판하였다. 이는 주로 교사 자신들의 무관심과 지성교육을 쉽게 포기하는 자세에서 오는 것이라고 보았다. 그들에 따르면, 학습자 비위에 맞추어 학습자가 원하는 것을 가르치는 건 쉬운 일이다. 그렇지만 학습자가 학습할 것을 학습자의 피상적 경향에 따라 결정하는 것은 학습자에게 내재되어 있는 재능을 발전시키는 것을 방해한다. 자기실현은 자기 훈련을 요구하며 자기 훈련은 외부적인 훈련을 통해서만 가능한 것이다. 문학, 예술, 정치. 종교에 대한 흥미는 모든 학습자에게 잠재하고 있는 것으로서, 이러한 흥미는 엄격한 훈련과 적용 없이는 나타나지 않는 것들이다.

이러한 항존주의의 교육원리를 정리하면 다음과 같다(Kneller/안상원 역, 1992: 70-75).

첫째, 인간의 본성은 환경의 차이에도 불구하고 언제 어디서나 동일하기 때문에 교육은 모든 사람들에게 있어서 동일하게 실시되어야 한다. 허친스는 국민으로서 혹은 사회의 시민으로서의 기능은 각각 다르겠지만 인간으로서의 기능은 인간의 본성에서 나오는 것이기 때문에 모든 연령, 모든 사회에 있어서 동일하다고 주장하였다.

또한 그는 모든 교육제도의 목직은 모든 연령, 모든 사회에 있어서 동일해야 하며 인간다운 인간을 양성하는데 두어야 한다고 주장함으로써 모든 사람들에 대해 동일한 교육을 기본 원칙으로 내세웠다. 아들러(Adler)도 만일 인간이 이성적 동물이라고 한다면 또한 인간성에 있어 항상성이 있다면, 모든 교육계획은 문화나 시대에 관계없이 항상성을 가져야 한다고 주장하였다.

둘째, 이성은 인간의 최고의 특성이므로 의도적으로 선정된 교육 목적을 달성하는데 사용해야 한다. 인간이 이성적 동물이라고 하는 것은 곧 인간이 자유를 가지고 있다는 것을 뜻한다. 그러나 인간은 자유를 가졌지만 이성을 계발하고 그의 욕망을 통제하는 것을 배우지 않으면 안 된다. 아동이 학습에 실패하는 경우에 교사는 그 원인을 불우한 환경이나 심리학적 훈련의 부족에 돌려서는 안 된다. 교사의 임무는 모든 학생들에게 동일한 학습에 대한 지적인 연구를 통하여 이러한 장애를 극복하는데 있다.

셋째, 교육의 임무는 영구적인 진리를 밝혀 그 지식을 전달하는 데에 있다. 허친스가 말하기를 교육은 교수를 포함한다. 교수는 지식을 의미한다. 지식은 진리이다. 진리는 어느 곳에서나 동일하다. 그러므로 교육은 어디에서나 동일해야 하며 조직, 행정, 지역적 관습에서 있을 수 있는 차이점을 간과하지 않는다. 교육은 학습자를 현실적 세계에 적응시키는데 있는 것이 아니고 진리의 세계에 적응시켜야 하는 것이다. 즉 진리에 대한 적응이 학습 목표인 것이다.

넷째, 교육은 삶의 모방이 아니라 삶을 위한 준비이다. 학교는 실제 생활상황이 아니며 또 그렇게 되어서도 안 된다. 학교는 학습자가 그의 문화적 전통이 가장 훌륭한 업적을 습득할 수 있도록 준비된 인위적인 환경이 되어야 한다. 또한 학습자의 임무는 이러한 전통의 가치를 깨닫고 그 자신의 노력을 통하여 그러한 전통을 발전시키는 데 있는 것이다.

다섯째, 학습자는 세계의 항존성을 알 수 있는 기본적인 교육내용을 배워야 한다. 학습자는 그 시대에 중요하게 여기는 것을 학습하는데 급급해서는 안 된다. 또한 그 자신의 특정한 연령에 있어서 절실하게 요구되는 것을 학습하도록 허용해서도 안 된다. 즉 학습자는 영어, 언어, 역사, 수학, 자연과학, 철학, 예술 등과 같은 기본적인 과목을 통해 이성을 일깨우고 지성을 배양해야 한다. 교육이 지성적으로 이루어지려면 학교교육이 직업교육이나 산업교육 같은 성격으로 변질되어서는 안 된다. 직업교육은 각 분야의 실천가들에게 맡겨야 한다. 학교가 사회개혁을 위하여 직접 나서서도 안 된다. 민주주의는 국민이 훌륭하게 교육되었기 때문에 발전하는 것이며 국민이 사회적 변화에 뛰어들도록 교육되어서는 안 된다.

여섯째, 학습자들은 오랜 세월을 통하여 인간의 위대한 포부와 업적이 담긴 문학, 철학, 역사, 과학과 같은 대저서를 학습해야만 한다. 과거의 전통은 시대적 유물이 아니다. 과거의 전통을 공부함으로써 아동은 그 자신의 흥미에 몰두하거나 현실적 유행에 빠지는 것보다 더 중요한 진리를 발견하게 된다. 위대한 책을 읽는다는 것은 고전연구에 목적이 있는 것이 아니고 또 흥미를 끌어내기 위한 것도 아니다. 오히려 그러한 대저서는 그것이 출판된 시대와 마찬가지로 오늘에 있어서도 중요한 것이기 때문에 읽어야 하는 것이며 대저서가 취급한 문제나 대저서가 제시하는 사상은 영속적인 것이기 때문에 읽어야 하는 것이다.

이와 같은 항존주의 교육원리는 허친스와 아들러의 세속학파와 마리땡과 커닝햄 등의 종교학파로 나누어 볼 수 있다. 이 두 분류의 견해를 비교해보면 양쪽이 모두 본질주의를 배척하고 정신의 우월성을 강조하는 점에서는 동일하나, 종교학파에서는 교육을 신에 귀의하는 하나의 방편으로 생각한 데 반해, 세속학파는 이성의 발견을 최고의 임무로 강조한다는 점에서 다르다. 그러나 이 두 학파의 항존주의자들은 모두 현대 문명에서 인류와 문화를 구출하기 위해서는 고대 이래로 발견된 지혜와 절대적인 원리에 다시 돌아가 영원불멸하는 진 · 선 · 미를 추구하여야 한다는데 합의하고 있다.

항존주의는 현대 문명의 물질적 경향을 배격하고 정신의 우월성을 강조하여 왔다. 이는 오늘날 만연되어 있는 배금주의와 점점 더 심각해지고 있는 현실적인 쾌락만을 충족시키려는 현대사회의 위기적 현상을 극복하고 미래에 대한 교육적인 내안을 세시했나고 볼 수 있나. 또한 물질만능주의에 섞어있는 우리 자신을 한번쯤 돌아보고 항존주의가 내세운 인간 정신의 우월성에 힘입어 인격도야의 길로 나아갈 수 있도록 대안을 제시하였다. 그리고 자유사상과 정신의 무한한 가능성을 보여줌으로서 인간에게 크나큰 희망과 가능성을 제시하여 더 나은 사회로 나아가는데 중요한 방향을 제시하였다.

이런 긍정적인 면이 있음에도 불구하고 항존주의는 진리의 영원 · 보편성에만 집착하여 현실을 경시하였으며, 영원한 이상만을 중시하여 과학을 경시하는 편협성을 보여주고 있다. 또한 지적 훈련만을 강조한 나머지 진인 교육을 소홀히 하고 직업교육과 생활교육을 경시하는 경향을 나타내었다. 아울러 지식중심 교육을 추구하여 지적 엘리트만을 옹호하는 귀족주의적 계급성을 띠는 비민주적인 경향이 없지 않다.

라. 재건주의 교육사상

재건주의는 1930년대의 미국의 사회적 위기를 반영한 진보주의 교육운동 우파인 급진주의에서 유래하였다. 1920년에 이미 듀이는 〈철학의 개조〉 라는 저서를 발표함으로써, 재건주의라는 용어를 시사하였고, 1930년대에는 개척가적 사상가로 불리어지는 모임에서 학교는 정의로운 새로운 사회 창조를 위하여 지도적 역할을 해야 한다는 주장이 일어났다. 이 모임에는 카운츠(George Counts)나 러그(Harold Rugg) 등이 중심인물이었다.

카운츠는 1930년에 〈문화를 향한 미국의 진로〉 라는 저서를 발표하였고, 1932년에는 〈학교는 새로운 사회질서를 건설할 수 있는가〉 라는 저서에서 경제위기, 사회위기를 극복하고 새로운 사회질서의 재건을 위하여 교육은 용감해야 한다는 재건주의적 시각을 표명하였다.

1950년대에 와서 진보주의 교육운동이 세력을 잃게 되자 듀이 철학의 전통을 교육의 사회적 측면에서 발전시키고자 하는 재건주의가 본격적으로 대두되었다. 재건주의라는 용어가 교육철학 서적에 처음으로 나온 것은 1940년 버크슨(B. Berkson)의 〈교육철학 입문〉이며 그는 사회개조주의라는 단어를 사용하였다. 그는 1958년의 〈지역사회와 사상〉이라는 저서에서 진보주의와 본질주의의 조화를 시도하고, 학교가 사회개혁에 지도적 역할을 직접 할 필요는 없다 하더라도 자유로운 문화적 가치 실현을 강조하는 운동에 협동할 수는 있다고 하였다(김용일, 1986: 419).

그러나 재건주의 교육사상을 처음으로 체계화시킨 것은 뉴욕대학 교수인 브라멜드(Theodore Brameld, 1904-1987)에 의해서이다. 그는 1950년 〈교육철학의 유형〉을 출간함으로써 진보주의, 본질주의, 항존주의를 비판하고 재건주의를 제창하였다.

듀이로부터 브라멜드에 이르는 재건주의 발달사에서 재건주의의 대표자로는 브라멜드와 함께 라우프(R. B. Raup), 벤(K. D. Benne) 등을 들 수 있다.

재건주의의 대표적인 학자인 브라멜드는 기존의 교육철학들, 즉 보수적인 색채를 시정하는데 용감한 진보주의, 오랜 전통과 사회유산을 보존 전승하는데 노력한 본질주의, 그리고 진보주의의 불합리한 점을 시정하고 절대적 가치, 고전적 가치를 숭상하는데 힘 쓴 항존주의는 현대사회가 직면한 위기에 대처하지 못한다고 보았다.

따라서 재건주의자들은 지금까지 설명하였던 3대 교육사조를 다음과 같이 비판하였다. 진보주의는 과학적 방법에 있어서는 강하지만 포괄적 결과에 있어서는 약하며, 사색하는 방법에 있어서는 강하지만 목표를 가르쳐 주는데 있어서는 약하다는 것이다. 본질주의는 현재와 같이 급격한 개조가 진행되고 있는 시대에 있어서는 매혹적이지만, 지나간 시대에 적합하였던 신조와 습관을 영속시키고 복구시키자는 주장은 안정되고 동적인 문화를 창조할 수는 없다. 항존주의는 고대의 문화유산을 부활시키려고 하고 있으므로 이는 역사성을 무시하는 결과가 되며 또 현대의 가장 중대한 과제인 민주주의에 상반되는 것이다.

이러한 비판 위에 재건주의는 인간에 대한 과학적인 사고, 아동의 자발성 존중, 민주이념을 중시하는 면을 진보주의에서 택하고, 본질주의에서는 문화를 중시하는 요소를, 항존주의에서는 인생과 우주에 대한 사유의 철학적 방식을 받아들여 재건주의 교육사상의 기본원리로 택하고 있다. 브라멜드는 이에 대해 진보주의로부터 실험정신을, 본질주의로부터는 계통적 지식을, 그리고 항존주의로부터 합리적 분석을 배운다고 말하고 있다. 또한 그는 진보주의를 문화적 변천, 본질주의를 문화적 유지, 항존주의를 문화적 후퇴, 재건주의를 문화적 혁신의 교육철학이라 명했다(남궁용권, 1996: 289). 브라멜드는 문화연속체라는 것을 설정하여 항존주의는 과거, 본질주의는 과거와 현대의 중간에로 접근하는 위치에, 진보주의는 현재, 재건주의는 미래에로 접근하는 위치에 있다고 함으로써 미래에 대처하는 교육을 지향하는 재건주의 교육사상의 입장을 분명히 하였다. 재건주의의 미래선방적인 입장은 바로 현대의 문화적 위기를 극복하고 "민주적 세계문화"를 건설하고자 하는 재건주의의 기본성격을 나타내는 것이다.

브라멜드에 의하면, 현대문화가 위기에 처해 있으며 이를 극복하기 위해서는 오늘날의 문화를 재검토하여 이상적인 문화에 대한 전망을 마련하는데 주도적인 역할을 교육이 맡아야 한다. 그는 "금세기의 후반기는 유사 이래 인류가 직면하는 가장 냉혹한 시기이다. 사람은 드디어 자기 자신을 파괴할 수 있는 힘을 가지게 되었다. 우리는 그것이 가능하다면 우리의 과학적 천재가 낳은 이 가공할 결과를 방지하지 않으면 안 된다. 뿐만 아니라 우리에게는 시간적 여유도 없다"고 말한다. 계속해서 그는 "우리가 피와 땀으로 형성해 온 현대문명은 사상의 혼란과, 가치관의 갈등과, 확실성의 상실과, 불안과 공포와 불공정과, 상반되는 이해관계와 살인적인 파괴무기의 출현으로 인류는 파멸직전에 놓여 있다"고 경고한다(김기수, 1985: 6-8).

브라멜드는 이러한 현대문명의 위기에 현명하게 응전할 수 있는 교육적 인간 양성이 향후 교육의 절대적 과제임을 주장한다. 그는 문화인류학적 관점에서 교육이야말로 인간이 창조해 낸 그 어느 제도보다도 훌륭한 제도이며, 이 교육의 힘을 사용하여 현재의 위기를 극복하고 민주적인 세계문화를 건설할 수 있다고 하였다.

따라서 교육의 목적이나 수단은 현대문화적 위기에서 오는 요구에 부합되도록 재조직되어야 한다. 이를테면 교사는 재건주의 교육이론에서 주장되는 새로운 사회건설에 대한 긴급성과 정당성을 학생들에게 확신시켜서 학생들의 절대적인 호응을 얻어야 한다. 교사는 어떤 견해에 대한 가부의 증거를 학생들이 엄밀히 검토할 수 있도록 하여야 하며 그 중에서 교사는 정당한 해결을 학생에게 제시하여야 한다. 또한 교사는 학생에게 그들 자신의 주장을 변호할 수 있도록 하여야 한다. 인간은 누구나 확신을 가지고 있으므로 개인의 확신이 공적으로 주장되고 옹호되는데 그칠 것이 아니라 대다수에 의하여 용인되도록 작용하여야 한다. 그것은 민주주의 방식인 공개강연이나 공개토론을 통해서 이루어져야 한다.

브라멜드는 교육과정의 선정방법, 교재내용, 교수방법, 행정 조치, 교사양성제도에 대한 지금까지의 견해를 재검토할 것을 주장한다. 그는 이러한 모든 문제들은 과학적이고 합리적인 인간성에 대한 통합적 원리에 따라 재조직되어야 하며 교육과정은 교과간의 내용이 지식의 구성요소로 분석되어 다루어지지 않고 전체적으로 통합되어 다루어지도록 재조직되어야 한다는 것이다. 그는 또한 학습방법에 있어서도 종전의 전형적인 것과는 전혀 다른 것이 되어야 한다고 말하였다. 즉, 강의법 대신에 '협동적 조사'를 비롯하여 텔레비전과 그 밖의 시청각기구를 집중적으로 이용할 것을 권하였다. 그리고 여행을 하여 견문을 넓히며 작업경험도 얻게 해야 한다고 충고한 바 있다.

현대 문화의 위기를 인식하고 이를 바탕으로 미래의 사회에 대한 개혁적 전망을 갖고 있다는 점에서 재건주의는 높이 평가될 만하다. 그러나 '공교육의 사회개조를 위한 수단화'는 상당히 급진적이고 이상론적이다. 다시 말하면 재건주의가 목적하는 새로운 사회질서를 누가 어떻게 어떤 능력으로 실천 가능케 하느냐는 쉬운 문제가 아니다.

브라멜드 말대로 최대 다수의 합의를 얻어서 함께 한다지만, 오늘과 같은 다원화 사회에서 정치적 이념과 국가적 이익을 초월한 평등교육의 실천이란 어디까지나 이상론에 그칠 가능성이 있다. 새로운 국제사회 질서 확립을 위해서는 정치적 · 도덕적 · 종교적 · 사회적 · 개인적인 것까지 고려해야 하는 어렵고 복잡한 문제가 놓여 있기 때문이다. 재건주의 교육철학은 교육의 힘을 과대하게 신용하고 있다고 보여진다.

한국에서도 재건주의 교육철학의 주창자인 브라멜드 박사를 두 차례(1962. 10, 1963. 8)나 초청하여 직접 재건주의 교육철학을 소개받았다. 특히, 한국적 교육재건운동이었던 향토학교운동 · 재건국민운동 · 지역사회학교운동 · 새마을학교운동 등과 같은 사회교육 추진운동은 재건주의 교육사상이 영향을 미친 것으로 볼 수 있다. 그러나 유감스럽게도 그의 급진적 교육사상은 당시 한국의 군사정부에 의해 경제발전과 정권수호를 위한 교육으로 오용되기도 하였다(남궁용권, 1996: 291).

7강

20세기 후반 교육사상: 비판적 교육이론, 신자유주의교육, 다문화교육

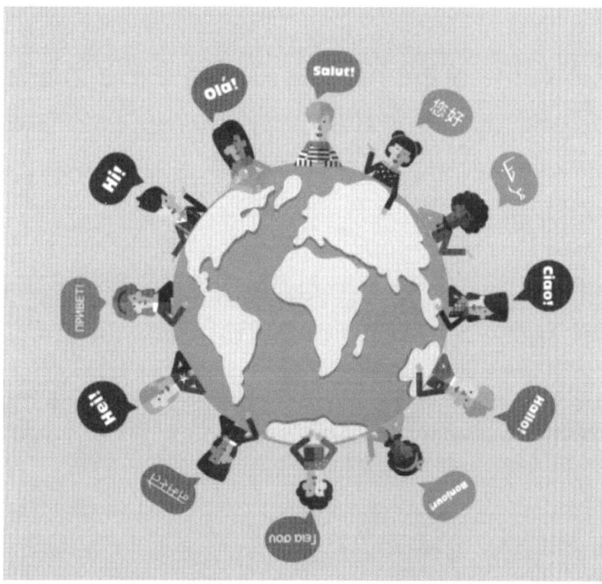

다문화 시대, 다름을 인정하는 교육[1]

1. 비판적 교육이론

비판적 교육이론은 독일에서 발전된 대표적인 현대 교육철학이다. 이 이론은 하나의 개념으로 체계화된 교육철학은 아니다. 그것은 교육학의 비판적 성격을 여러 가도에서 논의한 학자군의 이론적 업적을 총칭한 말이다.

---

1) http://now.sen.go.kr/2018/03/10.php에서 2019.07.25.에 인출

비판교육과학(혹은 비판교육이론)에서 사용된 '비판'은 비판이론으로부터 나왔다. 비판이론은 1세대로 일컫는 호르크하이머(Horkheimer)와 아도르노(Adorno) 등과 같은 프랑크푸르트 학파, 그리고 2세대로 불리는 하버마스(Habermas) 등에 의해 형성되고 발전하였다. 이들은 자본주의의 지배이데올로기를 정당화하는 실증주의 혹은 과학주의를 비판하면서 진정한 인간의 해방을 실현시키는 데 관심을 가졌다.

비판이론 1세대는 자본주의의 수정 발달에 따라 노동자 계급이 자본주의 사회에 흡수된 상황에서 과거의 맑스주의는 재고되어야 한다는 입장을 갖고 있다. 또한 과학의 발달로 마르크스가 기대했던 공산주의 사회가 도래할 가능성은 보이지 않고, 인간은 물신숭배와 문화산업의 권력화에 의하여 새로운 지배와 억압 상황에 처해 있다고 보았다.

교육연구자들은 이러한 비판이론을 통해 60~70년대 초 권위적 교육현실에 작동하는 이데올로기의 정체를 드러내고, 이를 극복할 수 있는 새로운 교육철학에 관심을 가졌다. 그리고 자신들의 교육철학을 '비판교육과학' 혹은 '비판적 교육이론'의 이름으로 불렀다.

여기서는 이러한 비판적 교육이론의 성격을 알아보기 위해 비판이론의 형성 과정과 그의 특징을 살펴본다. 그리고 이 비판이론에 기초하여 비판교육과학이 어떻게 성립되어 발전되었는지를 알아보고, 그 한 사례로 클라우스 샬러의 '의사소통 교육학'을 소개한다.

가. 비판이론의 발전 과정

1) 비판이론의 1세대 –호르크하이머와 아도르노

비판이론은 어느 한 학자에 의해서 성립된 것은 아니다. 이 이론은 실존주의와 마찬가지로 20세기 초부터 급속하게 유행된 과학적 실증주의에 대한 비판과 선진 자본주의사회에서의 비인간화문제 등의 원인을 규명하는 데서 출발하였다. 이 이론의 등장 배경은 다음과 같은 세 가지의 역사적 상황에 기인한다.

비판이론적 관점을 제시한 학자는 초대 프랑크푸르트 사회과학연구소 소장인 호르크하이머이다. 그는 철학 혹은 이론은 '제한되고 덧없는 개인의 자유를 보호 · 보존하고, 또한 그것을 신장시키는 것이 어디서 가능할 것인가'에 답하였다(Gibson/이

지헌 · 김회수 역, 1989: 44). 그는 30년대 나찌즘을 경험하면서 암울한 당시의 억압적 상황에서 심각하게 훼손된 개인의 자유를 회복을 절감한다. 문제는 유행병처럼 번지고 있는 경험 과학적이고 실증주의적인 방법론이다. 이것으로는 비인간적 사회에 결코 기여할 수 있는 철학이나 학문을 성립시킬 수 없다. 그러면서 그는 진정한 인간의 자유를 향한 비판의 철학이 필요함을 역설했다.

호르크하이머가 쓴 '전통적 이론과 비판적 이론'(Horkheimer, 1970)은 비판이론의 고전으로 평가되고 있다. 그는 이 책에서 '전통적 이론'이란 현대 철학에서의 경험주의와 실증주의를 말하는 것이었다. 여기에서 그는 학문들이 자연과학과 같은 성격을 갖는 것으로 생각하여 사물을 객관적으로 규정하려는 실증주의적 연구 방법을 최상의 것으로 받아들이고 있는 현대 철학을 거부하였다. 그 대신 오늘날 개개인이 직면하고 있는 여러 가지 현실적 문제를 사회구조와의 연관성 속에서 비판적으로 사유하는 변증법적 방식을 제안하였다(톰 보트모아/진덕규 역, 1984: 91-93).

비판이론의 1세대로 널리 알려진 또 다른 학자는 아도르노이다. 그는 부정적 성격인 부르주아 계급 의식에 내재한 이데올로기적 성격을 드러낸다. 특히 선진자본주의사회의 과학과 기술 그리고 문화에 은연중에 숨겨 있는 지배이데올로기를 비판하였다. 아도르노와 호르크하이머가 함께 저술한 비판이론 초기의 책 '계몽의 변증법'(Dialektik der Aufklaerung, 1947) 전반부는 실증주의에 대한 비판이 전개되고 있으며, 후반부는 과학과 기술에 대한 비판으로 구성되어 있다. 아도르노는 과학과 기술은 인간 지배를 구성하는 새로운 형태의 이데올로기로서 검은 그림자를 드리우고 있다고 생각하였다. 그러면서 선진자본주의 사회의 '문화산업'의 문제를 지적하였다. 그는 '문화산업'의 대중화로 인해 대중의 감각을 야성화하고, 기호를 백지화하며, 헛된 만족만을 가져다준다고 비판하였다. 아도르노는 과학과 기술은 하나의 단일적인 형태의 새로운 모습을 조성시키면서 모든 비판을 침묵시키고 은폐시키는 야비한 대중문화를 만들어가고 있다고 지적한다. 비판이론가들은 대중문화에 대해 상당히 비판적이다. 그들에 따르면 대량생산된 상품으로서 대중문화는 기업가의 이윤추구를 위한 대중착취 수단이며, 결과적으로 평준화된 저질문화의 대량소비는 문화의 획일주의를 가져온다고 보았다.

비판이론가들은 대중문화의 상업적 특성에 주목하면서 부르주아의 이데올로기적 지배와 연관시켜 대중문화를 볼 수 있게 했다는 점에서 의의를 갖는다. 그렇지만 대중문화에 대해 지나치게 비관적이고 대중문화를 저속한 문화로 본다는 점에서 엘리트주의적 성향이 없지 않다(이향진, 1986).

다음으로 비판이론가들이 지적하는 것은 '도구적 이성비판'이다. 호르크하이머와 아도르노가 '계몽의 변증법'에서 설정한 문제는 왜 인류가 계몽된 삶을 누리지 못하고 다시금 야만의 시대로 접어드는가를 밝히는 것이다. '계몽의 변증법'은 프랑크푸르트학파의 중핵적 관심을 이루는 도구적 이성의 출현과 도구적 이성의 지배적 경향성에 대한 비판적 성찰이다. 호르크하이머와 아도르노는 왜곡된 맑스주의, 계몽주의의 오도된 합리화 추세, 과학과 기술, 문화산업 및 자본주의와 사회주의 사회의 바람직하지 못한 정치상황 모두 계몽의 변증법이라는 압축된 개념 하에 비판적으로 해석하였고, 따라서 계급투쟁과 사회주의적 이행에 대한 집착을 포기하고, 그 대신 도구적 이성에 의한 계몽의 부정성을 철학적으로 비판하는데 몰두하였다. 종교적 독단과 신화, 자연의 횡포와 가난으로부터 인류를 해방시킨 계몽주의적 이성이 그 자체의 내적 논리로 인하여 삶의 의미를 파괴하고, 과학과 예술을 야만화시켰으며, 인류로 하여금 상품의 물신숭배와 권위주의적 관료주의에 얽매이게 함으로써 인간에 의한 인간의 지배를 가능하게 하여 계몽주의적 이상 그 자체를 타락시킨 역설적 전도를 계몽의 변증법이라 한 것이다.

비판이론가들은 독점자본의 재생산에 기여하는 자본주의 사회의 이데올로기만 비판한 것이 아니라, 점차 권위주의적 관료주의로 경직화되어 가는 사회주의 국가의 비인간적 현실도 신랄하게 비판하였다. 그들은 이와 같은 두 가지 추세의 근본원인이 모두 도구적 이성 혹은 기술적 이성에 있다고 보았고, 따라서 사회주의 혁명만으로는 이러한 심각한 문명의 병리를 극복할 수 없다고 보았다.

호르크하이머와 아도르노는 그들이 공동으로 저술한 '계몽의 변증법'에서, 한때 인류를 신화와 공포로부터 해방시킨 계몽주의적 이성이, 오늘날에 이르러 인류를 새로운 지배이데올로기의 신화와 공포로 밀어 넣고 있다고 비판한다. 즉, 중세의 암흑과 억압상태에서 문명사회로 계몽하려던 근대의 과제가, 현대에 이르러서는 새로운 차원의 억압으로 되돌아가 해방과 속박, 계몽과 몽매의 변증법적으로 표현할 수 있는 역설적이고 이중적인 구조를 뜻한다.

이상과 같은 비판이론은 이미 1차 세계대전 때부터 1960년대에 이르기까지의 전 기간에 걸친 유럽의 사회사상과 철학사상과 깊은 연관을 맺고 있다. 또한 지배 체제에 대한 저항으로 나타났던 1960년대의 학생 운동이나 신좌파 운동 등에서 상당한 호응을 얻었다.

2) 비판이론의 2세대 – 하버마스

위르겐 하버마스(Juergen Habermas, 1929~)는 독일 출신으로 프랑크푸르트 학파의 제2세대를 대표하는 세계적 석학이다. 그는 1세대 비판이론가들과 마찬가지로 자연과학의 실증적인 방식을 통해서 사회과학 연구에 접근하려는 방법론을 거부하고 맑스사상을 비판적으로 되살리려는 변증법적 사회이론의 길을 개척했다.

1970년대 초부터 급진적인 학생운동의 퇴조와 함께 비판이론 1세대들의 주장은 마르크스주의와 더불어 약화된 경향을 보였다. 이들은 새로운 시대 발전 과정에서 나타난 문명의 부정적 현상들을 치유할 수 있는 구체적 대안을 제시하지 못했고, 이론과 실천의 통일성, 즉 이론적 지식과 정치적 실천 간의 괴리를 좁히지 못한 채 결과적으로 현실과 유리되었다. 비판이론 2세대인 하버마스는 비록 인식론적 차원이긴 하나, 이론과 실천의 불가분성을 강조하였다. 1세대 비판이론가들이 억압과 소외가 만연된 현대문명의 토대인 모더니티에 대하여 회의주의적이었던 것과는 대조적으로, 하버마스는 모더니티의 긍정적인 가능성을 확신하고 도구적 이성의 비판과 함께 민주적 상호작용의 가능성 및 의사소통적 합리성의 가능성을 제시하고 있다. 여기서는 비판교육이론 형성에 큰 영향을 미친 하버마스의 비판이론을 살펴보기로 한다.

(1) 실증주의에 대한 비판

하버마스 역시 1세대 비판이론가들과 마찬가지로 20세기 후반에도 여전히 강력한 힘을 발휘하고 있는 사회과학 연구의 실증주의적 방법론에 대한 비판에서부터 출발한다. 그에 따르면 사회과학은 인간에 의해서 만들어진 세계의 현상을 분석함에 있어서 마치 자연과학이 정확한 연구 성과를 보여주고 있는 것처럼 모든 문제를 냉정하고도 객관적으로 연구할 수는 없다. 또한 사회과학은 자연과학과는 본질적으로 그 성격이 다르기 때문에 자연과학의 연구에서와 같이 사실과 가치 선택의 분리가 사회과학의 경우에서는 불가능하다고 지적하였다. 예를 들면 자연계의 현상은 일정한 경험적인 규칙성이 지배하고 있지만 사회 현상은 인간이 만들어 놓은 법, 즉 사회적인 규범에 의해서 지배받는다. 따라서 삶의 현실에 따르는 문제들은 결국 과학과는 별개의 사실로 남게 되며 사회 규범에 대한 가치 판단은 전적으로 일정한 가치 기준에 의한 선택과 결정을 바탕으로 하게 된다.

하버마스는 '의사소통적 행위이론'(Theory of Communicative Action)에서 사회적 삶의 역사적 과정을 목적합리적 행위와 의사소통적 행위로 범주화한다. 목적합리적 행위란 어떤 목적을 달성하는데 이용할 수 있는 여러 가지 대안적인 수단들 중에서 가장 능률적인 수단을 선택할 수 있는 타산적 이성이라는 의미의 합리성을 추구하는 행위를 일컫는다. 이와 대조적으로 비록 목적달성에 비능률적이라 하더라도, 가능한 한 우리 모두가 동의하고 합의를 이룩하는데 높은 가치를 부여하는 경우가 있다. 이러한 사고방식은 목적합리성과는 다른 차원의 합리성이기 때문에, 이를 특별히 의사소통적 합리성이라 하고, 이를 추구하는 것을 의사소통적 행위라고 한다.

(2) 과학의 이데올로기화와 생활세계의 식민지화 문제

후기 자본주의는 경제에 대한 국가권력의 중대한 개입, 정당화의 위기, 계급화해로 인한 계급갈등의 퇴조, 일차적 생산력으로서의 과학과 기술의 발전과 그에 따른 생활세계의 식민지화와 물신화 현상의 만연 등으로 특징지을 수 있다. 이러한 문제들은 과학과 기술의 논리가 하나의 보편적 기준으로 사회생활의 모든 영역에 깊이 침투하였고, 특히 과학 및 기술주의가 정치적 문제해결에 광범위하게 이용되고 있는데 기인한다. 하버마스에 의하면 과학과 기술이 보급하는 지식은 한편으로는 덜 이데올로기인 듯하면서도, 다른 한편에서 보면 보다 강력한 이데올로기적 기능을 수행한다. 과학과 기술에 대한 의식은 지배의식과 같은 전통적 이데올로기가 아니라 가치 중립성과 객관성을 강조한다. 사람들의 생활세계에서는 이러한 중립성과 객관성으로 인하여 과학과 기술을 아무런 의심 없이 받아들이게 되고, 이것이 삶의 모든 영역에 강력한 영향을 미친다. 이런 점에서 볼 때 과학은 전통적 이데올로기보다 더 강한 이데올로기로 작용한다.

현대사회에 만연된 과학숭상주의는 생활세계의 의사소통적 합리성을 왜곡하고 대중의 탈정치화에 기여하는 새로운 이데올로기이며, 이러한 이데올로기가 삶을 황폐화시킨다. 하버마스는 이를 '생활세계의 식민지화'라고 부른다. 그러나 그는 과학과 기술을 완전히 부정하는 것은 아니다. 그는 과학자 공동체가 지식의 단순한 생산에 안주하지 않고, 그들의 연구결과와 지식이 역사적 진보를 위하여 부단한 자기성찰과 개방적 논의를 거듭함으로써 인류의 번영에 기여할 수도 있다고 보았다.

정치적 수준에서 생활세계의 식민지화는 두 가지 경향을 띤다. 첫 번째 경향은 체제복합성의 증대에 따른 국가관료제의 비대화 현상이며, 두 번째는 자발적인 의사결정과정과 여론형성을 고갈시키는 정치적 공공영역의 비판적 잠재력의 약화 경향이다. 특히 후자의 경향은 현대 서구사회에서 생활세계적 행위영역을 탈정치화시키는 동시에 근대 의회민주주의의 위기로 나타난다. 그것은 전자의 기술관료제 증대경향을 매개로 하여 급속히 심화되어 이제 정치조직은 여론의 담지자로서의 기능을 상실하고 의회정치는 그 본래의 기능을 상실하고 있다.

생활세계의 식민지화와 사물화 현상을 극복하는 방안에 대해 하버마스는 마르크스와 다른 입장을 취하고 있다. 즉 현대 문명의 병리는 마르크스가 주장한 사회주의 혁명으로 극복될 수 없다는 것이다. 하버마스는 오히려 사회주의 사회가 되면 국유화된 거대한 생산수단을 국가가 획일적으로 통제 · 조정하는 과정에서 필연적으로 강화된 중앙집권적 관료기구가 출현하기 때문에 사회주의적 이행에 극히 비판적이었던 베버(Max Weber)의 관점을 지지한다. 그는 1981년 '의사소통행위이론'에서 현대 서구사회에서의 정치적 공공영역과 민주주의의 위기를 생활세계 식민지화의 결과로 이해하면서, 이런 위기를 극복하기 위한 전략으로 자본주의 생산과 기술관료제의 합리성에 대항하는 비판적이며 실천적인 의사소통적 합리성을 높여야 한다고 주장한다.

(3) 의사소통행위의 합리성과 민주주의의 재건

후기자본주의에 대한 하버마스 비판의 핵심은 국가개입주의의 증대에 따른 공공영역의 탈정치화와 정당성의 위기에 있다. 따라서 시민사회의 정치적 참여를 제한하는 사회구조적 특권이나 편견, 그리고 기술관료제의 지배를 해체시킬 수 있는 새로운 비판적 실천전략이 강화되어야 한다. 하버마스가 이 전략의 핵심 개념으로 제시한 것이 '의사소통 행위이론'이다. 의사소통행위란 행위자들이 행위목적과 목표를 상호이해하고 상호주관적으로 조정하는 행위를 의미한다. 이때 상호이해는 유효한 동의를 목표로 하는, 언어를 매개수단으로 하는 의사소통을 뜻하고, 언어를 통한 상호이해가 곧 의사소통적 합리성의 기반이 된다. 따라서 의사소통적 합리성은 행위자들이 강제 없이 토론을 통해 합의에 도달해 가는 합리성을 가리키며, 그 상호이해를 지향하는 상호작용이 객관적인 사실의 세계뿐만 아니라 사회적인 규범과 가치의 세계와 주관적인 개인감정의 세계를 포괄한다.

하버마스에 의하면 합리성의 증대에 따라 근대사회는 두 영역으로 분화 발전되었다. 의사소통적 합리성에 의해 증대되고 규범적으로 통합되며 상징적으로 구조화된 영역은 생활세계로, 목적합리성에 의해 주도되고 화폐와 권력을 매개로 하는 영역은 체계로 제도화되었다. 여기서 합리성이란 두 가지 유형이 있다. 말하자면, 합리적이라는 것은 목적합리적인 것도 있고 의사소통적 합리적인 것도 있다. 객관적 과학의 발전으로 자연환경을 통제하고 지배하려는 과제는 목적합리적인 것이요, 도덕과 법 그리고 예술의 자율적 발전으로 사회적 삶을 합리적으로 영위하려고 함은 의사소통적 합리성을 뜻한다.

근대화는 이렇게 의사소통적 합리성과 목적합리성의 동시적인 증대과정이라 할 수 있다. 근대화가 진행됨에 따라 체계 복합성이 급속히 증대되고, 이와 함께 체계의 강제성(자본주의화와 관료제화)은 체계의 지평을 독립시키고 동시에 생활세계를 위협하는 병리 현상을 낳았다. 이러한 병리현상의 특징은 두 가지 형태로 나타난다. 하나는 목적합리성의 과도한 발달로 인해 의사소통적 합리성이 압도되는, 다시 말해 체계가 생활세계의 일상실천을 위협하고 파괴하는 형태를 취한다. 다른 하나는 근대화 과정에서 지식생산의 제도화(특히 자연과학)로 드러나는 전문화는 문화적 · 인지적 기술개발에서 일반인들의 참여를 점차로 차단시킴으로써 생활세계의 문화적 빈곤을 초래한다.

현대 서구사회의 위기는 이렇게 체계의 기능혼란(대량실업, 생태적 위기)이 체계 영역 안에서 제기되는 것이 아니라, 그것을 생활세계의 의사소통적 하부구조에 전가시키는 형태로 나타난다. 체계의 기능혼란은 상징적 재생산 영역에서의 혼란을 낳고, 이것은 다시 의미상실, 아노미, 심리적 노이로제와 같은 병리현상을 증폭시키게 된다. 이렇게 체계의 복잡성으로 인해 생기는 생활세계의 병리현상을 위에서 말한 '생활세계의 식민지화'라고 한다. 이러한 생활세계의 식민지화의 결과, 개인적 삶의 영역에서 도덕 실천적인 요소는 배제되고 소비주의, 경쟁, 성취압력이 광범위하게 유포된다.

이런 맥락에서 민주주의의 위기를 극복하기 위한 실천전략은 생활세계의 식민지화를 저지하려는 전략과 긴밀히 연관되어 있다. 이 점에서 하버마스는 현재 서구에서 진행되고 있는 환경운동, 반핵운동, 여성운동, 평화운동과 같은 대안운동 곧 '신사회운동'에 적극적인 의미를 부여하고 있는 것이다. 이러한 운동들이 갖는 특징은 이제까지 체계의 재생산영역에서 발생한 계급갈등이나 권력투쟁과는 달리, 체계에 의한 식민지화된 생활세계를 회복하려는, 실천적이고 합리적인 의사소통을 제도화시키는 동시에 그것을 시민들의 직접적인 참여를 통해서 실현하려고 한다(김호기, 1997: 137~153).

(4) 의사소통 행위론

하버마스의 의사소통 행위론은 바로 도구적 합리성으로부터 의사소통적 합리성(communicative rationality)으로 옮겨진다. 의사소통적 합리성의 패러다임에서는 객관세계의 어떤 것과 단독적인 주체간의 관계가 중요한 것이 아니라, 바로 그 어떤 것을 이해하는 과정에서 이룩되는 상호주관적 관계가 중요하다. 사회는 독자적으로 유리된 원자적 개인들의 집합체가 아니라, 대화적으로 구성되고 상호일체를 지향하는 공동체로 인식되어야 한다. 이렇게 볼 때, 과학자가 객관적 자연에 관한 단순한 지식만을 생산하는 데 만족할 수 없고, 과학적 지식의 사회적 및 인간적 함의에 대한 자유롭고 개방적인 토론을 거쳐야 하며, 이러한 과정을 통해서 과학이 인간해방에 기여할 수 있다는 것이다.

하버마스가 생산성 제고나 행정의 능률화가 중요시되는 경제와 행정 같은 하위체계에 통용되는 인간적 · 도구적 합리성뿐만 아니라, 대화적으로 구성되는 의사소통적 삶의 영역에 필수적인 윤리적 · 정치적 합리성 및 심미적 · 실천적 합리성도 중요시되어야 한다고 주장한 것은 바로 이러한 이유 때문이다.

따라서 하버마스가 현대의 특성(Modernity)을 합리화 과정으로 규정할 때, 그가 합리성이라고 지칭하는 것은 목적합리성과 의사소통적 합리성을 포괄하는 넓은 의미의 합리성이며, 특히 전자를 후자의 일부로 내포하는 포괄적 개념의 합리성을 뜻한다. 과학과 기술발전이 경제성장에 기여함과 동시에 생태계를 파괴하여 궁극적으로는 인류존재의 송발을 실삼케 하며, 테크노크라시가 행정의 능률성에 기여히는 것 못지않게 개인의 자율성을 침해하고, 진정한 언로를 차단하며, 그래서 민주적 가치를 훼손할 뿐만 아니라, 공장자동화, 사무자동화, 가정생활의 자동화 등 각종 편의의 증대와 함께 문명의 이기가 확대됨과 동시에 삶의 세계가 황폐화되는 추세를 극복하기 위하여 하버마스는 의사소통적 합리성을 강조한 것이다.

하버마스는 의사소통적 언어의 메카니즘에 내재된 자유와 화해의 규범을 준수할 때, 비로소 우리는 정의로운 사회를 이룩할 수 있다고 보았다. 이를 위하여 정치적 의사결정 과정에 시민들은 폭넓은 참여를 촉구하고, 합리적이고 자유로운 논의를 통해서 의사결정과정을 민주화함으로써 갈등과 위기를 극복할 수 있다는 것이다(김호기, 1997).

3) 비판적 교육이론의 성립 과정

1968년 독일 교육학계에서는 새로운 교육학적 경향을 예고하는 하나의 획기적인 논문집이 발간되었다. 이른바 '정신과학적 교육학, 그의 시대의 종말'(Geisteswissenschaftliche Paedagogik am Ausgang ihrer Epoche)이라는 제목으로 정신과학적 교육학의 거장 에리히 베니거(Erich Weniger)를 추모하는 논문집이었는데, 이 논문집은 그들 스승의 교육학적 관점과는 다른 비판적 교육학으로 전환하는 계기가 되었다. 딜타이(Dilthey)로부터 시작된 정신과학적 교육학은 60년대까지 놀(Nohl), 슈프랑거(Spranger) 그리고 베니거(Weniger) 등을 거치면서 독일 교육철학의 주류를 형성하였다(오인탁, 1990). 그런데 1968년에 베니거 추모 논문집에 참가한 대표적인 학자들인 블란케르츠(Blankerz), 클라프키(Klafki), 몰렌하우어(Mollenhauer), 그리고 넴퍼트(Lempert) 등은 – 이 논문집 발간 이후 이들은 독일의 비판적 교육과학의 대표학자들로 일컬어지고 있다 – 정신과학적 교육학의 큰 업적을 인정하고는 있었지만, 이미 60년대 신좌파적 학생운동과 반권위적 교육운동을 체험하였다. 그리고 이들은 호르크하이머(Horkheimer), 아도르노(Adorno) 그리고 하버마스(Habermas)를 대표로 한 프랑크프루트 학파의 비판적 사회철학, 즉 비판이론(Kritische Theorie)을 접하게 되면서부터, 전후 자본주의 복구과정에 나타난 5–60년대 사회상황의 비인간화 문제에 정신과학적 교육학이 적절히 대응하지 못하고 있음을 지적하였다. 그들은 더 나아가 당시의 권위적이고 비인간적인 정치 사회적 문제 분석과 그 해결의 실마리를 사회 전반에 내재하고 있는 (지배)이념을 비판하는 비판이론에서 발견하게 되었고, 이를 교육학 및 교육 현상을 분석하는데 접목시켜 새로운 교육철학, 즉 비판교육과학(Kritische Erziehungswissenschaft)을 성립시켰다(C. Wulf, 1978). 대표적인 비판 교육학자는 몰렌하우어(Mollenhauer 1968, 1972), 블란케르츠(Blankerz 1970), 렘페르트(Lempert 1971), 클라프키(Klafki 1976, 1977), 포이어슈타인(Feuerstein 1973), 샬러(Schaller 1971), 베른슈타인(Bernstein 1970) 등을 들 수 있다(H. Brunkhorst, 1990: 141).

비판교육과학의 태동은 특히 비판이론의 비판과 해방적 관점에 힘입은 바 크다. 이 비판과 해방적 관심은 60년대 후반 이래 교육 연구에 접목되어 60년대 학생운동의 반권위적(antiautoritaer) 교육운동의 혼란한 사회적 상황에서 기존 교육의 지배이데올로기적 성격과 반계몽의 문제를 드러내는 비판적 교육과학을 성립시키는 결정적 계기가 된다. 비판교육과학은 전통적 교육학과의 분명한 구분 속에서 교육실천은 언제나 경제적, 사회적, 정치적인 제약 아래 있기 때문에 교육학의 중심과제는 교육에 현실적으로 작용하고 있는 비인간적 사회적 조건들을 '이념비판(Ideologiekritik)을 통해 개선하는 일을 중심과제로 설정하게 된다.

4) 비판적 교육이론의 특징

비인간화를 조장하는 교육적 조건 내에서 강력한 힘을 발휘하고 있는 이데올로기(이념)의 실체를 벗기고, 이 이데올로기가 어떻게 인간의 의식, 인간의 사회화 과정에 침투되어 비인간화를 조장하는가를 밝혀내는 일이 비판교육론의 기본 과제이다. 비판이론에 기초하여 새로운 인간교육을 추구함을 본질로 삼은 이 비판교육이론은 기존의 경험과학적-실증주의적 교육학과 근본적인 차이를 보인다. 이러한 차이는 경험과학적 교육학이 교육현상에 대한 실증적 고찰과는 달리 비판교육학은 교육의 역사적-사회적 성격을 비판적으로 규명한 데서 비롯된다.

비판교육이론에서는 각각의 교육체제와 사회구조 사이의 상호의존성을 밝히는 데 관심을 갖는다. 여기에는 사회의 특정한 정치적 · 경제적 기본 구조가 교육에 어떻게 영향을 미치고 있는가에 대한 과정을 분석한다. 또한 교육체제가 사회의 개선을 위해 어떠한 기능을 수행하고 있는가에 대한 질문에 관심을 갖는다. 비판교육이론은 교육실제에서 교사들로 하여금 교육체제가 주어진 사회구조에 교묘하게 종속되어 있는 것을 인식하도록 돕는다. 이를 통해 이 이론은 사회구조로부터 교육체제의 종속은 허물 수 없고, 오직 계몽을 통해 교육체제에 대한 모든 사회 영역의 영향을 최소화할 수 있도록 한다.

비판교육이론은 교육의 실제적인 사회적 조건을 발견하는 것을 중요시한다. 여기에는 이념비판을 기본 전제로 한다. 이념비판이란 사회적 발생 조건을 학문적으로 밝히는 것이고, 이해관계에 의해 규정된 사회적 상황의 잘못된 평가와 그 사회적 상황에서 주어진 행동가능성이 가져오는 규범, 이론의 잘못된 합리화와 영향의 기본 조건들을 드러내는 것이다. 이런 점에서 대표적인 비판교육철학자인 클라프키(Klafki)는 교육학의 이념비판이 수행해야 할 과제로, 첫째는 교육의 목표설정, 이론, 방향, 학습계획, 방법, 수단 등에 사회적 관심이 무반성적으로 표현되어 있지 아니한가를 탐구하는 것이며, 둘째는 특정한 사회집단이 다른 사람들이나 어린이 청소년들에게 이데올로기나 허위의식을 주입시킬 목적으로 특정한 목표설정이나 이론 등의 배후에 의도적으로 자신들의 관심을 은폐시키고 있지 아니한가를 반성하는 것이다(W. Klafki, 1978: 53).

따라서 비판적 교육과학자들은 교육현상에서 발생되고 있는 억압관계, 부당성, 지배와 피지배적 관계, 인간의 물상화, 그리고 그 결과로 나타나는 자기소외(Selbstentfremdung)의 문제를 드러내고, 이 문제들을 발생시킨 원인을 역사-사회적인 맥락에서 지배이념을 극복하고 교육상황의 개선을 추구하는 데 본질적인 관심이 있다. 이런 점에서 그들은 교육의 비인간화를 조장하는 사회적 제 요인들을 비판하는 차원을 넘어, 보다 나은 사회개선을 위한 행동성향을 생성하는 교육학의 '구성적'(konstrucktiv)(W. Klafki, 1978) 성격을 강조한다.

비판교육과학의 구성적 성격은 교육현상의 선험성, 즉 실제의 교육현상 이면에서 작용하는 역사-사회적 조건들의 개선을 위한 비판, 합리성, 해방, 의사소통, 계몽 등과 같은 비판 이론적 개념들을 교육학 연구에 수용하는 데서 발견된다. 여기서 비판이라는 개념은 지배이데올로기 비판과 같은 맥락에서 정치적 성격을 지니고 있고, 합리성은 민주주의 사회의 진보를 위한 비판의 기준으로 삼고 있는 개념이며, 계몽과 해방의 개념은 새로운 세대의 자유롭고 합리적인 인간적 삶의 영위를 지향하는 차원에서 채용되고 있다. 그리고 의사소통은 이 개념들을 교육학과 연계하는 중심적 패러다임으로 수용되어, 인간 존재양식의 해명을 추구하고 이로부터 새로운 교육원리를 구성하는데 사용되고 있다.

1세대 비판이론가와 2세대인 하버마스의 비판이론은 사회적 · 역사적 맥락에 따라 상당한 차이를 보인다. 그러나 억압과 지배체계에 의해 예속된 인간성을 해방시키고 보다 합리적인 사회를 이룩하며, 개인의 잠재적 가능성을 실현하는데 이바지하려는 기본정신에 있어서는 일치된다.

비판교육과학의 태동은 비판이론의 해방적 관점에 힘입은 바 크다. 후기자본주의 사회에서의 인간 주체의 주체성 상실을 야기한 과학주의와 이의 지배적 이데올로기화는 새로운 비인간화 현상을 초래하였다는 하버마스의 비판적 인식은 자기성찰을 통한 주체성 회복을 의도하는 새로운 계몽과 해방적 관심의 발로이다. 여기서 자기성찰을 통한 주체성 확보는 의사소통의 능력(Kompetenz), 즉 "단순히 언어를 사용할 수 있는 능력만을 의미하는 것이 아니고, 말을 하는 사람들끼리의 상호 이해를 위하여 필수적으로 요구되는 규칙들을 인지하고 따를 수 있는 능력과 자세"(이상화, 1992: 300)에 의해 가능하다는 것이다.

우리는 지금까지 독일에서 발전된 비판교육사상은 효과적인 지식과 정보의 전달이라는 차원보다는 보다 나은 인간적인 사회진보를 위한 행동성향의 생성이라는 점에 일차적인 관심이 있음을 알 수 있었다. 그리고 이러한 행동성향의 생성은 합리적 의사소통 안에서 가능하며, 합리적 의사소통은 현재의 비인간적 사회 전체의 영향에 의해 왜곡될 수 있으므로 교육학은 사회의 민주화를 담당하는 정치적 과업을 피할 수 없다는 논리를 발견하였다.

비판교육학자들은 인간 주체성 위기를 초래하고 있는 사회 전반의 문제를 '구조적인 의사소통의 왜곡'으로 인식하는 비판의 패러다임이고, 인간의 주체성 회복 – 이는 비판교육과학의 해방적 관심사이다 – 은 인간간의 합리적 의사소통능력을 키우는 것이라는 새로운 교육원리를 제공하는 패러다임이기도 하다. 따라서 비판교육학적 패러다임은 교육이 실천되고 있는 과정의 기술과 해석(실증주의적 관점)에 머물지 않고, 인간의 삶을 왜곡하는 사회적 제 조건들의 비판과 새로운 인간적 행동성향의 생성을 통해 민주적 사회진보(계몽)의 주체를 형성하려는 교육적 관심에서 수용되고 있다.

교육학은 교육적 현실에 내재하는 아포리아(aporia)(그 현실을 가능하게 하는 근원적인 조건)를 규명하기 위하여 교육적 현실의 구조를 분석하고 교육에 관한 제 과학의 지위와 상호관계 속에서 새로운 교육의 입장과 관점을 도출하여야 한다. 바로 비판교육이론은 교육 현실의 근원을 규명하고, 이로부터 현실 교육의 나아갈 방향을 제시하고 있다.

우리가 살펴본 비판교육과학은 새로운 세대로 하여금 사회적 현실을 필연적인 현실로 받아들이고 이에 적응하는 것이 아니라, 그 자체 내에 아직 숨겨져 있는 보다 나은 사회적 삶의 가능성을 위하여 어떻게 사회를 변화시킬 수 있는가를 탐색하고 있다. 그러면서 새로운 세대에게 보다 인간적인 사회변화의 잠재력을 준비시키는 일(Mollenhauer), 즉 사회진보를 위한 행동성향의 생성을 추구해야 한다는 교육원리는 현대 교육에 주는 의미가 매우 크다.

그러나 문제는 현재 기반을 이루고 있는 사회가 개선의 여지를 허용할 만큼 개방되어 있는가 이다. 즉, 사회의 현상유지(Status quo)에 관심을 기울이며, 경제, 사회, 정치적인 지위에 힘입어 사회 변화의 모든 가능성을 약화시키는 이해집단들이 그 사회 속에서 의사소통의 구조를 왜곡시키고 있지 않는가 하는 점이다. 민주사회의 중요한 가치가 합리적 의사소통의 가능성을 촉진하는 것이라고 할 때, 이에 반대되는 왜곡된 의사소통의 선험적 문제는 상당히 심각하다. 역사적으로 인간들의 의사소통은 지배와 억압 그리고 갈등 속에서 지속되어 왔다. 그리고 지금은 기술사회에의 치중과 기능화된 사회구조에 지나치게 의존함으로써 인간은 더욱더 객체화되고 있고, 이러한 현상은 인간과 인간의 진정한 간주관적 상호작용의 힘을 약화시키고 있다. 그렇기 때문에 21세기를 맞이하는 오늘날 인간들 간의 합리적 상호작용과 의사소통의 필연성은 더욱더 강조될 수밖에 없다.

우리의 교육은 보다 나은 인간적 삶을 목표로 합리적 의사소통으로부터 생성될 수 있는 창조적인 행동성향의 생성을 방해하는 사회적 제 요인들을 비판적으로 인식하고 이를 극복할 수 있는 사회개선의 역할을 충실히 수행해야 한다. 그 점이 우리 교육학에 주어진 크나큰 과제이다. 더 이상 우리 교육은 학생들로 하여금 '침묵의 문화'(Freire, 1971)에 길들여지지 않도록 자유롭게 함께 말함으로서 끊임없이 나타나는 문제를 해결하는 힘, 즉 합리적 의사소통의 능력을 키우도록 해야 할 것이다.

2. 신자유주의 교육

한겨레21(1998년 10월 29일) 230호에 다음과 같은 글이 실렸다.

> 올해는 '이상한'(?) 인물이 노벨경제학상을 받았다. 인도 출신의 영국 케임브리지대 아마르티아 센(64) 교수이다. 그가 노벨경제학상을 받은 첫 동양인이기 때문만은 아니다. 센 교수의 글에서는 동시대 대부분의 경제학자들의 글에서 심심찮게 발견되는 어렵고 복잡한 수식을 별로 찾아볼 수 없다. 다뤄온 주제도 시장, 효율성, 탈규제, 복지축소 그리고 돈냄새 물씬 풍기는 각박한 합리주의와 극단적 개인주의가 판을 치는 세기말의 시대적 흐름과는 거리가 멀다. 국제사회에서 잊혀져가는, 그러나 갈수록 심각해지고 있는 빈곤과 기근, 부의 불균등 분배, 윤리와 복지, 민주주의 등이 그가 추구해온 경제학 내용이다. 시장에 맡기면 사회 전체의 후생과 복지가 저절로 높아진다는 식의 인식은 비집고 들어갈 틈이 없는 셈이다.

지난 7, 80년 대이래 노벨경제학상을 받은 인물은 거의 신자유주의 이론을 창안하고 그의 효율성을 높이 찬양했던 학자들이었다. 이들 학자들의 공통적인 인식은 완전한 자유시장주의를 실현하여야만 효율성을 높이고 새로운 부를 창조할 수 있다는 것이다. 이를 위해 규제철폐, 자율화, 자유경쟁, 소비자 중심의 선택권 부여, 국가 주도 공공복지 축소 등이 실시되어야 한다는 것이다. 실제로 같은 시기 이러한 신자유주의는 영국의 대처리즘과 미국의 레이건노믹스을 태동하였고, 그들의 세계 정책은 한국뿐만 아니라 제3세계에 강력한 힘으로 작용하여 시장자유화 정책을 실시하지 않을 수 없었고, 이에 따른 심각한 국내 자본 침식과 구조조정의 회오리에 휩싸이게 되었다.

그런데 이러한 신자유주의의 주류(?)에 반동적인 센 교수가 1998년도 노벨경제학상을 받은 것이다. 그래서 신자유주의에 비판적인 '한겨레'는 부의 균등과 복지 그리고 민주주의적 가치를 역설한 그를 '이상한' 인물이라고 하였다. 주류인 신자유주의자들과 비주류인 대항론자가 똑같이 노벨경제학상을 받은 20세기 후반의 상황은 확실히 이상하다.

지금 한국에는 신자유주의를 숭배하거나 따를 수밖에 없다는 필연과 체념에 휩싸여 있는 주류와 그의 위험과 함정을 성찰하고 그에 대응하는 실천적 논리 개발에 열중하는 비주류가 혼재하고 있다. 신자유주의의 주류와 비주류가 교육학계에도 마찬가지로 내립하고 있는 상황에서 우리는 어떻게 대처해야 하는가를 알아볼 필요가 있다.

신자유주의 교육정책을 지지하는 학자군에서는 한국교육이 시장자유주의에 입각한 교육의 자율화와 교육수요자 중심의 구조조정 그리고 효율성 향상을 위한 계기를 마련할 수 있다는 점에 관심을 갖는다. 반면에 신자유주의를 반대하는 학자군은 공공영역으로서의 학교교육의 사적 영역화 문제와 경쟁에 의한 교육의 비인간화 문제 등을 크게 걱정하고 있다. 이러한 대립적 현상은 신자유주의의 본질에 대한 옹호론과 비판론의 주장과 논리를 제각기 따르고 있다.

이와는 달리 제3의 입장에서 신자유주의의 교육철학과 정책을 논의하고자 하는 학자군이 있다. 이들은 절충적 입장이라고 볼 수 있지만 엄밀한 의미에서 새로운 교육적 담론을 추구하는 과정에서 신자유주의의 허와 실을 논의하고 있다. 이들은 한국교육의 인간화 및 민주화 과정에서 신자유주의적 드라이브 현상을 인정하고 있다는 점에서는 신자유주의적이다고 할 수 있지만, 그의 문제의 본질을 전혀 다른 담론을 통해 지적하고 새로운 대안을 추구한다는 점에서는 반(反)신유주의적이다.

여기서는 제3의 입장을 취하면서 현 단계 한국 교육정책 및 개혁에 미친 신자유주의의 특성은 무엇이고, 이에 기초한 교육적 성격과 한계는 무엇인가를 살펴보도록 한다. 이를 위해 첫째, 신자유주의에 입각한 교육개혁의 성격은 무엇인가, 둘째, 신자유주의 교육정책의 허와 실은 무엇인가, 셋째, '제3의 길'에 내재한 민주적 교육논리는 무엇이고, 그것은 신자유주의적 문제에 어떤 교육적 시사점을 주고 있는가를 중심으로 논의하도록 한다.

1) 신자유주의 교육의 등장 배경

김기수(1997)의 '자유주의와 신자유주의에 대하여'라는 글은 신자유주의 태동 과정과 그것이 교육에 주는 의미를 매우 잘 설명하였다. 그 내용을 보면, 신자유주의는 시민사회 발전 과정을 경제적 관점에서 보고, 아담 스미스의 고전적 자유주의의 테제인 시장의 자유주의로의 복귀를 통해 최대의 이익추구와 최소의 손해회피를 제1원리로 삼고 있다(김기수, 1997: 161). 신자유주의자들은 이러한 원리를 구현하기 위해 자유경쟁의 방법을 적용하면 경쟁력과 효율성을 높일 수 있다고 보았다. 그들의 주장에 따르면, 시장의 논리에 따라 자유로운 이익추구와 경쟁을 보장하되 국가 개입은 되도록 억제하도록 한다. 현재의 서방 국가는 국가의 시장 개입과 복지정책 때문에 시장경제가 위축당하고 불황에 빠지게 될 수밖에 없다. 따라서 그 대안으로 국가의 시장 개입을 삼가고, 주요 국영기업이나 국영 프로그램을 민영화하고, 정부기구를 구조조정하여 조직의 효율성을 높여야 한다는 것이다.

헤이엑(Hayek, 1948)은 자유방임적 시장체제만큼 집단적 이익을 보장해주는 효율적이고 공정한 사회적 메커니즘은 없다고 주장한다. 시장은 어느 누구의 특정한 목표의 우월성을 전제하지 않고 누구에게나 동등한 절차적 기회가 보장되기 때문에 '공정하다'고 간주된다. 또 시장질서는 가격원리에 따라 상황 즉흥적으로 움직이기 때문에 잘못된 계획이나 오도된 통제가 초래하는 비용을 절감할 수 있어서 '효율적'이라 여겨진다.

이런 가정 때문에 공급자는 최대의 이윤을 얻기 위해 질 높은 상품을 경쟁적으로 개발 공급하고, 소비자는 자신의 취향과 필요를 만족시키는 상품을 구매하게 된다. 물론 이 거래에 국가의 간섭이나 개입이 있어서는 안 된다. 이러한 신자유주의의 정신은 한국의 시장주의자들에게 다음과 같이 정리되고 있다. 첫째 한국 사회의 기본질서는 자유롭고 독립적인 행위의 주체인 개인들의 집합체로 구성된다. 둘째, 각 행위자는 자신의 선호를 충분히 알고 있으며, 자신의 이익을 효과적으로 추구할 수 있는 계산능력을 가지고 있다. 셋째, 각 개인이 타인에 대한 배려 없이 자신만의 이익을 극대화하는 식으로 행동한다 해도 사회 전체의 공익을 가져올 수 있다(김승현 외, 1994).

2) 신자유주의 교육의 특징과 문제

신자유주의자들에 의하면 교육도 이와 마찬가지이다. 그들은 교육도 하나의 '상품'으로 규정하고 학교를 공급자, 학부모나 학생을 소비자로 규정한다. 이들이 보기에 교육은 개인들간에 사고 팔 수 있는 하나의 '민간재'에 불과하다. 따라서 이들은 공공영역에 속하던 학교의 위치를 '민간재'인 사적 영역으로 이동시키자는 것이다. 그렇게 될 경우 경제활동과 마찬가지로 교육활동에 대한 국가의 규제가 완화되어 단위학교의 자유가 그만큼 많이 보장된다는 것이다. 국가에서 책임지고 제공한 '공교육'도 이제는 국가가 간섭하지 않고 교육비를 삭감하여 시장 원리에 따라 자유경쟁에 맡긴다. 교육소비자는 자신이 자유롭게 자기 필요에 따라 학교 선택, 프로그램 선택을 할 수 있다.

신자유주의는 공교육의 경쟁적 배분을 추진하여 교육의 질과 수월성을 높여야 한다고 주장한다. 이를 위해 학교와 학교, 교사와 교사, 교육프로그램과 교육프로그램 간에 경쟁하고, 양질의 학교와 교사, 그리고 교육프로그램을 자유롭게 선택할 수 있도록 하자는 것이다. 이러한 교육의 시장논리는 다음과 같은 점에서 한국교육에 기여할 것으로 기대되기도 한다. 첫째, 학교현장의 나태한 모습들이 경쟁을 통해 개혁될 것이다. 둘째, 학교운영위원회 활동을 통해 교육문제를 보다 직접적으로 풀어볼 수 있다. 셋째, 학교배정을 완전히 자유선택으로 하여 가고 싶은 학교에 다닐 수 있도록 할 수 있다. 넷째, 대학의 경우, 정원이 자율화되고 다양한 편입학 제도들이 생긴다면 입시전쟁으로부터 아이들을 구할 수 있다. 다섯째, 타율적이고 경직적인 교육제도를 자율적이고 탄력성 있는 교육제도로 바꾸어놓을 수 있다(천세영, 1998).

이상과 같은 신자유주의는 우리나라 교육개혁에 어떤 영향을 미쳤는가. 우선 신자유주의는 김영삼 정부 이래로 한국 교육개혁의 이념적 바탕이 되고 있다. 김기수(1998)가 한국 교육개혁이 일본의 답습이라든가 혹은 국가 개입 강화와 교육예산의 증액이란 측면에서 신자유주의와는 거리가 멀다고 지적하였지만, 논자는 이러한 그의 견해에 동의하지 않는다. 김영삼 문민정부이래 한국의 교육개혁은 다른 나라 것들의 답습이건 아니건 세계화 정책에서 비롯된 신자유주의 철학에 기초하고 있다. 문민정부 정책 브레인이었던 박세일 등(1995)에 의해 저술된 '소비자 주권의 교육대개혁론'이 이를 반증하고 있다. 이들은 21세기는 국제화 세계화 시대이므로 국가 발전 전략의 제1과제로 인적 자원의 수준, 즉 지적 자본의 양과 질을 향상시키는 일이라고 지적하면서, 사회 구성원들이 가지고 있는 기술과 기능 수준, 그리고 정보와 지식 수준을 고급화, 첨단화, 최신화하는 것을 중심 과제로 삼고 있다. 이를 위해 교육개혁의 방향은 탈규제와 소비자 주권의 원칙에 따라 관료적 교육가 대신에 기업가적 교육가들을 대량 등장시켜, 이들로 하여금 우리 교육을 재구조화하고 재가동할 수 있어야 한다고 주장한다. 이 모든 것은 교육수요자 주권의 확대, 즉 교육수요자의 선택의 폭을 확대하고 동시에 교육생산자 사이의 자유 공정 경쟁을 확대하고 촉진하여야 한다는 데까지 나아가고 있다(박세일, 1995: 21). 따라서 이들은 탈규제를 통해 학교간, 교사간, 교육 프로그램간에 새로운 경쟁 체제를 성립시켜 교육 수요자인 학생과 학부모들의 필요와 요구를 교육프로그램 속에 보다 잘 담아내는 자유 경쟁원리가 도입되어야 한다는 것이다.

한국에서의 신자유주의적 교육개혁은 과거 권위적 군사정부 시대에 일방적인 교육공급자 중심의 교육을 학생과 학부모 등과 같은 교육수요자 중심의 교육으로 전환시키고 있다. 이는 일면 한국 현대 교육사에 의미가 적지 않다. 그것은 우리 나라 교육의 가장 큰 문제로 지적되어 왔던 교사 중심, 교과서 중심, 교육행정 중심에서 학생 중심과 학부모 참여의 교육으로 자리잡고 있다는 점에서 그렇다. 그리고 자유경쟁 시장에서 공급자가 소비자의 필요에 부응하는 것 같이, 교육시장에서도 교육공급자가 교육소비자인 학생과 학부모가 요구하는 교육정책과 프로그램을 제공하여야 한다는 점에서 의미있게 받아들여지고 있다.

실제로 수요자 중심의 교육개혁을 통해 교육 내부와 외부의 변화가 감지되고 있다. 예를 들면 탄력적인 학습집단 조직, 개별학습과 소집단 활동, 수준별 학급 운영 등과 같은 개혁이 이루어지고 있다. 또한 학부모와 시민같이 교육을 소비하는 수요자의 참여를 보장하는 '학교운영위원회'나 '새교육공동체'와 같은 조직이 만들어져 활동하고 있는 중이다.

그러나 한국에서의 신자유주의적 교육개혁은 철저히 경제논리에 의해 진행되고 있다. 우선 수요자라는 개념이 암시하고 있듯이, 교육을 지나치게 경제논리로 파악하고 있다는 점이다. 여기에는 과거 개발과 안보의 논리에서 이제는 자유경쟁의 시장논리로 교육을 보는 안목과 철학을 숭상한다. 다음에서 논의하겠지만, 수요자 중심의 교육이념은 자본주의 발달사에서 볼 때 자유경쟁주의를 필연적으로 수반하고 있다. 자본주의가 발전하면서 학생 개인의 능력과 힘(수월성)을 최대로 키우는 일이 생존을 가능하게 한다는 교육의 자유시장적 패러다임은 철저히 신자유주의적이다. 교육이 자유경쟁에 의한 시장원리를 따를 때 교육소비자들의 권익이 가장 잘 보장받는 것이기 때문에 자유경쟁을 촉진하는 교육개혁이 민주적이고 효율적이라는 인식이 심화되었다. 현행 한국의 교육개혁은 저비용 고효율을 위한 교육의 경쟁체제, 즉 신교육체제를 확립하는 데 가속도를 내고 있다.

신자유주의적 교육개혁은 현재 급속하게 진행되고 있다. 그러나 그의 본질에 있는 완전한 자유의 정신은 다수의 복지를 훼손하고 소수를 위한 자본의 확대재생산으로 이용되고, 신체제 확립은 이를 정당화시키는 방향으로 나아갈 소지가 크다. 바로 사적 이해관계가 본질을 훼손하는 식으로 나아가는 신자유주의의 문제가 오히려 다수의 대중을 부자유와 불평등으로 몰아갈 수 있는 위험이 없지 않다. 다시 말하면 완전한 경제논리에 움직이는 신자유주의적 교육개혁이 소수의 엘리트 학생과 다수의 보통학생으로 확연히 구분짓는 교육의 비인간화 현상을 초래할 가능성이 높다. 그리고 학생들간의 경쟁에서 탈락한 소외학생의 수가 늘고, 이들의 학교생활 부적응 현상이 심각한 지경에 이를 수 있다.

I. Wallerstein이 '자유주의 이후'(After Liberalism)라는 저서에서 언급한 다음의 말은 인상적이다(Wallerstein, 1996: 357).

> 자유주의는 '가장 뛰어난 자에 의한 지배'를 설교했다. 물론 자유주의자들은 일차적으로 출신 성분이 아니라 교육적 성취에 의해서 가장 뛰어난 자를 규정했다. 따라서 가장 뛰어난 자는 세습귀족이 아니라 능력사회(meritocracy)의 수혜자들이었다. 그러나 가장 뛰어난 자는 언제나 전체라기보다는 그 보다 작은 (소수의) 집단이었다.

Wallerstein은 자유주의적 (교육)개혁이 '합리성'에 토대를 두고 있다고 주장하지만 그 결과는 근본적으로는 비민주적일 수밖에 없다고 주장한다. 왜냐하면 합리적 개혁주의는 엘리트라는 소수의 지배집단에 의해 추진되고 이들만이 그 사회의 수혜자일 수밖에 없기 때문이다.

신자유주의 교육정책은 Alfie Kohn(1995)이 '경쟁을 넘어서'(Beyond contest)에서 언급한 '의도적 경쟁'과 '구조적 경쟁'을 동시에 유발시켜 그 효과성을 증대시키는 데 목적이 있다. 여기서 의도적 경쟁이란 학생의 자존심을 발동하여 승리감을 쟁취하도록 하는 것이며, 구조적 경쟁이란 교육 관련 전체의 사회문화적 규범에 자극되어 생기는 것이다. 신자유주의적 교육개혁은 학생들의 자존심을 자극하여 경쟁심을 높이고, 사회 전체가 이러한 경쟁을 당연하게 받아들여 교육의 수월성확보와 세계화에 대비한 경쟁력있는 인적 자원을 확보하는 데 그 기본 정신이 있다.

신자유주의가 낳은 수요자 중심의 한국 교육개혁은 그 자체의 자유민주적 성격과는 달리 '위로부터의' 비민주적인 방식으로 진행되고 있다. 교육개혁의 성공여부를 떠나서 밑으로부터의 민주적인 논의과정이 생략되어 있다. 그 대표적인 것이 교육개혁의 '업적평가에 의한 차별지원'이다. 이는 변화와 혁신의 수행을 맡고 있는 현장교사와 학생 그리고 학부모의 관점에서 보면, 위로부터 주도된 개혁은 일선 교육현장에서 상당한 혼란과 개혁 추진자에 대항하는 결과를 초래한다. 더욱이 교육개혁의 성과를 평가하는 데 학교현장에 대한 차등지원책은 현장의 능력범위와 노력 그리고 역량 등의 한계를 고려하지 않아 그로 인한 불만과 불균형성은 오히려 세부적인 교육개혁 실천의 걸림돌로 작용하고 있다.

이런 이유로 김천기(1998)는 한국에서의 신자유주의적 교육개혁은 단위학교의 교원들의 자율성을 강화시키기보다는 평가와 차등적 지원방식으로 학교에 대한 관료적 통제를 더욱 강화시키고 있다. 또한 입시경쟁 등 고질적인 한국교육의 병폐를 없애기는커녕 오히려 교육소비자의 계층에 따른 차별화 · 경쟁교육을 부추길 가능성이 높다. 또한 소비자 계층간의 교육불평등을 더욱 심화시키며 공동체적 삶의 관계를 더욱 해체시키는 결과를 가져올 수 있다고 지적하였다.

결국 신자유주의적 교육개혁은 한국교육의 새로운 변화를 초래하는 긍정적인 면이 있음에도 불구하고 지나친 경제논리로 인해 필연적으로 경쟁에서 탈락한 학생과 그의 학부모의 교육권을 저해하는 교육의 비인간화를 초래할 수밖에 없어 보인다. 이런 점에서 '민주적 교육논리'에 의한 교육개혁이 동시적으로 진행되어야 할 필요성이 제기된다.

신자유주의 교육관은 '개인'의 능력과 힘의 발전에 의한 수월성 확보를, 사회주의 교육관은 무산계급인 노동자 · 농민 집단의 사회변혁적 힘의 생산에 주된 관심이 있다. 이 양대 교육관은 각각 자유와 평등 정신의 이분법에 의해 형성되고 구현되었다. 또한 이 양자의 저변에 흐르는 인간중심주의는 개인과 집단의 힘 기르기에 교육적 관심을 집중하고 있다.

신자유주의는 우리의 교육 현실을 여러 면에서 변화시키고 있다. 그동안 안주해왔던 권위적인 교육담당자들의 보수적 행태에 변화를 초래하였고, 수동적인 학부모와 학생의 참여와 선택의 권리를 강화하는 데 기여하고 있다. 또한 교수-학습프로그램의 개선과 아직은 미흡하지만 단위학교 책임 운영을 위한 참여적 의사결정체제(학교운영위원회 등)를 구축하는 데 도움을 주고 있다. 우리는 신자유주의가 이러한 변화를 촉진하는 데 어느 정도 기여했음을 인정하면서, 이 점만을 생각한다면 한국교육계에 신자유주의적 바람이 당분간 계속 불어주기를 바라지 않을 수 없다. 그러나 문제는 이미 살펴보았듯이 간단지 않다. 가장 큰 문제는 교육기회의 균등한 배분 문제이다. 그래서 신자유주의적인 교육정책 구현에는 반드시 한가지 조건을 내세워야 한다. 바로 경제논리를 피할 수는 없지만 그와 동시적으로 민주적 교육논리를 강화할 필요가 있는 것이다.

왜 신자유주의 바람에 민주적 교육논리가 강화되어야 하는가? 이에 대한 대답은 간단하다. 신자유주의에는 '자유'라는 민주적 가치가 내재해 있음에도 불구하고 결과적으로 그의 경제 제일주의에 따라 부익부 빈익빈이라는 반민주적 결과를 초래할 수밖에 없기 때문이다. 자본주의 발전 과정에 크게 영향을 미친 고전적 자유주의나 수정자유주의, 지금의 신자유주의는 오직 경제논리에 입각해 있다. 그렇기 때문에 역사가 아직도 풀지 못한 가장 중대한 과제인 인간의 소외문제를 해결하지 못했다. 비록 자본주의사회는 수정자유주의적 정책에 따라 국가 개입과 사회복지 강화를 통해 이 문제 해결에 관심을 가졌지만, 만족스러운 결과를 내지 못하고 곧바로 신자유주의라는 고전적 자유주의로 복귀하고 말았다.

김기수는 그의 논문 '신자유주의 정책과 한국교육의 문제'(1998)에서, 보편성의 원리에 입각한 공교육제도를 자유주의적 시장경제를 옹호한 자들에 의해 도입되었다고 말했다. 그는 시장경제 자유주의자들이 교육용역의 경쟁적 배분방식에 만족하지 않고 보편성의 원리에 입각한 배분방식을 들고 나온 것은 그것이 시장경제의 효율적 운용에 좋다고 보아서 공교육체제를 발전시켰다고 진단하였다. 여기서 그가 말한 '보편성의 원리'가 구체적으로 무엇을 뜻하는 지 알 수 없지만, 자유주의자들에 의해 공교육이 도입되고 발전되었다고 한다면, 이는 지나치게 단순히 본 것이다. 일면으로는 현대 후기자본주의 사회에서의 교육의 성격 규정과 그의 손익관계를 분석하는 유용한 틀을 제공하고 있지만, '생물'과도 같은 교육의 보편적 가치면에서 따져본다면, 공교육은 역사의 민주화 과정에서 필연적으로 생성될 수밖에 없었다.

교육은 역사 속에서 쉼없이 인간과 사회에 영향을 미쳤다. 교육은 도덕적 혼란에 직면한 인간과 사회를 구원하였고, 억압과 소외 관계를 지양하고 민주주의를 확립하였으며, 빈곤과 질병을 극복하기 위해 과학을 발전시켰다. 인간과 사회는 교육을 통해서 더 나은 삶을 추구하려 했고, 더 좋은 사회를 발전시키려고 했다.

그러나 교육은 역사 속에서 언제나 – 정도의 차이는 있지만 – 그 시대 그 사회를 주도하는 계층의 수단이 되어 그의 부와 권력의 재생산에 기여하기도 하였다. 교육의 역사는 교육이 정치적-경제적으로 도구화된 역사이기도 하지만, 이에 대항하여 인간과 사회의 인간화와 민주화를 실현하려는 인간교육의 역사이기도 하다.

신자유주의의 기본 정신과 관련하여 민주주의의 가장 본질적인 자유의 이념사를 추적해보자. 정재걸(1998)은 고전적 자유주의와 신자유주의에 대한 논의에서 신자유주의에는 고전적 자유주의의 자유 이념이 존재하지 않는다고 보았다. 그는 국가 주도의 복지정책 해체와 공공부문 예산 축소, 그리고 완전한 자유시장원리 도입 등과 같은 신자유주의는 진정한 의미에서 인간의 '자유'를 보장해 주지 않는다는 것이다. 그 이유로 사사로운 이익을 추구하는 합리적인 개인과 이를 공평하게 관리하는 국가, 그리고 자유로운 경쟁이 이루어지는 시장의 이념이 신자유주의에 존재하지 않기 때문이라고 하였다.

그러나 고전적 자유주의나 신자유주의나 인간의 완전한 '자유'의 이념을 제1원리로 삼고 있다. 단지 자유주의의 결과로 나타난 자본주의사회의 불평등의 문제를 해결하기 위해 수정자유주의가 의도했건 아니건 간에 국가가 개입하여 덜 가진 자를 위한 사회복지 정책을 주도하고, 대중의 삶에 직결된 공공부문의 투자 확대, 이에 필요한 재원 확충을 위한 자본시장에의 개입이 시작되었다. 그런데 신자유주의는 이러한 국가의 중간자적 매개역할, 혹은 조정자로서의 기능을 포기해야 한다는 것이다.

우리가 알다시피, 최대 이익을 추구하는 합리적인 개인, 그리고 자유로운 경쟁 추구는 고전적 자유주의 정치 · 경제 운영의 기본 원리이다. 이 원리는 고전적 자유주의의 자유에 기초해서 성립된 것이다. 따라서 고전적 자유주의나 신자유주의나 본질적으로 자유라는 민주적 가치를 지닌다. 단지 이념사적(ideengeschichtlich)으로 볼 때 고전적 자유주의에서의 자유는 민주적 시민사회 발전을 위한 정치적인 측면이 강했고, 신자유주의에서의 자유는 자본주의사회의 완전한 실현을 위한 경제적인 측면이 강하다는 특성을 지니고 있다.

프랑스 대혁명 이후 근대사회를 성립시킨 주체가 자유시민이었고, 이 자유시민은 어느 정도의 물적 토대 위에서 자유를 획득하였으며, 이를 통해 자신들의 정치적 권리를 회복하려고 했다. 근대 시민사회를 성립시킨 시민은 자유의 이념을 최상의 가치로 삼고 사회발전, 즉 경제발전을 이끌어왔다. 다시 말하면 정치적 자유이념 안에 최대의 이익보장이라는 경제논리를 적용하였던 것이다.

문제는 이러한 자유이념을 고전적 자유주의에서는 부르주아(시민)계급이 정치적으로 이용했다는 점이고, 신자유주의에 몰입한 현대 자본주의사회에서는 경제적 잉여 산출의 극대화를 위해 이용되고 있다는 점이다. 바로 그 '잘못된 이용'이 문제인 것이다. 신자유주의의 본질적 문제는 바로 이러한 경제논리를 앞세워 민주적 교육의 가치인 자유를 자신들의 이익 창출을 위해 이용하고 있다는 점이다. 이는 다시 말하면 신자유주의의 경제논리가 인간화 및 민주화를 위한 교육논리를 대체하고 있음을 의미한다.

오늘날 한국교육의 효율성이 뒤떨어지고 한계에 도달했다는 점 때문에 자유경쟁 원리에 입각하여 자본주의 경제논리로 모든 교육 현상을 따지는 경우가 허다하다. 그러나 한국 교육은 역사는 길지 않지만 인간의 자유권과 평등권의 확대를 위한 민주적 실천으로 권위적 사회적 관계를 개선하는 사회진보의 주체 양성에 힘써 왔다. 그 결과 교육 현장의 진보적 변화가 초래되었고, 교사의 교육권, 학생의 학습권, 학부모의 참여권 확대가 과거에 비해 두드러지게 나타나고 있다. 이러한 현상은 과거 군부정권을 종식시키고 문민정부 그리고 현재의 '국민의 정부'에 이르기까지 꾸준히 형성되었던 '교육의 민주적 가치' 추구가 어느 정도 반영된 결과이기도 하다. 다시 말하면, 이러한 현상은 새로운 신자유주의적 교육개혁으로만 성취되었다고 보는 것은 지나친 단견이다.

그런데 현재 신자유주의에 의해 한국교육의 방향성이 갈수록 경제논리에 의해 지배되는 경향성을 보이고 있는 것이다. 특히 20세기 후반, 한국에서의 신자유주의적 교육의 이상은 '수월성(excellence)' 추구라는 인식을 보편화시켰다. 이러한 인식은 과학기술환경에 적합한 사고와 행위 및 윤리규범을 내면화하여 개인의 경제적 이익을 극대화하는 교육의 시장경쟁 원리의 강화로 귀결되고 있다. 협동적 행위보다 경쟁적 행위가 권장되는 것은 현대 사회의 자기 주장적 경향의 중요한 현상의 하나이다. 이것은 사회의 모든 생물은 '적자생존(適者生存)' 원칙의 지배를 받는 생존 경쟁을 한다고 믿은 사회적 다아윈주의자들의 그릇된 세계관에 근원이 있다.

따라서 경쟁이 경제적 추진력으로 간주되었으며, '공격적 접근'이 기업계의 이상이 되었고, 이 행위가 경쟁 소비 행태를 창조하기 위하여 자연 자원 착취와 결합하게 된다(F. 카프라, 1993: 44). 분명히 자유주의적이고 개체주의적인 철학을 토대로 한 교육의 시장경쟁의 원리가 문제 있음이 밝혀지고 있음에도 불구하고 학습자의 수월성과 경쟁력 확보가 한국교육의 최대과제가 되고, 이 과제를 효과적으로 풀기 위한 교육개혁이 주도적으로 추진되고 있는 것이다. 결과적으로 신자유주의 교육 정책은 '소수의 부유층과 지배계급만을 이롭게 하고 매판 엘리트를 양성하는 반민주적, 반민중적 성격을 지니고 있다'는 우려가 없지 않은 것이다. 특히 민주적 가치인 자유의 이념이 독단적으로 이용될 때 필연적으로 동반하는 자유경쟁주의는 현행 학교교육의 비인간화를 가속화시킬 뿐이다.

한국은 현재 신자유주의의 큰 흐름 안에 민주적 개혁의 목소리가 점차 커지고 있다. 교육분야에서도 한편에서는 자유경쟁원리를 적용한 신교육체제 확립을 추진하면서, 다른 한편에서는 권위적 교육 문화를 시민주도적 새교육운동, 즉 민주적 교육 문화로 전환하려는 움직임이 함께 나타나고 있다. '국민의 정부'의 교육정책의 기본 철학과 개혁의 방향은 '민주주의와 시장주의의 동시적 발전'의 일환이지만, 그 결과는 신자유주의의 강세로 '교육의 경제 종속'을 초래할 가능성이 높다. 왜냐하면 독단적 자유의 경제적 이용가치에 철저한 신자유주의는 교육을 상품가치로만 따지기 때문이다.

따라서 현행 한국교육은 민주적 교육논리를 강화하기 위한 '전술적 선택'의 지혜가 요구된다. 이 전술적 선택은 이미 강력한 바람을 일으키고 있는 신자유주의적 교육개혁에 주체적 민주개혁을 강화하는 방식으로 이루어져야 함을 의미한다. 21세기 한국교육은 이제 새로운 '제3의 길'의 관점에서 민주적 교육논리를 찾아 구현하는 노력을 하지 않으면 안 된다.

3) 의의와 한계

신자유주의적 교육철학은 자유경쟁적 시장에서 공급자가 소비자의 필요에 부응하는 것 같이, 교육시장에서도 교육공급자가 교육소비자의 필요에 반응하게 되어 교육의 효율성이 증대될 것이라는 신념을 확고히 하고 있다. 일정한 조건하에서 자유경쟁적 시장은 소비자가 요구하는 상품을 적정 양으로 생산하여 소비자의 욕구를 충족시켜 주는 훌륭한 메커니즘일 것이다. 자유경쟁시장에서 교육수요자가 원하는 바를 효율적으로 생산해 내는 학교만이 살아남을 것이고, 그렇지 못한 학교는 도태될 것이다. 경쟁에서 이기기 위해서 학교는 학부모와 학생이 원하는 교육서비스를 공급하지 않을 수 없다.

이러한 신자유주의 교육관은 한국 교육의 현대사를 보면 무조건 버려서는 안된다는 생각을 할 수 있다. 우리교육의 새로운 발전을 위해 적어도 '전술적 선택'의 가치를 지닌다. 한번 생각해보자. 신자유주의의 교육정책이 자율성, 수요자중심, 다양화, 특성화, 경쟁 등이다. 경쟁만 빼고 우리교육의 가장 심각한 문제는 무엇이었는가. 잘못된 정권에의 종속화, 교육공급자 중심, 획일화, 일방적인 입시 위주의 교육이었다. 우리가 신자유주의가 파생시킬 부정적 문제를 무시할 수는 없으나, 지금까지도 우리교육의 심각한 문제로 지적되어온 이러한 점들을 해결해야 한다고 신자유주의자들은 주장하고 있다. 우리는 신자유주의자들이 아무리 떠들어대도 국가로부터 학교가 완전히 독립 혹은 자율화되거나 민간재로 될 수 없다는 점을 잘 알고 있다. 지금까지 학생의 인권과 학습권이 제대로 존중받지 못했던 교육문화에서 수요자중심으로의 개편은 반드시 필요하다. 그리고 우리교육 체제도 이제는 다양화되고 특성화되어 학생들의 재능과 소질 그리고 능력에 따라 학습할 수 있도록 해야 한다.

문제는 신자유주의 교육정책으로 인해 소수엘리트 중심, 소수 부유층 중심, 교육의 해외 자본에의 종속, 경쟁에 탈락한 학습자의 소외 등을 어떻게 극복하고 교육내적인 부문의 개선을 도모할 것인가 이다. 이 점이 우리에게 주어진 큰 숙제인 것이다.

신자유주의 교육정책은 우리교육의 새로운 전환을 위해 이용되어야 할 전술적 선택의 가치가 없지 않다. 신자유주의의 바람은 이미 우리를 향해 휘몰아쳤고, 이 바람은 싫건 좋건 우리 모두를 경쟁과 효율의 풍향으로 세차게 내몰고 있다. 이것이 현실이다. 이러한 현실에 살면서 신자유주의를 부정한다는 것은 낭만적이고 이상론적이다. 중요한 것은 어떻게 한국 교육의 질적 개선을 위해 국가, 시민, 교육자들이 신자유주의의 경제논리를 한국 교육의 질적 개선에 이용하느냐와 신자유주의의 경제논리의 위험을 민주적 교육논리로 막아내느냐의 문제이다. 이는 전후 혹은 우선순위의 문제가 아니라 양자병진(兩者竝進)의 철학과 지혜를 필요로 한다.

한국교육은 현단계에서 신자유주의가 파생시킬 부정적 결과를 예측하고 민주적 교육논리를 강화함으로써 21세기를 준비해야 할 것이다.

3. 다문화교육

교통과 통신발달로 국가 간의, 인종 간의 교류가 활발해지고 있다. 이제 사람들의 삶은 더 이상 하나의 민족문화에 머물러 있지 않다. 다문화사회가 일반화되고 있는 상황에서, 단위국가의 경계짓기가 모호하고 주류문화는 소수문화와 소통하고 있으며, 상호문화 간의 공존 현상이 나타나고 있다. 이는 선진국에서 소수 이민자를 차별 · 동화하는 정책에서 소수문화를 인정하는 다문화주의로 전환하고 있음을 보여주는 것이다.

다문화주의의 본질을 이해하기 위해서는 우선 다문화주의의 반대편에서 주장되고 있는 소수 이민자들을 차별하고 동화시키는 문제를 지적하는 것이 필요하다. 대부분 선진국에서는 다문화주의가 등장하기 이전 혹은 이후의 정책적 이념으로 '차별 · 동화주의'를 채택하였기 때문이다. 또한 오늘날 다문화주의를 주장하면서도 그 안에 은밀히 작동하고 있는 포스트식민주의적 요소들도 있다. 다문화주의를 이해하기 위해서는 이러한 주장과 은폐된 것들을 적극적으로 드러내고 비판하는 작업이 선행될 필요가 있다.

다음으로, 현대 다문화주의의 본질을 보다 심층적으로 파악하기 위해서는 그의 철학적 토대를 보완해야 한다. 다문화주의의 철학적 토대가 될 수 있는 사상은 다양하지만 상대주의와 발권위주의를 모토로 등장한 포스트모더니즘이 매우 적합하다. 그 중에서도 레비나스(Levinas)의 '타자의 철학'은 문화적 차이를 인정하고 존중하면서 타자화된 소수문화를 주류문화와 대등한 위치로 끌어올리는 사상적 정당성을 확보해 주고 있다. 레비나스의 '수체중심철학(Subject centered Philosophy)의 비판'에서 서양철학의 존재론은 근대의 cogito의 개념아래 사유하는 존재, 이성적 자아를 중심에 둔 근대적 주체를 만들어 철저히 주체중심의 사유이다. 이는 주체를 둘러싼 사물과 세계뿐만 아니라 인간마저 모두 대상화하고 타자화하였다는 데 그 본질적인 문제점이 있다. 교육 역시 근대주체의 입지를 공고히 하는데 기여하며 주체의 자아실현에 그 목표를 두었다. 그러나 이러한 목표는 주체 이외의 타자에 대한 무관심, 타자의 인격성을 배려하지 못하는 결과를 초래했다.

1) 극복해야 할 가장 큰 문제: 주류문화중심의 동화주의적 시각

다문화주의는 동화주의 옷을 입고 소수문화와의 차이를 존중한다는 위장술을 부리기도 한다. 다문화주의는 다양한 언어, 문화, 민족, 종교 등을 통해서 서로의 정체성(identity)을 인정하고 함께 어우러질 수 있는 철학과 이념을 의미한다. 이에 비해 동화주의는 하나의 언어, 하나의 문화, 하나의 민족이 중심이 되고 타문화는 이 중심으로 흡수되어야 한다는 입장을 지닌다. 이는 다민족, 다문화시대에 분쟁의 원인이 될 수 있다.

다양한 이주민들이 많이 유입된 선진국들의 다문화정책은 거의 대부분 민족주의에 바탕을 둔 '동화주의'를 채택하고 있다. 특히 인종적 · 문화적 동질성이 높은 유럽사회나 일본과 한국을 중심으로 한 아시아 선진국 사회에 이주해 온 소수집단은 주류집단과의 차이 때문에 상당한 차별을 받는다. 주류집단에 소속된 사람들은 이주민들을 다른 외모나 언어 그리고 종교 전통 등으로 매우 '다른' '이질적'인 집단으로 간주한다. 따라서 이들은 소수 이주민의 고유한 문화와 전통은 주류집단의 문화와 전통에 동화(assimilation)시키는 이념과 정책을 선호한다.

동화주의는 이민자들이 새로운 국가에서 권한을 취득함과 동시에 자국민과 같은 존재로 그 나라 언어를 사용해야 하며 주류문화를 받아들이는 것을 당연시한다. 그 결과 이민자는 자신의 고유한 문화적 정체성을 포기하고 주류문화에 용해되도록 요구받는다. 20세기 초에 극작가 이스라엘 장윌(Israel Zangwill)은 다른 인종적 배경을 가지고 미국에 이민 온 소수 이민자들을 기술하기 위해 인종문화의 '도가니'(melting pot, 용광로라고 번역되기도 함)란 유명한 말을 만들었다(김복례, 2009). '인종의 도가니'라는 메타포는 개별집단이 과거에 소지했던 습관이나 전통이, 보다 큰 문화에 흡수 · 동화된다는 함축적 의미를 담고 있다. 그 대표적인 모델이 미국의 도가니정책이며, 프랑스, 네덜란드, 영국 등 많은 유럽 국가들이 이러한 정책을 채택하였다(최충옥, 2010).

동화는 통합과는 다르다. 동화는 이전에 문화적으로 상이한 집단이 생물학적인 융합 내지 혼혈을 수반하지 않은 채 병합 내지 합류되는 현상을 가리킨다. 반면에 통합(integration)은 인종적으로나 민족적으로 다른 집단의 사람들을 어떤 제한이나 구속 없이 평등한 연합(association), 즉 인종차별의 폐지로 이끄는 것을 가리킨다. 그러나 이민자들은 과연 이민국에 반드시 동화 또는 통합되어야 하는 것인가? 어떠한 선택이 이민자들을 수용하는 국가에게 유익하게 작용할 것인가? 역으로 인종적인 소수에게는 어떠한 선택이 유리한 것인가? 다문화주의자의 입장에서 보면, '주류문화'라는 말 자체가 이미 소수 이주자에 대하여 동화주의적 압박으로 작용할 수 있다. 동화주의자들은 본래 사회통합을 목적으로 삼고 있지만, 소수 집단의 언어, 문화, 종교는 주류 민족주의 사회에 불안을 야기시킬 수 있는 위험이 항상 상존하고 있다고 본다.

20세기 말, 미소 양극으로 갈라져 있던 동서냉전체제가 붕괴되고 난 이후, 국제사회의 새로운 과제로 떠오른 것이 민족주의의 분출과 분열 현상이다. 민족주의는 언어, 문화, 생활관습 등의 동질성에 기초하고 있다. 따라서 민족주의를 주장하는 국가나 집단은 다른 소수의 이주민을 배제 혹은 동화시키는 정책을 수립하고 그것이 정치적 안정, 경제적 효율성, 집단안전을 보장할 수 있다고 믿는다. 다수의 선진 자본주의 국가들은 이러한 동화주의에 따라 소수 이민자 문화를 자신들의 주류문화에 통합시켜 왔다.

미국은 건국 초기부터 다양한 유럽인들의 유입을 통해 형성된 백인중심 다문화 국가이다. 이런 역사적 상황 때문에 초기 미국 정책은 소수 이민족을 백인 주류문화에로 흡수 · 통합시키는 '동화주의'적 성격이 강했다. 특히 아프리카와 아시아에서 이민 온 사람들은 백인사회의 주류적 가치관과 정체성을 받아드리도록 법과 제도로 강제하였다. 비유럽 지역에서 이주해 온 다수의 이민자들은 자신의 문화적 정체성을 포기하고 백인이 다수를 차지하는 커다란 용광로(melting pot)에 섞여 자신의 고유성을 잃게 되는 처지에 내몰렸다. 이런 이유로 미국사회는 인종차별에 대한 갈등과 불안이 멈추지 않았다(박성혁 · 곽한영, 2009: 100).

1960년대 미국의 차별 · 동화주의 정책은 그것의 근본적인 한계로 인해 '문화 다원주의(cultural pluralism) 정책'으로 바뀐다. 문화 다원주의란 주류사회의 문화가 존재함을 인정하면서 동시에 다양한 소수 집단의 문화와 정체성을 존중하는 입장이다. 미연방정부는 '문화적 다양성'에 기초한 문화 다원주의를 채택하였다. 이러한 연방정부의 노력은 1964년 시민권운동에 의해 개시된 반차별주의 운동으로 이어지고, 1965년에는 기회균등고용위원회가 제정한 규칙에 따라 미국 각 주의 고용주들은 직원들의 인종과 성에 대한 연치보고서를 작성해야만 되었다. 이러한 시행들은 이민자들을 포함한 다양한 인종들의 고용권을 보장하는 긍정적인 결과를 낳았다.

1964년 시민권법(The Civil Rights Act of 1964, Title 9) 제정은 연방정부의 지원을 받는 교육 프로그램에서 인종 차별적인 내용을 금지하도록 하였다. 이는 이후 모든 교육에서의 차별을 금지하는 초중고교육법(Elementary and Secondary Education Act of 1965) 제정으로 발전하였고, 더 나아가서 1972년에는 문화, 인종, 민족적 배경이 다양한 학생들에 대해 문화적 배경과 언어를 학교에서도 유지할 수 있도록 고려해야 한다는 민족유산연구법(The 1972 Ethnic Heritage Studies Act) 제정으로 발전되었다(전경옥, 2010: 45).

미국 내에 거주하는 많은 인종집단들은 다른 집단과 혼인 또는 상호작용을 통해 서로 융화되던지 구조적 변화를 겪으면서도 자신들의 근본적 속성이나 문화는 그대로 유지했다. 그래서 백인종의 중심의 '용광로'라는 개념 대신에, '아메리칸 모자이크'(American mosaic)'란 대체개념이 등장했다. 이 아메리칸 모자이크라는 보다 광의적 텍스트 하에서 '다문화주의'는 각 인종집단의 고유한 문화유산을 존중하였으며, 어떤 인종집단들은 자기고유 언어와 생활방식을 고수하기까지 했다. 이러한 의미에서 이주민들은 미국인이면서도 고유한 문화적 유산이나 성(gender), 성적 기호에 근거한 자기들의 인종적 정체성을 주장할 수 있게 되었다(김복례, 2009: 213).

미국에서"'아프리카계 미국인"(African American) 혹은 "아시아계 미국인"(Asian American)이나 "라틴계 미국인"(Latino American) 등의 집단 구분은 다양한 인종적 혹은 민족적 배경을 가진 하나의 "미국인" 정체성을 나타내려는 것이지만, 이것이 인종적 편견을 없애지는 못한다. 간혹 미국 내 각 민족 집단은 자기 정체성 고수를 위해 매우 배타적인 경향을 보이는 경우도 있다. 이런 점에서 미국은 앞으로 어떻게 인종 간의 유대감을 높이고 비유럽계 인종이 미국이라는 정체성을 갖게 할 수 있는가는 매우 중요한 교육적 과제이다.

2차 세계대전 이후 독일에는 남유럽 국가들로부터 다수의 손님노동자(Gastarbeiter, 독일에서는 터키나 한국 등으로부터 초청한 산업노동자와 간호사를 손님노동자라고 부른다), 제3세계로부터의 전쟁 · 경제 난민(Flüchtlinge), 동독 출신 이주자(Übersiedler), 동유럽으로부터의 독일계 역이민자(Aussiedler), 그리고 정치 · 종교적 망명자(Asylbewerber) 등 다양한 문화권의 사람들이 유입되었다. 또한 최근에도 독일 거주 유럽연합 회원국 시민 및 지난 세기말부터 증가하고 있는 IT분야 같은 전문직 이주자(Zuwanderer)들이 지속적으로 독일 사회에 유입과 퇴거를 반복하고 있다. 이처럼 유입동기가 다양하고, 사용하는 언어와 종교가 상이하며, 유입된 시기마저 각기 다른 여러 문화집단이 독일인들과 함께 어울려 살아갈 수 있는가는 매우 중요한 사회적 문제가 되었다. 또한 다양한 이민배경을 지닌 아동 및 청소년을 어떻게 교육시킬 것인가의 문제 역시 매우 중요한 과제가 되었다(정영근, 2011).

독일은 본래 거주지주의를 채택하고 배타적 동화주의 정책을 고수하여 왔다. 노동허가제를 실시하여 외국노동자들에게 강제귀국을 유도하고, 외국인 이주자들을 위한 별도의 사회 대책을 거부하였다. 따라서 민족정체성 확립 차원의 교육이 강조되었고, 이와 병행하여 이주민의 동화교육을 매우 중시하였다(최충옥, 2009). 독일의 이주사회에서 다음과 같은 일상생활에서 겪는 차별의 예를 볼 수 있다. 집을 구할 때 누가 임차인으로 우선적이며, 누가 똑같은 자격과 능력에서 고용되는가? 누구에게 먼저 범죄 혐의를 두는가? 왜 대부분 동유럽국가 고급인력 여성이 독일 가정의 침식만 제공받고 일하는 가사 보조 여학생(Au-pair-Mädchen)이나 가정부로 일을 하는가? 왜 이주배경을 가진 교육자나 교육활동가들은 당연하게 상호문화 교육활동의 분야로 배치되어야 하는가(홍은영, 2011)?

2010년 후반에 독일 보수진영은 새삼스럽게 이주해 온 외국인의 통합에 관한 토론에 불을 붙였다. 연방수상인 메르켈(Merkel)은 "다문화주의는 (완전히) 실패했다(Multikultiist gescheitert, absolut gescheitert.)."라는 진술을 공개적으로 했다. 그는 다문화사회를 구축하기 위한 그동안의 노력과 시도는 독일에서 완전히 실패했다고 진단하였다. 메르켈 수상은 보수당에서 부분적으로 논란을 불러일으킨 연방대통령 크리스티안 불프(Christian Wulf)의 발언, 즉 "이슬람은 독일의 일부분에 속한다."는 진술을 일단 옹호하였다. 하지만 그 전에 베를린에 개최되었던 기민당(CDU) 지역회의에서는 다음과 같이 강조하였다. "우리는 기독교의 인간상에 연결되어 있다는 것을 느끼고 있다. 그것이 바로 우리의 정체성을 보여주는 것이다. 이것을 받아들이지 않는 사람은 우리 사회에서 제대로 적응했다고 보기 힘들다."(정창화 · 허영식, 2012)

바이에른주의 주지사이면서 기사당(CSU) 당수인 호르스트 제호퍼(Horst Seehofer)는 이미 청년 보수당원 전국대회 전야제에서 독일에서 살고 있는 외국인들에게 통합을 위해 노력할 것을 촉구하였다. 여기서 살고 있는 사람들은 독일의 주도문화에 따라야 한다는 것이다. 그의 시각에서 바라볼 때, 통합이란 기독교의 가치를 존중하고, 스스로 살아갈 수 있는 능력과 자질을 갖추어야 하며, 스스로 통합되어야 한다는 것을 의미한다.

그런데 독일어를 자유롭게 구사하지 못한다면, 이러한 일은 성공할 수 없다. 그래서 그는 "우리가 세계 전체를 위한 사회복지기관이 되어서는 안 된다."라고 경고하면서, 심지어 "다문화주의는 죽었다(Multikulti ist tot.)."라는 발언을 했다. 제호퍼는 또한 터키나 아랍국가와 같이 다른 문화권에서 온 이주자는 다른 사람들에 비해 훨씬 더 통합에 어려움이 있다고 하면서, 다른 문화권에서 추가로 이주해 들어오는 것을 우리는 더 이상 필요로 하지 않는다고 주장하였다(정창화 · 허영식, 2012년 봄).

과거 독일의 경우 외국인을 독일 주류사회의 문화에 적응해야 하는 '결핍된 존재'로 간주하는 경향이 있었다. 1960년대까지만 해도 "독일은 이민국가가 아니다"라는 독일사회의 전반적인 의식이 팽배하였고 이주해 온 아동 · 청소년과 성인을 위한 교육에 대한 아무런 논의가 없었다. 그러다가 1970년대 중반부터 독일의 학교 교실에서 외국인 학생들의 수가 증가함으로 인해, 독일 사회는 외국인의 독일 사회로의 통합의 필요성을 느끼고 외국인 자녀들의 학교교육에 관심을 가지게 되었다. 그러면서 외국인 아동 및 청소년은 독일어 능력의 기준에 따라 보충되어야 할 결핍존재로서 '진단되고' 정상적인 교육을 방해하는 '문제집단'과 '부담'으로 간주되었다. 이러한 '결핍존재'와 '문제집단'로서의 외국인에 대한 이해는 독일의 지배적인 문화와 생활양식에 일방적인 적응과 동화요구를 정당화하는데 기여한다(홍은영, 2012).

민족주의적 동화정책은 러시아에서도 나타난다. 러시아는 다민족국가와 다종족국가의 성격을 모두 가지고 있음에도 불구하고, 다문화주의를 통해 다문화적 현상이 야기하는 문제들을 해결하려는 시도는 매우 미미하였다. 국민국가형성 과정에서 나타나는 중앙집권화의 경향, 다문화주의에 대한 잘못된 인식, 그리고 러시아 사회의 다민족적, 다종족적 성격이 야기하고 있는 문제들에 대한 과소평가 등으로 다문화주의는 크게 관심을 끌지 못하고 있다. 러시아민족주의는 민족적 다양성으로 인한 제반 문제들을 평등과 조화, 인내와 관용 등의 다문화주의적 가치에 기초하여 해결하지 못하고 있다. 오히려 러시아라는 국가의 원천을 러시아민족에 두고 있으며, 러시아민족이 러시아의 주인이며, 특별한 권리를 누려야 한다고 주장한다(김인성, 2012).

21세기에 들어와서 동화주의는 다문화사회의 문제를 해결할 수 있는 정책 이념이 될 수 없다는 데 의견이 모아지고 있다. 오히려 언어, 문화, 종교 등의 다양성을 주류문화에 강제적으로 동화한다는 것은 사회적 갈등과 분열을 초래할 수 있다. 21

세기 인류공통의 과제는 공존공영이다. 인류공영을 위해서는 획일적이고 강제적인 국민국가나 배타적인 민족주의는 어떠한 이유로든 용납되어서는 안 된다. 인류의 공존공영을 위해서는 민족, 종교, 언어, 이념의 벽을 넘어 다양성이 융화될 수 있는 다원주의적 시민사회로 나아가야 한다. 이러한 다원주의적 시민사회는 진정한 다문화주의(multiculturalism)의 토양에서 성장할 수 있다.

다문화주의 교육의 이념적 토대를 다지기 위해서는 포스트식민주의에 대한 비판의 관점에서 다문화주의를 이해하고, 주류문화의 지배이데올로기적 관점에서 바라보는 다문화주의가 아닌, 모든 문화는 혼성적이라는 사실에 바탕을 둔 다원주의적 시각이 필요하다. 유럽처럼 수많은 소수민족 공동체들이 국가의 구분과는 상관없이 섞여 공존하고 있는 것은, 한 국가의 구성에서 민족적, 문화적 동일성을 추구하려는 것은 하나의 신화에 불과한 것이다.

다원주의적 관점의 또 다른 중요성은, 문화적 차이가 주류문화에 의해서 규정되는 것이 아니라, 각 문화의 고유한 문화적 다양성을 그 자체로 존중하고 있다는 점이다. 따라서 다원주의적 관점에서의 다문화교육은 학교에서 다루어지는 지식의 생산, 재생, 순환과정이 특정 집단의 독점이나 특권을 유지하는데 사용되는 현실을 비판적으로 인식하고, 학교교육의 진정한 목표설정이 그러한 구조 속에서 소외되었던 집단, 문화, 계층들의 과거와 미래에 대한 논의에서 출발해야 한다는 것을 보여주어야 한다(박휴용, 2012@).

요약하면 다문화사회에 직면한 한국 사회에서는 오늘날 이주 노동자에 대해서는 차별, 배제 정책이, 다문화가정에는 동화정책이 주류를 이루고 있다. 그러면서도 다른 한편으로는 다문화주의가 적용되어야 한다는 목소리가 높다. 그래서 정책수립에서는 동화주의와 다문화주의가 혼재되어 나타나기도 한다. 그러나 동화주의와 다문화주의 사이에는 본질적인 이념적 차이가 존재한다. 이 두 대립적 경향은 모두 사회통합을 추구하지만 그 방식은 근본적으로 다르다. 동화주의는 소수자를 새로운 자국민으로 만들어 사회통합을 추구한다. 반면, 다문화주의는 다문화사회에서 다양한 인종 혹은 문화 간의 불평등을 없앰으로써 진정한 사회통합을 이룬다(최충옥, 2010). 한국 사회가 다문화사회로 진입한 것을 되돌릴 수 없다면 어떤 다문화주의를 채택해야 하는가? 이 질문에 대답할 수 있는 하나의 길을 레비나스의 철학에서 찾아보도록 하자.

2) 주류문화와 소수문화의 만남과 대화

레비나스의 타자성 철학은 '나'라고 하는 주체에 대한 해석에서 시작하여 '타자와의 관계'를 통해 새로운 주체로의 변화를 그려내고 있다. 그가 말하는 타자와의 관계와 만남은 경험적 사건들에서 일어날 수 있지만, 오히려 이 만남은 근원적이고 윤리적이다. 레비나스가 말하는 윤리적 관계는 현재적 상황에서 나에게 요청되는, 혹은 사회가 암묵적으로 규정하고, 사회의 전통적인 관습이 요구하는 그러한 윤리적 얽힘이 아니다. 레비나스는 '타자를 향한 욕망'(desir), 즉 '형이상학적 욕망'이라는 개념을 통해 이를 설명하고 있다. 여기에서 욕망은 주체의 결핍을 해소하기 위해 만족을 탐하는 욕구와는 다른 의미이다. 그에 있어서 욕망은 타자에서 비롯된 것으로 자신을 '비우고' 타자를 향해 나아가는 감정을 의미한다. 욕망은 자아의 바깥을 향해 있는 것으로 외재성, 타자의 다름, 낯섬을 향한 것이다. 이런 점에서 욕망은 절대적으로 타자를 향한 욕망이다(Levinas, 1961; Alphonso Lingis Trans., 1991). 레비나스는 주체와 타자의 관계는 본래적으로 윤리적이다고 말한다. 그런데 주체가 자기중심으로 타자를 동일시하면서부터 이 윤리적 관계를 깨지고 만 것이다.

이러한 레비나스의 사유를 다문화주의에 적용하면, 주류문화는 소수문화를 자기동일성의 의식 안으로 끌어들이지 않는다. 주류문화는 소수문화를 자신의 요구충족을 위한 대상으로 삼는 것이 아니라, 소수문화의 존재를 인정하고 존중하면서 그 문화에게로 향한다. 즉, 주류문화는 단순히 자신의 욕망을 충족할 수 있는 모든 것을 넘어서, 자기 바깥에 있는, 자기로 환원할 수 없는, 자기의 개념적 인식의 범위를 뛰어 넘어서는 소수문화를 욕망한다. 이 욕망은 주류 자신의 결핍을 해소하기 위해 만족을 탐하는 욕망이 아니라 절대적 타자, 이미 주류문화 이전에 존재하는 절대적 외재성을 지닌 소수문화에로 관심을 돌리고 그것을 응대하고자 한다. 소수문화는 주류문화에로의 흡수나 동화의 구조를 가지지 않는다. 주류문화는 오직 절대적으로 다른 타자의 문화를 향해 무한히 지속되는 만남과 관계 안에 있을 뿐이다.

주류문화는 더 나아가 소수문화의 부름에 응답하는 수동적 성격을 지니기도 한다. 주체는 타자의 부름에 응답하는 수동적 존재이다. 타자는 얼굴로 현현하여 주체 밖에서 우리의 유한성의 테두리를 깨트리고 스스로 존재를 드러내는 "구현성"(노상우 · 권희숙, 2009)을 지닌다. 타자는 시선으로 나(주체)를 바라보고 말을 걸어오는 존재이다. 우리가 곳곳에서 직면하는 수많은 타자들의 얼굴은 우리(주체)의

응답을 요구한다. 레비나스가 말하는 진정한 관계는 능동적인 사유와 인식으로 세계에 영향을 주는 주체가 아니라 타자의 얼굴로 요구하는 것에 응답하는 주체의 수동성에서 비롯된다. 레비나스는 타자중심으로의 전환을 통해 주체는 오직 타자의 호소와 부름에 응하는 수동적 존재로서 타자와 관계한다고 말한다.

레비나스는 얼굴과 얼굴로 대면하는 타자는 나와 타자가 나누는 대화라고 말한다. 타자의 얼굴로의 구현성은 '시선'과 '말'로 구체화된다(강영안. 2005: 180). 그러므로 타자의 구현성은 타자의 얼굴을 마주봄이고 그와 나누는 대화이다. "타인에게 말한다는 것은 그의 표현을 받아들이는 것"(Levinas, 1961; Alphonso Lingis Trans., 1991: 21)을 의미한다. 얼굴로 말을 걸어오는 타자는 나와의 대화를 성립시킨다. 나에게 말을 걸어오는 타자는 주체가 불러서 뒤돌아서 바라보는 것이 아니라, 타자가 타자로서 스스로 대면을 통해 소통관계를 터옴이다. 그러므로 레비나스의 대화적 관계는 응답을 요구하는 소수자의 부름에 주류인 내가 '응답'하는 것이다(Levinas, 1961; Alphonso Lingis Trans., 1991: 6, 29, 33). 나(주류문화)를 응답할 수 있는 존재로 세울 때 나는 비로소 소수문화에 응답하는 자가 된다. 바로 주류문화와 소수문화는 대화적 관계 안에 있다. 이 대화적 관계에서 주류는 소수자에 대해 책임적 존재 또는 윤리적 주체로 탄생한다.

이렇게 볼 때 주류문화가 외면할 수 없고, 외면해서도 안 되는 소수문화를 자신의 전체 속의 일부분으로 환원하여 대상화해서는 안 된다. 주류문화는 오직 소수문화의 호소와 부름에 응하는 윤리적 존재로 관계해야 하는 것이다. 타자성의 철학에서 보면 소수문화가 중심이 되고 주류문화는 그 소수문화의 요구에 응하는 완전히 기존의 사유가 뒤바뀌는 처지에 놓이게 된다.

주류문화는 수동적으로 소수자의 문화의 부름에 응답하는 주체이다. 여기서 수동성은 단순히 피동적인 것을 의미하지 않고 그저 '받아들임'을 의미한다. 이 받아들임은 세계와 소수자문화에 대한 개방이다. 이러한 개방을 통해 주류문화는 소수문화와 진정한 대화를 시도할 수 있다. 소수문화와의 관계를 통해 주류문화는 자기 안에 머무르지 않고 이제 타자를 향해 초월하는 윤리적 주체가 된다. 타자에게 수동적으로 임한다는 것은 타자의 지배와 주체의 의도적이고 의식적인 순종을 의미하는 것은 아니다. 오히려 주체 안에 타자성이 보존되며 그 속에서 주체의 존재의미가 실현되는 윤리적 주체가 된다는 의미이다. 즉 주류문화는 소수문화를 통해 비로소 자신의 존재의의가 실현되는 윤리적 주류문화가 될 수 있는 것이다.

주류문화와 소수문화는 비대칭적 관계에 놓여 있다. 비대칭적 관계는 어떠한 댓가나 보상을 바라지 않는 특징을 갖고 있다. 어떠한 부나 권력도 나에게 도덕적 방식으로 행동할 것을 강요하지 못한다. 주체의 책임과 의무를 깨닫는 일은 더 이상 인식론적 문제가 아니다. 그것은 타인의 얼굴에 응답하는 것이요, 타인을 환대하면서 말을 걸고 대화하는 가운데 가능해진다. 이는 이기적 자아로부터 윤리적 자아로 전환하는 것, 자기의 이기성을 벗어나 공정성으로 향하는 것이다(김연숙, 1997: 97). 이렇게 볼 때 주류문화는 소수문화를 환대하면서 대화하는 윤리적 주류문화로 전환하는 책임과 의무를 지닌다고 할 수 있다.

소수문화를 위한 책임성이 오히려 주류문화 자체의 본질이다. 레비나스의 극단적인 타자중심성(타자를 위한 존재)은 자기부정도 아니고 주체성의 몰수도 아니다. 책임성은 주체의 선택이나 헌신 혹은 자유의지와는 상관없다. 주체는 이미 타자를 위한 무한한 책임성을 위임받은 자이다((Levinas, 1982; R.ichard A. Cohen Trans., 1985). 즉 타자와의 관계맺음에 대한 모든 책임은 주체에게 위임되어 있다. 소수문화를 위한 주류문화의 책임성은 어떤 헌신이나 자유의지와는 관계없다. 단지 그 책임이 주류문화에게 위임되어 있을 뿐이다. 주류문화는 처음부터 소수문화에 마주하고 있다. 다른 문화와의 대화를 책임지는 것은 바로 '나'인 주류문화이다. 거기서 주류문화는 진정한 타자존중의 주류로 탄생한다. 그런 점에서 주류문화의 책임은 무한한 것이고 아무도 그런 주류를 대체할 수 없다. 레비나스의 철학에서 소수문화를 향한 주류문화 책임은 필연적인 윤리적 과제가 되는 것이다.

레비나스의 타자성의 발견은 오늘날의 다문화주의 이해에 새로운 시사점을 제공해준다. 무엇보다 근대 이후 줄곧 주체중심에서 배제되어 왔던 수많은 타자들을 수용하고 환대할 수 있는 타자중심의 패러다임에 기반한 새로운 다문화교육적 담론 형성이 가능해진다. 그 담론은 타자의 타자성이 다문화교육적 관계 안에서 온전히 유지되고 훼손되지 않으면서 주체의 윤리적 책임을 촉진하는 주체의 변화를 담아내고 있다.

3) 타자존중의 다문화교육

다문화교육의 철학적 토대 형성에서 타자성의 철학은 곧바로 소수문화 존중의 교육원리를 산출하게 된다. 이미 언급한 것처럼 Levinas는 타자는 어떤 무엇으로도 환원할 수 없고 소외시킬 수 없는 고유성과 존엄성이 있고 상대화할 수 없는 절대적 존재이다. 이는 주체와 타자를 분리 인식하는 주체/타자, 자아/세계 등의 이분법적 차원의 분리가 아니다. 그것은 주체 안으로 환원될 수 없는 절대적 타자의 존재를 드높이기 위함이다. '절대적 타자성'을 훼손하지 않는 타자와의 관계, 그것을 Levinas는 '본원적으로 평화적이다'고 말한다. 바로 이러한 타자의 철학에 기초한 다문화교육은 이미 타자화 된 다문화 출신 소수학생의 고유성과 존엄성을 인정할 때 주류학생들과의 평화적인 관계를 형성하는 원리가 작동하게 된다.

학생과 교사 간의 평화로운 관계 안에서 교사는 학생을, 학생은 교사를 존중하게 되고 그 안에서 교육의 효과성은 높아지게 된다. 그런데 학교에서 흔히 개개인은 집단 안에 포섭된 자로 Levinas가 비판하는 전체성으로 환원될 가능성이 많다. 학급의 일원으로서, 학교의 구성원으로서 개인의 절대적, 인격적 가치가 존중받지 못하는 상황에서, 특히 다른 구성원으로 쉽게 대치될 수 있는 약자인 학력부진학생, 일탈학생, 장애학생 등은 우리가 응답하고 환대를 통해 구축해 가야할 절대적 타자이다. Levinas가 말하는 타자는 강자의 모습이 아닌 이방인이고 아무런 보호막도, 변화자도, 기득권도 없는 "나그네와 과부와 고아"(Levinas, 1991: 215)같은 사람이다. 그래서 전체 안에 약자로 있는 그들의 시선을 응시해주고 호소에 응답해주는 타자존중심의 회복이 절실하다.

Levinas의 타자성 철학을 토대로 한 타자존중교육은 자기정체성 확립이나 자기실현과 같은 관념적 목적을 내세우지는 않는다. 오히려 교육은 타자에 대한 보살핌과 배려, 공감과 공존을 통한 윤리적 관계형성을 일차적 목적으로 삼는다. 지금까지의 교육은 자신의 문화를 주류로 간주하고 타문화를 종속시키거나 인정하지 않아서 함께 공존할 수 없는 문화적 상황을 당연시 하였다. 그런 교육은 다른 소수문화의 가치관이나 습관을 열등한 것으로 인식하도록 하여 다문화인간의 저항이나 대립을 야기한다. 주류중심의 교육은 문화갈등의 원인을 제공하기도 한다. 주류문화는 소수문화를 문화지체의 개념으로 폄하하고, 주류문화는 소수문화가 민족적 · 정치경제적으로 열등할 뿐만 아니라 자기변화에 소홀하다는 선입견을 갖고 있다. 따라서 자신들의 문화에 비해 경제발전 속도도 느리고 생활수준도 낮다라는 인식을 하고 있다. 이러한 특권적 문화관념은 다문화교육과는 상극이다.

주류문화가 19세기와 20세기의 유산인 민족주의와 민족국가의 유산이라면, 배려와 상호존중의 다문화주의는 21세기의 새로운 민주주의에 합당한 성격을 지닌다. 오늘날의 세계에서는 동질성의 신화가 아닌 다양성의 공존과 융합을 통해서만 진정한 창조적 능력이 배가될 수 있다. 따라서 미래의 국가 비전은 이러한 창조적 다양성을 드높이는 것에 초점을 두어야 할 것이다. 그렇게 될 때 다문화 사회는 더욱 민주적이고 도덕적으로 고양될 수 있으며, 이질적 집단 간의 갈등이 해소되고 사회적 단결과 통합이 실현될 것이다.

제2부

동양교육철학사

21세기를 전후로 동양사상에 대한 학문적 관심이 커지고 있다. 이는 서구인들의 인간중심주의의 한계와 문제에 대한 대안적 담론을 동양사상으로부터 찾으려고 하는 노력에 기인한다.

동양사상의 재발견이 새롭게 이루어지면서, 교육에 있어서도 종래의 구미적 사고의 틀에서 벗어나 동양전통적인 사고방식이나 세계관에서 교육을 다시 재정립해야 한다는 주장이 주목을 끌고 있다. 특히 전생명계를 전일적 시스템적 접근을 통해 이해하려는 생태중심사상이 새롭게 부각되고 있는 상황에서, 종래의 서구 과학적 세계관과 물질주의적 가치관 그리고 인간중심 문화를 극복하고 인간을 자연과의 상호의존적인 관계적 그물망(Network) 안에서 전 생명을 존중하는 교육의 중요성이 제시되고 있다.

돌이켜보면, 현대 한국교육은 서구의 계몽주의 사상의 연속으로 한편으로는 한국인의 역사적 삶의 기반인 동양사상적 맥락의 약화현상을 초래한 면이 없지 않으며, 다른 한편에서는 서구의 인간중심주의에 매료되어 '자아실현'과 '자아의 완전성'을 목적으로 개인의 능력이나 잠재력 계발을 최상의 교육적 가치로 삼게 되었다. 이러한 현상으로부터 오늘을 사는 한국의 새로운 세대들을 대상으로 하는 교육의 철학적 기반은 한국교육의 역사와 사상의 무지와 단절 속에 쌓아져 왔으며, 이는 곧 바로 한국인의 삶의 역사적 경험의 사상적 토대인 동양사상의 교육적 가치를 생소하게 만들었다.

동양사상, 즉 우리의 사상에 대한 새로운 각성은 서구사상에 기초한 한국교육이 문제가 있어 다시금 동양사상에 입각한 교육론을 정립해야 한다는 주장을 내놓기 위한 것은 아니다. 오히려 한국인의 삶의 역사성의 기초가 되는 사상적 제 요소를 탐색하여 이를 21세기 한국교육의 이념 형성에 보탬이 되도록 하는 차원에서 새롭게 논의할 필요가 있다.

8강

도가(道家): 무위(無爲)의 교육철학

물소를 타고 주나라를 떠나는 노자(미상 – 미상)[1)]

서구 근대 교육이론 형성에 크게 기여한 루소(J. Rousseau)가 자연주의 교육철학을 제시한 때는 18세기 중엽이었다. 그런데 중국에서는 그 보다 2300여 년 전인 기원전 5세기에 살았던 노자(老子)에 의해 '복귀자연'(復歸自然)사상이 제시되었다. 이를 우리말로 해석하면 '자연으로 돌아가는' 자연주의 사상이다. '자연주의' 사상을 주창한 동 · 서양 학자들이 누가 먼저이냐는 중요하지 않다. 다만 서구의 루소사상에 대한 비중만큼 노장자의 자연사상은 빛을 발하지 못했다. 다행히 우리나라에서는 최근 그의 대안적인 교육학적 관점 때문에 비교적 활발하게 연구되고 있다(황금중, 2005; 문민정, 2008; 김수동, 2012; 송도선, 2013). 물론 그 이유는 과도한 인위적

1) https://ko.wikipedia.org/wiki/%EC%A0%9C%EC%9E%90%EB%B0%B1%EA%B0%80에서 2019.07.25.에 인출

교육의 병폐와 생태파괴 문제 등을 근원적으로 파악하고 그것의 해결을 위한 인문학적 관심이 높기 때문이다.

1. 노자의 천지인 사상[2)]

노자의 자연사상은 그것이 잉태된 역사적, 사회적 맥락이 있다. 그 자신이 살았던 시대의 정치적 혼란과 도덕적 해이의 원인규명과 대안을 추구하는 일은 그 당시 주류철학이었던 유가철학이 도맡았다. 유가의 창시자라고 할 수 있는 공자가 살았던 춘추시대 말기 극심한 도덕적 해이는 주(周)나라의 공동체 붕괴로 이어졌다. 역사적으로 볼 때, 인륜도덕의 파탄이 극에 달했을 때는 말기적 증세가 나타난다. 어느 국가나 사회도 사치와 향락 그리고 자유의 억압과 빈부의 격차가 극에 달한 말기적 증세는 결국 공동체의 붕괴를 가져온다. 공자는 이 반인륜 시대에 새로운 도덕적 공동체를 세우기 위한 개혁적 정치 이념 설정과 그 이념구현을 위한 도덕철학과 교육을 제안하였다. 공자의 유가는 매우 적극적이고 구체적인 정치도덕적 프로그램이었다. 그것이 교육을 통해 오늘날까지 내려오고 있는 유가철학이다.

노자는 공자와 동시대인이다. 사마천(司馬遷/ 許嘉璐 主編, 2004: 887)의 『사기』에서는 공자가 주나라에 가서 노자에게 예(禮)에 관해 가르침을 청했다는 기록도 있다. 그런데 노자는 공자와 같이 시대문제를 비슷하게 관찰하면서도 그 진단과 해결방안을 전혀 다르게 내놓았다. 그는 만물의 근원을 '도'(道)로 제시하면서 공자와는 정반대로 매우 소극적인 자연주의 철학을 설파하였다. 그렇지만 그의 도사상은 공자의 '적극적인 개혁정치사상' 못지않은 강력한 혁신적 메시지를 담고 있다.

노자와 공자의 다른 시각, 즉 심각한 시대의 문제를 해결하는 그들의 상반된 철학과 방법론은 우리에게 매우 흥미로운 연구주제가 된다. 그동안 공자를 비롯한 유가철학은 한국교육사 연구에서 매우 심층적으로 논의되었다. 반면 노자의 교육철학은 상대적으로 '도덕경'이라는 원저 하나와 그것의 해의에 기초한 교육연구들이 간헐적으로 있어 왔다. 이는 비슷한 자연주의 교육사상 연구에서 서구의 루소와는 비교도 안 될 정도로 적은 양이다. 그러나 중국의 저명한 학자인 진고응(陳鼓應,

---

2) 이 글은 노상우, 장명(2014). 노자의 천지인사상과 생태교육적 함의. 교육종합연구 12(1). 51-70에서 일부분을 발췌한 것임.

1992: 324)이 말했듯이 노자는 중국 역사에서 첫 번째 철학자이다. 그는 중국 철학사에서 맨 처음으로 완전한 형이상학 체계를 세운 사람이다.

노자가 제시한 대표적인 도사상에 내재한 형이상학적 천지인(天地人)사상은 그의 무위적 생태교육의 성격을 끌어내는 데 매우 중요하다. 동양에서는 모든 면에서 모순과 대립이 아닌 조화에 의한 천지인 합일을 당연하게 생각했다. 동양은 서구의 도구적이고 이원적인 사유체계에 비하여 자연과 인간의 유기체적 또는 일원적 사유체계를 가지고 있다(최재목, 1995: 4). 이러한 동양적 자연관은 인간이 하나의 생명체로서 고유한 영역을 지닌 것과 마찬가지로 자연도 그 자체로 생명을 가진 하나의 고유한 영역으로 인식한다. 이를 가장 잘 설명하고 있는 것이 노자의 천지인사상에 기반한 무위자연사상이다.

2. 천지인의 일원론적 자연관

노자가 세운 학파를 흔히 도가(道家)라고 한다. 이는 도(道)를 노자의 사상 체계 중의 최고의 개념으로 삼았기 때문이다. 도가철학의 사상 체계는 도에서 시작해서 도에서 끝나고 도를 중심으로 퍼져나가 도로 돌아온다. 그래서 도를 이해하는 일은 노자의 천지인의 일원론적 자연철학과 그것에 내재한 교육학적 사유를 파악하는 매우 중요한 열쇠가 된다. 문제는 이 도의 개념이 매우 광대하고 심원하며 복잡하다는 점이다. 그럼에도 불구하고 도는 천지만물의 근원이고, 모든 우주 내 사물의 발전 법칙이며, 사람의 생활과 행동의 준칙이라는 점은 대부분 학자들에게 일치한다(熊铁基, 1995: 29). 노자의 천지인사상은 이런 도의 성질로부터 연유한다.

현대의 물리적 자연에 해당하는 개념을 동양사상에서 굳이 찾는다면 천지(天地)나 만물(萬物)이다. 인간과 자연을 분리해서 생각하는 서양사상과는 달리 동양의 전통에서는 만물이라는 개념에 인간과 자연의 모든 생명체들이 다 포함된다. 『노자』에 나오는 만물이라는 말에도 역시 인간이 포함된다. 노자는 이 만물들 사이에 등급이 있다거나 근본적인 차이가 있다고 생각하지 않았다. 인간은 다른 만물들과 질적으로 다른 존재이지 않으며, 또한 만물 중에 인간은 어떤 특별한 가치와 지위를 차지하고 있지 않다. 이러한 그의 생각은 인간과 다른 생명체들을 차등적으로 보는 인간 우위의 서구사상과는 분명히 다르다(안종수, 2006: 209-210). 자연과 인간을 분리하지 않는 생태관에서 볼 때 인간은 자연 만물의 일원이면서 자연과 공존하는 생명체이다.

노자는 인간과 자연에 대해 같은 성질이 존재하고 같은 법칙에 따르는 공존공영하는 유기적 통일체로 보았다. 이는 하늘과 땅과 사람, 즉 천지인을 일원론적으로 보았다는 의미이다. 그에 따르면 "천지인은 하나의 원기(元氣)에서 나온 세 가지 형체이다"(王明, 1961: 236). 천지인의 우주만물은 유기적인 통일체일 뿐만 아니라, 인간과 자연만물은 공통의 근원과 법칙이 있다. 이에 대해 노자는 "하늘은 일을 얻어서 맑아지고 땅은 일을 얻어서 안정되며, 신은 일을 얻어서 영험하게 되고 계곡은 일을 얻어서 차며, 만물은 일을 얻어서 생겨난다.[3]"고 말한다.

인간과 천지는 같은 근원이기 때문에 인간은 우주의 "사대"(四大) 중의 하나이면서 다른 "3대", 즉 도와 하늘과 땅의 자연만물과 함께 공존하는 유기적 통일체이다. 노자는 인간이 자연만물계의 일부분이기 때문에 인간의 활동은 자연규칙과 자연과정의 지배와 제어를 받아야 한다고 생각했다. 인간이 자연의 법칙에 따라서 행동하여야 도의 요구에 맞고 자연만물과 조화롭게 살 수 있다는 것이다. 이러한 노자의 생각은 다음 장에서 살펴볼 복귀자연과 무위자연 개념을 낳게 된다. 그런데 노자의 천지인사상으로부터 유추할 수 있는 자연철학의 성격은 무엇일까? 우리는 이를 인간과 자연의 생태적 관계를 설명하는 생태그물망, 생태적 평등과 균형, 상생과 조화, 생명존중으로 구분하여 설명할 수 있다. 이 관점은 현대생태학적 담론에서 매우 중요하게 채용된 개념들이기도 하다. 여기서는 무위의 교육철학의 기초가 되는 자연관의 성격 차원에서만 살펴보기로 한다.

3. 무위(無爲)의 교육철학

노자사상의 목표는 인간 삶에 대한 근본적인 반성을 통하여 덜 적극적이고 덜 인위적이면서 자연스럽게 도를 터득하여 인간 본연을 회복하는 데 있다. 그는 도를 교육과 연관하여 체계적으로 언급한 바는 없으나, 천지인사상과 밀접한 관계가 있

3) 39장: 天得一以淸, 地得一以寧, 神得一以靈, 谷得一以盈, 萬物得一以生.

는 복귀자연의 원리나 무위자연과 같은 개념은 현대생태교육의 철학적 지평을 확장시키는데 시사하는 바가 매우 크다. 여기서는 위에서 논의한 노자의 천지인의 자연관으로부터 특히 생태윤리에 초점을 두고 그 성격을 추론해 보도록 한다.

가. 복귀자연(復歸自然)의 교육원리

노자가 꿈꾸는 이상사회(理想社會)는 인간이 통치하는 사회도 아니고, 법에 의해 통치되는 사회도 아니다. 그 사회는 만물, 즉 인간과 자연이 서로 탈 없이 평화롭게 공존하는 공동체이다. 노자는 이렇게 말한다.

> 나라는 작고 백성은 적으니, 편리한 기계가 많이 있어도 사용하지 않게 하고, 백성들로 하여금 죽음을 중히 여겨, 멀리 옮겨 다니지 않도록 한다. 배와 수레가 있지만 그것을 탈 일이 없고, 병장기가 있지만 그것을 쓸 일이 없다. 사람들로 하여금 다시 새끼줄을 엮어 쓰게 하고 그 (먹던)음식을 달게 여기고, 그 옷을 아름답게 여기며, 그 사는 곳을 편안히 여기고, 그 풍속을 즐거워하게 하니, 이웃 나라가 서로 바라보이고, 닭 울고 개 짖는 소리가 서로 들릴 정도로 가까워도 백성들은 늙어 죽을 때까지 서로 왔다갔다 하지 않는다.[4)]

노자의 이상사회론은 결국 법으로 다스려 이룩된 사회가 아니라 선한 자연상태로 돌아가야만 가능하다는 것을 보여준다. 노자가 복귀자연(復歸自然)을 주장한 이유는 자연적 본성을 지키고 사는 사람의 엄청난 잠재력을 발견했기 때문이다. 인간은 수많은 물욕과 권력욕 등으로 자신의 자연적 본성을 잃어버렸다. 그렇기 때문에 욕을 버리지 않으면 순수한 자연의 자리로 되돌아갈 수 없다. 과거 시간으로 되돌릴 수는 없지만 사람이 주어진 자연에 순응하고 적응하면서 살아가면 본성을 회복할 수 있다. 이것은 마치 루소가 18세기 유럽사회의 불평등과 부자유에 의해 변질되어버린 '선한 본성'을 찾기 위해 '자연주의 교육사상'을 주창한 것과 비슷하다. 노자의 자연주의는 물욕을 없애고 무로 돌아가 '선함'을 회복하는 일은 단지 교육학적인 과제만이 아니다. 생태파괴가 만연하고 있는 이 시대에 '선한 본성'은 그 자체로

---

4) 80장: 小國寡民, 使有什伯之器而不用. 使民重死而不遠徙, 雖有舟輿, 無所乘之; 雖有甲兵, 無所陳之; 使民復結繩而用之. 甘其食, 美其服, 安其居, 樂其俗. 隣國相望, 鷄犬之聲相聞. 民至老死不相往來.

하나의 생태윤리의 덕목이 된다.

복귀자연은 실천이 없으면 아무 소용이 없다. 자연으로 돌아가기 위한 방법을 통해야만 천지인이 일체화된 순수 자연으로 돌아갈 수 있다. 바로 이 지점에서 노자의 강력한 생태윤리적인 요청이 뒤따른다.

복귀자연은 외부의 사물에 현혹되지 않아야 가능하다. 인간이 사욕을 일으키게 되는 것은 무엇보다도 내적인 세계가 아니라 외적인 세계를, 도(道)의 관(觀)이 아니라 감관의 지각을 중시하고 그에 얽매이기 때문이다(류병래, 2004: 145-146). 자신의 감각에 의해서 느껴지는 외부의 사물은 참된 진리를 바르게 바라보는 데 장애가 되기 쉽다. 참된 것은 마음으로 보고 느껴야 한다. 노자가 말하길 "오색(五色)은 사람의 눈을 어둡게 하고, 오음(五音)은 사람의 귀를 멀게 하며, 오미(五味)는 사람의 입을 맛 들인다.[5]"고 하였다. 여기서 '오색', '오음', '오미'는 인간이 인위적으로 만들어 놓은 것들을 가리키는 것이지 본래적으로 존재하는 것들을 의미하는 말이 아니다. 이것들은 본연의 것을 세분하고 이리저리 뒤섞어 조밀한 관계망을 형성해 놓은 인위적 사물이다(류병래, 2004: 146). 눈에 보이는 화려한 모습들은 참된 것을 바라보아야 할 사람의 눈을 멀게 만들고 본연의 소박한 색을 볼 수 없게 만들며, 감미로운 음정들은 사람의 귀를 먹게 만들어 본연의 진정한 자연의 소리를 듣지 못하게 한다.

노자는 자연적 본성에로 복귀했을 때 인간은 진정한 자유를 획득하고 새로운 생태적 인간이 될 수 있음을 확신하였다. 자유와 생태적 인간됨은 현대교육이 지향하는 목적이다. 여기서 자유는 욕망으로부터의 자유이고, 차별로부터의 자유이다. 그런데 그 욕망과 차별은 자기 내부에서 뿐만이 아니라 외부의 자극에 의해 만들어진다. 정치적, 경제적, 문화적 상황이 욕망을 불러일으켜 본래의 선한 자연성을 훼손하게 된다. 노자는 인간이 '복귀자연'의 상태에 도달하게 되면 아무 차별이 없고 인간과 자연이 똑같이 존중받는 공동체의 일원이 될 것임을 믿는다. 복귀자연은 권력에 의한 억압과 물질적 욕망에 대한 엄중한 비판을 수반한다. 이 비판은 차별과 욕망을 일으키는 일체의 반자연적 문명에 대한 성찰이기도 하다. 그런 점에서 노자의 복귀자연은 생태윤리의 철학적 기초가 된다.

---

5) 12장: 五色令人目盲, 五音令人耳聾, 五味令人口爽.

나. 무위적 생태교육원리

노자는 난세의 현실에서 인간의 의도된 행위나 이론이 자연 앞에서 얼마나 무력(無力)한 것인지를 잘 알고 있었다. 만물의 근원인 자연의 대도(大道)앞에서는 세상의 길흉화복이나 인간이 만든 인위적인 지식은 무의미하다는 것을 깨달았다. 그리고는 복귀자연하고 무위자연 할 때 비로소 마음의 참된 평화가 온다는 것을 알았다. 그러기 위해 취하고자 하는 것에 집착하지 않고 사람들과 싸우지 않으며 작위(作爲)적인 삶을 살지 않는 것이 필요하다고 설파하였다(최염열, 1984: 154). 노자에게 있어서 작위적 삶이 일상화된 삶의 세계에서 '무위'야말로 마음의 평화를 얻는 최고의 길이요 삶이 추구할 최대 목표이다. 이는 하나의 생태적 윤리교육 목적이자 방법이기도 하다.

『노자』 18장에서 "큰 도가 없어지니, 인의가 생겨나고, 지혜가 생겨나니, 큰 거짓이 있게 되고, 가족이 화합하지 못하니, 효도와 자애가 있게 되고, 국가가 혼란스러우니, 충신이 있게 되었다.[6]"라고 하였다. 또 57장에서는 "세상에 꺼릴 것이 많을수록 백성은 더욱 가난해지고, 백성에게 이로운 기물이 많아질수록 나라와 집안은 더욱 혼란스러워진다. 사람들에게 기교가 많아질수록 기이한 물건들이 많아진다. 법령이 많아질수록 도적은 더욱 늘어나게 된다. 그러므로 나 스스로 일부러 하는 것이 없어야 백성들은 스스로 이루어지는 것이고, 내가 가만히 있는 것을 좋아해야 백성들은 스스로 바르게 되고, 내가 일을 만들지 말아야 백성이 부유해지고, 내가 하고자 하는 욕심이 없어야 백성들이 스스로 질박해진다"[7]라고 하였다.

이처럼, 노자는 예악(禮樂)이나 문물제도와 같은 인위적인 문명이 인간사회에서 발생하는 모든 재난의 근원이라고 여겼다. 그는 비인간적이며 부조리한 혼란이 거듭되어 결국 인간사회가 황폐하게 되는 것이니, 지혜도 욕심도 없애고, '인위적인 것을 하지 않으면서 다스리는 것(無爲而治)'을 실현해야 한다고 했다. 이를 위해서는 교육에서도 인위가 아닌 무위가 필요하다. 무위의 교육은 경쟁심과 과욕으로 가득 찬 교육상황에서 벗어나, 만물이 서로 협동하는 공동체를 추구한다. 사람은 '과도하게 행하는 것(甚)', '사치스럽게 소비하는 것(奢)', '우월감으로 교만스럽게 행하

6) 18장: 大道廢, 有仁義. 慧智出, 有大僞. 六親不和, 有孝慈. 國家昏亂, 有忠臣.

7) 57장: 天下多忌諱, 而民彌貧, 民多利器, 國家滋昏, 人多伎巧, 奇物滋起, 法令滋彰, 盜賊多有, 故聖人云, 我無爲而民自化, 我好靜而民自正, 我無事而民自富, 我無欲而民自樸.

는 것(泰)'을 거부하고[8], '자애롭고(慈)', '검약하고(儉)', '겸손한(謙)' 삶을 살아야 한다. 노자는 이 자(慈), 검(儉), 겸(謙=不敢爲天下先) 세 가지를 삼보(三寶)라고 하였다.[9] 그만큼 그는 이러한 삶의 실천방식이 중요하다고 본 것이다. 이것이 실천되지 않으면 결코 복귀자연하여 평안한 삶을 살 수 없다. 그렇다면 자연인이 될 수 있는 이 세 가지 덕목은 무엇인가?

첫 번째 무위적 생태교육은 자애(慈愛)의 덕목을 기본으로 한다. 노자에 의하면 자애는 사람을 살리는 용기를 불러일으킨다. 전쟁을 할 때도 자애에 바탕을 두면 항상 이긴다. 전투할 때 적군을 살상할 수밖에 없지만, 패배한 적군 병사들을 자애로써 수용해 주면 적군 병사들이 저절로 아군으로 편입해 들어온다. 또한 자애로써 사람들을 지켜주기 때문에 그러한 자애를 받은 이들이 자애를 베푼 사람을 끝까지 지켜준다. 그러므로 자애를 베푸는 사람은 강하다.[10]

노자가 말한 자애는 유가에서 말하는 인(仁)과는 다르다. 인은 베푸는 자신의 정신적인 즐거움을 충족시켜 주지 않으면 인의 대상은 배타적인 대상으로 순식간에 바뀔 수도 있다. 그래서 노자는 유가의 인(仁)에 대해서 앞에서 언급한 추구(芻狗)의 비유를 통해서 비판했다. 짚으로 만든 강아지 인형인 추구(芻狗)는 제사를 지낼 때는 귀하게 모시지만, 제사가 끝나면 그냥 내팽개쳐지는 물건에 불과하다. 이것은 사랑이라고 하는 감정의 특성, 즉 포용성과 배타성의 이중성을 드러내준다. 노자는 이러한 이중성을 지닌 사랑을 하지 말고, 포용성에 입각한 일관적인 사랑, 즉 자애를 행하라고 주장한다. 포용성에 입각한 절대적인 사랑을 행하게 될 때, 그러한 사랑을 받은 이들은 그에 대해서 은혜로써 보답하게 된다. 이렇게 볼 때 무위적 생태교육의 첫 번째 원리는 절대적인 사랑인 '자애'이다.

둘째의 덕목은 검(儉)의 교육이다. 검은 검소(儉素)를 의미한다. '검소'는 곧 '가난'을 의미한다. 검소는 노자의 '무욕'에서 나온다. 무욕은 욕심이 없다는 것이 아니라, 과욕이 없음을 의미한다. 그래서 검소가 지향하는 것은 무욕의 체제이다. 이러한 검소는 과욕이 낳은 폐단, 특히 생태파괴와 차별 의식을 최소화시킨다. 검소하

---

8) 29장: 爲者敗之, 執者失之…… 是以聖人去甚, 去奢去泰(위(僞)를 행하는 자는 패하고 집착하는 자는 잃는다. …… 그래서 성인은 과도한 것과 사치스러운 것과 교만스러운 것을 거부한다).

9) 67장: 我有三寶, 持而保之. 一曰慈, 二曰儉, 三曰不敢爲天下先.

10) 67장: 慈故能勇…夫慈, 以戰則勝, 以守則固, 天將救之, 以慈衛之(자애하면 능히 용기를 낼 수 있고, 무릇 자애로 전쟁을 하면 이기고, 자애로 지키면 강해진다. 하늘이 장차 자애로써 구하고 보호할 것이다).

다는 것은 과욕을 줄인다는 것이고 무욕하다는 것이며, 그것은 곧 다른 생명체에게 해를 끼치면서 이익을 추구하지 않는 '무위'를 의미한다.

무위는 또한 타자를 해치지 않는 마음의 여유를 지니게 한다. 과욕은 마음의 여유가 없기 때문에 타자가 마음에 들어올 자리를 만들어주지 않는다. 인간은 본능적으로 사회적인 동물이기 때문에, 다른 사람을 마음속에 넣어 두려는 성향을 지니고 있다. 과욕은 이러한 성향을 부추긴다. 마음속에 과욕의 체제가 사라지고 무욕의 체제가 자리를 잡게 되면, 자애의 마음이 들어설 여유가 생기게 된다. 그래서 노자는 "검소하면 넓어질 수 있다(儉故能廣. 『노자』 제67장)"고 했다. 즉, 검소하면 마음이 광장처럼 넓어져서 타자들을 다 포용할 수 있는 여유를 지니게 된다는 의미이다. 이런 점에서 무위의 생태교육은 물질과 사람에 대한 과욕을 줄이고 가난의 무심의 마음씨를 지니도록 가르치는 것이다.

세 번째의 덕목은 겸의 교육이다. 겸(謙)은 겸손(謙遜)을 의미한다. 『노자』7장, 9장, 22장, 24장, 30장, 34장, 61장, 66장, 72장 등에는 겸손에 대한 설명이 나온다. 노자는 겸손에 반대되는 것을 우월의식이라고 했다. 그는 이것을 경계하기 위해서 비슷한 의미의 단어를 반복 사용하였다. 예를 들어 아는 것을 다른 사람에게 말하려고 하는 것은 우월의식의 발로이다. 더욱이, 모르는 것을 안다고 하면서 다른 사람들에게 자신을 자랑하는 것은 병리적이다.[11] 일찍이 그리스 철학자 소크라테스는 '대화법'에서 '자기 자신의 무지함을 아는 일'이 우선되어야 함을 교훈으로 남기기 위해 '너 자신을 알라'고 하였다. 노자는 현(賢)이라는 말을 사용해서 겸손의 의미를 적극적으로 드러낸다. 현은 다투어서 이기는 힘이다.[12] 이러한 현을 높이려고 함은 사람이 지식을 척도로 우열을 가리려는 것이 된다. 그래서 노자는 우월한 지위를 획득해서 "찬사를 받는 것이나 열등한 지위로 하락해서 모욕을 당하는 것은 모두 놀랄 일이다(寵辱若驚. 『노자』 제13장)."고 하였다.

겸손의 미덕은 기본적으로 '딱딱함'이 아닌 '부드러움'을 내재하고 있다. 딱딱함은 강함을 의미하기 때문에 그것은 타자에 대한 경계, 방어, 공격의 의미를 내재하고 있다. 반면에 부드러움은 약함을 의미하기 때문에 그것은 타자에 대한 수용의 의미

11) 71장: 知不知上, 不知知病(알면서 알지 못한다고 하는 것이 최상이고 알지 못하면서도 안다고 하는 것이 병이다).

12) 3장: 不尙賢, 使民不爭(현명함을 높이지 않으면 백성들이 다투지 않게 된다).

를 지닌다. 그래서 겸손한 사람은 부드러워 보이며, 유약해 보이기도 한다. 물은 부드러움과 유약함의 상징이다. 모든 것들을 다 포용하면서도 항상 다른 사람들이 싫어하는 낮은 곳에 위치하기 때문이다. 노자의 무위적 생태교육은 물과 같이 부드럽고 낮은 곳에서 거할 수 있는 사람을 만드는 것이다.

노자의 무위적 사유체계는 인간들의 사욕이 얼마나 그의 자연적 본성을 훼손하고 있는지를 깨닫게 한다. 그의 무위적 인간상은 사욕 없는 그 자체로 언제나 질박(質朴)하고 온전하며 아름답다. 그런데 일반적인 사람들은 자신의 욕망을 채우기 위해 타자를 업신여기고 배제시키고 무시한다. 또한 자신의 욕망을 채우기 위해 물질문명을 조작하고 위계질서를 만들며 더 나아가서 자연의 지배자로 군림하기까지 한다. 이런 상황에서 과욕하지 않고 만물을 크게 사랑하는 자세(慈), 과욕하지 않고 검소하게 사는 자세(儉), 공손하고 겸손한 자세(謙)를 배우는 일은 매우 중요한 생태적 교육과제이다. 무위의 생태교육은 인간의 편익과 욕구충족을 위한 인위적 작위에서 벗어나 자, 검, 겸의 선한 자연본성으로 돌아가 사는 방법을 스스로 깨우치게 하는 이론과 실천원리를 제시하고 있다.

4. 장자의 교육철학[13)]

노자사상을 계승하는 장자 역시 도를 만물의 근원으로 보며 도는 인위적으로 하는 것 없이 만물을 만들어내고 만물은 도가 아니면 생겨나지 못한다고 생각한다. 자연세계를 생성하는 총체적인 근거로서의 도는 천지만물의 존재와 발전을 결정한다. 장자에게 있어 진정한 이상적 인간상은 도에 순응하고 자연을 손상시키지 않으며 그 자연과 더불어 감응하면서 살아가는 인간이다. 도의 관점으로 만물을 대하면 만물은 귀천의 차별이 없는 만물평등이념을 내포하고 있다. 또한 자연적이며 자발적인 행위를 인위로 억압하는 것에 대해 "인위로 자연(天)을 파멸시키지 말라, 고의로 천성을 망치지 말라."[14)]고 비판하였다. 이러한 그의 사상에서는 무위적인 행위를

13) 이 글은 장명, 노상우(2018). 장자사상의 일원론적 세계관에서 본 현대교육학적 함의. 교육종합연구 16(1). 127-147에서 일부를 발췌한 것임.

14) 장자, 추수. 無以人滅天, 無以故滅命.

추구하는 교육철학을 읽어낼 수 있다. 무위의 태도는 현대 인간교육에도 그리고 자연존중의 생태교육에도 매우 중요한 교육적 가치를 지닌다.

한국에서 장자의 자연관과 교육사상은 노자보다 더 많이 다루고 있다고 볼 수 있다. 김갑수(1993)는 그의 박사논문에서 무한한 운동과 변화로서의 자연, 자연과 인간의 대립과 통일, 자유와 평등의 사회사상을 통해서 장자철학에서의 자연과 인간의 관계를 연구하였다. 김덕삼(2007)은 사람들의 옳고 그름을 따지지 않은 불견시비(不譴是非), 아무 쓸모없는 것처럼 보이는 것이 실상보다 쓸모있는 것이 되는 무용지용(無用之用), 안에서는 성인이며 밖에서는 임금의 덕을 갖춘 사람, 즉 학술과 덕행을 아울러 지닌 내성외왕(內聖外王)사상을 통해서 장자의 사상에 대한 현대 교육적 해석을 하였다. 허수선(2013)은 한국 교육현실의 문제점과 대안 방안을 장자철학에서 모색하고 장자 철학의 교육사상적 강조가 현 교육에 의미가 있다는 것을 제시하면서 교육현실에 대한 새로운 방향성을 제시하였다.

생태철학적 맥락에서 유성태(1995)는 장자는 자연을 부르짖고 자연을 있는 그대로 유지되기를 오늘의 메시지로 전달하였고 자연의 환경보호에 대한 희망적이고 낙관적인 태도를 가지고 있다고 한다. 이강수는 장자가 본 자연과 인간의 관계에 대하여 주목하면서 자연과 분열된 시스템 속에 놓여진 인간의 위기를 본다. 그리고 이러한 위기를 극복하고 자연과의 화해의 길을 모색하는 장자의 생태철학을 발견한다(이종성, 2005: 255). 이렇게 많은 연구의 이유는 과도한 인위적 교육의 병폐와 생태파괴 문제 등을 근원적으로 파악하고 그것의 해결을 위한 인문학적 관심이 높기 때문이다(노상우 · 장명, 2014: 52).

장자는 자연으로 복귀할 것을 강조하고 인간과 자연이 혼연일체가 되기를 바랐지만, 인간과 자연을 동일시하지는 않았다. 물 자체의 자연스러움을 따르기를 바랐을 뿐이다. 자연의 법칙에 따라 일을 처리하고 세상의 싸움을 버려 소박하고 하늘이 준 자유스러운 인간의 본성을 회복하기를 바랐다. 자연 법칙에 위배되는 행위를 제지하여 자연과 세상사가 조화롭게 발전되기를 원했다. 이를 위한 첫 걸음이 천지와 내가 더불어 살아가는 경지이다. 그 다음에는 나이를 잃고 뜻을 잃으며 삶과 죽음이 나에게서 변함이 없는 단계에 진입하게 된다. 이렇게 된다면 사람도 천지의 순수한 본질을 얻게 되는 것이다.

장자는 인간과 자연의 관계 문제를 자신의 가장 분명한 철학적 주제로 삼는다. 그의 천인합일과 물아일체 사상은 인간이 자연에 대한 존중과 자연을 벗으로 삼는 의식의 되세움과 우주전체 관념과 생태윤리 관념의 세움에 있어서 중요한 원천이다.

인간과 자연의 관계에 대해 장자가 자연을 파괴하지 말라고 요구한다. 그는 "이와 같은 인물은 금을 산에 그대로 묻어 두고 구슬을 연못에 그대로 담가 둔다. 재화를 이익으로 여기지 않고, 부귀를 반기지 않는다."[15]고 자기의 욕심을 채우기 위해서 자연을 파괴하지 말아야 한다고 요구하였다. 동시에 장자도 대자연의 원래의 모습을 유지하며 동물과 식물과 평화롭게 더불어 살아야 한다고 주장한다. 그는 "산에는 길이 없고, 물에는 배와 다리가 없다. 만물은 서로 이웃으로 무리 지어 산다. 짐승도 많고 초목도 무성하다. 심지어 짐승들을 끌고 다니며 노닐 수도 있고 새의 둥지에도 기어 올라가 들여다 볼 수도 있다."[16]고 자신이 바라는 지덕의 시대를 설명하였다. 노자의 소국과민의 이상사회보다 비현실적이고 유토피아성이 강하지만 장자의 인간과 자연만물의 더불어 사는 주장이 매우 강력했음을 알 수 있다. 자연과의 조화로운 사회에서 인간이 산수를 파괴하지 않고 동·식물을 해롭게 하지 않으며 인간과 짐승, 초목 사이에 친밀한 관계가 유지될 수 있는 인간을 도야하는 일은 현대교육의 과제인 것이다.

장자사상에서도 생태학적 지혜를 내포하고 있다. 현대의 생태위기는 이미 심각한 상황에 도달하였는데, 장자철학은 이에 대한 반성과 비판적 대안을 제시할 수 있다는 점에서 의의가 있다. 생태계의 질서를 보존하는 길은 인위적 욕망에 따라 자연을 조작하지 않는 무위의 수행이며 자연의 이법을 따르는 일이며, 도구적으로 변질된 자연의 공능을 복권시키는 일이라고 할 수 있다(이종성, 2012: 129).

이런 점에서 노자와 장자는 '무위적 삶의 실천'을 핵심개념으로 제안한다. 본 연구는 이것이 과도한 인위적 교육으로 점철되고 있는 현대교육에 주는 성찰적 의의가 매우 큰 것으로 판단하여 '무위교육'을 현대 교육철학의 새 지평을 여는 것으로 평가한다.

장자에 따르면 인위적인 요인이 인간의 본연적인 자아를 훼손시킬 수 있고 자연계의 법칙을 어길 수 있기 때문에 이러한 인위적인 요인을 제거해야 인간과 자연과

15) 장자, 천지. 藏金于山, 藏珠于淵；不利貨財, 不近貴富.

16) 장자, 마제. 山無蹊隧, 澤無舟梁, 萬物群生, 連屬其鄉, 禽獸成群, 草木遂長. 故其禽獸可係羈而遊. 烏鵲之巢可攀援而闚.

의 조화와 균형을 지킬 수 있을 것이다. 즉 무위를 행하는 것이다.

교육은 인간으로 하여금 만물의 삶의 본성을 존중 이해하고 자연의 섭리에 순응해야 한다. 장자는 노자가 공자에게 도를 가르치는 예를 들었다. "천지에는 본래부터 일정한 법칙이 있고 해와 달에는 애초부터 밝은 빛이 있으며, 별은 본래부터 하늘에 즐비하고, 새와 짐승은 애초부터 무리를 이루며, 나무들은 본래부터 대지에서 있고, 당신도 스스로 깨닫지 못하고 있어도 덕에 의거해서 행동하고 도를 따라서 걷고 있는데 그것으로 충분한다."[17] 공자가 노자에게 도를 물을 때 노자가 천지만물 각각 본성이 있다고 답했다. 장자도 인간이 도의 자연무위의 성격에 따라서 만물 본성의 자유로운 발전에 간섭하지 않는 것이 가장 좋은 방법이라고 한다. 장자는 또한 하늘이 저절로 높고 땅이 저절로 두터우며 해와 달이 저절로 밝음과 같은데 대체 무슨 새삼스런 수양이 필요하냐고 한다.[18] 천지와 일월이 스스로 발전하는 대로 하게 되면 그들의 가장 좋은 특성을 나타낼 수 있기에 인위적인 꾸밈은 필요 없다고 지적하였다.

생태적 인간은 무위적 삶을 사는 사람이다. 무위는 자연을 인위로 유용하기보다 있는 그대로 바라보는 마음이다. 혼자서 천지의 정신과 왕래하며 만물을 경시하지 않고 시비를 평판하지 않으면서 세속을 따라 동화되었다는 그런 사람이다.[19] 대상을 있는 그대로 바라보는 마음이 필요하다는 것은 우주 만물을 경시하지 않는 것이다. 여기에는 어떤 가치가 개입되지 않았다. 인간은 자신의 입장에 따라 대상을 나누고 구분하고 자연스럽게 분리한다. 그런 가운데 차별이 생긴다(김덕삼, 2007: 68-69). 시비를 평판하지 않는 것은 결국 도에 따라서야 가능하다. 장자는 "인위로 자연을 멸망시키지 말라, 고의로 천성을 깨지지 말라."[20]고 한다. 여기서 말하는 자연은 스스로 그러한다는 뜻이다. 억지로 하지 않고 스스로 그러한 자연은 무위와 관계를 맺고 무위의 교육실천의 중요성을 강조한다.

---

17) 장자, 천도. 天地固有常矣, 日月固有明矣, 星辰固有列矣, 禽獸固有群矣, 樹木固有立矣, 夫子亦放德而行, 循道而趨已至矣.

18) 장자, 전자방. 天之自高, 地之自厚, 日月之自明, 夫何修焉.

19) 장자, 천하. 獨與天地精神往來, 而不敖倪於萬物. 不譴是非, 以與世俗處.

20) 장자, 추수. 以人滅天 以故滅命.

5. 국선도

선도는 국선도(國仙道) 혹은 풍류도(風流道) 등 여러 가지 명칭을 갖고 한민족 고유의 사상과 심신운동으로 현재까지 전해져 오고 있다. 우리 민족 종교 혹은 사상이 불교와 유교를 중심으로 설명되고 있지만, 선도는 유 · 불 · 선 명칭에서 보듯이 언제나 동등하게 역사적으로 면면히 이어져 왔다. 그런데 동양사상이 재조명되고 있는 현재 상황에서, 선도에 대한 연구는 그리 활발히 이루어지고 있지 않다. 일부 연구는 종교적인 면에 치중되는 경향도 없지 않다. 종교적인 연구들을 보면 선도가 한국의 종교사나 사상사에서 차지하고 있는 위치와 비중, 그 의의와 가치가 막중함을 인정하고 있지만, 그것의 현대적 의의나 교육적 의미를 제대로 짚어내지 못하고 있는 실정이다.

선도의 역사는 우리 민족의 역사이다. 그렇기 때문에 선도의 역사에 대한 이해의 출발점은 우리 민족에 대한 이해의 출발이기도 하다. 선도에서는 우리 선민(先民)을 숙신씨(肅愼氏), 동이족(東夷族)으로 보고, 중국의 사서(史書) 등을 통해 이를 고증하고 있다. 국선도 청산선사가 쓴 '삶의 길'을 보면 이에 대해 다음과 같이 기술하고 있다(청산선사, 1983: 22-25).

> 1. 어떠한 문헌을 보던지 우리 선민은 황하유역으로부터 백두산에 이르기까지, 더 나아가 현재 중국 대륙 전체가 '숙신씨' 또는 '동이'라 칭하는 우수한 부족이 오륙 천년 앞 시대부터 이미 거대한 민족으로 활약한 역사적 사실(史實)은 한족(漢族) 사서(史書)에서 그 수를 헤아릴 수 없이 많다…
> 2. 예를 들어 공맹(孔孟)의 유교 문화 같은 것도 우리 선민들에게는 공자나 맹자가 태어나기도 전에 수천 년 동안 덕성이 높은 윤리 도덕의 이상적 인간으로 부르는 군자의 나라로 존칭을 받아온 민족이었던 것이다…
> 3. 위서(魏書)에 나타난 단군조의 기본 사상이 홍익인간이었다는 기록, 산해경(山海經)에도 우리나라를 해와 달이 나오는 대인(大人)들이 사는 나라…

이러한 우리 민족의 찬란한 문화와 예의 도덕 그리고 무예 등을 낳은 종교와 사상이 바로 선도이다. 우리 민족의 원시종교 형태를 보면, 하늘을 높이어 받들고(崇天), 해와 달과 산 등을 높이여 받들고 또 조상 선령을 높이 받드는 것이었다. 이는 어느 민족이나 비슷하지만 특히 우리 선민은 선사시대로부터 하늘 '밝'(太陽)에 대한 공경하는 생각에 '밝'을 받들고 높이었다(청산선사, 1985: 26). 그 한 예로 우리 민족은 흰 것을 공경하여 높였는데, 그 흰 것은 다름 아닌 '밝'(白, 日)을 뜻하고 그것이 민족의 심층적인 삶에 영향을 미쳐 '밝'을 높인 백의(白衣)민족으로 통하였다.

이렇게 볼 때 우리민족의 고유한 종교사상은 '밝'사상과 직결된다. 육당 최남선은 이에 대해 다음과 같이 말하였다(청산선사, 1985: 38).

> 고대 조선 신전에 나타나는 '밝'의 참 이치의 중요한 뜻은 극히 간단하고 알기 쉽게 직접 얻어 갖는 것이다. 그 깊고 오묘한 참된 이치의 깨끗함은 밝고 행복한 분별의 마음이었다. 하나의 밝고 행복한 가운데 사람과 하늘이 서로 통하고 너와 내가 하나됨이 그 이치로 되어 있는데 그 근거를 '밝'이라 하고, 그리하는 실현과정을 '살'(先, 仙 혹은 鮮)이라 하고 실현방법을 '돌'(復 혹은 歸)이라 하니 …

이러한 육당의 말을 통해 볼 때, 우리 민족의 초기 종교적인 대상은 태양이었고, 그 태양의 묘상(妙相)인 '밝'을 마음에 지니고 몸에 받아 생활과 생명의 힘으로 삼았다는 것을 알 수 있다. 그리고 '밝'을 높이어 공경하고 '밝'에 제사지내는 제단이 있는 산에 들어가 수련하는 사람을 산사람이라고 하였고, 이것을 후세에 '선'(仙)이라 불렀다.

선이라는 글자는 우리말로 '삶앎'이 한자화한 것이다. 그리고 신라 때는 도교적인 선사상(仙思想)과 구별하기 위하여 풍류도(風流道) 혹은 국선(國仙)이라고 표현하기도 하였다.

이렇듯 '밝'사상인 선도는 우리 민족으로 하여금 태양의 밝음을 높이어 공경하고, 그 밝음을 맞이하여 덕을 쌓고, 그 덕으로 생활의 원리를 삼는 민족 고유의 종교이자 사상이라고 할 수 있다.

선도의 교육적 의미는 다섯 가지로 정리해 볼 수 있다.

첫째, 선도의 목적인 전인적인 자기완성에서 그 교육적 의의를 찾아볼 수 있다. 선도는 단지 신체적 수련을 통해 몸을 튼튼하게 하여 건강하게 살자는 데 그 목적이 있는 것이 아니다. 앞에서 살펴보았듯이, 선도는 극치적 체력, 극지적 정신력, 극지적 도덕력에 도달하는 데 그 목적이 있다. 이 세 가지는 모두 인간이 갖추어야 하지만, 서로 떠나서는 비가치적인 것이 되고 만다. 선도는 정신을 키우고 덕성을 길러주면서 동시에 강인한 몸을 갖도록 하는 전인적 수련을 통해 인간을 선인의 경지까지 이르게 함으로써 학교교육에서 소홀히 되고 있는 전인교육의 실현에 기여한다.

둘째, 선도는 정신적, 도덕적, 신체적 수련이 유기적으로 이루어져야 하며 분리될 수 없음을 보여 주는 데, 여기서 학교의 전인교육의 단편화(framentation)를 재검토하도록 해준다. 학교교육에서 말하는 지정의(知情意) 또는 지정체(知情體)의 전인교육은 지-정-체를 분할하여 단편적으로 이루어진다. 지정체 가운데 어떤 특정한 부분의 변화에만 치중하여 교수적 처치를 가하고 그 교수적 처치의 효과를 그 특성에만 비추어 평가한다. 이는 전인교육의 접근방식으로는 타당치 못하다. 왜냐하면 인간은 특정한 교육적 처치에 대해 지적으로, 정서적으로, 신체적으로 동시에 반응하기 때문이다. 선도는 학교교육의 과제로 지와 정과 체를 서로 유기적으로 연관지어 전인 양성이라는 데에 관심을 가져야 할 것임을 강조하고 있다.

셋째, 선도는 전인적 인간의 완성이 서구 교육의 특징인 개념 조작적인 지식교육만으로는 불충분하다는 점을 밝혀주고 있다. 물론 지식교육을 통해 이성을 계발하고 합리적 사고력을 갖도록 하는 것도 필요하다. 그러나 교육이 지식의 교수를 본질로 삼는 데는 한계가 있다. 교육에는 반드시 심신수련이 수반되어야 한다. 현대교육에서 상실된 것은 바로 몸과 마음의 수련이다. 몸과 마음의 수련이 공부가 아니라고 생각해서는 안 된다. 동양사상에서 공부는 몸과 마음의 공부를 다 포괄한다. 선도는 전인교육에서 지식에 대한 공부뿐만 아니라 몸과 마음의 공부가 함께 이루어져야 함을 시사하고 있다.

넷째, 선도는 전인적인 자기완성이 대자연의 힘에 참여하는 우아일여(宇我一如)와 천인합일에 의해서만 가능함을 보여준다. 선도에서 말하는 전인적인 자기완성은 개개인의 이기성과 경쟁과 성공을 중시하는 서구의 개체주의적 자유주의 사상에서 나온 것이 아니다. 바로 동양사상인 공생공존의 천지인 합일적 사상에서 나온 것이다. 즉 전인적인 자기완성은 하늘과 땅, 그리고 그 사이에 있는 인간 간의 상호교섭, 말하자면 자연과 우주가 하나로 통하는 진아(眞我)의 경지에서 이루어지는 것이다. 이는 하늘과 사람이 이질적인 존재가 아니라 같은 기운 속에 있다는 것을 전제한다.

다섯째, 선도는 인간의 생명과 기를 살리는 교육은 상생과 공존의 일화통일을 지향해야 함을 보여준다. 선도는 하늘과 땅과 인간의 상생과 공존이 천도(天道), 지도(地道), 인도(人道)임을 주장한다. 앞에서 언급했듯이 선도에서는 그것을 "일화통일"(一和統一)이라 부른다. 인간은 우주 전체와 일체적 관계성을 가진 존재이므로 인간은 전체와 상의 상즉적(相依 相卽的)인 생존과 생활을 해야 한다는 당위성을 지니고 있는 것이다.

현재의 학교교육은 자기 자신에만 집착하는 이기성을 부추기고 있다. 이는 이기적 경쟁과 성공욕을 자극하는 교육으로 아이들의 몸과 마음을 상하게 하는 교육이다. 이런 교육은 생명을 살리는 교육이 아니라 죽임의 교육이다. 선도에서는 욕심과 탐욕을 버리고 진아(眞我)로서 대우주심과 합일해야만, 기와 생명을 살릴 수 있음을 가르쳐 주고 있다.

9강

불교: 자비(慈悲)의 교육철학

석굴암 석가여래좌상[1)]

불교(佛敎, Buddhism)는 BC 6세기말에서 4세기초 경 동북 인도에서 창시된 종교이다. 기독교, 이슬람교와 더불어 세계 3대 종교 중 하나로서 아시아인들의 정신적 · 사상적 · 문화적 · 사회적 삶에 크나큰 영향을 미쳤다. 19세기 후반부터는 서양세계에도 본격적으로 알려지기 시작했다.

고타마 싯다르타는 수행과 명상을 통해 '부처'(Buddha), 즉 '깨달음을 얻은 자'라는 칭호를 얻게 되었다. 불교는 기본적으로 부처의 가르침을 전하고 실천하는 종교로 우리나라에 전해져 삼국시대에서부터 현대에 이르기까지 정치 · 사회 · 문화 · 사상 · 교육 등 모든 영역에 깊은 영향을 미쳤다. 특히 교육적 관점에서 볼 때, 우리

1) http://blog.daum.net/_blog/BlogTypeView.do?blogid=0Li0k&articleno=7762731&categoryId=806984&regdt=20130303164823에서 2019.07.26.에 인출

역사의 학문과 지성의 전통을 이어오는 데 기여했으며, 민족의 윤리적 정신세계의 가치와 규범을 지속적으로 제시해 왔다. 또한 현재의 생태계 파괴로 인한 생명 위기적 상황에서는 전생명계 존중사상의 교육철학적 담론을 제공하는 것으로 세계적인 관심을 끌고 있기도 하다.

그럼에도 불구하고 불교사(佛敎史)에 나타나는 교육철학적 성격에 대해서는 지나치게 소홀히 다루어져 왔다. 여기서는 불교의 역사, 불교의 종교적 특징, 한국에서의 불교 발전과 교육사적 의의, 그리고 "자비의 교육"의 성격을 살펴보도록 한다.

1. 석가모니의 생애

석가모니의 본래 이름은 싯다르타(達多, Siddhartha)로서 고타마는 그의 성씨였다. 석가모니 혹은 간단히 석존으로 부르기도 한다. 석가족은 지금의 네팔과 인도 국경 부근에 있었던 하나의 조그마한 왕족이었다. 고타마 싯다르타는 BC 560년경(460년경으로 보는 설도 있음)에 이 왕국의 정반왕과 마야부인 사이에서 태어났다. 그는 왕궁에서 호화로운 생활을 했으며, 야소다라와 결혼하여 아들 라훌라까지 두었으나 인생고의 문제를 깊이 자각한 후 29세의 나이에 출가, 수행자의 길을 걷게 되었다. 그는 마가다국에 가서 여러 출가 사문들을 만나 각종 명상법을 배우고 깊은 선정에 드는 체험을 했으나 그것으로 만족하지 못했다.

석존은 독자적인 수행의 길을 걸으면서 극심한 고행을 통해 해탈을 얻으려는 노력도 해보았지만 몸만 극도로 쇠약해지고 아무런 소용이 없음을 깨닫고는 고행을 포기했다. 그와 함께 고행을 하던 수행자들은 그를 비난하면서 그에게서 떠났고, 석존은 홀로 숲속으로 가 이른바 보리수 밑에서 명상을 통해 깊은 선정에 드는 깨달음의 체험을 얻어 부처, 즉 각자(覺者)가 되었다. 새로운 진리의 깨달음으로 인해 그의 마음은 모든 번뇌의 속박으로부터 자유로워지는 해탈을 얻었다. 이것이 석존의 성불체험이었고 불교가 시작되는 결정적 사건이었다.

깨달음을 얻은 석존은 오랫동안 마음의 평안과 기쁨을 맛보면서 지냈으며 자신이 깨달은 진리가 너무나 심오하기 때문에 다른 사람들이 이해하기 어렵다고 생각하여 설법을 주저했다고 한다. 그러나 결국 마음을 돌이켜 교화활동을 시작하게 되었다.

석존은 제일 먼저 바라나시의 녹야원으로 가서 자기와 함께 고행을 하던 걸식승 다섯 비구를 찾아 그들에게 고행이나 쾌락주의의 양극단을 피해 중도를 따라 수행할 것을 말하고 '4가지 거룩한 진리'와 '8가지 바른 길'(八正道)에 대한 설법을 하여 그들을 제자로 얻었다고 한다. 이것이 불교의 수도 공동체인 승가의 시작이었다.

석존은 35세 때 성도(成道)하여 입적하기까지 45년 동안 주로 마가다국과 코살라국을 중심으로 중인도 여러 나라를 돌아다니면서 포교활동을 했다. 80세에 쿠시나가라로 가는 길에 병을 얻어 반열반(般涅槃), 즉 육신을 떠난 완전한 열반에 들었다(브리태니커 10권, 272-273).

2. 석가모니의 가르침: 네 가지 진리

석존은 첫 번째 거룩한 진리로서 인생의 네 가지 괴로움(苦)에 관한 고성체(苦聖諦)를 설했다고 한다. 이 네 가지 괴로움은 사랑하는 자와 이별하는 괴로움, 미워하는 자와 만나는 괴로움, 구하는 바를 얻지 못하는 괴로움, 그리고 色 · 受 · 想 · 行 · 識의 5가지 요소들의 복합체인 인간 존재 그 자체가 괴로움이라는 것이다. 특히 인간 존재를 구성하는 신체적 요소(色), 느낌(受), 생각(想), 의지(行), 인식(識) 등의 물질적 · 정신적 요소들은 모두 항시 변하는 무상(無常)한 것들이다. 그 어느 것도 항구적인 만족을 줄 수 없는 괴로운 것들이다. 무상한 것은 인간에게는 괴로움이다. 뿐만 아니라 위에 언급한 5가지 묶음들 가운데 어느 것도 나의 불변하는 자아로 취할 것이 못 된다.

석존에 의하면, 인간이란 수시로 변하는 요소들이 화합하여 하나의 임시적인 존재를 만들고 있을 뿐 인간에게는 항구불변의 자아란 존재하지 않는다. 고(苦) · 무(無) · 상(常) · 무아(無我)는 석존이 본 인간존재의 참된 모습이다. 그럼에도 불구하고 사람들은 괴로운 것을 즐거운 것으로, 무상한 것을 항구적인 것으로, 영원불변의 자아란 존재하지 않는 데도 존재하는 것으로 전도된 생각을 하고 있다는 것이다.

두 번째 진리는 고집성체(苦集聖諦)로서 고(苦)가 발생하는 원인을 밝히는 진리이다. 석존은 인간 존재와 그 삶이 괴로움인 것은 우리가 무엇인가를 끊임없이 욕구하는 갈애(渴愛)때문이라고 보았다. 이러한 갈애가 계속되는 한 인간은 집착을 일으켜 행위를 하고 그 결과로서 사후(死後)에 또 다른 고통의 존재로 태어나 같은 과정을 다시 반복하게 된다.

그런가 하면 갈애 또한 원인을 갖고 있다. 갈애는 인간의 실상을 모르는 무지와 이 무지를 조건으로 하여 생긴 전생에 있어서 누적된 업력(行)에 의해 생기는 것이다. 석존은 이와 같이 고(苦)를 일으키는 '복합적 조건'들을 분석적으로 설했으며 이 같은 고(苦)의 조건적 발생을 연기라 불렀다. 무지와 갈애로 인한 인간은 과거 현재 미래 세계를 통해 끊임없이 생사의 악순환을 벗어나지 못하는 것이다.

세 번째 진리로서 석존은 이러한 고(苦)가 멸한 상태, 즉 무지와 갈애가 멸한 상태에 관한 진리인 고멸성체(苦滅聖諦)를 설했다. '고가 멸한 상태가 있다'는 진리이며 이러한 상태를 열반(涅槃) 혹은 해탈(解脫)이라 부른다. 열반은 탐욕 · 성냄 · 무지의 삼독(三毒)이 완전히 사라진 상태로서 생사의 세계를 초월한 경지를 뜻한다. 열반은 과거에 지은 업의 소산인 현재의 몸을 지닌 채로도 실현 가능하고 사후에 신체를 떠나 실현되기도 한다.

네 번째 진리로서 석존은 고멸도성체(苦滅道聖諦) 혹은 약해서 도체(道諦)를 설했다. 즉 고의 종식인 열반으로 가는 팔정도에 관한 설법이다. 팔정도는 정견(正見), 정사(正思), 정어(正語), 정업(正業), 정명(正命), 정정진(正精進), 정염(正念), 정정(正定)을 실천하는 것으로서 이 8가지 수행을 셋으로 크게 묶으면 계(戒), 정(定), 혜(慧)의 삼학(三學)이 된다. 도덕적 행위와 삶(戒), 흩어진 마음의 통일과 정화(定), 사물에 대한 올바른 통찰(慧)을 닦음으로써 열반을 실현할 수 있다는 가르침이다. 석존은 팔정도를 설함과 아울러 쾌락을 탐하는 삶과 육체를 괴롭히는 고행주의의 양극을 피해 중도의 길을 따를 것을 가르쳤다. 중도는 8가지 수행을 올바로 할 수 있도록 하는 기본태도인 것이다(브리태니커 10권, 273-274).

3. 소승불교와 대승불교의 이원적 발전

이러한 석존의 사상은 석존 사후 두 갈래로 나뉘어 발전하였다. 하나는 전통을 고수하고 계율을 중시하며 자기완성을 추구하는 소승불교로의 발전이고, 다른 하나는 소승불교를 비판하면서 대중구제에 주된 관심을 가져야 한다고 주장한 대승불교의 발전이다. 소승불교는 동남아시아를 중심으로 남방불교 문화권을 형성하였다. 대승불교는 자기해탈을 주장하는 대신 대중의 구원을 선행시킬 것을 주장하였고, 열반의 상태에 안주해버리는 소승의 최고성자 '아라한' 대신에 '보살'이라는 새로운 이상적 인간상을 제시 동북아시아에 전파되었다(전용만, 1997: 22). 한국의 경우는 시대에 따라 차이는 있으나 대승불교적인 성향에 소승 불교적 요소가 혼합되어 발전한 것으로 볼 수 있다.

대승이란 모든 중생을 피안의 세계로 날라다주는 큰 수레와 같다는 의미이다. 대승불교 쪽에서는 '소승'을 '작은 수레'라 불러 출가승만을 위주로 한 편협한 불교임을 비난했다. 대승불교도들은 왕이나 부호의 지원 아래 경제적으로 안정된 생활을 누리는 출가승들의 안일한 삶과 자기 자신들만의 정신적 평안만을 구하는 소극적이고 현세 도피적인 경향에 반발하여, 일체중생을 계도할 것을 목표로 삼았다.

사원의 안정된 생활을 기반으로 발달된 교학적(教學的) 성격을 띤 소승불교는 번거로운 이론적 논의를 일삼아 재가신자들의 종교적 필요와 욕구로부터 점점 더 멀어지게 되었다. 대승불교 운동은 이러한 교단적 상황에 대한 재가신자들의 종교적 각성에서 일어났다. 대승불교도들은 자신의 이익뿐만 아니라 생사의 세계에서 고통받고 있는 모든 중생들을 이롭게 하는 이타행(利他行)을 강조하는 행동주의적 불교를 제창하고 나섰다. 이러한 대승의 이상을 가장 잘 표현해주는 것이 보살의 개념이다.

보살은 보리살타의 약어이며, 보리살타라는 말은 산스크리트어 '깨달음을 추구하는 유정', 혹은 '깨달음을 본질로 하는 자'라는 뜻이다. 보살은 대승불교에서 지향하는 새로운 이상적인 인간으로서, 자신의 구원에 앞서 남부터 구원한다는 자비의 정신에 입각하여 열반을 추구하지 않고 오히려 생사의 세계에 태어나기를 원한다(전용만, 1997: 276).

4. 불교의 종교적 특징과 교육적 영향

불교의 첫 번째 특성은 깨달음의 종교라는 점이다. 석가모니가 보리수 아래에서 성도(成道)하기까지 그는 깨달음의 환희에 넘쳐있는 철학자의 모습이었다. 그가 자신의 깨달음을 다른 사람에게 전달하려고 결심하는 순간 그는 종교가의 모습을 드러냈고, 이런 모습은 '크나큰 죽음'이라고 일컫는 열반에 이르기까지 간직하였다.

두 번째 특징은 절대자로서의 신을 가정하고 있지 않다(석지명, 2007: 195-199). 예를 들어 기독교의 신은 천지창조 전부터 계셔서 천지와 만물을 창조하였으며, 전지하며, 전능하며, 전선(全善)하다. 또 유일한 최고의 존재이다. 하지만 불교는 이와는 다르다. 석가모니는 깨달은 '사람'이지 신이 아니다. 불교에서는 '절대적인' 신의 개념을 부정하고 있는 것이다. 오히려 석가모니는 자신을 신앙의 대상으로 여기지 말 것을 당부한다. 이는 석가모니가 제자들을 부를 때 "벗이여"라고 부르는 것만 보아도 알 수 있다. 또한 그의 제자나 불교인들이 붓다를 부를 때도 응공, 세존, 불타 등의 열 가지 이름으로 부르는데 그 뜻을 살펴보면, 중생들의 공양에 응하는 사람(응공), 진리를 깨달은 사람(불타), 세상에서 가장 존경할 만한 인격을 갖춘 사람(세존) 정도로 해석되는데, 이 모두 어떤 신격화의 그림자를 띠지 않고, 높은 '사람'의 의미가 나타나 있다. 이렇듯 불교는 절대적 존재를 거부하는 상대주의적 신관을 가지는 종교이다(전용만, 1997: 138).

불교의 세 번째 특징은 현실적인 종교라는 점이다. 흔히 불교를 내세주의적 종교로 생각하는 경향이 있다. 업이니, 극락정토니 하는 말들이 모두 이런 내세관에서 나온 말이다. 그러나 원시불교의 여러 초기 경전을 살펴보면 이런 말들은 찾아 볼 수 없고, 심지어 불교의 근본사상이라고 알고 있던 윤회까지도 찾아볼 수 없음을 알게 된다. 오히려 석가모니가 설한 것은 이런 증명이 불가능한 비현실 세계가 아니고, 눈 있고 귀 있는 이는 모두 알 수 있는 현실적인 것이다.

'알 수도 없고 볼 수도 없는 것'은 설하지 않겠다고 말한 석가모니가 현실세계에서는 알 수 없는 저승이나 다시 태어나는 세계에 대해서 말했을 까닭은 없다. 따라서 불교는 저세상이 아닌 지금 그리고 여기의 인간의 삶의 문제를 직시하였고, 이로부터 해탈의 수행을 설파한 현실주의적 종교의 성격을 띠고 있다.

이러한 불교는 최근 한국에서 민중불교를 강조하는 입장으로 발전되기도 하였다. 민중불교관에서는 인간은 고통받는 뭇 삶들과 더불어 고통을 함께 나누며 고통의 문제를 함께 풀어 가는 실천적인 존재로 받아들여진다. 따라서 불교는 인간의 생활조건의 개선과 기술 수준의 향상을 통해 물질 생산을 위한 생산력의 수준을 부단히 고양 발전시키며, 착취적인 생산관계를 철폐함으로써 자신의 물질적 생활의 기본 조건인 생산양식을 새롭게 변혁시키는 사회 개혁적인 성격을 근본적으로 지니고 있다고 볼 수 있다(법성, 1989: 117).

각 시대별 불교와 연관된 교육 일반을 체계적으로 고찰하는 일은 쉽지 않다. 왜냐하면 한국의 전통적 교육은 거의 유교에 입각해 있는 반면에, 불교가 교육에 미치는 영향은 비형식적 차원에서 살펴볼 수밖에 없기 때문이다.

우리나라 교육은 어느 나라와 마찬가지로 형식적 교육과 비형식적 교육 형태가 혼합하여 발전하였다. 일정한 학제와 교육내용이 갖춰진 형식적 교육이 유교를 중심으로 발전한 반면, 불교는 민족의식과 도덕적 가치 형성의 비형식적 교육에 미친 영향이 크다. 여기서는 한국 역사에서 나타난 불교의 비형식적 교육의 성격을 살펴보도록 한다.

첫째, 불교는 민족의 교화를 위한 평생교육에 기여했다. 여기서 교화란 교육과 같은 의미이다. 우리 역사에는 수많은 훌륭한 승려들이 있었고, 이들은 각 시대의 사상가요 지식인이었으며, 이들은 무지한 백성들을 대상으로 설법하였다. 그들이 가르친 석존의 교리는 우주와 자연과 인간에 관한 깨달음의 지식이었으며, 이 지식을 전달하는 방법으로 명상과 선을 추구하였고, 나아가서는 종교적인 경지에 이르도록 가르쳤다. 부처의 경전은 교육내용이었고, 승려는 교사였으며, 학생은 귀족자제에서부터 일반 평민, 그리고 가장 낮은 계급에 이르는 모든 사람들이었다. 신라시대 원효대사의 경우를 살펴보자.

그는 교리 중심의 불교를 대중과 함께 숨 쉬는 대중 교화 차원으로 발전시켰다. 그에 따르면 자비정신(慈悲精神)에 입각, 자식이 부모에게 공경하면 효가 되고, 가족과 형제에 미치면 효제(孝弟)가 되며, 더 나아가 국가에 미치면 충이 된다. 이 모든 것은 일심(一心)에서부터 나오고 또 일심으로 돌아간다. 원효는 중생 구제와 자기 수도를 밀착하여 대중 교화에 힘써, 일심사상(一心思想)으로 자비를 바탕으로 한 충효를 신라에 뿌리 내리게 하였다(권은주, 1989: 68).

원효는 설총을 낳고 난 뒤 속복을 입고 바가지를 들고 다니면서 무애가를 지어 세상에 퍼지게 하였는데 노래하며 춤추며 천촌만락(千村萬落) 안 가는데 없이 교화하며 다녔다. 그래서 거지들이나 더벅머리의 무리들도 모두 불타의 이름을 알게 되었고, 나무아미타불의 염불을 하게 되었다. 이로써 불교는 대중의 생활에서 떠나지 않은 생활 불교로서 정착하게 되었다(여익구, 1985: 64, 240).

한국 역사에서 이와 같은 불교의 생활화 · 대중화는 곧바로 대중 중심의 교화, 즉 교육이었으며, 이는 신앙의 차원만이 아닌 민족의 지성과 교양을 배양하는 차원 높은 교육적 실천이었다고 할 수 있다.

둘째, 불교는 민족의 윤리 교육적 역할을 수행하였다. 불교는 한국 역사상 인간이 지켜야 할 도리뿐만 아니라 인간과 인간과의 관계, 공동체와의 관계, 그리고 국가와의 관계, 더 나아가서는 인간 이외의 생명체와 무생물의 관계 등을 윤리적으로 규정하는 가치와 규범을 제시하고 가르쳤다. 예를 들면 삼국 시대 불교의 오계(五戒)는 당시 백성들의 도덕교육의 원리가 되었다. 불교의 5계는 다음과 같다. 생물을 죽이지 마라(不殺生), 훔치지 마라(不偸盜), 음행 하지 마라(不邪淫), 거짓말 마라(不忘語), 술 마시지 마라(不飮酒). 이러한 계율은 전통적으로 우리 민족들의 생활 도덕의 지표로 지속적으로 지켜져 왔다.

셋째, 민족통합과 나라사랑의 정치교육적 역할을 수행하였다. 불교란 하나의 색깔을 띠고 민족을 하나의 정신과 도덕으로 뭉치게 하는 역할을 하였다. 물론 지배계층 중심의 호국 불교의 성격이 없지 않았으나 우리 민족의 나라사랑의 정신은 불교의 호국적 신앙관에 힘입은 바 크다. 이에 대해서는 불교의 경전 '인왕경'에도 설파되어 있다. '불법이 성하면 제불의 호위에 의하여 국가가 번영하고, 국가가 성하면 불법도 성하여진다.' 이 말은 불심의 번영과 국가의 번영을 같은 선상에서 보는 호국적인 종교관을 나타내 주고 있다. 한국의 역사는 수많은 나라사랑의 불신자들의 외침이 있었다. 고려시대에는 팔만대장경을 만들어 민족의 정신을 하나로 뭉치게 하였을 뿐 아니라 나라사랑의 호국적 정신을 대중화하였고, 조선시대 임진왜란에는 승려들이 직접 외적에 대항하여 모범을 보이기도 하였다. 불교는 우리나라 역사에서 줄기차게 민족과 나라를 위하는 정신과 의식 형성에 크게 이바지하였다.

넷째, 불교는 민족예술과 문화 창달의 교육적 역량을 발휘하였다. 삼국시대 이래 문학작품, 예술품, 사원, 탑, 각종 국보급 보물 등 불교와 관련되지 않은 민족문화와 예술은 거의 찾아보기 힘들다. 이러한 문화적 업적은 불교의 교육적 기여 없이는 거의 불가능하다. 또한 승려들은 학자로서 중국의 정치 · 문화를 수입하여 독창적인 창작을 시도했으며, 수많은 학술서를 저술하기도 하였다. 한국의 자랑스러운 민족문화와 학문의 전통도 따지고 보면 불교와 승려들의 교육적 실천의 결과라고 할 수 있다(강승규 · 박의수 외, 앞 책, 32~33).

5. 자비의 교육철학

불교에 나타난 교육철학적 요소 중에 가장 주목해야 할 것은 자비(慈悲 maitri−Karunā) 사상이다. 자비의 정신을 알기 위해서는 불교의 근본인 깨달음의 의미를 먼저 알아야 한다. 이미 석존 사상에서 살펴보았듯이 그의 깨우침의 교리 중 특히 교육과 관련하여 의미 있는 것으로 보이는 연기(緣起), 고(苦), 무상(無常), 무아(無我) 정신의 궁극적인 지향점은 바로 자비(慈悲)이다. 불교는 자기 명상 혹은 좌선을 통한 연기(緣起)와 고(苦), 그리고 무상(無常)과 무아(無我)와 무소유(無所有)의 깨달음은 그 자체에 그치는 것이 아니고 자비의 마음으로 중생을 구제하도록 하는 적극적인 교육적 성격을 지니고 있다.

자비는 불교에서 중생의 괴로움을 없애주고 즐거움을 베풀어주는 것을 의미한다. 자(慈)는 사랑의 마음으로 중생에게 즐거움을 주는 것을 말하는데, 산스크리트 마이트리(慈, maitri)는 벗이라는 뜻의 산스크리트 미트라(mitra)에서 유래한 말로서 진실한 우정을 뜻한다. 비(悲)는 불쌍히 여기는 마음으로 중생의 괴로움을 없애 주는 것으로, 산스크리트 카루나(Karunā)는 공감, 동정, 연민, 함께 슬퍼함 등을 뜻한다. 불교에서는 세계를 대하는 정신으로 자비를 강조하여 인간뿐만 아니라 살아 있는 모든 생명체와 무 생명체에 이르기까지 무차별적인 자비를 베푸는 것을 기본으로 가르치고 있다.

이러한 불교의 자비사상으로부터 다음과 같은 5가지의 교육의 성격을 이끌어낼 수 있다.

첫째, 자비로운 교육은 사랑의 교육이다. 여기서 사랑이란 자비의 말뜻을 원용한다면 교사와 학생 간의 우정과 공감을 의미한다. 이는 교사나 학생이나 약한 자의 위치에 있을 때, 함께 슬퍼하고 함께 위로하며, 좋은 교사나 학생은 서로 간에 기쁨을 나누고 함께 격려하는 사랑의 교육적 관계를 일컫는다. 자비로운 교육은 교사가 중심이 되어 사랑을 베푸는 것만을 뜻하지 않는다. 불교에서 인간은 모두 다 생·노·병·사의 괴로움을 갖는다. 교사나 학생이나 이 괴로움에서 벗어날 수 없다. 교사는 성장과정에 있는 학생을 위로하고 격려할 수 있는 위치에 있을 뿐이다. 이렇게 볼 때 자비로운 교육은 괴롭고 슬퍼하는 자뿐만이 아니라 기쁨과 안락한 자에 이르기까지 함께 우정을 나누고 공감하는 인간존중의 교육관이라 할 수 있다.

요즘, 교사는 교사대로, 학생은 학생대로 이원화된 삭막한 교육환경에서 저마다 겪는 삶의 괴로움이 크다. 그러나 그들은 위로와 격려받을 대상을 찾지 못하고 방황한다. 특히 학생들은 가정과 사회와 학교로부터 고립되어 자신의 괴로움을 해소할 길을 쉽게 발견하지 못한다. 이러한 무정한 상황에서 괴로움과 슬픔과 기쁨을 서로서로 함께 나누는 우정과 공감의 자비로운 교육은 아무리 강조해도 지나치지 않다.

둘째, 자비로운 교육은 평등의 교육이다. 불교는 모든 중생에게 평등하게 자비를 베풀도록 한다. 우선은 인간을 차별하지 않는다. 자기와 타인을 차별하지 않고, 사랑하는 자와 미워하는 자를 차별하지 않는다. 누구나 인간이라면 위로와 공감의 자비를 베푸는 일이 자비로운 교육이다. 팔만대장경에 나오는 말을 인용해보자(八萬大藏經(한글 번역본), 680).

> 제일 먼저 평등한 마음을 일으키지 않으면 아니 된다. 이 평등심을 일으켜 모든 사람과 똑같은 마음씨가 되어 서로 이야기하고 자비로운 마음을 일으켜 어리석은 사람이라도 업신여겨서는 아니 된다… 죄 있는 중생까지도 위로해 주며 사랑하고 공경하는 마음을 일으켜서 모든 사람을 어버이같이, 자식같이, 친척과 같이, 벗과 같이 사귀는 것이 좋다.

교육사적으로 볼 때, 교육은 현재까지도 차별교육, 불평등 교육이 지속되고 있다. 정치적, 경제적 요인들이 민주화된 현대에도 여전히 학교와 학교가 차별화되어 있고, 교사는 학생을 차별하고 있으며, 학생과 학생 간에도 역시 차별이 있다.

이러한 문제의 교육상황에서 자비로운 교육은 교사에 의한 학생의 차별교육, 사회 경제적인 조건으로 인한 차별교육 등을 근본에서부터 부정하고 모든 학생들을 무차별적으로 평등하게 대할 것을 시사하고 있다.

셋째, 자비로운 교육은 생명존중의 윤리교육이다. 여기서 생명이란 인간을 포함한 전생명계의 생명 일체를 의미한다. 불교는 생명을 중시하며, 모든 생명에 대해 자비를 베풀라고 한다. 특히 불교의 불살생(不殺生)의 윤리적 규범은 현대사회에 새로운 생명 도덕적 가치를 지닌다. 불교에서는 어떤 인간일지라도 불심이 있고, 더 나아가서 날아가는 새 한 마리, 들에 자라나는 풀 한 포기에도 생명이 깃들어 있다고 보았다. 바로 이러한 생명이 있는 모든 생명체는 절대로 해쳐서는 안 될 뿐만 아니라 존중되어야 할 것으로 여긴다.

현대 사회는 살인과 비인간적인 패륜이 자행되고 있다. 인간의 생명을 가벼이 여기고 물질 위주의 사회 풍토가 만연되면서 인간을 인간으로 보지 않고 하나의 사물로 여긴다. 또한 인간 이외의 모든 것은 인간을 위한 도구로 간주하는 서구의 인간중심주의의 부정적 결과는 생명경시 · 생명위기 · 생명파괴를 가속화하고 있다. 이러한 반생명적 시대적 상황은 생명을 살리는 교육, 생명을 존중하는 자비로운 교육을 통해 해결되지 않으면 안 된다.

넷째, 자비로운 교육은 선(禪, dhyāna)의 방법을 중시한다. 선은 불교에서 중시하는 법으로서 명상으로 심신을 통일함을 일컫는다. 선이란 불교에서 본래 앉아서 자세를 바르게 하고 잡념을 떨쳐내어 마음을 집중하는 수행법(坐禪)이다. 일반적으로 소승불교의 4선이 유명하다(브리태니커 12권, 31).

제1선은 온갖 욕구를 버리고 불선법을 떠나 기쁨과 안락을 느끼지만, 분별과 사려가 남은 상태이다. 제2선은 분별과 사려가 가라앉고 마음이 통일되어 기쁨과 안락을 느끼는 상태이며, 제3선은 기쁨과 안락도 버려서 마음이 평정하게 되고 정념(正念)과 정지(正知)가 작용하여 몸에 안락을 받은 상태이다. 제4선은 몸의 안락도 없게 되고 고락을 초월하여 마음의 평정에 의해 염(念)이 청정하게 된 상태이며, 이 단계에 이르러 마음의 안정과 지(知)의 활동이 동등하게 되어 해탈을 얻는다.

이러한 선의 방법은 위에서 언급한 사랑, 평등, 생명존중의 자비로운 교육을 실현하는 동양적 교육 방법론으로 승화시킬 필요가 있다. 즉 온갖 괴로움에 시달리고, 마음의 고통이 심한 자들에게 안정과 기쁨의 삶을 살아가도록 안내하는 교육은 심신의 통일을 부단히 하도록 선의 방법을 채택하는 일이다(용타 스님, 1997). 괴롭고 피곤한 심신의 고통은 교육의 궁극적 목적인 행복한 삶이나 자아실현을 방해한다. 끊임없이 생겨나는 자기로부터의 욕망과 욕심, 그리고 외부로부터 지속적으로 자기 혼란을 초래하게 하는 자극들로부터 벗어나야 비로소 사랑과 평등 그리고 생명 일체를 존중하는 자비로운 교육을 실천할 수 있다. 자비로운 교육의 실천은 자신의 심신을 통일하는 자기 노력, 자기 학습, 즉 선의 방법을 부단히 연마함으로써 가능하다.

10강

유교: 인(仁)의 교육철학

공자(BC 551. 9. 28.-BC 479. 4. 11.)[1)]

인륜도덕의 상실이 현대사회를 위기로 몰아넣고 있다. 가정에서, 학교에서, 사회에서 도덕적 연대와 공동체적 가치가 퇴락하고, 인간의 이기적 욕구가 인간 간의 도덕적 관계를 위협하고 있다. 역사적으로 볼 때, 인륜도덕의 파탄이 극에 달했을 때, 말기적 증세, 특히 사치와 향락 그리고 자유의 억압과 빈부의 격차로 공동체는 붕괴하였다.

유교의 창시자라고 할 수 있는 공자가 살았던 춘추시대 말기 역시 이러한 말기적 증세를 보였다. 이에 공자는 새로운 이상적인 도덕적 공동체를 위한 개혁적 정치이념 구현과 교육 실천에 평생을 보냈다. 맹자와 순자, 그리고 이후의 중국 유학자

1) https://www.mk.co.kr/opinion/columnists/view/2017/07/478335/에서 2019.07.26에 인출

들 및 한국 유학자들 모두는 시대의 문제를 통감하고 도덕적 이상 사회를 위한 정치와 교육을 추구하였던 것이다.

오늘날 인간의 도덕 문제는 심각하다. 끊임없이 법과 교육을 통해 이 심각한 문제를 해결하려고 하지만 물질적 사욕을 충동질하는 후기 산업사회의 위력은 멈출 줄 모르고 있다. 이런 시대적 상황에서 유교사상은 21세기 새로운 문화 설계의 중요한 사상으로 재발견 · 재해석되면서, 그것이 현대 교육에 주는 의미가 무척 크다.

이 장에서는 이러한 점들을 중시하고 유교의 역사와 사상, 한국에서의 유교사상의 전개와 교육, 그리고 유교사상에서 발견되는 현대 교육적 의미를 살펴보도록 한다.

1. 고대 유학사상가

유교의 역사는 공자로부터 시작된 것은 아니다. 공자 이전 수세기 동안 존속해 온 의례제도(儀禮制度)가 있었고, 공자는 이를 바탕으로 유학을 체계화하여 새로운 것을 알게 한(溫故而知新) 대학자이었다. 그리고 공자 이후 맹자와 순자를 거치면서 집대성된 고대 유학(유가(儒家)라고도 함)이 한국에 전해졌다. 따라서 유교의 역사와 사상을 알기 위해서는 중국의 공자와 맹자 그리고 순자의 생애와 사상을 먼저 살피고, 후대에 이르러 성리학(혹은 주자학), 즉 신유학으로 발전된 과정을 알아보아야 한다.

가. 공자의 생애와 기본 사상

1) 생애

공자(孔子, Confucius, BC 551~BC 479)는 중국 춘추시대 노(魯) 나라 사람으로 본명은 공구(孔丘)이고 자는 중니(仲尼)이다. 그는 인도의 석가모니(BC 560 혹은 460?)와는 동시대 사람이고 서양의 소크라테스(BC 470~399)보다는 70여 년 먼저 태어났다. 공자가 태어난 때는 구제도가 해체되고 구 의례질서가 매우 심각하게 파괴되는 말기적 혼란기이었다. 작은 나라끼리 서로 공격과 정벌을 일삼았고, 신하가 제왕을 죽이고, 자식이 아비를 죽이고 죽는 도덕 파탄이 만연한 시기이었다.

이런 시기에 공자는 어머니 지도하에 의례를 배우기 시작했고, 점차 흥미를 얻어, 항상 어른의 모양을 흉내 내어 제기(祭器)를 늘어놓고 제사 의식을 행하며 놀았다. 나이가 듦에 따라, 그는 주문화(周文化)에 대해 깊은 이해를 하였으며, 강한 학구욕을 갖게 되었다.

공자는 30세에 이르러 학문의 기초를 갖추었다. 이는 당시 사대부들이 반드시 배워야 하는 예(禮), 악(樂), 사(射), 어(御), 서(書), 수(數)의 육예(六禮)를 모두 터득해서 사회에 입신할 수 있게 되었다는 것을 의미한다. 이때의 그의 학문은 제자들과 연구, 토론 중에 형성되고 완성되었다. 공자의 명성은 세상에 알려졌고 50대에 이르러 그는 도덕교육을 통하여 사람들로 하여금 스스로 법을 지키고, 죄와 형률을 범하지 않게 하여, 처리할 안건이 없도록 만드는 이상 국가를 지향하였다.

공자는 55세 때 조국인 노나라를 떠나 14년 동안 다른 제후 국가들을 돌아다니며 유랑 생활을 하였다. 이 기간 동안 그는 생활이 넉넉할 때도 있었고 아주 빈곤할 때도 있었지만, 항상 태연하고 의연했다. 그는 부귀하다고 음란해서는 안 되고, 빈천하여 뜻을 바꿔서도 안 되며, 권세와 무력 앞에 굴복해서도 안 된다는 기개를 보여주었다. 이 시기 공자는 학술 연구와 교학에 힘썼다. 그는 많이 읽고, 많이 생각하고, 그리고 이것들을 제자들에게 전수했다.

68세의 노인으로 노나라에 돌아온 후, 공자는 진심진력하여 교육과 고문헌 정리 작업에 몰두했다. 그는 고대 문화를 연구하고 교재를 만들 필요성 때문에, 그것들을 편집 정리하여 유가 경전, 즉 서(書), 예(禮), 시(詩), 악(樂), 역(易), 춘추(春秋) 등 6경(六經)을 만들었다. 이러한 노력으로 중국은 고내의 많은 전적을 훌륭히 보존할 수 있게 되었다.

공자가 정리한 6경은 평생의 힘을 기울여 만들어 낸 것이고, 모두 만년에 이룬 것이다. 이는 세계적으로도 역사적 의의를 가지고 있는 문화 보물로, 중국 상고사를 연구하는데 풍부한 자료를 제공하고 있다. 공자는 말년에 자기의 일생을 돌아보고 자신의 생애를 다음과 같이 표현했다(공자, 논어: 위정 편).

> 나는 열다섯 살에 학문에 뜻을 두었고, 서른 살에는 학문적 주관을 가지게 되었으며, 마흔 살에는 나 스스로의 학문적 경지 속에서 남의 말에 결코 흔들리지

> 않게 되었다. 쉰 살에는 삼라만상의 질서와 이치, 즉 천명을 깨닫게 되었고 인간 능력의 한계를 알게 되었다. 예순 살에는 남의 말까지도 순순히 포용하게 되었고, 마음 내키는 바대로 행동하여도 크게 법도를 넘어서지 않게 되었다.

공자는 노나라 애공(哀公) 16년(기원전 479)에 세상을 떠났다. 그 후 많은 제자와 노나라 사람들이 3년 동안 묘지를 지켰다. 노나라는 대대로 공자의 제사를 지냈으며, 유생들은 항상 공자묘에서 예를 행하였다.

평민의 신분인 공자는 대사상가, 대학자, 대교육가이었으며, 그의 고상한 풍덕과 솔직 온화한 성격은 스스로 성인이라 생각지 않고 타인의 비평을 기꺼이 받아들였으며, 허물이 있으면 반드시 고치는 진실한 태도를 갖게 하였다.

2) '인'(仁)사상과 실천적 교육관

공자의 사상 중에 특히 교육과 관련하여 살펴볼 필요가 있는 것은 인사상과 그의 현대 교육적 의미이다. 흔히 인의 뜻을 사람을 사랑한다는 뜻으로 해석하지만, 그보다는 보다 본질적인 의미를 찾아 공자가 추구한 유교 교육의 목적과 방법론을 알아볼 필요가 있다.

공자는 논어에서 인을 여러 가지로 설명했다. 그중 하나가 "인이란 사람을 사랑하는 것", 즉 '애인'(愛人)이라고 보았다. 인(仁)의 자형(字形) 자체가 2인(두 사람)을 상징하듯이, 사람과 사람 사이를 연결시키는 따뜻한 '사랑의 느낌'이 곧 인이다. 즉 남을 이해하고 용서하는 따뜻한 애정을 말한다. 그렇기 때문에 맹자는 이것을 '측은의 정'으로 드러나는 본성으로 보았고, 당말의 한유는 '박애'로 해석하였던 것이다. 인은 인본정신의 좋은 증거이다.

사랑으로 해석되는 인은 점진적인 사랑을 의미한다. 친근한 사이에서부터 덜 친근한 사이로, 가까운 곳에서부터 먼 곳까지 미치는 사랑을 의미한다. 이와 같은 태도는 자세히 생각하면 가장 절실하고 실제로 행할 수 있는 것일 뿐만 아니라, 또한 본심의 가장 합리적이고 참된 반응이라고 할 수 있다(장기균, 1987: 44).

또 하나 '논어 안연편'에 제자 안연이 공자에게 '인'이 무엇인가를 물었을 때 공자는 '자기를 극복하여 예(禮)로 돌아가는 것'이라고 말했다. 그리고 인을 실천하기 위해서는 '예가 아니거든 보지 말며, 예가 아니거든 듣지 말며, 예가 아니거든 말하지 말며, 예가 아니거든 움직이지 말라'고 하였다.

공자는 이 말을 통해 인의 기본적 성질과 그 내용을 설명하고 있다. 즉, 자기의 행위를 단속하여 그것을 예의 규범에 부합시키는 것이 인인데, 하루만이라도 그러한 상태에 이르게 되면 천하의 사람들은 모두 그가 인에 도달하였다고 인정할 것이라는 의미이다. 이에 덧붙여 인의 특성 하나를 설명하고 있는데, 인을 추구하는 것은 전적으로 자기에 달려있는 것이므로 인의 실천은 자기의 결정에서 비롯되지 결코 타인에게 의지하여 이루어지지 않는다는 것이다(김철호, 1995: 24).

공자가 말한 인의 실현은 예를 행함에 있다. 공자가 말하기를 '자기의 개인적인 욕심이나 사사로움을 억제하고 예로 복귀하는 것이 인이 되는 것이다(克己復禮爲仁)'. 예는 인간의 삶에서 가장 중요한 행위 규범이다. 예의 실천 속에서만 인자의 소원은 실현될 수 있다. 군주는 군주, 신하는 신하, 부친은 부친, 자식은 자식 된 도리와 의무를 다하는 가운데서 인이 실현되는 것이다.

공자는 인을 실천하는 출발점을 부모에 대한 효(孝)와 윗사람을 공경하는 제(悌)에 있다고 보았다. 공자가 말하는 효제는 인간의 감정에 기초한 것으로서 부모와 웃어른의 마음을 헤아려 스스로 하는 것이며 그러한 효(孝), 제(悌)는 인간의 자연스러운 감정에 바탕을 둔 것이라고 하였다. 그래서 인은 인간관계 여하에 따라서 부자간에 있어서는 '자효'(慈孝)의 형태로, 부부간에 있어서는 '화목'의 형태로, 군신간에 있어서는 '충의'의 형태로, 친구 간에 있어서는 '신의'의 형태로, 형제간에 있어서는 '우공(友恭)'의 형태로 나타난다고 하였다(김근원, 1996: 12).

또 한 가지 인을 실천하는 자는, 자기가 서(立)려고 하면 남도 세워 주고, 자신이 어떤 목적을 이루고자 하면 남도 이루어지도록 해 주는 사람이다. 가까운 자기 자신으로부터 비슷한 경우를 취하여 남을 대접할 수 있는 것은 인을 실천하는 적극적인 방법이다.

한편, 인을 실천하는 데 있어 공자는 '대학'에서 '자기가 하고 싶지 않은 일을 남에게 시키지 말라'고 하였다. 그 내용을 살펴보면, 자기가 당하고 싶지 않은 일은 남에게 하지 말고, 자기가 자식들에게 바라는 그 마음으로 어버이를 섬기며, 자기의 신하들에게 바라는 그 마음으로 임금을 섬기며, 자기의 아우에게 바라는 그 마음으로 형을 섬기며, 벗들에게서 바라는 마음으로 먼저 벗들에게 베풀어 주어라고 말하면서 공자는 "인이 그렇게 멀리 있는가? 내가 인을 행하려고 하니 이렇게 인이 가까이 있구나!"라고 하였다(풍우란, 1996: 65). 이는 인을 실천하는 것이 그렇게 힘든 일이 아니라 자기와의 관계 안에 있는 자를 우선 배려하는 마음이 중요하다는 뜻이다. 바로 공자가 생각하는 최고의 이상적인 인간상인 '군자'(君子)는 이러한 인을 적극적으로 실천하는 자이다.

나. 맹자의 생애와 사상

1) 생애

맹자(孟子, BC 372~289)는 공자의 손자인 자사(子思)의 유학을 계승하였으며, 공문(孔門)의 정통을 이어간 중국 전국시대 초기 유학자이다. 그는 공자 사후 100여 년 후 태어났으며, 이름은 가(軻), 자는 자여(子輿) 또는 자거(子車)라고도 한다. 맹자는 공자의 유학을 전술(前述)하고 이를 부연 발전시켜 유교의 정통을 후세에 전하는 데 크게 기여하였다.

맹자가 어렸을 때 부친이 세상을 떠나 가정은 빈한했다. 그러나 맹모삼천지교(孟母三遷之敎)란 고사를 남길 정도로 그의 어머니는 맹자의 공부를 위해 힘썼다.

맹자가 살았던 전국시대 역시 제후들의 전쟁으로 백성들의 목숨이 초개처럼 여겨졌고, 배신과 살인이 다반사이었다. 이런 시대적인 상황에서, 그는 40세를 지나 30여 년 동안 많은 나라들의 제후들을 찾아다니면서 현실 문제를 해결하는 데 골몰하였다. 그러나 권모술수로만 임하는 제후에게 실망하여 자신의 정치이념을 포기하고 제자들과 더불어 '시경'(詩經), '서경'(書經) 같은 고전을 정리하고, 공자의 뜻을 논술하거나 의문 나는 것을 논의하고, 제자들의 질문에 답변하거나 가르치는 일에 열중하였다.

맹자는 자신의 이상이 현실에서 수용되지 않고 있음을 체험하면서도 조금도 굽힘이 없이 강하고 집요하게 주장하고 설득한 이상주의적 정치철학자이자 교육자이기도 하였다.

2) 성선설과 자연주의적 교육관

맹자의 중심 사상은 성선설(性善說)로서 사람의 성질은 모두 동성(同性)이며 선하다는 것을 주장하였다. 잔인한 것을 보았을 때에 측은한 마음(惻隱之心)이 있고, 추악한 행동을 부끄럽게 여기는 수치의 마음(羞惡之心)이 있으며, 어른에게 공경하고 사양하는 마음(辭讓之心), 그리고 선악을 식별하는 시비의 마음(是非之心), 곧 4단(四端)이 있는데, 이는 인의예지(仁義禮智) 4 덕(德)의 단서(端緖)로서 이 4단이 존재하는 한 성(性)이 선함은 의심할 여지가 없다고 하였다.

맹자는 사람이 악한 일을 하게 되는 것은 외부의 영향을 받아 물욕(物慾)에 빠졌기 때문이라고 하였다. 그래서 학문의 방법에 있어서는 선천적으로 선한 성을 잘 길러 물욕에 빠지지 않고 호연(浩然)의 기연(奇緣)을 길러야 한다고 하여 자연주의적 교육철학을 설파하였다.

맹자는 인간에게 선하지 않음이 있음은 사실이나 그것은 천성이나 인간적인 자질에서 연유되는 것이 아니라, 자기의 천성이나 자질을 다 발휘시키지 못한 데에 그 이유가 있다고 보았다. 타고난 본성이나 자질을 온전히 발휘시킬 수 없게 만드는 원인을 맹자는 물욕 때문이라고 하였다. 환경의 자극으로부터 생기는 물욕을 누르고 본성인 인, 의, 예, 지 4 덕을 확충시키는 데에 있어 가르침과 배움은 필수적이라는 것이다.

맹자는 인간이 동물과 다른 점을 인의(仁義)의 유무(有無)에 두었다. '사람이 금수와 다른 바는 그렇게 많지 않은데, 특히 교육이 없으면 짐승과 다를 바 없다'고 하였다. 따라서 교육의 목적은 인간으로서 짐승과 다른 유일한 특성인 그 선한 본성을 보존하고 계발하는 데에 있게 된다.

한편, 맹자는 학문의 길은 다른 것이 아니라 잃어버린 마음을 찾는 것이라고 말했다. 이는 물욕에 덮인 본성을 찾는다는 의미로서, 구체적으로는 인, 의, 예, 지 4 덕을 밝게 드러내기 위해 노력하는 일이 배움의 목적이라고 할 수 있다. 그는 이러한 4 덕을 갖춘 교육적 인간상을 '대장부'(大丈夫)라고 불렀다. 대장부는 공자가 말한 군자에 해당하는 말로 인, 의, 예, 지를 쌓아서 인간사회를 보다 더 복지사회로 만드는 자이고, 호연지기(浩然之氣)를 갖고 인의 세계에 살고, 예와 의로운 행위로 스스로 도를 실천하는 자이다(이기석 편역 · 정순목 평설, 1991: 216–222).

맹자는 이러한 교육목적에 도달하기 위해서는 오늘날의 용어로 표현하면 자연주의 교육방법을 강조하고 있다. 무엇보다도 강요와 억압을 통한 교육을 부정하고 인간 본성의 자연스러운 계발과 성장을 강조하였다. 그가 말하기를 군자는 가르침에 있어, 제 때에 내리는 비가 초목에 변화를 가져오는 것처럼 적절하게 자극을 주고 이끌어 주는 것이지, 그 핵심을 밝혀 내주지는 말아야 할 것을 강조하였다. 또한 선한 본성을 회복하는 일은 사색이 필요하다고 맹자는 보았다. 귀와 눈이라는 기관은 생각하지 않고서는 물욕에 가려진다. 그래서 마음으로 깊이 사색하여 깨닫는 일이 중요하다고 하였다(김효선 외, 1989: 36-45).

맹자는 가르치는 일 그 자체를 삶의 지극한 즐거움 중의 하나로 생각하였다. 이는 그가 말한 유명한 세 가지 즐거움(君子有三樂), 즉 "부모가 생존해 계시고 형제가 무고한 것이 첫 번째 즐거움이며, 하늘을 우러러보아 부끄러움이 없고 땅을 굽어보아 사람들에게 부끄럽지 않은 것이 두 번째 즐거움이고, 천하의 영재들을 얻어 그들을 가르치는 것이다"(이기석 편역 · 정순목 평설, 1991: 192)는 데서 찾아볼 수 있다. 인간의 선한 본성을 회복하는 가르침이야말로 큰 즐거움으로 본 맹자의 교육관은 현대사회의 교훈이 된다.

다. 순자의 생애와 교육사상

1) 생애

순자(BC 323?~238)는 전국시대 말기의 위대한 유학자이다. 그가 살았던 전국시대는 도덕적인 질서가 무너져 약육강식의 살육이 끊이지 않았고, 하극상의 풍조가 횡행하였던 극도의 혼란기였다. 이러한 혼란으로 오히려 후세의 제자백가라고 불리는 많은 사상가들이 나와 난세를 극복하기 위한 독창적인 사상들을 내세웠다.

순자는 제자백가 중의 한 학자이다. 그는 기원전 323년경 전국시대 조나라에서 태어났다. 맹자보다 약 50년 후에 활동한 순자가 처했던 시대적 상황은 맹자의 활동기보다 더 혼란스러웠다. 전국시대 말에는 그나마 형식적인 권위마저 없었기 때문에 권모와 술수가 횡행하는 군웅의 각축장으로 변했다. 이런 상황에서 사람들의 자발적인 도덕심에 호소하는 교육과 정치란 불가능했다.

순자의 생애에 대한 기록은 거의 없는 형편이다. 단지 사마천이 쓴 '사기'에 간단히 언급되었을 뿐이다. 순자는 50세에 처음으로 제나라에 유학 갔다는 것이 사기에 기록되어 있다. 순자는 이 유학을 통해 모국인 조나라와 제나라 간의 적대 관계 때문에 이루지 못했던 젊은 시절의 꿈을 실현시킬 수 있으리라고 기대했었다. 그는 최연장자로서 세 번의 제주(대학장과 같은 지위)에 취임하기도 했다. 그리고 제나라를 떠난 이후 초나라로 가 그곳에서 춘신군을 만나 난릉 땅의 영직에 임명되었다. 기원전 238년 춘신군이 이원에게 살해당하자 영직에서 면직되나 난릉에 그대로 머물며 학문과 저술활동을 하다 그 땅에 묻혔다고 사기는 전한다(브리태니커 12권, 612).

2) 성악설과 적극적 교육관

순자는 인간의 본성은 동물과 같이 악한 성질을 지니고 있다는 성악설(性惡說)로 유명하다. 그에 따르면 인간은 동물과 동일한 원초적 욕망을 가지고 있으며, 이 욕망을 그대로 두면 타인의 욕망과 충돌을 일으키게 되어 사회는 혼란에 빠져버린다. 그래서 그는 악한 본성과 대비되는 것으로 위(僞)를 들어 설명하고 있다. 성은 천부적인 부분인 반면에 위(僞)는 후천적인 학습을 통해 이루어지는 부분으로 교육을 의미한다. 성과 위의 관계를 들어 순자는 나무와 도지개, 곡선과 먹줄의 관계에 비유했다. 도지개는 구부러진 나무 때문에 존재가치가 있고, 먹줄도 곧지 않은 선 때문에 존재가치가 있는 것과 마찬가지로 인성이 악하기 때문에, 인위적인 교정이 절대적으로 필요하다는 것이다. 따라서 일체의 선한 행위, 도덕관념은 모두 천부적인 것이 아니라 후천적인 위(僞)를 통해서 개조된 결과라는 것이다.

순자의 사상이 인간의 본성은 악하다는 것에만 그쳤다면 교육적인 논의의 가치가 없다. 그러나 그는 이러한 인간의 악한 본성이 인위적, 즉 후천적 교화(교육)를 통하여 충분히 선해질 수 있다고 주장함으로써 적극적인 교육의 필요성을 강조했다. 순자는 악한 본성을 지닌 인간을 어떻게 교화하여 바른 인간이 되게 하는가에 교육목적을 두고, 이를 이룩할 수 있는 교육방법을 제시하는 일에 관심을 두었다. 순자는 교화의 가장 효과적인 방법은 예(禮)를 배워 예를 따르는 것이라고 역설 하였다.

순자가 말한 예(禮)는 그의 현실적 경험을 근거로 한 성악설과 긴밀히 관계되어 있다. 인간은 본래부터 욕망을 가지고 태어나 그것을 충족시키는 과정에서 충돌되어 그 결과 혼란과 무질서가 야기되어 인간다운 삶을 살 수 없는 것이다. 순자는 공존을 위한 사회적 선, 사회적 규범으로서 예(禮)가 필연적으로 요청되며 전체 사회의 모든 사람들은 성인이 제정한 예(禮)에 따라 각기 나아가고 자리를 지키기만 하면 무리를 이루어 살면서 화합할 수 있다고 하였다.

순자가 말하는 예의 실천적 기능은, 첫째, 정치적인 기능을 가지는 예는 나라를 다스리는 최고 표준이고, 나라를 강력하게 하는 근본이며, 위세를 천하에 널리 떨치게 하는 지름길이자, 공명을 세우는 으뜸이다. 둘째, 사회적인 측면에서의 예는 사회적 규범, 기강의 기능을 수행한다. 셋째, 교육적인 측면에서의 예는 모든 도덕의 핵심으로서, 개인 수양의 기본이 되는 것이다.

이러한 예의 실천을 통해 순자는 사(士)에서 군자로, 그리고 성인으로 나아갈 수 있다고 보았다. 인간은 예를 배우고 익히는 사(士)의 단계에서 완전한 인격 완성체인 성인으로 될 수 있다. 그러나 예를 지키지 않으면, 경전에서 얻은 지식이 아무리 뛰어나다 해도 결국 고루한 학자요, 쓸모없는 교육이라고 하여 순자에게 있어서 예는 가장 중요한 교육 목적이자, 교육내용이다.

이러한 순자의 교육관을 통해 볼 때, 교사의 역할은 적극적이어야 한다. 순자가 배움에 있어서 스승의 작용에 커다란 관심을 둔 까닭은 잡다한 지식과 구절만을 외우기보다는 도덕적인 감화에 의한 올바른 인격 형성을 이루는 것이라 생각했기 때문이다. 순자가 말하는 스승이란 예를 바르게 전달하는 사람이다. 따라서 예를 알고 가르치는 스승은 높이 받들어야 하고, 배우는 이는 그의 가르침에 순종해야 한다(김효선 외, 1989: 61-69).

2. 조선의 성리학과 교육사상

가. 성리학 등장의 배경

후한 말기 중국에서는 한나라 이후 불교사상과 도가사상이 크게 발전하여 중세 중국의 정신세계를 지배하였다. 이에 유학자들은 유교를 지도적인 사상으로 재등장 시켜 불교와 도교의 도전을 창조적으로 극복해야 했고, 고대 유학을 다시 부활하는 일이 시급하다고 생각했다. 이러한 움직임과 함께 송나라(960~1279)의 유교적 정책으로 경제적 번창과 과학기술 · 예술 등의 문화적 발전, 유학서의 보급과 교육 실시, 과거제도 시행 등이 실시되었고 많은 유학자들이 배출되었다. 유학자들은 높은 학문적 소양과 사회의식, 정치적 참여의식을 가지고 유교 부활을 성리학 학풍으로 발전시켰다.

송대의 대학자들은 개인과 사회의 윤리, 도덕적 형이상학이 통합되어 있는 포괄적인 인(仁)을 중심으로 사상체계를 발전시켰다. 당시의 사대부들은 이러한 새로운 철학이 유교 경전의 정신을 충실히 회복시키면서 동시에 현재의 문제들을 해결할 수 있다고 믿었다. 특히 성리학을 집대성한 주희(朱熹) 사상은 우리나라 고려 말기 이후 새로운 유학의 부흥과 조선 건국의 이념적 기초가 되었다.

1) 이황의 생애와 교육사상

퇴계(1501-1570)의 성은 이, 이름은 황, 자는 경호, 호는 퇴계 혹은 청량산인이다. 그는 연산군 7년(1501)에 경상도 예안현 온계리(지금의 안동군 도산면)에서 진사 이치의 8남매 중 막내로 태어났다. 부친이 진사로 양반 가문이었으나 그가 태어난 지 불과 7개월 되던 때에 40세의 나이로 세상을 떠났다. 그로 말미암아 부친의 훈도를 받지 못하고 또 빈곤한 생활 속에서 자라게 되었다. 이러한 중에도 퇴계의 모친은 늘 자식들에게 문예만 힘쓰지 말고 몸가짐과 행실을 더욱 바르게 할 것을 가르친 것으로 보아 퇴계의 인격 형성에 모친의 영향이 컸음을 짐작할 수 있다.

퇴계는 6세 때 이웃 노인에게 천자문을 배웠고, 12세부터 숙부에게 논어를 비롯한 유학을 사사받았으며, 14세에 이르러서는 "비록 많은 사람이 모인 자리일지라도 반드시 벽을 향하여 조용히 생각하고 있을 정도"로 학구열이 높았다. 20세 경에는 마침내 "침식을 거의 잊어가며 독서와 사색"에 잠겼다. 이때의 무리한 공부로 몸이 여위고 소화 불량증이 발생하여 일생 동안 고생했다고 한다. 21세 때 허 씨 부인과 결혼하였고, 23세 때에는 한양으로 올라와 성균관에 유학하였으며, 34세 때 대과에 급제하여 마침내 벼슬길에 나섰다. 퇴계는 43세 때까지 비교적 순탄한 관직생활을 보내다 40세 되는 명종 4년에 풍기군수 사임장을 감사에게 올리기 시작하면서부터 70세 되는 선조 3년까지 무려 54회나 각종 사직소와 상소를 올리는 등 비판적 정치 이념을 드러냈다(정순목, 1975: 53).

퇴계는 그 자신의 소망이 벼슬에 있지 않고 학문에 있은 까닭에 노년기에 들어서까지 심혈을 기울여 유학 연구에 몰두하였다. 그는 도산 서당을 중심으로 학문에 정진함은 물론이고 많은 후진을 양성하였다. '인생칠십 고래희'가 통념으로 받아 들여지던 당시, 그는 70의 천수를 다하고 자기 집에서 평안한 모습으로 1570년(선조 3) 세상을 떠났다(조준하 외, 1996: 548-553).

퇴계는 단순한 사대부로서가 아니라 송 · 원 · 명대의 성리학을 이론적으로 정리 집대성한 성리학의 대가이다. 그는 이전의 성리학을 총정리하였을 뿐만 아니라 스스로의 사색을 통하여 성리학의 학문적 심도를 더욱 심화시켰다.

퇴계는 정주와 주자의 입장을 바탕에 두고 유학 고전에 대한 해석이라든지 학설을 정리하였다. 특히 정주 계통의 성리설을 자신의 입장으로 삼았던 만큼, 퇴계는 다른 입장에서 주장되는 이론들을 배척한다. 불교나 도교와 같이 이교의 사상은 말할 나위도 없고, 같은 성리학이라 하더라도 흔히 심학으로 불리던 양명학이라든지 서화담 계통의 기 일원론 등을 배척하였다. 그의 사상을 간단히 정리하면 다음과 같다.

① 이기이원론적 존재론

일찍이 서화담은 기(氣)에 치중함으로써 기만으로 모든 존재를 해석하려고 하였다. 그에 의하면 이(理)는 기를 떠나서 따로 있는 것이 아니다. 이는 다만 기의 작용에 따라 생겨나는 질, 즉 기의 한 가지 속성으로 보았다. 이러한 서화담의 이론에 대해 퇴계는 이(理)와 기(氣)를 분명히 구분하지 못하고 기 한편에 치우쳤다고 비판하면서, 이와 기는 어디까지나 두 가지이지 한 가지가 아님을 주장하였다. 그에 따르면 불멸 · 항존 하는 것이 있다면 그것은 기가 아니라 이이고, 기는 생멸하고 이만이 항존 하므로 이야말로 실재이다.

퇴계에 의하면 물론 기의 생성에는 시초가 있다. 그 시초의 기를 가리켜 그는 일원지기(一元至氣)라 한다. 역경에서 말하는 음양이 바로 그것이다. 일원의 기는 어떻게 생겨났는가? 퇴계는 이가 동하면 기가 따라서 생긴다는 전제 아래, 태극이 동(動)하여 양이 생하고, 태극이 정(靜)하여 음이 생하였다는 이론을 발전시켰다. 이 같은 견해는 물론 기의 존재에 앞서 이가 독자적으로 선재(先在)한다는 전제를 암암리에 상정한 것이다. 그리하여 음양을 태극의 소생으로 보고 태극을 음양의 능생자(能生者)로 본다. 이가 사실상 기에 앞서 존재하고 있음을 주장한 것이다. 이러한 퇴계의 입장은 일정한 현상 혹은 존재보다는 그 현상 혹은 존재의 원인 · 이유 · 본질이 앞선다는 존재론을 내세운 것이다(조준하 외, 1996: 545-564).

② 사단칠정론

원래 정주학에서 심(心)을 이기(理氣)의 합이라 하는 것은 구조적인 관점에서의 설명이다. 심리 현상에서는 이성적 측면과 감성적 측면을 구분하여 설명하듯이, 퇴계는 마음을 이기론적으로 해석하여 사단(四端)은 이(理)의 발(發)이고, 칠정(七情)

은 기(氣)의 발이라고 했다. 사단이란 맹자가 말한 측은(惻隱), 수오(羞惡), 사양(辭讓), 시비(是非)의 네 가지 마음을 가리킨다. 퇴계는 이 사단에 의해서 바로 인의예지(仁義禮智)가 드러난다고 한다. 이 인의예지는 인간의 본질적인 특성, 곧 본성이다. 또한 맹자와 마찬가지로 이것은 선천적인 것이자 본래 선한 것으로 보았다. 따라서 그는 사단 역시 선한 정(情)이라고 보는 성선설을 옹호한다.

한편, 정(情)에는 희노애락애오욕(喜怒哀樂愛惡欲)의 칠정이 있다. 이 일곱 가지 정은 경험을 통해 인간에게서 일어날 수 있는 정(情)을 총칭한 것이다. 따라서 이 칠정은 일면적으로 선하거나 악하다고 할 수 없다.

③ 인간관과 교육관

인간의 본성의 단서라고 할 수 있는 사단을 가리켜 이가 발한 것임을 역설하는 것은 곧 인간에게 선한 본성이 본래적으로 있다는 의미이다. 퇴계는 인간에게는 선한 본성이 있다고 믿고, 그 본성의 발현에 의하여 인간은 참다운 인간이 될 수 있다고 생각하였다. 이는 이(理)의 입장에서 본 인간의 보편성을 말하고 있다.

반면에 기(氣)의 입장에서 인간은 각기 다양한 개성, 곧 특수성이 있음을 퇴계는 지적하였다. 인간은 누구나 음양의 정기를 받는 과정에서 그 기질에 차별이 생긴다는 것이다. 이로 인해 퇴계는 세 가지 인간 유형을 구분할 수 있다고 말한다. 즉 하나는 성인 혹은 상지(上智)의 인간이고, 또 하나는 군자 또는 중지(中智)의 인간이며, 다른 하나는 중인(中人 또는 小人) 혹은 하우(下愚)의 인간이다. 그러나 이러한 인간의 각기 다른 특수성은 상대적인 것이므로 기질 변화를 위한 수양이 강조된다(김효선 외, 1989: 207-210). 그래야만 인간은 비로소 인(仁)을 실현하는 성인이 될 수 있다는 것이다.

퇴계에서 보여지는 교육 목적은 이러한 성인이 되도록 함에 있다. 그에 따르면 성인은 우선 뜻을 세우고(立志), 마음으로 경의 자세를 갖춘(居敬) 다음, 사물의 참된 법칙을 궁구하는(窮理) 자로, 이 정신을 바탕으로 성의 · 정심 · 수신을 하며, 나아가 제가 · 치국 · 평천하에까지 도달할 수 있다. 그리고 퇴계는 지(智)와 행(行)은 본래 나눠질 수 없는 것이므로 사람의 두 다리, 새의 두 날개와 같이 쌍수병진하는 관계, 즉 지행병진(智行竝進)하는 것으로 보아 앎과 행함이 함께 발전할 수 있는 인간교육을 주창하였다.

끝으로 퇴계는 남을 위하는 학문(爲人之學)이 아니라 진정한 자기완성(爲己之學)을 근본으로 삼아 천리(天理)를 실현하는 것이 인간의 본래적 사명으로 보았다. 이는 자기완성이 있은 후에야 바른 사회 완성을 이룰 수 있다는 교육철학을 제시한 것으로 보여진다.

2) 율곡의 생애와 교육사상

율곡 이이(1536~1584)는 퇴계와 더불어 조선 성리학을 대표하는 위치에 있다. 그의 자는 숙헌, 호는 율곡이다. 그는 강릉 외가에서 태어나 어머니 신사임당의 교육을 받았으며 13살 때 진사 초시에 합격하였다. 16살 때 어머니를 여의고 3년 상을 치른 후 1년 동안 잠시 금강산에 들어가 불교 연구를 하였으나 뜻한 바 있어 강릉 외가에 돌아와 '자경문'을 지어 학문에의 입지를 확고히 하였다. 23살이 되던 해 봄에 경북 예안 도산으로 퇴계선생을 뵙고, 그 해 겨울 별시에 '천도책'으로 장원급제하였다.

그는 29세에 호조좌랑에 임명된 후 내외 관직을 두루 역임하였으며 36세에 창주목사로 재직 시에는 향약을 지어 민중을 교화하였다. 가정에서는 효제를 실천하여 못된 계모까지도 감동시켰고, 공직생활에서는 공과 사를 분명히 하고 청백리의 모범을 보여 49세에 세상을 떠났을 때는 수의를 마련할 수 없을 만큼 생활이 빈궁하였다.

벼슬에서 잠시 물러나 있는 동안은 그의 학덕을 흠모하여 몰려드는 선비들을 가르치고 초학자들을 위하여 〈격몽요결〉을 짓고 '은병정사'라는 서원을 세워 교육활동을 하였다. 율곡은 '교화를 베푸는 방법은 학교가 으뜸이라'고 하여 각종 학규를 만들고 〈학교모범〉, 〈학교사목〉 등을 저술했다.

율곡은 투철한 역사의식으로 현실정치에 참여하여 비판과 경륜을 제시하였고, 또한 철학자로서 성리학 연구에 새로운 경지를 개척하였다. 그는 철학자로서의 삶과 정치가로서의 삶을 병행했으며, 이(理) 중심의 철학과 기(氣) 중심의 철학을 조화시킴으로써 한국 성리학의 전성기를 마련하였다. 그는 기호유학의 선구자로서 김장생, 조헌 등 많은 문인을 배출하였고, 〈성학집요〉 등 수많은 저술을 남겼다.

율곡은 퇴계와 함께 16세기 한국 성리학의 전성기를 주도하였던 대사상가이다. 그는 퇴계의 '이' 중심의 철학과 서화담의 기철학을 이기지묘(理氣之妙)로 조화하는 위치에 있다. 따라서 율곡 성리학은 '이' 없는 '기'나 '기' 없는 '이'는 존재의 의미나 가치의 의미에서 불완전한 것으로 본다.

이러한 그의 근본 입장은 이기론, 인성론, 경세론에 이르기까지 일관되고 있으며 그의 삶까지도 철학적인 학문의 길과 현실적인 경세의 길을 아울러 걸었다. 특히 율곡은 퇴계와는 달리 학문의 개방성으로 인해 다양한 요서(妖書)를 섭렵하였으며 철학, 정치, 경제, 사회, 교육, 윤리, 국방, 종교, 법, 문학에 이르는 광범위한 영역을 다루었다. 그는 일면 성리학의 연구에 몰두하면서 일면 경세의 이론과 실천에 앞장서서 이른바 도학의 구현에 모범이 되고자 하였다(조준하 외, 1996: 780-781).

율곡은 '백성을 우선 제대로 먹고살게 하는 것이 제일 큰 일이다'고 보고, 산업을 진흥하고 천재지변을 당한 백성을 구제하는 데 온 힘을 기울였다. 또 백성의 고통을 덜기 위해 악법 폐지를 상소하고 신분의 멍에를 풀어 주기 위하여 노예를 속량하고 서얼들에게 벼슬길을 열어 주었으며, 현대 의회 제도의 효시라고 할 수 있는 경제사의 설치를 제안하고 여론 정치를 주장하였다. 이렇게 경세의 이론과 실천은 그 후 실학으로 계승되어 더욱 치밀하게 전개된다(정용선, 1994: 20).

여기서는 그의 교육관과 관련된 기본 사상을 중심으로 살펴보도록 한다.

① 이기일원론(理氣論)적 존재론

율곡은 세계를 이와 기로 구성되었다고 보았다. 이(理)는 무형, 무위의 형이상자(形而上者)로서 일체 모든 존재가 그러한 존재일 수 있는 '까닭'(원인)이다. 그에 의하면 이(理)는 기(氣)를 주재(主宰)하고, 기는 이로 인해 발한다. 이가 아니면 기가 발할 수 없다. 이같이 둘이면서 하나로 있고 하나로 있으되 둘인 이기의 관계를 율곡은 이기지묘(理氣之妙)라는 말로 표현하고 있다. 이기지묘는 이기(理氣)의 묘합이라는 말로 이기가 시간적으로 선후가 없고 공간적으로 이합(離合)이 없는 묘합의 존재 구조를 의미한다. 이를 율곡은 기발이승일도설(氣發理乘一途說), 즉 이기일원론(理氣一元論)으로 설명하고 있다.

기발이승이란 발하는 기(氣) 위에 이(理)가 올라탄 상하의 존재구조를 말한다. 율곡은 자연세계나 인간세계를 막론하고 일체 존재의 구조를 기발이승으로 설명한다. 즉, 기는 발하는 것이지만 이는 발하지 않고 기발의 원인이 되고 주재가 되는 것이나. 그는 이(理)의 발(發)을 부정하기 때문에 모든 존재 구조를 기발이승의 형식으로 본다.

② 인성관과 사단칠정론

율곡은 인간의 본질을 이러한 이기일원론적으로 해석하면서, 본연지성과 기질지성은 두 성(性)으로 구분되어 있지 않다고 보았다. 본연지성은 기질에 있는 이(理)를 가리키고, 이(理)와 기질이 묘합된 것을 기질지성이라 하는 것이다. 그러므로 본연지성은 기질을 겸해 말할 수 없으나 기질지성은 오히려 본연지성을 겸할 수 있다.

이런 입장에서 율곡은 사단칠정의 구조를 기발이승으로 본다. 사단도 정이고 칠정도 정이다. 율곡에 의하면 성(性)이 기(氣)를 타고서 움직인 것이 정(情)이다. 율곡은 퇴계의 사단칠정론에 대해 비판적이다. 윤리적 입장에서 이기의 구분과 사칠의 엄격한 분별을 강조하는 퇴계와는 달리, 율곡에 있어서는 사단의 선(善)도 중요하지만 칠정의 선도 중요하다는 입장이다. 따라서 현실적 인간의 입장에서는 칠정을 어떻게 이의 주재에 따라 기를 발하도록 하느냐 하는 것이 중요한 문제라 하겠다. 이런 점에서 인간(衆人)은 그의 오랜 나쁜 습관을 고쳐 기질 변화를 일으키면 본래의 성인의 품성을 지니게 된다고 한다.

③ 정치 · 경제사상

율곡은 '중인(衆人)과 성인이 그 본성에 있어서는 같다'고 하는 만인평등의 입장에서 정치의 주체를 백성으로 삼고, 현실 참여의 기준을 백성에 두는 정치이론을 전개하였다. 그는 읍을 설치하고 관리를 두는 것도 목민을 위함이며, "군은 나라에 의존하고 나라는 민에 의존한다"하여 정치의 기본을 백성에 두고 있다.

율곡은 자신이 살았던 시대에 공물, 진상, 군역 등 각종 제도의 모순으로 인한 민생의 불안과 민심의 이반, 나아가 농촌경제의 파탄과 국가경제의 난맥상을 비판하고 그 대안을 제시하기도 하였다. 그는 "백성이 하늘 삼을 바를 잃고 나라가 의지할 바 없으니 살아가는 일이 당시의 급선무"라고 말했다. 또한 〈성학집요〉에서도 "백성은 먹을 것에 의존하고 나라는 백성에 의존하는 것이므로, 먹을 것이 없으면 백성이 없고 백성이 없으면 나라도 없다"라고 하여 경제가 백성과 국가 존립의 기초임을 말한다. 이러한 입장에서 시대의 모순된 법제, 세제, 군제 등의 제도적 개선을 적극 주장하였다.

한편, 그는 국방에 많은 관심을 갖고 이에 대한 경륜을 제시하였다. 그는 경연석상에서 '십만 양병의 대비'를 진언한 바 있으며 육조 계에서는 국방의 통합적 개념을 도입하고 국방에서 경제가 차지하는 중요성을 강조하였다. 또 군사에서도 인사의 중요성을 말하고 변방 경비의 강화와 함께 전력의 기동성에도 관심을 보였다. 이러한 개혁안과 국가 발전 전략은 비록 실현되지 못했으나, 후일 유형원이나 이익 같은 실학자에 의해 계승된다(오정혜, 1993: 208).

④ 교육관

율곡은 철학이나 정치뿐만 아니라 교육에 관해 많은 관심을 갖고 이론을 제시하였다. 진보적인 현실적 이상주의자 율곡은 사람이 학문을 하는 이유는 도덕의 수양을 통하여 자신의 인격을 완성하고 군자가 되기 위함으로 보았다(황준연, 1995: 13). 이는 이상적 도덕 사회 건설이라는 정치적 목적은 반드시 교육을 필요로 한다는 점을 밝혀주고 있는 것이다. 여기서는 율곡이 생각하는 교육목표, 교육동기, 교육적 인간상, 교육의 가능성, 교육과정, 교육방법 등을 중심으로 그의 표현을 빌어 알아보도록 한다.

첫째, 율곡은 도(道) 혹은 이(理)에 교육 목표를 두고 있다. 그에 의하면 도라는 것은 아득히 깊고 먼 데 있는 것이 아니고 일상생활 안에 있다. 집에 들면 부모에게 효도하고 밖에 나가면 어른에게 공손하며, 거처할 때는 공손하고, 일에 손댈 때는 경건하여, 남을 대할 때에는 충으로써 하고 이득을 볼 때에는 의리를 생각하는 것이 '도' 곧 배움의 목표라고 하였다.

율곡은 〈격몽요결〉에서 이를 두 가지의 면에서 설명한다. 하나는 맹자가 말한 인간의 성선 가능성이다. 대개 중인(衆人)과 성인은 그 본성이 마찬가지이다. 비록 기질은 맑고 탁한 점에서는 다름이 없지 않으나 진실로 능히 바르게 알고 실천하여 그 구습을 버리고 본성을 회복한다면 온갖 착함이 고루 갖추어질 수 있을 것이라 하였다. 다른 하나는 기질 변화의 가능성이다. 사람의 기품은 맑고 흐리나 노력하면 본연지성이 회복될 수 있다는 것이다.

이러한 배움을 통해 율곡은 성인이라는 이상적 인간을 양성하고자 하였다. 본래 유가철학에서는 바람직한 인간의 모습을 성인, 군자 등 여러 가지로 설명하고 있지만 율곡은 주로 성인, 진유, 도학지사로 부르고 있다. 도학지사나 진유는 교육을 통해 현실적으로 만들 수 있는 인간상이라면 성인은 이상적인 교육적 인간상이라 할 수 있다. 율곡은 가까이는 진유가 되기를 바라지만 멀리는 성인에 이르기를 바란다

하여 성인 됨을 교육의 궁극적 목적으로 삼았다.

둘째, 이이는 단계적이고 수준별 교육과정을 제시하였다. 그는 〈격몽요결〉과 〈학교모범〉에서 소학을 먼저 배워 근본을 배양하고, 다음에는 대학과 근사록으로 그 규모를 정하고, 그다음에는 논어, 맹자, 중용 등과 오경을 읽고, 사기와 선현의 성리서를 간간이 읽어, 의취를 넓히고 식견을 정밀하게 해야 한다고 말하였다. 아울러 성인의 글이 아닌 글은 읽지 말고 무익한 글은 보지 말라고 하였다. 이러한 방식은 점진적 교육과정을 통해 성인의 길로 나아가야 함을 의미한다.

셋째, 이이는 입지(立志)와 거경(居敬) 그리고 역행(力行)의 교육방법을 제시하였다. 우선 율곡은 교육의 동기를 입지(立志)로 설명한다. 율곡은 한 개인의 인격수양이나 한 나라 임금의 자질 함양에 있어서 가장 먼저 할 것이 입지라고 한다. 교육에 있어서도 뜻을 세우고 갖는 것이야말로 교육의 성패를 좌우하는 중요한 요소로 보았다.

또한 율곡은 〈자경문〉에서 "수양 공부는 늦추지도 말고 급히 하지도 말며 죽은 뒤에나 그만두라" 하고, 〈격몽요결〉에서는 거경으로 근본을 세우며 궁리로써 선에 밝으며 역행(力行)으로 행하는 것이니, 이 세 가지는 일생동안의 일이라고 하였다. 특히 역행은 극기하여 기질의 병을 다스리는 것이다. 유연한 자는 강직하게 고치고, 무능한 자는 고쳐 자립하게 하고, 엄한 자는 인화로서 조절하고, 성급한 자는 관용으로서 조화하며, 욕심이 많은 자는 맑게 하여 반드시 청정에 이르게 하고 사사로운데 치우치면 이를 바로잡아 반드시 크게 공정한 데 이르게 하여, 스스로 힘을 써서 아침저녁으로 게을리하지 않는 것이다. 따라서 사람은 역행함으로 본연지성에 돌아갈 수 있다.

넷째, 이이는 지식과 행함이 함께 발전하는 교육관을 제시하였다. 그는 〈성학집요〉에서 교육방법으로 지행병진(知行竝進)을 강조한다. 지와 행이 비록 선후로 나누어지지만 실은 일시에 병진하는 것이다. 혹은 지로 말미암아 행에 도달하고 혹은 행으로 말미암아 지에 도달한다. 따라서 지와 행은 비록 두 가지 공부일지라도 모름지기 일시에 병진해야 한다.

그 외에 율곡은 상벌을 통한 교육의 효율성을 높이고자 하였다. 〈은병정사약속〉에서 만일 재(기숙사)에 있을 때에만 근칙하고 집에 돌아가서 태만한 자가 있다면, 벗들이 서로 살펴서 바로 잡고 경계해 주되, 고치지 않으면 스승에게 고하여 경계하고, 그래도 고치지 않으면 곧 재에서 쫓는다고 한다(조준하 외, 1996: 751-780).

이상에서 살펴보았듯이, 유교는 한국의 종교적 사상적 전통인 유 · 불 · 선 3교 중 가장 대표적인 위치를 차지하며, 가장 오래된 역사적 연원을 지니고 현재까지 이어져 오고 있다. 역사적으로 유교사상은 우리 민족의 도덕규범을 제공하면서 개인의 인격적 도덕성을 중시하고, 사회의 도덕적 질서를 밝혀주었을 뿐만 아니라, 국가경영의 이념적 기초, 그리고 정치의 도덕성과 국가 간의 도덕적 관계에도 엄격한 규범을 제시해 주었다. 그러나 무엇보다도 유교는 우리나라 전통적 교육제도, 교육목적, 교육내용, 교육방법 전반을 성립시켰던 것이다.

3. 인(仁)의 교육철학

오늘날 물질문명사회에서 인간 간의 의리와 도덕이 해이해지고 이기적인 사고와 행동 양태는 우리 교육의 새로운 반성을 촉구하고 있다. 보수적 의미에서 전통적인 유교이념을 회복해야 한다는 주장은 아니지만, 새로운 21세기 시대 사상으로 인간 간의 도덕성을 되살리고 인간 생명을 살리는 인륜적 교육은 반드시 실천되어야 한다.

특히 인간의 이기적 욕구가 공동체적 질서를 와해시키고 생명 도덕이 땅에 떨어져 가는 이 시대에 유교의 인사상(仁思想)은 오늘날 적극적으로 구현되어야 할 교육의 철학적 기초로 되살려야 한다. 인간 상실, 인간 소외의 정신적 위기 상황에서, 인류의 공동선이나 도덕 문화의 향상을 주노해야 할 새로운 교육을 위해 다음과 같은 '인자(仁慈)한 교육'의 성격을 정리하도록 한다.

첫째, 인자한 교육은 사랑의 교육이다. 불교사상에 나타난 '자비로운 교육'과 마찬가지로 유교에 나타난 인자한 교육 역시 사랑의 교육을 제1원리로 삼을 수 있다. 여기서 사랑(인, 仁)은 나와 너의 더 좋은 관계를 일컫는다. 슬프거나 기쁘거나 너와 나의 더 좋은 사랑의 관계 형성이 유교의 기본 사상이다. 더 좋은 관계란 서로 간에 예를 갖춘 마음씀으로 가능하다. 예(禮)로서 서로를 대할 때 너와 나는 더 좋은 관계를 형성하게 된다.

인자한 교육은 교육의 본질을 '나' 중심이 아닌 너와 나의 '관계' 중심, 즉 학생 혹은 교사를 개별적인 존재로 보지 않고, 이미 하나의 교육적 '관계' 안에 있는 교사와 학생이라는 인식에서 파악해야 함을 의미한다. 이미 맺어진 교사와 학생, 학생과 학생의 관계를 더 좋은 사랑의 관계로 향상시키는 일이 교육의 본질임을 알 수 있다.

따라서 인자한 교육을 통해 실현하려는 최고의 목적은 사랑의 관계를 회복하고 실천하는 자를 양성하는 데 있다고 할 수 있다. 이러한 인자한 교육관은 서구의 자유주의적 교육철학에 나타난 개인 중심의 자유주의적 교육관과는 다르다. 서구의 개인주의적 교육철학이 개인의 인격과 생명의 존중을 제1원리로 삼은 반면, 공자의 인사상에서는 인간 간의 사랑의 관계를 제1원리로 삼고 있다.

둘째, 인자한 교육은 예(禮)의 교육적 관계를 강조한다. 인의 실현은 예를 통해서 가능하다는 말은 교육에서 교사나 학생이나 상호 간에 예를 갖출 때에 비로소 사랑이 실천된다는 뜻이다. 누구든지 자기의 개인적인 욕망이나 이기적인 마음을 억제하고 예로서 관계를 형성하지 못하면 결코 사랑을 실천할 수 없다. 교사가 개인적인 야망을 갖거나 사사로운 욕심을 갖고 학생을 교육할 때, 그 교육은 실패한다. 그러나 개인감정을 억누르고 예로서 학생을 대할 때, 학생은 더 나은 자기 성취를 하게 된다.

오늘의 교육 현실은 교육 주체 간에 예가 부족하다. 교사 중심의 예가 아니라 교사와 학생 간에 서로 갖추어야 할 예가 부족하다. 그래서 교육의 비도덕적인 문제가 갈수록 커지고 있다. 현대 교육은 교사나 학생 누구든지 상대를 먼저 세우고 배려하는 예의 실천이 무엇보다도 중요하다.

셋째, 인자한 교육은 교사는 교사대로, 학생은 학생대로 자기의 책임과 도리를 다하는 것을 중시한다. 인이 예를 통해 실현된다면, 그 예는 자기의 책임과 도리를 다 할 때 비로소 교육적 의미가 있다. 공자는 군주는 군주대로, 신하는 신하대로, 부친은 부친대로, 자식은 자식 된 대로 도리와 의무를 다하는 가운데서 인이 실현된다고 하였다. 교사는 학생을 교육하는 데 부족함 없이 인격을 연마하고 교재를 연구하는데 소홀함이 없어야 하며 학생을 대할 때 예를 갖추는 일이 그의 본래의 도리이다. 학생은 학생의 신분에서 벗어나지 않고 꾸준히 지식을 습득하고 올바른 행위와 사고하는데 노력하며, 선생님과 부모와 이웃에게 예를 갖추어 대할 때 비로소 자신의 도리를 다 한다고 말할 수 있다.

11강

동학: 살림의 교육철학

수운 최제우(1824. 12. 18.–1864. 4. 15.)[1)]

동학(東學)은 서양의 학(學)이 아닌 한국의 학(學)이라는 뜻을 가지고 있다. 동학이라는 이름 자체가 서양의 서학에 대한 저항에서 나온 것임을 알 수 있다. 또한 한국 아닌 인도나 중국의 문화사상을 배경으로 한 불교나 유교와도 다른 우리 종교라는 뜻을 가진 주체적 사상임을 강조하고 있다(남궁용권, 1983/7: 181).

이러한 동학은 과거의 민족 수난과 치욕에서 벗어나 새로운 민족 국가를 건설하려는 혁명적 신앙과 자유와 평등의 민주적 사상을 동시에 표방하면서 조선 말기 혁명운동의 이념적 기초가 되었다.

여기서는 동학사상이 지니고 있는 현대적 의미의 중요성을 적극적으로 드러내기

1) https://gdlsg.tistory.com/2507 에서 2019.07.26.에 인출함.

위한 차원에서 동학의 발생 배경, 동학의 사상적 특징, 그리고 그것이 내포하고 있는 '살림'을 통한 생명존중의 교육철학을 중심으로 살펴보도록 한다.

1. 동학 등장의 시대적 배경

양반 중심의 신분제 질서는 17세기 이후 점차 무너지기 시작하여 19세기 중반에 이르러서는 심각한 지경에 이르렀다. 특히 세도정치로 인해 과거제도의 부패와 타락, 그리고 공명첩의 발매와 원납전에 의한 품직, 수령의 매관매직의 현상이 광범위하게 행해졌던 양반 중심의 정치 질서는 와해되기 시작하였다. 이러한 정치 경제의 부패는 국가의 기본 수취 제도인 전정, 군정, 환곡의 3정을 문란케 국가의 근본부터 흔들리게 되었다.

이러한 내적인 모순에 더하여 외부의 침투로 쇄국정책을 포기하고 서양인들의 문호 개방에 대한 압력을 수용할 수밖에 없는 사회적 불안과 위기의식이 고조되었다. 이와 같은 내우외환의 위기적 상황에서 최제우(호는 수운)는 삶의 의미와 방향을 상실한 민중에게 삶의 주체자로서의 자아에 대한 각성과 함께 국가의 안보와 민중을 위한 안민의 방향으로 새롭게 나아갈 바를 제시하였다. 그것이 동학이다.

동학은 유 · 불 · 선과 그 근본이 다르다고 강조하면서 교세를 확장하였다. 당시의 유교 사상은 당쟁과 반상차별, 남녀 차별론의 합리화 사상으로 활용되고 가난 속에서 허덕이던 민중들의 현실적 욕구를 충족시킬 수 없어 정치적 · 사회적 모순을 해결할 수 없는 무력한 사상이 되고 있었다. 불교 사상 역시 조선 초기부터 시작된 억불숭유 정책에 밀려 이미 사회 교육적 기능을 기대하기 어려울 정도로 약화되어 버렸다. 도교 역시 풍수도참사상으로 변질되어 민간에 유행하는 상속 신앙과 구분이 잘 되지 못하였다. 이와 같은 전통 종교사상의 무력 속에서 수운은 동학은 원래 유교도 아니고 불교도 아니고 도교도 아닌 유 · 불 · 선을 합일한 것이라고 하여 동학의 우월성을 내세웠다.

수운은 삼교(유 · 불 · 선)의 장점을 취한 것을 말하여 인(仁)에 거하여 의(義)를 행하며 마음을 바로 하고 몸을 닦는 것은 유교에서 취하고, 자비와 평등을 마음으로 몸을 버려 세상을 구하며 도장을 깨끗이 하고 입에 신주를 통하고 손에 염주를 쥐는 것은 불교에서 취하고, 현을 극하여 무극(無極)에 이루고 영리와 명예를 버리고 무욕(無慾) 청정(淸淨)하게 몸을 가지고 정신(精神)으로 마지막에 승천을 희망하는 것은 도교에서 취한 것이라고 하였다.

2. 동학사상의 특징

동학은 여러 가지 사상적 특징을 갖고 있지만 여기서는 교육과 관련된 시천주(侍天主)·사인여천(事人如天)·인내천(人乃天), 삼경 사상을 통해서 생존 존중 사상과 개벽사상을 중심으로 살펴보도록 한다.

가. 생명존중사상

동학사상은 모든 만물의 근원을 '기'(氣)라고 하고, 이 기를 생명으로 이해하는 일원적 인식론에 입각해 있다. 동학에서는 기의 본질에 대해 "기는 미묘하고 아득하여 사물에 숨어 있으면서 사물에 관계하지 않은 것이 없으며 또 사물을 다스리지 않는 것이 없다. 그런데 이 기자(氣者)는 형태가 있는 것 같으면서도 형용할 수 없고 들리는 듯하면서도 듣기 어려운 것이니 이것은 만물이 갈리기 이전의 오직 하나인 기이다"(송승석, 1981: 6)고 본다. 동학은 '기'가 모든 존재의 가장 근원적인 것으로, 그리고 모든 존재자를 상호 '관련시키고 생성'(김용옥, 1990)하는 제1원인으로 파악한다.

동학의 기철학은 유심론(唯心論)과 유물론(唯物論)을 모두 다 부정하는 제3의 인식의 눈을 열어준다. 이러한 눈으로 볼 때 유심과 유물은 서로 상반되지 않는다. 오히려 유심과 유물은 만물의 근원인 지기(至氣)의 실재체(實在體)로서 이 모두가 혼연일체 된 것으로 이해된다. 특히 동학에서는 모든 존재자의 근본을 극이라고 하는데, 바로 이 극점에서는 정신과 육체, 인간과 자연의 이분법적 구분이 불가하게 된다. 즉 지기일원론(至氣一元論)의 입장이다. 이러한 인식론은 모든 실체의 근원은 물질 혹은 정신의 이원적 분류가 아닌 활동하는 생명자(生命者) 임을 암시하고 있다. 이 생명자는 적은 차자(茶子) 종자 속에도 머물러 있고 원형질 세균에도 있고 물질의 원자에도 있는 것으로 본다(김용옥, 1990: 235).

이와 같은 맥락에서 김지하는 기를 살아 움직이는 생명이라고 말하면서, 이 생명은 본래 하나이며, 정지된 상태에 있는 것이 아니라, 끊임없이 변화하고 있으며, 상호 관련 속에서 운동하고 있는 것으로 파악한다. 따라서 모든 존재의 현상은 정지하고 있는 것 같이 보이지만 운동하고 있고, 모든 개체는 독자적이고 단자적인 존재자로 존재하고 있는 것 같이 보이지만 서로서로 연결되어 있는 생명 관계 내에서 존재한다는 것이다(김지하, 1988:).

나. 시천주 사상

하늘과 땅과 사람이 근원적으로 하나의 생명으로 연결되어 있다고 보는 동학의 천 · 지 · 인(天 · 地 · 人)의 일원론적 생명관은 그의 시천주(侍天主) 사상과 이의 방법적 원리인 수심정기(守心正氣)와 밀접하게 관련되어 있다. 시천주사상은 수운이 말한 것으로 천인여일(天人如一)로부터 출발하지만, 이는 천과 인, 천과 물(物)의 구분을 지양하고, 인간으로부터 모든 조수, 미생물에 이르기까지 모두 다 한울의 현현(顯現)으로서, 존중되어야 한다는 점까지 나아가고 있다(송승석, 1981: 54).

수운이 말한 시천주는 인간은 한울님을 모시고 있다는 의미이다. 그러나 이 말은 초월적으로 존재하는 초자연적 존재로서 어떤 객관화되고 대상화된 신적 존재를 내 몸에 새롭게 모시는 것이 아니라, 이미 내 몸에 존재론적으로 모셔져 있는 기화지신(氣化至神)으로서의 한울림을 인간 스스로가 주체적 실천적으로 파지 한다는 이중적 의미를 동시에 지니고 있다. 한울림을 봉할 줄 아는 자라야 비로소 하느님을 모시는 자라고 한다. 마치 종자를 땅에 심어 그 생명을 봉하는 것 같이 하는 것이 시천주이다. 이것은 대상화 객관화되어 죽어 있는 한 존재로서의 신에 대한 우상화가 아니라 기화신령의 살아 있는 한울림에 대한 섬김을 말하는 것이다.

수운(水雲)은 '오직 사람만이 만물 가운데 가장 신령한 것이니라'(東經大全, 論學文)하여 한울님과 같은 존재인 사람을 최고의 가치로 삼았다. 모든 가치 중에 최고인 사람이 사람 이외의 것을 숭배할 때 그것은 신본위가 되거나 물질 본위가 된다. 신본위는 신을 주로 하고 사람을 신에 종속된 것으로, 신에 귀속되는 예속의 존재로 인식한다. 또한 물질 본위는 황금만능 또는 물질, 기계문명에 사람의 본성이 말살되는 위기를 초래하여 인간을 예속하는 결과를 가져온다(홍장화, 1990: 56-57).

이 점에서 동학은 인간의 경우 자기 속에 한울을 모시는 존재이니만큼 수심정기(守心正氣)의 자세를 갖추는 일이 중요하다고 본다. 수심(守心)이란 한울을 맞을 수 있는 마음을 다지는 것이고, 정기(正氣)란 한울을 맞이할 수 있는 자세를 바르게 지닌다는 것을 뜻한다. 한 마디로 시천주는 수심정기의 상태이며, 곧 마음과 몸으로 한울님을 징험(徵驗)해야 한다는 사상이면서 인간도 마음과 몸으로 섬기어야 함을 의미한다.

다. 물물천 · 사사천(物物天 · 事事天)적 자연관, 사인여천(事人如天) 그리고 삼경(三敬)사상

동학 2대 교주 최해월(시형)은 이와 같은 시천주 사상과 수심정기의 원리를 만물공경 정신으로 승화 발전시켰다(신일철, 1982: 50). 그는 만물에는 천(天)이 내재하고 만물이 천(天)이라고 하는 범천론적 세계관, 즉 물물천 · 사사천(物物天 · 事事天)의 범천론적 자연관과 사인여천(事人如天)의 생명존중 사상을 표명하였다. 물물천 · 사사천이라 함은 만물 만사에 천(天)이 내재하여 경천 · 경인 · 경물(敬天 · 敬人 · 敬物)해야 한다는 말이다. 이는 삼경 사상으로 하늘과 땅과 사람의 일원론적 생명관에 근거하여 제시한 것이다. 천도교 창건사에는 이에 대해 다음과 같이 기록되어 있다(천도교창건사, 1933: 16-17).

> 도는 먼저 시인접물(侍人接物)에서 시작되는 것이니 사람이 시(侍)하는 곳에서 세상을 기화(氣化)할 수 있고 물건을 접하는 곳에서 천지자연의 이(理)를 깨달을 수 있나니라. 만약 사람이 있어 이 두 가지 길을 버리고 도를 구한다면 이는 허무에 가깝고 실지를 떠난 것이니 천만년 법경을 외운 들 무슨 필요가 있겠는가…
>
> 접물(接物)은 우리 도의 거룩한 교화이니 제군은 일목일초라도 무고히 이를 해치 말라. 도 닦는 차제(次第)가 천(天)을 경(敬)할 것이오, 인(人)을 경할 것이오, 물(物)을 경할 것에 있나니 사람이 혹 천을 경할 줄 알되 인(人)을 경할 줄 알지 못하며 인(人)을 경할 줄 알되 물(物)을 경할 줄 알지 못하나니 물(物)을 경치 못하는 자 인(人)을 경한다 함이 아직 도에 달(達)치 못한 것이니라.

해월은 사람을 공경할 뿐만 아니라 더 나아가서 한울이 내재하여 있는 만물을 공경해야 한다는 자연존중의 태도를 중시하였다. 이는 동학을 믿는 부인들을 위해 지은 '내수도문'에서 "가신 물이나 아무 물이나 땅에 부을 때 멀리 뿌리지 말며, 가래침을 멀리 뱉지 말며, 코를 멀리 풀지 말며, 침과 코가 땅에 떨어지거든 닦아 없이 하고, 또한 침을 멀리 뱉고 코를 멀리 뿌리면 곧 천기 부모님 얼굴에 하는 것이니 부디 그리 아시고 조심하옵소서"(천도경전, 내수도문: 2)라는 말에서 선명히 보여진다.

동학은 사람과 함께 모든 자연환경에 대해 경(敬)과 성(誠)으로 다 할 것을 가르치고 있다. 또한 전 우주의 근원적 생명의 존귀함을 자각하게 함과 동시에 특히 인간 이외의 자연계까지 한울을 모신 것으로 확대시켜 현대의 생명파괴 및 생명경시의 환경문제에 직면하여 자연환경의 존중 사상을 내포하고 있다. 사람을 섬기되 하늘 같이 하라는데 그치지 않고, 나무 하나 풀포기 하나라도 한울을 모시고 있는 것이니 해치 말라, 이를 해치는 것은 한울을 상(傷)케 하는 것이다고 하는 삼경(三敬) 정신(남궁용권, 1983/7: 14)은 교육을 통해 가르쳐져야 하는 새로운 덕목이다. 자연이나 사물이 너무 수단 쪽으로 인식되는 지금, 위에서 살펴보았던 하늘 · 땅 · 사람의 일원론적 생명관으로부터 나타난 동학의 자연존중 사상은 현대 환경교육의 철학적 토대를 형성하고 있다.

라. 개벽사상

동학으로부터 발견할 수 있는 또 하나의 중요한 사상은 '개벽'(闢開) 사상이다. 개벽이념은 조선조의 비인간적인 불평등 사회 구조를 극복하려는 민중들의 희망뿐만 아니라, 전생명계의 새로운 '살림'을 위한 개혁의지를 담고 있다. 동학은 조선의 말세적 징후를 하늘이 주는 재앙이라고 보았고, 이 천부의 재앙은 성운(盛運)의 주기와 쇠운(衰運)의 주기가 윤회하면서 시대의 운수가 저주스러운 주기에 들어섰기 때문이라고 하였다. 따라서 모든 인간이 이상 세계 곧 지상선경(地上仙境)을 만들기 위해 후천개벽이 절대로 요구된다는 논리를 세웠다(윤이흠, 1987: 87). 동학 경전인 동경대전(東經大典)에서 최시형은 "我國惡疾滿世, 民無四時之安, 是亦傷害之數也", 즉 우리나라에 악한 질병이 만연하고 백성이 시사에 편안하지 않는 것이 바로 상해(傷害)의 운수 때문이라고 하고, 이는 "西洋 戰勝攻取, 無事不成, 而天下盡滅, 亦無

不昏亡之歎"(東經大全, 布德文: 6) 즉 투쟁하여 취하는 서양 것 때문에 천하가 모두 멸망하니 우리도 이렇게 될 것이기 때문에 개혁을 통한 새로운 삶의 세계를 이루어야 한다는 의지를 나타내고 있다.

전우주적 생명계의 위기상황에 직면하여 동학이 내세우는 개벽사상은 우리나라의 전통적인 미륵신앙의 영향을 받은 것으로 보인다. 이를테면 우리 민족은 죽어서 딴 세상인 극락에 낳아 잘 산다든지 죽어서 천국에 태어날 것을 바랬던 것보다는, 현실세계가 바로 선경이 되기를 바랬고 미륵용화 세상이 되기를 원했다. 이와 함께 현실세계가 미륵용화 세상이 되어 자기도 거기서 성불하여 부처님 세상을 이루고 거기서 부처님의 법에 맞는 지상선경을 누리고 살 것을 신앙했던 것이다(여동찬, 1975: 22). 이러한 민족의 두드러진 특질을 지닌 미륵신앙은 동학과 증산 그리고 원불교에 이르는 '후천 개벽' 사상의 형성에 큰 영향을 미쳤다.

현실을 개조하고 현실을 이상으로 이끌어가는 계기로서의 개벽사상은 바로 인간의 새 시대에 대한 자각을 통해 지상선경의 건설 가능성을 보여주는 것이다. 이 지상선경은 당시 처한 사회경제적, 외세적 차원에서뿐만 아니라 인간과 우주 그리고 자연계와의 분열을 야기한 물질 · 과학문명에 대한 변혁까지 포함하고 있다. 예를 들어 동학의 후천개벽사상에 입각해 증산은 다음과 같이 설법한 바 있다(대순전경, 60).

> 과학시대의 문명은 물질과 사리에 정통할 뿐, 인류의 교만과 잔포를 길러내어 천지를 흔들며 자연을 정복하고 천 · 지 · 인의 세계를 혼란케 하였다. 동 · 서양의 20세기 문화의 찬란한 모습은 고도로 발달한 천상신명계의 모형을 그대로 본떠서 내려온 것이나, 이 문명은 물질과 사리에 정통하여 인류의 물질욕과 이기심을 기르고 천지를 혼란케 하며 자연을 정복하려는 기세로써 모든 죄악을 꺼림 없이 범행하니 신도(神道)의 권위가 떨어지고 삼계가 혼란하여 천도와 인사가 도수를 어기고 있다.

동학에서는 이렇게 삼계의 위기상황은 상생(相生)과 상호조화, 그리고 상호 균형을 통해 새로이 변화되어야 할 것으로 본다. 이는 전생명계의 살림은 개벽에 의해서만 가능하다고 하여 새로운 생명시대, 새로운 천 · 지 · 인의 협동적 생존의 시대를 열어야 한다는 종교적 열망을 강렬하게 표명한 것이다.

마. 보국안민(輔國安民)

수운은 조선왕조 말기에 나타난 서양 세력의 침투로 인한 중국문화권의 해체와 일본 제국주의의 침략에 대한 경계, 그리고 대내적으로 시운이 다한 조선사회의 쇠퇴와 해체의 징조를 보면서 겨레의 앞날을 걱정하였다. 이에 그는 '안보 保' 자 대신 '도울 輔' 자를 사용하여 보국안민(輔國安民), 즉 보국은 나라를 돕고 백성을 평안하게 살도록 해야 한다는 실천적 의지를 표명하였다. 나라를 돕는다는 뜻은 나라의 주권을 튼튼하게 보위할 수 있도록 돕는다는 점에서 국가관 · 민족관을 포함하고 있다. 그리고 안민은 백성을 평안하게 한다는 점에서 도탄에 빠진 민중을 구제하려는 변혁 의식이 강하게 포함되어 있다.

수운은 척양왜(斥洋倭)와 탈중화(脫中華)를 통해 국가의 자위와 민족적 주체성을 지키려고 했으며, 조선사회의 봉건적 신분 차등과 외세 침입에 의한 불안에 사로잡혀 도탄 속에 신음하는 민중을 구원하기 위해 안민을 내세움으로써 광제창생(廣濟蒼生)을 하려 했던 것이다.

3. 살림의 교육철학

동학은 종교적 차원에서 내세가 아닌 현재의 생활과 문화를 생명 중심의 새로운 사회, 새로운 문명, 새로운 역사를 창조하는 데에 근본적인 관심을 갖는다. 이러한 새로운 생명세계의 창조 정신은 인간을 중심으로 한 서구적 경험적-실증주의적 과학철학의 입장과는 다른, 인간과 하늘과 땅의 일체화 속에서 반생명적 문화, 과학, 제도 등 사회 전체를 변혁하는 데까지 발전하고 있다.

서구 사상에 익숙해져 있는 우리 세대는 인간을 포괄하는 모든 반생명적 현상을 직시하고, 이 반생명적 상황을 야기한 정신적-물질적-구조적 원인을 개혁해야 한다는 점뿐만 아니라 죽어가는 인간 생명의 살림의 차원에서 교육적 의미를 발견하게 되는 것이다. 이미 과학기술 시대를 철저하게 지탱해 주는 사회경제적인 병리현상과, 이기적인 인간 중심의 과학 문화적 행태로 하늘과 땅과 사람의 생명이 죽어가고 있다. 동학은 이러한 20세기 후반의 위기적 상황에 처한 전생명계의 살림을 위한 교육관을 새롭게 제시함으로써 21세기 새로운 생명 문명 창조의 교육적 역할이 무엇이어야 하는가에 대한 해답을 제시하고 있다.

여기서는 앞에서 살펴본 동학사상의 현대 교육적 의의로서 새로운 '살림의 교육' 성격을 알아보도록 한다.

가. 인간존중의 교육

동학의 '살림의 교육'적 성격은 우선 그의 인간존중 사상에서 발견된다. 동학은 인간은 누구나 시천주(侍天主)의 존재로서 한울님의 질서인 천도에 따라 화생 된 것 중에 가장 신령한 존재라는 인간관에 기초하고 있다. 수운은 하늘과 사람, 또 하늘과 사물을 따로 떼어 개별적인 존재자로 보지 않고 근본에서 동일한 것으로 봄과 동시에 우주 삼라만상에서 가장 신령한 존재가 바로 인간임을 주장했다. 그리고 남녀, 귀천 등을 막론하고 한울님을 모신 신령한 인간의 생명을 존중하는 정신을 표방하고 있다. 이러한 인간존중 사상은 사람이 한울이다는 3대 교주 손병희의 인내천(人乃天) 사상으로 발전하였다.

이와 같은 동학의 인간관은 인간존중의 교육철학적 기초로 삼을 수 있다. 이는 남자이건 여자이건, 귀한 자이건 천한 자이건 상관없이 모든 억압과 주종의 관계를 떠나 모두 다 한울님을 모신 인간임으로 교육은 일차적으로 인간을 존중하는 것이어야 함을 시사하고 있다.

나. 평등교육

'살림의 교육관'은 인간 간의 평등, 즉 교육의 평등성을 기본 원리로 삼고 있다. 동학에서 보면, 한울님을 내 몸에 모신다는 것은 누구나 시천주의 인격적인 존엄성을 가진 존재일 뿐만 아니라 천주를 모시는 시천주 신앙을 통해서 모든 신분 차등이 철폐 되어야 한다. 또한 사람을 하늘같이 높여 섬겨야 한다는 사인여천은 서로가 하늘과 같이 높일 때 비로소 봉건 윤리에 의해 굳어진 인간 차별에서 민주적인 평등한 서로의 만남이 이루어진다고 보았다. 이것은 근원적인 인간 평등주의를 의미한다. 이른바 서구의 휴머니즘에서 말하는 평등주의는 어디까지나 인간은 신의 종속물로서 신 앞에서의 평등을 의미하지만 동학의 인간 평등주의는 인내천 사상에서 볼 수 있듯이 인간을 신의 차원에까지 격상시킨 천인일체(天人一體)의 근원적 평등주의를 뜻하는 것이다(홍장화, 1990: 147).

인간관계라고 하는 것이 남녀, 장유, 귀천에 따라서만 차별되는 것이 아니라 주종적 · 억압적 · 수직적 관계에서의 갈등과 증오, 분열 등의 내적 차별 또한 인간 존엄 내지는 인간 평등의 죄악을 낳게 되는 것이다. 스스로가 한울님을 모시고 사람 섬기기를 한울님같이 하듯이 다른 사람을 또한 하늘로 모시고 섬기는 곳에 비로소 진정한 나와 너의 만남이 있는 것이고, 여기에 사람을 한울님으로 모시고 섬기는 곳에 비로소 진정한 나와 너의 만남이 있는 것이며, 여기에 사람을 한울님으로 대하는 인내천의 마음가짐이 자리하는 것이다.

동학사상은 개인의 인격적인 존엄성에 토대를 두어 대인관계에서 타인을 상하 주종의 지배 복종관계가 아닌 대등한 횡적인 평등관계를 천명함으로써 교육기회의 완전한 평등화를 함의하고 있다. 이런 점에서 '살림의 교육'은 인간 간의 평등성을 존중하는 인간교육적 성격을 지닌다고 할 수 있는 것이다.

다. 전생명계 존중의 교육

동학사상은 전생명계의 존중이라는 '살림'의 교육적 의미를 지니고 있다. 첫째, 하늘과 땅과 사람을 일원적 생명 관계로 이해한 동학사상에서 볼 때, '살림의 교육'은 인간과 그 인간이 필연적으로 관계하는 자연환경으로까지 교육적 반성 범주를 확대해야 할 것임을 시사하고 있다. 이는 기존의 교육적 반성 범주이었던 개인이나 집단에 한정되지 않고 인간과 자연의 상호작용 역(Interaktionsfeld)까지 확대하여 지금까지 인간을 중심으로 하는 교육적 반성 범주에 대한 인식을 근본적으로 변화 시키는 것이다. 이러한 교육적 반성 범주의 변화는 단지 이론적인 필요에서 비롯된 것이 아니고 구체적인 인간의 삶의 환경의 위기현상으로부터 벗어나기 위한 교육학적 필연으로써 나타난다.

교육학적 사유 범주의 확대는 당연히 현 교육적 관심 영역의 확대를 의미한다. 교육이 인간의 삶의 문제를 그 중심에 둘 때, 그 해결을 다시 인간 자체의 변화에서만 혹은 사회구조의 변화에서만이 아니고, 더 나아가서 인간의 문제를 자연환경과의 관련 속에서, 혹은 이 양자의 상호관계에서 찾게 된다. 또한 교육이 인간의 행복을 추구하는 것이라 할 때, 그 행복은 인간 자체의 변화나 사회변화에서 만이 아닌 자연과의 정상적인 관계 속에서 가능하다는 점을 인식할 수 있다.

둘째, 한울의 현현인 땅과 사람을 일체적인 생명으로 보는 동학의 '살림'의 교육적 관점은 자연과 인간의 협동적 생존능력을 높이는 환경교육이념을 성립시킨다. 이미 우리가 앞에서 밝힌 바와 같이, 인간으로부터 모든 동식물과 미생물까지도 정성으로 섬겨야 한다는 점을 감안할 때, 살림의 교육은 자연으로부터 인간의 삶의 복리를 위한 도구적 지식들을 생산하는 차원에 머무르지 않고, 자연도 하나의 존중되어야 하는 생명자로 인식하여 인간과의 협동적 생존력을 길러주는 일이라고 할 수 있다. 이러한 환경교육이념은 하늘과 땅과 사람의 일체적 생명의 가치를 존중하는 자세만이 아니라 이들이 상생(相生)할 수 있는 교육적 실천성이 무엇보다도 중요함을 일깨워 주고 있다(배용덕, 1975: 38).

여기서 우리는 인간과 자연의 협동적 생존을 가능하게 하는 가장 기초적인 교육의 과제는 어떻게 하면 피교육자로 하여금 자연의 가치를 인간의 가치와 동일시할 수 있는가와 현재의 자연파괴를 극복하고 새로운 친자연적 의식 형성을 이룩하느냐 이다. 이는 '살림의 교육'이 새로운 비판의식화 교육의 성격을 갖는 것을 의미한다. 즉, 교육은 지금까지의 교육이 자연을 인간 생명과 연결된 생명자로 인식하지 않았고, 이로 인해 자연파괴, 생명경시 등에 적절히 대응하지 못했다는 점을 비판적으로 자각시키고 친자연적 의식과 태도를 길러주는 것이다. 바로 이러한 교육적 실천은 인간과 자연의 협동적 생존능력을 높여주는 환경교육의 이념을 구현할 수 있게 된다.

셋째, 동학에서 본 '살림'의 교육적 요소는 사회개혁적 차원을 중시한다. 지금 그리고 여기의 부단한 가변성에 따라 천 · 지 · 인의 삼원합일적(三元合一的) 생존능력을 높이는 교육은 생명파괴의 구조적 개혁을 통해 가능하다는 점을 동학의 개벽사상으로부터 확인할 수 있다. 이런 맥락에서 '살림의 교육'은 인간과 사회, 문명과 자연생태계를 파괴하는 현실에서 모든 생명의 생태적 질서를 회복하는 개혁적 성격을 지닌다(김지하, 1991: 38).

그런데 환경 혹은 생명 문제는 과학의 포기에 의해서 해결되는 것이 아니고 오직 과학의 힘을 더욱더 폭넓게 사용함으로써 근절시킬 수 있다는 기술지향 주의적 입장이 있다. 이런 맥락에서 선개된 교육은 바로 자유롭고 정의로운 사회를 위한 진보의 수단이라는 인식하에 모든 인간으로 하여금 자신의 이성과 자연을 조절할 수 있는 능력을 키워나가는 일을 수행할 수 있다는 것이다(D. Pepper, 1989/이명우 외 역, 1991: 108). 그러므로 교육은 이러한 과학의 힘으로 나타난 기술적 가치의 극대화를 위해 복무해야 하며, 이의 성공 여부가 자라나는 세대들의 생존능력을 결정하게 된다는 식으로 전개되어 왔던 것이다.

그러나 이와는 달리 동학에서 보여지는 살림의 교육관은 생명파괴와 생명경시의 죽임의 문화를 직시하고 생명존중의 문화(김지하, 1991: 68)를 정착시키기 위한 천 · 지 · 인의 협동적 생존에의 자각을 촉발하는 기능을 수행하는 것이며, 이를 위해서는 위기적 현실을 개조하는 새로운 사회 건설의 교육실천 의지를 기르는 일이라고 할 수 있다.

넷째, 천 · 지 · 인의 협동적 생존을 위한 현실상황을 개조하는데 동학은 인간의 책임윤리를 강조한다. 이는 한울의 현현인 모든 존재자를 경(敬)과 성(誠)을 다해 존중해야 한다는 환경교육의 생명에 대한 책임의식을 의미한다. 교육이 인간을 대상으로 하고, 그 인간의 삶을 위한 것이라고 할 때 교육이 전생명계의 협동적 생존을 위한 인간의 책임성을 명확히 해주는 일은 사실 중요하다. '살림의 교육'은 인간으로 하여금 총체적인 생명에 주고받고 응하는 마음가짐과 행동 가짐을 갖추게 하는 일이다. 바로 전생명계의 살림의 책임을 학습자들에게 내면화시켜 현대 기술사회에서 인간과 인간, 인간과 자연의 협동적 생존력을 높여주는 교육이다.

제3부
미래를 위한 교육철학

12강
포스트모더니즘과 교육

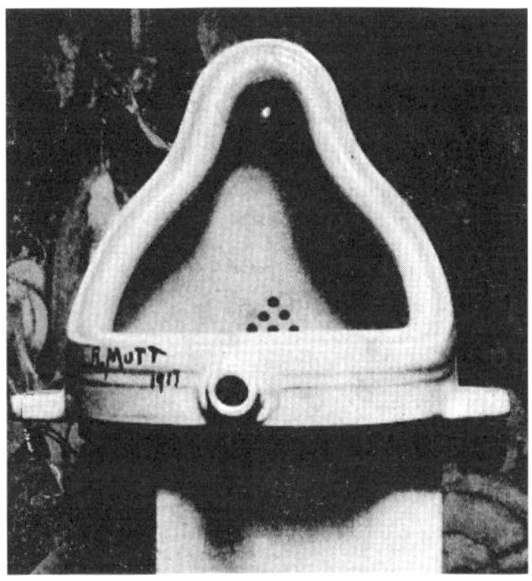

마르셀 뒤샹의 '샘'[1)]

2000년대를 맞이한 지금, 학계, 언론계, 문화계 등 사회 전반의 가장 큰 화두는 탈근대와 포스트모더니즘이다. 사람들의 일상적인 담론 속에서 정치적 사회적 문화적 변화 현상에 대해 '포스트모던'이란 수식어가 여기저기에 덧붙여지고 있는 것이다. 이는 한 시대를 이끌어오던 강력한 이념과 신념의 혼란 속에 현 상황을 적절히 설명하고 이해하며 미래를 예측하는 새로운 접근이 필요하다는 인식에서 비롯된다. 다시 말해서 중세를 마감한 근대 시민사회 출범부터 현재까지를 지배하고 있는 합리주의적 계몽주의의 시대정신이 1970년대를 거치면서 모더니즘으로 설명될 수 없는 새로운 문화적 양상이 나타났고, 이러한 '양상'들을 포착할 수 있는 용어로 포스트모더니즘을 적극적으로 사용하게 되었다.

'포스트모던'(postmoderne)이란 표현이 생긴 해는 1917년이다. 이 해에 판피쯔(Ru-

1) http://blog.naver.com/PostView.nhn?blogId=midasbooks&logNo=220614915504&parentCategoryNo=&categoryNo=156&viewDate=&isShowPopularPosts=true&from=search 2019.07.26.에서 인출)

dolf Pannwitz)가 쓴 '유럽 문화의 위기'(Die Krisis der europaeischen Kultur)에서 'post-modern'이란 형용사가 출현하였다. 이 표현은 여러 곳에서 여러 가지 의미로 사용되었다. 이 말은 언제나 '근대'(Moderne)의 간막극(Zwischenspiel)이나 익살스러운 것(Hofnarr), 혹은 근대를 극복하는 비젼을 담고 있었다(K. Meyer-Drawe, 1990: 82).

우리나라에서 포스트모더니즘은 1980년대 후반의 도입기를 거쳐 1990년대에 들어서 인문학적 논의가 촉발되었다. 대표적으로 문학예술 분야, 철학, 교육이론, 사회 이론 전반에 걸쳐 광범위하게 유포되어 있는 '포스트모던 현상'을 모색하고 탐구하고 있다. 다만 이것의 개념이 지나치게 포괄적이어서 포스트모더니즘의 범주화와 유형화에 대한 논란이 없지 않다(김욱동, 1990 a;김성기, 1993).

여기서는 이러한 포스트모더니즘이 등장하게 된 배경과 그 사상적 특징, 그리고 그것이 교육에 주는 시사점이 무엇인가를 중심으로 살펴보도록 한다.

1. 포스트모더니즘 등장의 시대적 배경

20세기 후반 지구촌의 사회 문화적 환경은 매우 크게 변하였다. 정치적으로는 인간 삶의 양식을 규정짓는 가장 중요한 틀이었던 이데올로기 대립구조가 공산권의 몰락과 함께 해체되었고, 그동안 관심을 끌지 못했던 환경문제, 여성문제, 여가문제, 청소년문제, 지역사회 문제 등이 사람들의 관심사로 부각되기 시작하였다. 경제적으로는 과거 특권층 중심의 소비 중심에서 절약이라는 미덕에 갇혀있던 대중들의 소비가 급격히 증가하였다. 문화적으로는 정보통신 기술의 비약적인 발전과 영상매체의 보급이 이루어져 계층 간의 문화적 차별이 줄어들고 새로운 대중문화의 흐름이 나타났다. 사회적으로는 고학력에 디지털식 전자매체가 홍수를 이루고 있고, 소비활동 및 여가활동에 관심이 많은 신중간계층이 등장하여 기존의 사회규범 및 풍조에 도전하고 그것을 해체하고자 하는 경향이 강력하게 대두되었다(서울대학교 교육연구소(편), 1998: 2671-2672).

한편, 예술적으로는 모더니즘적 예술관이 한계에 봉착하게 되었다. 모더니즘은 예술의 본질을 인간 주체성 구현을 위한 독창성에 두었으나, 예술의 각 장르에 더 이상의 독창적 실험 가능 영역이 없어지고 있다. 그 한 예로 실제로 상연되고 있는

'로미오와 줄리엣'의 주인공 로미오에 흑인이 뽑히고, 흑인 특유의 발성과 행동은 백인의 그것과는 대조를 이루면서, 비극적인 사랑이야기는 인종과 문화권의 충돌과 화합을 상징하는 지구촌의 이야기로 다가온다. 마고자에 청바지를 입어도 어색하게 느끼지 않는 시대가 온 것이다. 이제 문화권간의 경계를 넘어선 적극적인 혼혈은 새롭고 힘 있는 복합 문화를 만들어내고 있는 것이다.

'포스트모더니즘'이라는 개념을 계보학적으로 살펴볼 때 가장 먼저 언급되는 사람은 프랑크푸르트 학파의 아도르노(Th. Adorno)이다. 그는 "신음악의 철학"이라는 글 속에서 이미 1930년대 이후 당시의 문화적 양상들을 '현대성의 노화'라는 개념으로 규정하면서, 종래 사용되어왔던 '현대'라는 시대적 의미로는 설명될 수 없는 다른 특성을 지닌 것으로 파악한 바 있다. 그러다가 60년대부터 모더니즘과는 다른 생활양식의 변화를 설명하고 정당화할 필요가 있었고, 70년대 후반 이후에는 탈이데올로기화, 자본주의적 소비사회화, 디지털 영상정보화, 신중간계급 대두, 그리고 신과학운동 등 대중문화 변동의 특성을 포스트모더니즘이라는 패러다임으로 설명하게 되었다.

이러한 새로운 문화 전반의 변동을 해석해내고 이를 수용할 수 있는 논리 구축을 주도한 대표적 사상가는 1979년 "포스트모더니즘"이라는 단어를 학술적 용어로 처음 제안한 리오타르(Lyotard)와 라캉(Lacan), 데리다(Derrida), 푸코(Foucault), 로티(Rorty) 등이 있다.

포스트모더니즘은 모더니즘의 단순한 연속이라든지 아니면 단절이라는 관점에서 파악될 수는 없다. 포스트모더니즘은 어떤 경우에 모더니즘의 논리적 계승의 성격을 지니기도 하고, 또 다른 경우에는 그것에 대한 비판적 반작용과 단절의 성격도 없지 않다. 이런 점에서 포스트모더니즘은 '현대 이후'를 의미하는 것이 아니라, 오히려 '후기 현대'에 나타나고 있는 탈현대적 현상들에 관한 사상적 포착을 뜻한다(이진우(편), 1993: 12).

이런 점 때문에 후기 자본주의 내지 후기 산업사회의 정치 문화의 역기능적인 현상에 직면하여 학자들은 포스트모던적 시각을 정당하게 추구하고 있으며, 철학자들은 모더니즘에 입각한 역사 진보에 대한 생각을 변화시켜야 한다는 주장한다. 그뿐만 아니라 모더니즘의 이성지인 담론 형성의 가능성을 근본적으로 재검토해야 하고 있는 것이다(Raulet, G., 1990: 25).

2. 포스트모더니즘에 대한 논쟁

포스트모더니즘을 파악하는 방식은 대개 네 가지로 분류된다. 즉, 포스트모더니즘을 모더니즘의 연장선상 속에서 파악하는 입장, 탈근대문화적 담론으로 파악하는 입장, 자본주의의 문화적 논리로 파악하는 입장, 그리고 마지막으로는 포스트모더니티가 모더니티의 계승(미완의 계획)이라는 측면을 인정하면서 그 안에 내재해 있는 신보수주의 색채를 비판하는 입장이다. 이를 간단히 살펴보면 다음과 같다.

1) 모더니즘의 계승과 단절로서의 포스트모더니즘

포스트모더니즘은 20세기 후반의 모든 현상을 그 범주로 하면서 모더니즘과의 관계 속에서 포스트모더니즘을 파악한다. 이런 점에서 포스트모더니즘은 모더니즘의 논리적 발전이며 계승인 동시에 모더니즘에 대한 비판적 반작용이고, 의식적 단절이다고 평가한다. 그렇기 때문에 포스트모더니즘에 대해 계승이냐 단절이냐의 선택보다는 오히려 '모두 둘 다'를 포용하는 관점에서 계승과 단절의 두 축을 중심으로 포스트모더니즘의 개념 규정을 시도한다[2](김욱동 1990 b).

모더니즘은 자아와 주관성, 그리고 그것에 기초한 개인주의를 무엇보다도 중요시하였다. 그러나 최근에 들어와 자아의 중요성이나 총체성의 문제보다는 오히려 자아의 해체나 상호 주관적 세계가 더욱 중요하게 부각하고 있다. 또한 전통적인 계급적 질서의 붕괴, 그리고 새로운 계급의 출현 등으로 과거 주변적인 것들이 부상하고 있다. '억압된 것의 복귀'가 매우 핵심적인 주제로 대두되기 시작한 것이다. 이러한 현상은 소수 민족의 부상, 청소년문화의 대두, 대중문화의 부상, 미국의 포스트모더니즘 문화의 중심지로서의 등장[3], 그리고 무엇보다도 성(性)의 해방을 들 수 있다.

---

2) 김욱동은 포스트모더니즘의 개념정립을 위해 이합 핫산(Hassan, I)의 논의를 주목하는데 참고로 핫산이 제시한 포스트모더니즘의 특징은 다음과 같다. 1) 비결정성, 2) 파편화, 3) 脫正典化, 4) 자아의 분산, 5) 비제시성과 비현재성, 6) 아이러니, 7) 잡종화, 8) 카니발화, 9) 행위와 참여, 10) 구성주의, 11) 내재성. 자세한 논의는 Hassan, I., "Pluralism in Postmodern Perspective" in *The Postmodern Turn*, Columbus: Ohio State University Press, 1987. 참조.

3) 미국이 정치-경제적인 면이 아니라 문화적인 면에서 대륙에 대해 그동안 열등감을 느끼고 있었으나 1960년대를 분수령으로 하여 문화적 자기정체성을 자각하게 되었음을 의미한다. 어떤 의미에서는 포스트모더니즘은 미국인들의 이러한 자기 인식 과정에서 비롯된 산물이라 평가할 수 있다.

포스트모더니즘은 한편으로는 모더니즘의 기본입장과 전제를 거의 대부분 받아들이고 있다고 평가한다. 즉, '패러다임의 변형'이 일어나지는 않는다는 것이다. 모더니즘과 단절 혹은 그것으로부터 이탈이 존재한다면 오직 모더니즘의 특정한 양상과 단절하고, 또한 그것으로부터 이탈하는 것일 뿐이라는 것이다.

2) 탈근대문화 담론으로서의 포스트모더니즘

이 관점은 우선 모던과 포스트모던을 시대 구분에 있어 큰 축으로 두고, 모던이라는 측면에는 그 하위영역으로 모더니티, 현대화, 모더니즘을, 그리고 포스트모던에서도 마찬가지로 하위영역을 설정한다. 이때 모던이라는 시기는 17세기 중엽에서 시작하여 부르주아 민주주의 시기를 거치면서 오늘에 이르게 되었다고 본다. 포스트모던은 그런 역사적 시기와는 질적으로 다른 사회 역사적 맥락을 갖는다고 본다. 포스트모더니티는 그 이후 시대의 새로운 삶의 경험과 내용을 의미한다(김성기「좌담」, 1991). 이를 자세히 살펴보면 다음과 같다.

첫째, 포스트모더니즘은 계몽주의 전통에 뿌리를 둔, 보편주의적 인식론의 해체를 통해, '모더니티'의 위기를 벗어나려는 이론적 기획이다. 무지와 억압 대신에 이성과 해방의 지평을 연다는 '새로운 시대'의 이념을 기초로 했던 모더니티가 그 역사적 실효성을 잃었다는 것이다.

다음으로 포스트모더니즘의 사회문화 분석은 정보양식, 시공간의 유연성, 새로운 리얼리티를 축으로 이루어진다. 포스트모더니즘의 사회 세계는 사회적 리얼리티의 내용이 일정한 시공간에 제약되는 물질적인 것보다는 그 제약으로부터 자유로운 기호적인 것이 압도하는 동시에 '시공간의 축소'(혹은 시간 속으로 공간의 내파)[4]를 수반한다. 그리하여 사회적 경험의 내용도 상당히 달라진다는 것이다.

마지막으로 포스트모더니즘의 실천적 전략은 '새로운 정치'의 기획이다. 포스트모더니즘의 정치논리는 미시정치, 급진 민주주의, '새로운 사회운동' 등의 흐름과 밀접한 관련을 맺고 있다. 이는 무정부주의와는 그 궤를 달리하며, 한편으로는 절대적인 국가권력에 의존하는 경향을 막는다는 의미에서 최소 정치이며, 다른 한편

4) 포스트모더니즘의 '내파(implosion)'는 그간 철학이나 사회이론의 흐름에서 내재해온, 외양/리얼리티, 재현/대상물, 사유/사물 등과 같은 이항대립의 '내파'를 의미한다. 김성기(1993)의 논문 pp.118-123 참조.

으로는 갈등의 중재와 억압에 대한 부단한 반성을 추구한다는 의미에서 최대 저항인 것이다(김성기, 1993).

3. 포스트모더니즘의 사상적 특징

포스트모더니즘은 모더니즘과 완전히 단절된 새로운 사상으로 정립하려는 입장과, 새로운 문화변동을 설명하려는 입장, 후기 자본주의 문화현상을 정당화하고 있다고 비판하는 입장 등이 상호 혼재하여 있다. 그러나 근대 이래로 자리잡아온 인간 이성에 입각한 합리성, 진리, 도덕 등과 같은 현대주의 논리를 거부하는 데는 합의하고 있다. 포스트모더니즘은 그동안 상대적으로 – 의도적이건 그렇지 않건 간에 – 무관심한 영역, 소외되었거나 거부된 혹은 부정된 영역을 적극적으로 드러내 주제로 삼는다. 이러한 포스트모던 주의자들의 노력은 다음과 같은 특징을 지니고 있다.

첫째, 근대 시민사회를 지탱한 모더니즘은 이성과 과학의 힘을 통한 휴머니즘을 추구해왔다. 이 범주의 학자들과 예술가들은 주체적이고 이성적인 자아를 고양하기 위한 학문 활동이나 예술활동을 하고자 했으며, 이러한 경향성은 근대 이래 진리적인 문화논리로 정착하였다.

이성의 시대가 낳은 지적 사고의 경향은 진보, 해방, 복지와 같이 모든 사람에게 보편적으로 해당된다고 하는 큰 주제, 모든 인간이 추구해야 한다고 주장되는 궁극적인 목적을 중심으로 한 이론 체계를 구성하였다. 모더니즘 시대에는 이러한 이론 체계를 구축하여 이 체계에 부합되는 이론 및 행동 규범을 정당화하여 인정하되, 그렇지 못한 이론 및 행동은 정당하지 못한 것으로 낙인찍어 거부 혹은 부정하였다(목영해, 1994: 44).

모더니즘 시대에 정당화된 이론 체계를 후현대주의 철학자 리오타르(Jean-Francois Lyotrd)는 대서사(grand narratives)라고 부르고, 포스트모더니즘은 대서사에 대한 거부를 특징으로 하고 있다고 말한다. 그에 의하면 "19세기 말 이래의 과학, 문학, 예술 분야의 게임의 규칙들을 바꾸어 놓은 여러 가지 변화들과, 그 변화에 따른 현대 서구의 문화 상태"를 지칭하는 말로서 그 주된 특징으로는 '대서사의 위기'(crisis of grand discourse)(Lyotard, 1979, preface)를 들 수 있다(한일조, 1999).

대서사는 과학에 기초한 메타 담론이다. 이 담론은 과학적 지식을 정당화하기 위해 사용하는 신화들로서 정신의 변증법, 의미의 해석학, 합리적 주체 혹은 노동주체의 해방, 부의 창조 등을 중시한다. 따라서 대서사의 위기란 곧 이러한 것들의 정당화의 위기라고도 할 수 있다. 그리고 이들 신화들 뒤에 일관해서 흐르고 있는 중심 테마가 바로 계몽 서사인데 이는 인간의 보편적 합리성과, 그에 기초한 진술에 대한 합의, 그 결과로 기대되는 인류의 보편적 평화와 진보 등에 대한 믿음으로 구성되어 있다.

포스트모더니티란 더 이상 이러한 대서사가 통하지 않는 분위기를 지칭한다. 사실 계몽시대 이후의 근대교육의 이상도 이 계몽적 서사와 관련된 믿음과 무관하지 않다(Aronowitz & Giroux, 1991, 57-58). 리오타르는 이들 대서사에 대한 공공연한 호소를 모던이라 칭하고 현재 이 대서사에 대한 회의와 불신의 분위기를 포스트모던이라 규정 지운다.

포스트모던 사회에서의 담론은 지금까지 대서사에 의해 거부되고 억압되어 온 소서사(작은 이야기)로 이루어진다. 즉 인간해방, 국가발전, 진보, 진리 등과 같은 대서사를 전체적이고 테러적(totalitarian and terroristic)인 것으로 비판하고, 그동안 대서사라는 중심부에서 소외된 가정, 지역사회, 청소년, 여성 등 소서사를 정당화한다. 리오따르는 이렇게 말하고 있다. “우리 총체성에 대해 전쟁을 개시하자. 그리고 지금까지 보여지지 않았던 것을 보노록 하자; 그리고 차이들에 관심을 갖고 그것들의 이름을 찾아주자”(Lyotard, 1984 : 81-82).

둘째, 포스트모더니즘은 다원적이고 상대적인 관점에서 모든 현상을 파악한다. 대표적인 포스트모더니스트인 데리다는 춤의 은유를 빌어 끊임없이 움직이는, 어느 한 입장에 고정되어 있지 않고 자유롭게 울타리를 넘나드는 항상 열려있는 포스트모던적 인간을 제시하고 있다(김욱동, 1991 : 41-42). 즉 인간은 더 이상 절대성, 총체성의 막힌 틀에서 벗어나 모든 가능성을 엿볼 수 있는 영원한 자유인이 될 수 있음을 보여주고 있다(신미식, 1998).

텍스트는 독자들과 더불어 공동 창작을 해야 되는 의미의 생산과정이다. 포스트모더니스트들은 모더니즘 시대에서처럼 테스트의 안정되고 내재적인 의미를 강조하는 데서 벗어나 텍스트 의미의 '나의적 해석'을 강조한다. 이는 모더니즘이나 리얼리즘 시대와는 달리 포스트모더니즘이 '열린 시대'의 '열린 사조' 임을 의미한다.

텍스트 속에서 질서와 조화가 커다란 원을 이루며 다시 복귀하는 모더니즘적 결말과는 달리 텍스트는 수많은 해석의 가능성을 향해 열려 있다. '열린 결말'적 사조에서는 다원성과 상대성이 필연적으로 존중되는데, 그 다원성과 상대성이란 바로 '차이성'을 중요하게 부각시키는 것이다.

포스트모더니즘의 다원주의는 주체의 상실, 역사성의 상실, 언어와 표시와 현실의 차이성, 그리고 정보기술 체제에의 종속성을 그 특징으로 한다(M-E. Karsten/H-U. Otto, 1990: 163). 포스트모더니즘은 그 동안 주변적인 것으로 무시되거나 도외시되어 왔던 모든 것들이 이제 새로운 의미를 부여받으면서 그 중요성을 새롭게 부각시키는 동기가 된다. 그리하여 주변적인 것이 더 이상 지배적인 또는 중심적인 것과의 수직적 종속관계에 머물러 있지 않고 수평적, 다원적 관계로 복귀하는데 크게 공헌하는 계기를 마련해 준다.

셋째, 포스트모더니즘은 반권위주의(anti-authoritarianism)이다. 근대사회에서 진리로서, 객관적인 사실로서, 합리적인 것으로 받아들여졌던 지식과 신념은 실제 어느 한 계층 혹은 어느 한 집단의 진리이거나, 입장을 대변하고 있다. 예를 들어 어느 한 도덕적 지식은 어느 한 집단에 의해 형성되어 그 집단의 가치를 내재하고 다른 집단에게 규범적으로 전달된다. 푸코에 따르면 이것은 지배집단(자)의 공식적인 지식으로 여겨지고 나머지 '타자'들의 지식은 '전복적이고' '무질서하며' '파편적이고' '자율적 생명력'이 부족한 지식으로 보았다(황정미, 1995: 139). 이런 맥락에서 포스트모더니즘은 근대사회의 지배 엘리트에 대해서 비판적인 입장을 취한다.(Aronowitz & Giroux, 1992 : 68). 실제 근대사회의 지배 엘리트는 자신을 유일한 인식의 주체로서 그리고 절대 진리의 대변자로 놓고 그 밖의 사람들을 지배의 대상, 주변인으로 전락시켰다.

그러나 포스트모더니즘에서는 이러한 모더니즘의 권위적이고 비민주적인 방식은 지양되어야 할 것으로 본다. 모든 사람이 도덕적 지식 생산을 창조하는 열린 행위에 들어와야 한다. 포스트모던 사회에서는 이제껏 힘을 행사했던 근대적 의미에서의 권위에 소외당해왔던 그리고 무시되어 왔던 '타자'가 주요한 주체로서 부각된다. 포스트모던 사회에서 존재하는 주체란 끊임없이 변화하고 해체되어 그리고 새롭게 거듭나는 주체뿐이다. 더 이상 절대적인 진리, 보편적인 사실이 존재하지 않는 포스트모던 사회는 주체의 권위주의를 부정한다.

4. 포스트모더니즘과 교육

20세기 후반을 포스트모던 시대라고 한다면, 그 시대의 교육은 '포스트모던적 교육'이라는 말로 표현할 수 있는가? 미리 대답하자면 '아니다'이다. 서구 근대사회 이래로 자본주의 교육의 '계몽'적 성격은 지금도 계속되고 있다. 그래서 독일의 저명한 비판교육론자인 클라프키(W. Klafki) 같은 이는 포스트모더니즘의 붐은 '계몽으로부터의 이별'(Abschied von der Aufklaerung) 혹은 '계몽의 종말'(Das Ende der Aufklaerung)을 의미하지 않는다고 지적한다(W. Klafki, 1990: 91).

그럼에도 불구하고 포스트모더니즘은 계몽의 교육철학이 지배적인 현재의 시점에서 전혀 교육적인 의미가 없는 것은 아니다. 오히려 교육적 상상력을 크게 확대하고 있다. 예를 들면 포스트모던 시대에서는 지금까지 정당한 것으로 간주되어 온 교육의 본질적인 측면을 다시 한번 검토하고 반성하게 하면서 교육의 문제들을 새롭게 재해석하는 동기를 부여하고 있다. 결코 종래의 방식대로 교육을 사회와의 종속적인 관계 속에서, 혹은 사회 '영역 밖'의 움직임을 교육영역에 끌어들여 또 하나의 무비판적인 교육이론을 정립하기 위한 시도의 하나로 이해되지 않는다.

여기서는 변화하는 사회를 포착하려는 포스트모더니즘이 현대 교육에 주는 의미가 무엇인지를 살펴보기로 하겠다.

가. 모더니즘 교육에 대한 비판

모더니즘은 중세의 몽매에서 인간의 삶을 일깨우고, 미신과 비합리적인 전근대성으로부터 해방되도록 하여 인간의 삶을 발전시키고 진보시킨다는 신념을 내포하고 있다. 이러한 모더니즘의 원리가 교육에 그대로 적용되어 학생을 무지에서 깨우쳐 계몽하고 전근대성에서 해방되어서 학생이 자유의 원리에 입각한 합리적이고 진보적인 삶을 영위하는 교육의 이념과 방향이 형성되었다.

그러나 모더니티의 핵심은 주체와 객체를 분리하고 주체 중심의 이성적 능력이다. 주체와 객체의 분리는 주체의 객체에 대한 통제와 지배를 정당화하고 존속시키는 논리로 작용되어 왔다. 주체와 객체의 분리는 객체가 주체를 위한 도구로 이용될 수 있다. 교육도 주체와 객체의 이분론적 패러다임에 기초한다. 교육의 주체는 교사이고 객체는 학생으로서, 교사나 교육의 권위자에 의해 교육이 결정되어진다. 주체인 교사는 학생이 받아야 할 정전이 되는 교육내용을 학생에게 전할 권위와 책임을 맡고 객체인 학생은 교사의 권위를 인정하고 교사에 의해 부여된 학습내용을 잘 전해받을 의무가 주어진다.

이와 같이 주체, 객체의 이분론적인 교육방식은 교육의 방향, 원리, 가치, 철학 그리고 교육내용과 교육방법이 무엇이 옳고, 진리이며, 가치롭고, 아름다운가를 알고 있는 교육의 권위자가 교육의 주체자로서의 역할을 하고 옳고 그름, 미의 구별력이 부족한 학생이 객체가 되어야 함을 정당화한다. 주체와 객체의 분리를 기반으로 주체 중심의 사고, 질서, 통제를 합리화하는 권위주의적인 교육을 극복하기 위해서는 권위주의가 억누르던 것들이 허용되도록 하여야 한다(김경희, 1995). 참된 교육의 발전방향은 권위주의적인 교육과 같이 사람과 사람을 서열화하고 객체화하는 교육보다는 모든 사람(학생, 학부모, 교사, 시민)이 나름의 다양한 견해를 발표하고 경청하며 같이 이해하고 평가에 참여하는 것을 권장하고 격려하는 교육에로의 방향이다.

포스트모더니즘의 관점에서 보면, 교육의 근대적 관점은 그 기본부터가 흔들리게 된다. 전통적으로 교육은 세계에 대한 객관적 지식과 보편적 가치 체제를 학생에게 가르침으로써 세계를 이성적인 관점에서 사실 그대로 파악할 수 있는 능력을 기르는 것으로 간주되어 왔다. 그러나 포스트모더니즘적 관점에서 보면, 학교에서 가르치는 지식이나 신념 체제는 사회적으로 형성된 것으로서 결코 세계에 대한 객관적인 이해일 수 없으며 특정 계층의 특정한 관점과 가치관에 따라 형성된 것 일 뿐이다.

지식의 합리성에 대한 전통적 관점을 전복시킨 포스트모더니즘의 상대주의적 관점은 교육적 사고에 있어서의 새로운 변환을 요구한다.

나. 교육내용에 대한 인식의 변화

보편타당한 객관적 진리의 추구 즉 대서사가 정당화되었던 근대사회와는 달리, 포스트모더니즘은 교과내용, 즉 확정적이고 절대화된 지식, 즉 대서사적인 지식관에 대한 인식을 재고하도록 한다. 교육은 반드시 교육내용을 포함한다. 교육내용은 지식, 기술 또는 가치, 도덕 및 태도 등으로 구성된다. 이러한 교육의 내용은 모더니즘이 추구하는 가치 지향적인 것이다. 다시 말하면 교육이란 본질적으로 '보다 나은' 가치 지향적 작용이라는 성격을 지니고 있다. 교육의 이러한 성격은 교육 현실에 널리 퍼져 있는 하나의 확고부동한 믿음, 즉 교육내용이 종국에는 진리에의 추구로 이어진다는 신념으로써 교육내용을 절대시 하는 믿음으로 나타나고 있다.

그러나 포스트모더니즘은 이러한 교육내용의 논리와 가치를 인정하지 않는다. 리오타르가 지적한 바대로 가치나 지식의 '정오'(正誤)에 관한 논의는 무의미하다. 만일에 이러한 논의가 있다면 결국은 진리를 지향하는 전체주의적 '대서사'의 산물일 수밖에 없다. 포스트모더니즘은 그러한 권위주의적 인식론을 배격하고 결코 단일하고 합의된 진리를 인정하지 않는다. '진리'나 '보편타당한 가치'는 절대성과 확정성을 지닌 객관적이고 참된 진리에의 표상이 아니다.

교육현장에 만연한 교과서에 대한 지나친 의존도, 획일화된 기준에 의한 평가, 옳고 그름의 이분법적 사고는 충분히 재검토되어야 하는 것이다. 특히 옳음과 그름의 이분법적 구도에서는 선택의 택일만이 있을 뿐이다. 문제는 제3의 존재 가능한 다른 차원들을 포괄하는 진정한 사고의 자유가 배제된다는 점이다. 한 예로 근대 과학적 사고 방법 및 지식의 지배는 경험적으로 검증 가능하거나 논리적으로 증명 가능한 지식만이 확실한 지식이라는 전제에 기초함으로써 과학의 '주관적' 사고양식을 절대시 한다. 이것은 분석적-경험적 교육학에 최고의 가치를 갖게 하고(L. Roessner, 1979), 교과서 중심의 수업, 표준화된 교과서 및 평가 등의 흑백논리적 사고의 결과를 초래한다. 세계에 대한 다의적 해석들이 평등한 관계에서 각기 그 시각의 차이에 대해 동일한 중요성을 인정받으며 공존하는 다원주의적 입장에서 지식의 본질을 이해해야 한다.

다. 학생중심의 교육

포스트모더니즘이 내포하고 있는 차이와 다양성의 교육은 무책임한 주장과 혼란을 용납하는 것은 아니다. 중요한 것은 학생이라는 인간의 삶의 한 장인 교실 현장에서 어떻게 일상생활 속의 의미들을 스스로 읽어나갈 수 있는가 하는 방법을 배우면서 각기 미래를 향한 새로운 의미 창조를 책임감 있게 실천하는가 이다. 포스트모더니즘은 오늘날 강조되고 있는 '열린 교육'과 관련하여 볼 때, 학생이 중심이 되어 텍스트의 다양한 해석과 탐구 활동을 통해 각각의 해의(解義)가 자신이 처한 상황과 자신에게 어떤 의미가 있는가를 스스로 발견할 수 있도록 해야 한다는 점을 시사하고 있다.

우리나라의 경우 이른바 신세대 문화는 자신들의 자율적인 주권을 강도높게 표출하고 기존의 질서를 해체시키면서 변화무쌍한 영역을 구축하고 있다. 지금의 청소년들에게는 과거 순응의 가치와 규범을 온순히 받아들인 모습을 더 이상 찾아볼 수 없다. 기존 문화의 해체와 단시성 유행 문화를 그들이 원하는 대로 가꾸어 내는 소위 포스트모더니즘적인 양태들이 여기저기서 나타나고 있다. 그들은 자신의 삶의 멋과 맛을 자유의지의 발산을 통해 공통의 문화적 생활양식, 곧 그들만의 자생문화를 창조하고 있는 중이다. 마치 어른들이 자신의 삶을 즐기기 위해 향락문화를 만들고 있듯이, 우리의 청소년들도 자기 멋을 한껏 즐기기 위해 청소년 자생문화를 만들고 있는 것이다.

청소년 자생문화 형성의 동인은 '즐겁고 멋진 삶'에 대한 충동적 욕구라고 보여진다. 즉, 청소년들의 마음속에는 자신들의 현재의 삶이 '재미없고 즐겁지도 않으며 더욱이 멋있는 삶도 아니다'라는 문화적 저항의식이 잠재하고 있고, 이 잠재성은 새로운 욕구 충족의 문화적 생활양식으로 표출되었다고 할 수 있다. 이러한 청소년 문화태도는 보다 근본적으로는 가정과 학교, 그리고 사회가 자신들의 편의에 의해서, 혹은 자신들의 이기적 발로에 의해 청소년에 대한 감성적인 배려 없이 오직 '성적'의 가치만을 중시하고 그 가치를 지향토록 하는 규범만을 내면화하는 '공부문화'에 대한 대항적 성격을 지닌다. 이 같은 청소년 세대의 변화에 대처하기 위해서는 기존의 교육방식만으로는 한계가 있으므로 새로운 교육방식의 개발이 필요하다. 사회가 급속한 속도로 변화하고 청소년들의 의식구조도 급변하고 있는 오늘날의 상황 속에서 교육도 보다 능동적으로 대처해야 나아가야 한다.

그러나 과연 공교육 체제하에서 모든 학생들은 개개인의 다양성과 특수성을 인정받고 뒷받침받을 수 있는가? 포스트모더니즘의 원리대로라면 공교육 체제는 해체될 수밖에 없다. 그러나 인간은 사회 속에서 살아가며 그 사회 속에서 서로 협동하고 살아가야만 하는 유기체임을 감안할 때, 이런 개개인에게 맞추는 교육은 실현가능성의 여부와 관계없이 이기주의를 낳으리란 것을 예상할 수 있다.

포스트모던한 사회에서는 변화하고 있는 학생들을 받아들이고, 학생 개개인의 특수성과 독립성, 고유한 청소년 문화 등을 인정해줘야 한다. 지식중심의 교육 속에서 메말라가는 청소년들의 마음을 녹여줄 새로운 다양한 감성의 교육이 필요한 것이다.

라. 공교육체제에의 도전

포스트모더니즘이 시사하는 또 하나는 현행 공교육 체제가 근본적으로 재검토되어야 한다는 점이다. 전체 사회질서가 변환되고 재편성되는 상황을 포착하는 포스트모던 시대에서 교육질서도 예외일 수는 없기 때문이다. 근대적 사회질서를 유지하는 핵심적 제도 중의 하나인 학교제도는 탈근대적 사회질서 속에서는 어떻게 변화할 것인가? 근대적 교육질서의 중심인 학교제도는 푸코의 분석처럼 감시와 억압과 통제를 강화하는 억압적 제도였는가 아니면 상식적인 믿음처럼 인간해방의 제도였는가? 근대성을 어떻게 평가하느냐 하는 것은 근대사회의 제도인 학교제도에 대한 평가와 맥을 같이 하며, 근대성에 대한 비판은 학교제도의 비판에도 적용된다.

학교제도는 근대사회의 질서의 일환으로서 그 의의와 한계를 지닌다. 한편으로 그것은 인간해방과 합리적인 사회제도이었고, 다른 한편에는 억압과 감시와 은밀한 통제기구로서의 성격을 지니기도 하였다. 또한 교육을 통해 인간 이성의 개발을 추구하면서 다른 한편 인간의 자유롭고 창조적인 사고를 억압하는 성격을 갖고 있다. 포스트모더니즘적 시각은 학교를 포함한 근대적인 사회제도 이면에 있는 인간 억압적인 측면을 인식하고 그것을 극복하는 실천을 중시한다.

포스트모더니즘은 계몽주의의 이성이 구축한 획일성, 전체성, 절대성을 비판하고, 그 대신에 다원성과 상대성을 강조한다. 따라서 다양한 정보가 쏟아져 나오는 포스트모던의 정보사회에서 계몽주의 체제로서의 근대 교육제도인 공교육 체제로는 포스트모던 사회에 부응할 수 없다는 점에서 다원성과 상대성을 보장할 수 있는 새로운 대안 교육체제가 요구되는 것이다.

13강

감성철학과 교육

데이비드 흄(1711. 5. 7.-1776. 8. 25.)[1)]

1. 감성연구의 붐

우리는 감성의 시대에 살고 있다. '감성 마케팅으로 고객에게 접근한다'라는 경제주의적 감성, '손끝으로 세상을 바꾼다'라는 과학기술적 감성, '가을 감성으로 자연을 느낀다'라는 생태적 감성 등 감성이란 단어의 사용범위가 거의 모든 생활영역에 걸쳐있다. 학계에서도 마찬가지로 감성에 대한 논의가 활발하다. 감성연구에는 철학자, 심리학자, 뇌과학자, 인류학자, 그리고 교육학자들을 망라하고 있으며 그들의 관심 스팩트럼은 감각적, 사회적, 혹은 생리적인 양상에서부터 감정의 개념적인

1) 네이버 지식백과에서 2019.07.26.에 인출.

구조 탐구에 이르기까지 넓고 다양하다.

감성에 대한 연구범위가 확대되면서 1980년대 이후 철학적 접근뿐만 아니라 감성을 일으키는 신경조직에 관한 신경생물학과 같은 자연과학적 접근, 그리고 감성지수와 감성측정기법 같은 도구를 개발(정효일 · 김왕배 외, 2010 참조)하고 그것을 통한 조직 효과성 등을 연구하는 사회과학적 접근 등에 힘입어 오늘날에는 '감성학'이라는 학문 영역이 만들어지고 있다.

감성과 관련된 연구는 대체로 세 가지 방향으로 이루어지고 있다. 첫째, 감성개념을 탐구하고 이를 토대로 감성이론을 체계화하려는 연구이다. 이는 주로 철학적 접근을 통해 이루어진다. 둘째, 감성이 사람들의 생활적응, 삶의 성공과 실패의 예언에 얼마나 공헌할 수 있는지에 관심을 갖는 사회과학적 응용연구이다. 이는 경영학 행정학 사회학 교육학 등의 분야에서 감성이 개인의 성과나 조직의 효과성에 어떤 영향을 미치는가에 대한 실증적 연구들이라고 할 수 있다. 셋째는 삶의 질과 감성과의 관계를 연구하는 것이다. 예를 들면 가정에서 부모, 회사에서 상사, 학교에서 교장은 어떻게 하면 구성원의 삶을 질을 높여 생활의 만족감이나 행복감을 증진시킬 수 있는가에 대한 연구들이다.

그런데 왜 감성이 이렇게 많은 학문 분야에서 주목받고 있으며 그것에 대한 연구가 폭발적으로 증가하고 있는가? 자본주의 사회에서 감성에 대한 연구는 주로 경제주의적 관심 때문이다. 과학 이성이 지배하고 있는 현대에서, 경제학, 사회학, 행정학 등에서의 감성연구는 더 많은 경제적 가치 창출을 위한 새로운 통로를 개척하기 위함이다. 감성노동, 조직감성, 종업원의 감성지수와 조직효과성 등의 개념들은 모두 이러한 경제주의적 감성연구와 관련되어 있다. 교육학 영역에서의 감성연구 역시 이러한 추세에서 크게 벗어나지 못한다. 학교 같은 조직에서 학생과 교사의 감성지수는 어느 정도이고 그것과 교사의 직무효과성 혹은 학생의 학업성취도와는 어떤 유의미한 관련성을 갖고 있으며 감성을 향상시키기 위한 전략은 무엇인가 등에 대해 연구도 감성의 실용적 가치 차원에서 다뤄지고 있다.

교육연구에서 감성 관련 변인은 너무나 많다. 교사-학생 간의 관계, 학생들의 또래와의 관계, 교사와 조직 혹은 교장과의 관계, 학생과 문화 간의 관계 등 감성에 영향을 주고받을 수 있는 요인들은 수없이 많다. 이런 점에서 감성 개념을 통해 교육적 관계를 논의하는 하나의 공통 이론이 성립될 수는 없다. 다만, 다른 영역에서 볼 수 있듯이 교육영역에서도 감성에 대한 경제주의적 혹은 실용주의적 관심은 앞으로도 계속 강조될 것이기 때문에 이런 시각의 논의는 활발하게 이루어질 것이다. 일반적으로 볼 때 실용주의적 접근을 통한 감성 연구가 잘못되었다고는 할 수 없다. 오히려 이러한 연구들이 '감성'에 대한 개념 규정을 시도하고 그것의 특징에 대한 과학적 규명과 논의를 촉발시켰다는 점에서는 매우 긍정적이다. 그러나 그것만으로는 불충분하다. 그 불충분함은 감성 담론에 대한 철학적 분석과 그것에 기초한 감성의 새로운 교육학적 가치를 탐구하는 것으로 보완될 수 있다.

감성에 대한 철학적 논의는 대개 이성과 감성, 인식론과 존재론의 맥락에서 이루어지고 있다. 예를 들어 인간이 얼마나 감정에 얽매여 사는가, 인간 행위에 미치는 감정의 영향은 어느 정도인가에 대한 관심은 예나 지금이나 지대하다. 그런데 이러한 질문의 목표는 따지고 보면 '합리성의 획득'과 밀접한 관련이 있다. 감성이 부정적인 것을 의미할 경우, 감성은 '이성의 타자'로 규정되며 그런 경우 감성 개입을 통제함으로써 합리성의 획득이 이루어진다. 반면에 감성이 실천적 유용성을 의미할 경우 그것은 합리성에 적극적으로 기여할 수 있게 된다. 뿐만 아니라 감성 자체가 합리성의 구조를 갖는다고 한다면 이성과는 다른 새로운 합리성의 지형이 열리게 된다(권수현, 2009: 30). 만일 후자의 주장이 정당성을 갖게 된다면 감성은 매우 중요한 교육이론 구성의 철학적 토대가 된다.

2. 서구 철학적 전통에서 주변화 된 감성

인간에게는 자기 외부의 세계, 즉 대상을 인식하는 두 길이 있다. 하나는 이성이고 또 다른 하나는 감성이다. 현대문명의 초석을 다진 근대 철학은 이 두 통로를 통해 세계를 가능한 한 더 많이 더 깊이 인식할 수 있는 방법을 모색하였다. 오랜 역사 속에서 이 두 길은 때로는 상호보완적인 기능으로 이해되기도 하지만 주로 이성의 통로에 더 많은 비중을 두었다. 이 점은 근대에 들어와 더욱 강화되었다. 근대에서의 감성은 이성의 위대성을 찬양하기 위한 도구나 소개념으로 전락되었다. 이는 따지고 보면 서구 철학이 상당 부분 플라톤의 형이상학 전통을 이어받고 있다는 점에 기인한다. 플라톤은 '파이돈 Phaedo'에서 이성 밖의 모든 욕망과 감정이 신체에서 발생하는 것으로 간주하는 태도를 보였다. 영혼-신체의 이분법은 영혼의 불멸적인 이성적 기능과, 인간 신체의 한시적이고 비합리적인 부분을 나누는 것이었다. 그는 신체의 욕망과 열정 속에서는 어떠한 긍정적인 요소도 발견할 수 없다고 보았다(박우룡, 2009: 329). 그래서 가능한 한 최대한도로 신체적 욕망을 초월하는 데 목적을 두고 영원불변한 이상세계인 이데아계를 숭상하였던 것이다.

플라톤 전통을 이어받은 서구 근대철학은 지각과 감정을 수반하는 능력인 감성을 매우 수동적이고 이성의 부수적인 차원으로 바라보았다. 외부로부터 가해지는 자극에 따라 영향을 받을 수밖에 없는 인간의 감성은 갈대와 같이 쉽게 흔들리는 것으로 보였다. "한없이 흔들리는 성격으로 인하여 감성에는 본래의 이름이 없었다. 감성은 '무규정성', '알 수 없는 그 무엇'. '타자가 흔적을 남기는 장소' 일 뿐이었다"(김상봉, 2003: 9-10). 감성의 이러한 성격으로 인해 그리스 철학에서는 감성을 pathos로, 데카르트는 passion으로, 스피노자는 affectus로, 칸트는 Sinnlichkeit로 불렀으며, 현대 영미 철학과 윤리학에서는 emotion으로 불렀다(신헌재, 2008: 4). 이로 인해 감성이라는 용어는 감정 혹은 정서 등과 혼용되어 사용되고 있다.[2)] 일반적으로 감성은 감정을 기반으로 생성된다고 할 수 있다. 본고가 관심을 갖는 감성은 엄밀하게 말해서 인식 능력으로서의 이성의 대척점에 있는 개념이다. 그러나 감정과 정서 그리고 감성의 통섭 차원에서 이것들은 의미맥락에 따라 선택적으로 사용될 수 있다.

우리나라 철학계는 감성을 이성의 주변부로 전락시킨 유럽 근대철학의 영향을 많이 받아왔다. 그렇기 때문에 자아를 인식론적 주체로 설정하고 그 외의 모든 것, 타자와 자연, 세계와 신조차도 객체로 설정하는 주관 · 객관의 이분법적 인식론이 강하게 자리잡았다. 서구철학에서 주체로서의 인간은 인식론적 주체이며, 합리적 이성을 소유한 존재의 주인이다. 그 주인은 이성으로 일체의 존재자(세계)의 궁극적이고 보편적인 근거(지식)를 구할 수 있다. 이때의 지식은 경험 세계인 현실 세계를 초월하여 그 뒤에 숨어있는 본질, 존재의 근본 원리를 체계적으로 탐구한 결과

2) 일반적으로 감성은 '감각기관에 의하여 감지되거나 인지되어 발현되는 총체적 감정반응'이다. 이것을 이용한 가전제품이나 의류, 의료 등 곳곳에서 기존의 관습화된 규격을 해체하거나 변신을 유도하는 힘이 감성이다. 상식적으로 감각은 '감각되는 것의 존재'를 상정한다. 따라서 늘 외적 대상과의 관계 속에서만 가능하며, 이렇게 정의되는 감성은 인간이 세계(대상)를 인식할 수 있는 능력이다. 고대 그리스어의 감성이란 용어인 '아이스테시스'(aisthesis)나 그것의 라틴어 번역인 '센수스'(sensus)는 '감성', '감수성', '감각작용'을 뜻한다(김시천, 2007: 493).

이다. 사물과 자연, 타자와 자기 자신의 존재까지도 규정하고 철저하게 '강한' 이성의 사유로 제1원리를 향해 끊임없이 좇아가는 이러한 근대철학의 형이상학은 이성을 인식의 가장 중심적 통로로 간주하게 된다(신승환, 2011: 73-4). 결국 감성은 이성의 주변부로 내몰릴 수밖에 없었다.

3. 감성철학의 복권

가. 서양의 감성철학

감성의 철학사를 논할 때 최초의 학자로 아리스토텔레스를 든다. 그는 영혼의 한 부분은 '이성이 없는' 부분이지만, 또 다른 부분은 '이성'(logos)을 가지고 있는 부분이라고 하였다. 하지만 그는 이성적인 것과 비이성적인 것 사이의 관계를 단순한 대립으로 놓지는 않았다(권수현, 2009: 30-31). 그는 이성 말고도 감성이라는 사유의 길을 열어놓았다.

아리스토텔레스는 '이성'으로 부르는 차분한 생각들보다 우리가 처한 상황에 대해 더 적절한 통찰력을 가질 수 있는 지적인 요소가 감성이라고 주장하였다. 그는 '수사학'에서 수많은 다양한 감정을 상세하게 분석하면서, 인간에게 발생하는 감정의 네 가지, 즉 인지(cognition), 심리적 정서(psychic affecy), 신체적 정서(bodily affect), 그리고 행동유발(behavioral suggestion) 혹은 충동(impulse)은 인간 감성의 근본적인 구성요소이다고 하였다. 그리고 감성을 자신의 조건에 큰 변화를 가져와 자신의 판단에 영향을 주는 것, 즐거움과 고통이 수반되는 것으로, 그 사례들은 분노, 두려움, 연민 등이고, 그 반대의 것들도 포함된다고 정의하였다(박우룡, 2009: 332-5). 그는 감정을 상황에 대한 비합리적 혹은 통제 불능의 반응으로 취급하지 않았다. 그는 용기있는 개인은 위험한 상황에서 두려움이 없는 것이 아니고 두려움에 압도당하지도 않는다고 말한다. 또한 감정은 교육과 습관을 통해 만들 수 있다고 하면서 그것은 좋은 삶을 영위하는데 있어 꼭 필요한 요소라고 보았다. 고대의 감성에 대한 긍정적 인식과 가치는 중세에 들어서서 이성을 통한 신의 증명을 추구한 스토아철학과 근대 이성중심의 계몽주의, 관찰과 실험에 기반을 둔 과학주의 및 실증주의의 영향에 의해 보잘 것 없는 것으로 간주되었다.

데이비드 흄(David Hume)은 이러한 철학적 지배 세력에 맞서 감성의 철학을 복원시킨다. 그는 감성을 더 이상 이성 실현의 보조 수단이 아닌 새로운 독립적이고 능동적인 행동조건으로 내세웠다. 흄은 인간 행위는 감정에 의해 직접적으로 발생된다고 말한다. 그리고 이 감정의 중심에는 '욕구'가 자리하고 그 욕구는 행위의 동기라고 보았다. 그는 인간 행위, 특히 도덕적 행위에 대한 물음에서 이성과 전혀 다른 '감성'으로 대답을 시도한다(권수현, 2009: 33-42). 흄은 감정의 열등한 위치에 도전하고 이성의 역할에 대해 의문을 제기하였다. 이성은 선한 인간 행위의 궁극적 목적을 결정할 수 없다고 확신하면서 오히려 인간을 올바르게 행동하도록 동기를 부여하는 것은 '열정'(passions)과 같은 감정이라고 보았다. 그러면서 그는 "이성은 열정의 노예이며, 오직 그래야만 한다"고 말한다(Hume, 3; 박우룡, 2009: 346 재인용). 흄의 이러한 관점은 서구에서 이성 우위의 철학적 전통에 반기를 드는 것이며 감성을 새로운 철학적 중심개념으로 등장시킨 계기가 되었다.

감성 철학의 복원은 니체에 이르러 최고조에 이른다. 니체에게서 감성은 '힘에의 의지' 혹은 '욕망에의 의지'로 읽힌다(김정현, 2001). 니체는 '나'라는 인간은 전적으로 신체일 뿐 그 밖의 아무것도 아니며 영혼이란 신체 속에 갇혀있는 그 어떤 것에 붙인 말이라고 했다. "신체는 커다란 이성이며... 정신이라고 부르는 그 작은 이성은... 커다란 이성의 작은 도구이자 놀잇감에 불과하다"(니체, 2003: 52). 니체와 더불어 신체는 더 이상 주체(이성)의 타자가 아니라 바로 자기 자신이 된다. 우리가 자유로운 정신 활동이라 생각했던 것은 육체적 자기의 의지 실현을 위한 도구에 지나지 않는다. 니체는 이 (근원적인) 자기 의지를 '힘에의 의지'라고 불렀다. 물론 '힘에의 의지'는 욕망이라는 감성의 다른 이름이다. 그리고 자기를 지배하는 것은 감성이다. 따라서 힘에의 의지는 곧 감성이다. 이런 점에서 인간의 지성적 사유란 감성적 욕망의 도구가 된다.

욕망으로서의 감성이 무엇인가'에 대한 해명은 여러 가지로 가능하다. 감성을 무엇으로 파악하는가와 상관없이 감성이 욕망에 의한 지향적 특성을 지니는 것은 분명하다. 니체의 말을 빌리면 그것은 "자신의 유(esse)를 지속하고자 하는 것이기도 하며, 자기의식을 찾고자 하는 것일 수도 있고, 무의식일 수도 있고, 지배하고자 하는 것일 수도 있으며, 생성시키고 창조하고자 하는 것이기도 하며, 타인과의 연속성을 찾고자 하는 것일 수도 있고, 권력일 수도 있다"(신헌재, 2008: 10-11). 그것의 해명이 무엇이든 감성은 끊임없이 활동하면서 생명을 이끌어가는 힘이다. 즉 고정되어 있지 않으면서 새로운 것을 찾아 부단히 운동하는 생명력인 힘인 것이다.

서구 철학의 역사에서는 감성에 지배되는 디오니소스적 세계관을 저급한 것으로 경멸하였다. 디오니소스 세계는 흥분과 격정의 감정의 세계이자, 그 혼돈에서 원초적이며 근원적인 생명력이 잉태하는 세계를 의미한다. 그 세계에서는 고통과 공포의 대상이었던 자연과 화해의 제전을 펼치게 된다. 이러한 사례들은 아프리카 아시아 남아메리카 원주민의 종교문화적 삶의 전통을 담은 다큐멘터리에서 얼마든지 찾아볼 수 있다. 여기서 나오는 원주민들의 디오니소스적 도취는 그들의 삶의 생명력을 있는 그대로 보여주고 있다. 이러한 세계관은 현대 예술가들의 예술행위에게서도 많이 발견된다. 인간의 육체에서 생겨나오는 감정과 열정과 욕망을 통해 창조하고 생성하는 행위는 매우 디오니소스적이다. (그 반대는 아폴론적 세계관으로 질서와 신념과 원리를 따라 삶을 추구하는 세계관을 일컫는다.) 근대는 아폴론적 세계관에 입각해서 이성의 원리로 세상을 변혁시키고자 한다. 그러나 인간이란 대단히 미묘하고 복합적 존재이어서 쉽게 언어적인 개념이나 논리로 그 전모를 파악하기는 아주 힘든 일이다. 이성이나 지성으로만 파악할 수만은 없는 존재인 것이다.

인간이란 참으로 가볍고 흔들리는 터전에서 자기 자신을 드러내는 존재이다. 이때의 사유는 합리성이란 형태의 거대한 실존 인간의 '강한' 이성적 사유가 아니라 '약한 사유'이다(신승환, 2011: 74). 그들은 다양한 사유, 방법들이 존재한다는 점을 주장하면서 다시 '감성'을 현대철학의 반열에 올려놓는다.

나. 동양의 감성철학

지금까지는 서구 철학을 중심으로 감성의 주변화 과정과 그것의 새로운 복귀를 살펴보았다. 그러면 동양철학에서는 감성에 대해 어떻게 설명되고 있는가를 간단히 알아보자. 일반적으로 감정 · 정서에 대해 불교는 부정적이고 도가는 소극적이지만, 유교는 이를 긍정적으로 파악하여 도덕적 정서로 승화시킨다고 할 수 있다(탁양현, 2010: 275). 여기에서는 인간의 감정이나 정서에 대해서 더 적극적인 의견을 제시하고 있는 유교사상을 중심으로 살펴보도록 한다. 동양적 세계관에서 감성과 관련된 대표적인 용어는 오관(五官)이다. 일반적으로 오관은 귀(耳) · 눈(目) · 입

(口)·코(鼻)에 더하여 몸(形)(맹자에서는 몸 대신 사지(四肢)를 포함)을 가리킨다. 이 오관은 단순히 대상의 정보를 처리하여 오성에 전달하는 매개의 기능이 아니라 몸의 안과 밖이 서로 소통하는 통로이며, 그 자체 속에 욕구를 갖는다(김시천, 2007: 499) 특히 눈과 귀는 시각성과 청각성을 가진 것으로 이것들의 결합은 욕망하는 대상을 인식하고 구성하는 요소이다. 즉, 시각적인 것과 청각적인 것의 결합은 세계에 대한 확실한 앎을 구성하는 요소로서 마음의 세계로 들어가는 통로가 된다. 인간과 사물 모두는 부분적으로는 청각적으로, 부분적으로는 시각적으로 드러나며, 이 두 가지는 하나의 짝을 이룬다. 귀가 듣는 것은 눈이 보는 것과 부합하며, 그렇지 않을 경우 지식은 불가능하다(김시천, 2007: 82-3).

중국 고대철학에서 본 감성은 객관적 사물의 정보를 수동적으로 전달하는 도구가 아니라 인체를 이루는 한 부분이자 대상을 인식하는 능력이다. 또한 인체 내부의 생명력과 외부 세계와의 소통성을 본질로 한다는 점에서 '감응'과 같다고 보았다. "빨간 장미를 쳐다볼 때 우리는 빨간색, 푸른색, 꽃잎과 입, 줄기를 각각 감각하여 하나의 빨간 장미로 지각하는 것이 아니라, 보는 순간 빨간 장미로 지각하면서 어떤 감정을 경험한다. 적어도 우리의 일상적 감각은 늘 일정한 감정이 수반되는 감응이다"(김시천, 2007: 510). 동양철학에서의 감성은 단순히 세계의 객관적 인지가 아니라 세계와의 삶의 소통 과정 그리고 그 변화를 감지하고 이를 통해 삶을 이끌어나가게 하는 힘이다. 즉, 동양의 유교적 사유에서 감성은 생명 활동의 근원적 힘이며, 사물에 대한 객관적이고 정확한 '인식'을 추구하는 인식론의 하위 범주가 아닌, 생명 활동이 드러내는 관계 속에서 '감응'하는 세계관을 구성하는 개념으로 이해된다(김시천, 2007: 516).

우리 역사에서 이러한 유교적 세계관을 갖고 자기 수련하는 대표적인 인간 모델이 '선비'이다. 선비는 학문과 수양을 통해 인격과 도덕을 겸비한 '모범'이다. 현대적 용어로 보면 매우 이성적이고 합리적인 인간상이다. 그런데 선비는 "주체로서의 자아뿐만 아니라 타자로서의 대상 세계의 본질(性)을 진실하게 느끼려 하고(感), 그리하여 중화된 감정을 통해 자신뿐만 아니라 세계와의 소통가능성을 찾는다(김경호, 2009: 134). 선비 됨은 활발한 감성을 가지고 세계에 감응하고 소통하는 사람 됨이다. 공자를 배우고자 하는 선비는 스스로의 인격적 함양을 위한 실천적 노력뿐만 아니라 '독서'와 '사색' 그리고 '문예'를 통해 예민한 감수성을 계발하고 고양하기도 한다. 이성만이 아닌 '감흥'이 결합된 조화된 인격체를 지향하는 것이다. 이러한 면에서, "전통시대의 선비는 마음속으로 감동을 일으켜 스스로 일어나는 흥취의 세계(感發興起)를 추구하면서 안빈낙도(安貧樂道)의 자족적 경지를 꿈꾼다. 이 과정이 곧 세계와의 일체성을 실현하는 길(道)"(김경호, 2009: 144)이다. 선비를 통해 지향하는 동양적 인간관은 철학적 논변 대신에 세상을 느낌으로서 생긴 인간적 한계와 번민, 고통을 통해서 자기 자신의 결함을 발견하고, 그것을 극복하면서 자기 성숙하는 세계관을 가진 자이다.

감성이 이성에 의해 소외되고 배제된 과정에서 항상 지배적 원리로 작동한 것은 "서구의 경우 '이성은 좋은 것/비이성은 나쁜 것'이라는 신화다. 동양의 경우 역시 '시비(是非) 중 시(是), 선악(善惡) 중 선(善), 미추(美醜) 중 미(美), 진위(眞僞) 중 진(眞)' 등의 자의적 호 · 불호(好 · 不好)의 전통이 있었다. 그렇지만 서구와 같이 긴 세월 동안 감성을 이성의 부속으로 삼은 이분법적 철학 전통은 없었다(노양진, 2009: 235). 오히려 동양에서는 이성을 확장하려는 노력보다는 그것의 배후에 있는 불합리를 드러내고 심연에 있는 감성을 통해 보다 전인적인 삶의 자세를 유지하려는 자기수련의 철학 정신이 깊이 있게 자리 잡고 있었다.

4. 감성과학

뇌과학과 신경생물학과 같은 자연과학적 접근을 통한 감성연구와 조직성원의 감성지수와 소식 효과성과의 관계를 주로 다루는 사회과학적 접근을 통한 감성연구는 철학적 접근 못지않게 감성의 교육적 가치를 새롭게 발견하는데 도움을 준다. 우선 신경과학적으로 볼 때 감성은 중추신경계와 말초신경계의 연합활동으로 생성된다. "신체의 내부 장기를 지배하는 말초신경계는 감성에서 내장기관 및 말초 신체 부위와 관련된 요소를 담당한다. 중추신경은 외부 환경 자극에 대한 감성이 표상되거나 특정 감성을 생성하게 하는 중요한 부위이다(정효일 · 김왕배 외, 2010: 236). 감성이 신경계와 불가분의 관련성을 갖고 있다는 것은 두 가지 의미를 담고 있다. 하나는 물리적 혹은 사회적 환경 자극은 인제나 인간이 감성을 생성하는 것과 직결되어 있다는 점이고, 다른 하나는 사람의 신경계를 조작함으로써 감성을 조절하거나 치료할 수 있다는 점이다.

예를 들어 뇌과학과 신경생물학에서 '느낌'(感)에 대한 논의를 통해 인간의 본래성을 해명한 안토니오 다마지오(Antonio Damasio, 2003)는 "정서와 느낌의 신경생물학을 이해하는 것은 인간의 고통을 줄이고 행복을 증진할 수 있는 원리와 정책을 만들어 내는 데 핵심적인 요소"라고 하였다. 인간에게 생긴 부정적 정서를 이성에 의해 유도된 긍정적 정서를 통해 극복해내려는 노력이나 혹은 타자와의 갈등 구도 속에서 '분노'라는 부정적 정서를 표출하는 방식에 머물지 않고 '이성으로 유도된 긍정적 정서'를 통해 '성숙한 인격'을 추구하는 것이다(김경호, 2009: 164-5). 이러한 연구들은 학생의 감성에 관한 과학적 정보를 얻을 수 있다는 점에서 매우 유용하다.

한편, 사회과학적 감성 논의에서 가장 눈에 띄는 것은 '감성지능(수)'과 측정 그리고 그것의 효과를 밝히는 감성론이다. 지난 20년여 전부터 감성에 대한 관심은 지능의 개념을 합성시킨 '감성지능'이란 말을 만들어냈다. 사실 감성과 논리적 판단과 정확한 이해 그리고 과학적 문제해결능력을 지칭하는 '지능'의 개념과는 어울리지 않는 말이다. 그러나 모든 것을 측정 평가하는 논리실증주의적 담론 안에서 활동하고 있는 서구의 학자들은 감성지능이란 말을 만들어 유행시키고, 그것의 조직에의 긍정적 효과를 측정하였다.

이와 관련하여 가장 선구적인 연구자는 살로베리와 메이어(Salovery & Mayer, 1990)이다. 그들은 감성지능을 "자신과 다른 사람들의 감정을 이해하고, 성과를 촉진시키기 위해 활용할 줄 알며,... 감정과 관련된 지식들을 보유하며, 자신과 타인의 감정을 조절할 줄 아는 능력"(Salovery & Mayer, 1990: 189, 함규정 · 윤위석, 2008: 266 재인용)이라고 정의하였다. 또한 1995년에는 골만(Goleman)이 저술한 'Emotional Intelligence'가 New York Times의 커버스토리로 소개됨에 따라 감성지능이라는 개념이 대중들에게 널리 확산되었다(이기종, 2005: 95). 1997년에는 바론(Bar-On)에 의해 EQ-I 의 개념이 확립되었고 이러한 감성지능을 측정할 수 있는 도구가 개발되었다. 바론은 감성지능을 환경적 요구와 압박에 성공적으로 대처하는 사람들의 능력에 영향을 주는 일종의 기술이나 능력으로 정의하고 있다. 그에 따르면, 감성지능은 삶을 성공적으로 이끌고 개인의 심리적 행복을 추구하게 하는 중요한 요인이다. 따라서 감성지능은 생물학적 요소, 인지적 능력, 변화무쌍한 환경 같은 다른 중요한 인자들과 함께 논의가 되어야 한다고 말한다.

감성은 개인적인 차원에서만 있지 않고 조직과 집단 수준에도 있다고 가정한다. 골만은 감성이 개인 수준의 성공에 중요한 역할을 하는 것처럼 집단과 조직의 수준에서도 매우 중요한 역할을 할 것으로 기대하고 있다. 그에 따르면 조직이 높은 감성능력을 가지기 위해서는 감성적 지능이 뛰어난 개인들이 보여주는 자기인식능력, 자기관리능력, 사회적 인식능력 등이 필요하고, 높은 감성능력을 가지고 있는 조직은 그렇지 못한 조직에 비해 높은 조직성과를 나타낸다고 주장하였다(윤대혁 · 정순자, 2008: 64). 이른바 '조직감성'의 개념이 그것이다. 이는 감성이 조직효과성을 높이는 기능도 한다는 점을 밝히는 개념이다. 이와는 달리 '감성노동'이라는 개념도 태동되었다. 이 개념을 통해 종업원의 감성은 그의 심리적 · 육체적 건강뿐만 아니라 직무 및 조직에 대한 태도, 직무성과 등에 유의한 영향을 미친다는 것을 보여주고 있다.

지금까지 논의된 감성 담론을 통해서 볼 때 감성은 세계를 인식하는 능력 중 매우 중요한 위치를 차지하고 있고, 그것은 인간과 세계의 소통을 가능하게 하는 생명력(동양)이자 자기 존재를 이끌어가는 근원적 힘이다(서양). 또한 그것은 이성에 대응되는 개념으로, 외계의 대상을 오관으로 감각하고 지각하여 표상을 형성하는 지성적이고 창조적이며 미적 사유를 이끄는 근원적인 통로로 개념화되고 있다. 감성은 단순히 세계의 객관적 인지가 아니라 세계와의 소통 과정 그리고 그 변화를 감지하고 이를 통해 삶을 이끌어나가는 힘이다. 그것은 대상에 대한 객관적이고 정확한 '인식'을 추구하는 인식론의 하위 개념은 아니다. 감성 담론에 대한 철학적 이해와 함께 사회과학적 논의를 더하여 보면 감성은 세계에 대한 능동적인 '감응'을 이끌어 개인 및 조직의 생산성을 높이는 생명력으로 개념화되고 있다. 바로 이 점이 이성중심의 현대 교육을 비판적으로 성찰하면서 새로운 교육학적 가능성을 탐구할 수 있는 토대가 된다.

5. 감성의 교육철학

학교교육에서 교사와 학생, 학생과 교사 간의 소통방식은 교육의 성패를 가르는 매우 중요한 요인이다. 그런데 그 소통은 어떻게 이루어지는가? 바로 이 점을 가장 잘 설명할 수 있는 개념이 감성의 통로를 통해 상대를 느끼고 그에 따라 마음이 움직이는 '감응'이다. 교사가 학생을 몸과 마음으로 느끼고, 학생이 교사를 몸과 마음으로 느끼는 감응의 소통방식은 아무리 강조해도 지나치지 않다. 사람은 감성을 바탕으로 삶을 구성하고 이끌어나간다. 앞에서 살펴보았듯이 감성은 어떤 대상을 수동적으로 인식하는 것이 아니고 오히려 능동적으로 포착하여 파악한다. 따라서 감응은 단순한 대상의 수용과 표현이 아니라 그 안에 이미 능동적인 해석이 발현되어 있으며 동시에 그것이 밖으로 드러나는 것을 의미한다(신헌재, 2008, 12-13).

학생이 자신의 삶을 능동적이고 주체적으로 구성할 수 있는 힘을 기르도록 하는 데 있어 그 자신의 본질 안에 있는 감성을 인정하고 그것이 자신의 삶에 어떻게 작동하는지를 깨닫게 하는 일은 매우 중요하다. 이것을 우리는 감성교육이란 말로 개념화 하고자 한다. 감성교육이란 학생으로 하여금 자신의 감정을 제대로 인식하고 표현하는 능력, 인식된 자신의 감정을 상황에 따라 적절히 조절할 수 있는 능력, 타인의 감정과 느낌을 타인의 입장에서 듣고 이해하는 공감적 능력, 그리고 타인과 자신의 감정을 있는 그대로 인식하고 어떤 행동이 최선인가를 알 수 있는 능력을 키우는 것이다. 감성 함양은 단순히 머리로만 하는 지식교육으로는 가능하지 않고 그것을 활성화시키는 예체능적 접근이 훨씬 효과적이다. 인간의 아름다운 마음과 행동은 교육의 중요한 목표이다. 그런데 어떻게 이러한 목표에 도달할 수 있는가? 이에 대한 대답 중 하나가 미적 능력을 함양하는 감성교육이다(임태평, 2010). 앞에서 언급했던 바움가르텐의 미학에 대한 해석에서도 보았듯이 감성교육은 미적 교육을 의미한다. 미적 교육은 학생들이 예능과 문학 등의 활동을 통해 자신의 감정과 관념을 표현할 수 있게 하는 것이 목표이다. 학생들은 이러한 교육을 통해 예술적 표현을 하고 다른 사람들의 작품을 비교하고 이해한다. 미적 경험과 활동을 추구하는 교육은 미적 감상과 감수성을 증가시킬 뿐만 아니라 창조력과 상상력 그리고 자신감과 인내력 같은 개성을 발달시키기도 한다(고야스 미치코(子安美知子), 2003).

감성교육은 시각성과 청각성을 결합한 몸의 교육과 밀접한 관련성을 갖는다. 우리는 이미 앞 장에서 칸트의 감성에 대한 소고, 니체의 신체론, 동양사상의 오관 등에서 몸과 감성의 밀접한 연관성을 논의한 바 있다. 감성을 주제로 한 교육은 몸의 교육, 즉 몸이 지니고 있는 오관을 활성화시켜 세계 인식을 촉발시키는 매우 중요한 교육적 기관(器官)이다. 몸의 교육은 단지 체육과 같은 신체단련만을 의미하지 않는다. 몸은 감성 수용으로 창조적인 자아를 형성할 수 있는 장이다. 왜냐하면 몸의 감각은 세계에 대한 앎을 생성하고 그 앎을 기초로 세계를 변혁시킬 수 있는 의지를 갖기 때문이다. 이렇게 볼 때 감성은 교과의 암기를 통해 향상되기보다는 몸과 가슴으로 체험하고 느낄 때 생명력을 발휘하게 된다. 그렇게 되면 자신의 감정을 조절할 뿐만 아니라 타자를 배려하고 문제를 함께 해결할 수 있는 도덕성과 사회성도 발달하게 된다.

우리 시대에서 '좋은 교육'이란 학생이 자신의 내적 감정변화를 관찰하고 느끼고 자기 규제하면서 타자를 배려하는 교육이다. 감성에 기초한 교육철학은 감성이 인간 지식의 정초를 정립하고 창의성을 발휘하는 데 의미있는 기여를 하고 있다는 점에 관심을 갖는다. 이를 테면 지난 10여 년 동안 국내외적으로 감성은 현대교육의 핵심 과제인 인간의 도덕성과 창의성을 증진시키는 데 매우 중요한 능력임을 확인해 주는 연구들이 많이 나왔다.[3] 이러한 연구들은 감성이 현대 교육이론 형성의 중요한 기초가 될 수 있음을 확인해 준다. 우리는 이를 보다 구체적으로 밝히기 위해 교육학에서 논의되는 감성에는 어떤 유형이 있고, 그것들의 교육학적 가치는 무엇인가를 알아보기로 한다.

일반적으로 학생들의 '기쁨', '놀라움', '흥미', '행복' 등과 같은 감성유형은 지적 학습 활동과 밀접한 관계가 있다. 르녹스(LeDoux, 1996)도 인간의 학습 과정에서 외부로부터 주어지는 거의 모든 신호 자극들에 대해 감성이 자동적으로 나타나고, 감성에 의해서 이성적 정신작용이 뒤따르기 때문에 학습을 유도하기 위한 보다 근원적인 중요 요인은 감성이라고 주장하였다(이준기 · 권용주, 2008: 2 참조). 이준기 · 권용주(2008: 30)는 과학적 가설생성과 이해과정에서 어떤 감성이 인식론적 창의성을 가져오는가에 대한 연구를 하였는데, 그들이 내린 결론을 보면 감성 유형은 학생들의 지적 생성능력과 이해능력에 깊은 연관이 있음을 알 수 있다. 즉 '과학적 가설 생성의 이해과정'에 미친 감성 유형을 강도(强度) 순으로 보면 '기대–흥미–낙

3) 예를 들어 드러스캣과 월프(Druskat & Wolff, 2001)는 조직 구성원의 정서지능의 향상이 구성원들의 참여, 협동 수준을 높이고 결과적으로는 창의성과 생산성을 증진하는 효과를 가져온다고 밝히고 있다. 또한 스캇과 브루스(Scott & Bruce, 1994)는 높은 수준의 감성지능을 가진 개인들은 혁신적인 사고와 혁신을 창출할 수 있는 능력을 지니고 있다고 주장한다. 학교교육과 관련해서도 감성 리더십과 학교의 조직감성 그리고 교수–학습 간에는 밀접한 인과관계를 갖고 있다는 연구(이미라, 2007)는 감성이 교사의 효능감과 직무만족도 그리고 학생이 학습하는데 긍정적 영향을 미친다는 점을 보여주는 것이다.

관-기쁨-사랑-놀람' 순이었다. 이 결과는 감성의 유형과 학생들의 지적 이해능력과는 매우 밀접한 관계가 있음을 보여준다.

이런 점에서 '흥미'라는 감성 유형의 교육적 효과를 제시한 듀이의 통찰력은 매우 놀랍다. 그에 있어서 흥미 개념은 주체의 대상에 대한 인식 수준을 높이는데 매우 중요하다. 일반적으로 흥미는 '자아와 대상이 일체화'될 때 담지된다. 듀이는 이 흥미는 외부의 대상을 자아가 추구하는 목적이 될 때 발생하는 감정이다고 본다. 현재 내 눈앞에 보이는 대상은 그냥 물리적인 사물에 불과하다. 그러나 그 대상에 내가 개입할 목적을 가지고 지각한다면 그 대상은 '나'에게 흥미로운 것이 된다. 이른바 감성이 대상을 창조적으로 포착하는 것이다. 이런 맥락에서 흥미가 없다는 것은 사물을 고정되고 일의적인 상태로 보거나, 혹은 지적 숙고의 결여로 인하여 사물을 수단과 목적의 관계성 속에서 파악하지 못한다는 것과 같다(김무길, 2008: 18-9).

흥미라는 감성 유형은 일찍이 놀이의 교육적 기능에 대한 발견에서도 나타나고 있다. 놀이는 충동과 흥미가 함께 교차한 감성적 기능을 갖고 있다. 그래서 프뢰벨은 이러한 놀이가 단순한 장난이 아니라 인간발달의 가장 유력한 수단이다고 보았다. 그에 따르면 유아는 신이 부여한 활동충동, 창조충동, 학업충동 등을 끊임없이 일으키지 않고는 견딜 수 없다. 신적 존재로서 이 세상의 어린이는 신이 끊임없이 내적인 것을 외적인 것으로 표현하게 하고 정신적인 것에 형태를 부여하고 그리고 부단의 창조를 통해서 신의 정신을 표현함과 같이 자기가 내적으로 사유하고 있는 것을 외부에 나타내고야 만다(곽노의, 1988: 16). 이런 점에서 놀이는 인간 성장의 근본 요소이며, 어린이의 자연스러운 발달의 가장 중요한 교육내용이 된다. 이는 '놀이' 자체가 교육적이라기보다는 놀이에 내재해 있는 흥미라는 감성이 교육적 가치를 가지고 있다고 해석할 수 있다. 바로 이 점 때문에 놀이는 매우 큰 교육적 힘과 가능성을 지니고 있는 것이다.

다음으로, 놀이와 흥미가 주로 유아 수준에서 성립되는 교육적 요소라면, '일'과 흥미라는 개념을 정립하여 교육을 혁신하고자 한 셀레스탱 프레네(Celestin Freinet)의 시도를 살펴보자. 일반적으로 놀이에서는 활동의 수단과 목적 사이에 간격이 없어서 긴 시간과 깊은 사고를 요하지 않지만, '일'에서는 목적 달성을 위한 수단의 선택과 실행, 난관의 극복 등의 노력과 감정과 사고의 요소가 더 필요하게 된다. 이에 대해 듀이(1916: 214)는 "활동이 점점 복잡해짐에 따라, 거기에는 최종적으로 달성될 특정한 결과에 주의를 더 많이 기울여야 하며, 따라서 새로운 의미가 추가된다. 이리하여 활동은 놀이에서 점점 일로 넘어간다"라고 말한다. 바로 프레네가 제시한 '일 개념'에 기초한 혁신적 교육프로그램은 이런 듀이의 생각과 매우 흡사하다. 프레네에 있어 '일'은 아이들의 가장 강력한 자연적 욕구인 지성, 본성과의 깊은 통합, 신체적 정신적인 가능성에의 적응, 창조와 지배에 대한 힘의 인식, 고통과 피곤, 괴로움 등의 폭넓은 정서(감성)를 정상적으로 만족하게 한다. 이런 욕구 만족이 그 자체로 아이들의 다른 기능적인 욕구 충족인 쾌감과 안녕, 충만감을 생성한다. 교실 내 작업 과정에서 아이들로 하여금 자연적, 충동적 대화의 흥미, 탐구 혹은 사물 발견의 흥미, 제작 및 구성의 흥미, 예술적 표현의 흥미를 활용하는 신체적 활동을 할 수 있게 기회를 주면, 아이들에게는 학교에 다니는 것이 기쁨이 되고, 학습은 유익해지며, 학생의 행동을 강제적으로 관리해야 하는 부담도 줄어든다. 프레네는 "학생들의 욕구, 감정, 소원을 반영하지 않는 교육은 잘못된 것이다."라고 언급하면서 학생들의 자유로운 감성 표현은 바람직한 성격 형성에도 도움을 준다고 말한다(정훈, 2006).

이상과 같은 흥미와 같은 감성 유형의 내재적 가치는 학습자의 인식능력을 높이는 데 매우 중요한 기여를 하고 있음을 보여주는 것이다. 만일 교사가 학생의 감정적 상태를 알고 그것을 토대로 소통하게 된다면 학생은 창조적 지식활동 뿐만 아니라 자신이 존중받고 있다는 느낌을 갖게 된다. 또한 스스로 자신의 학업상의 문제나 삶에 대해 교사와의 대화를 촉진시킬 것이다. 감성을 존중하고 살리는 교육은 전인적이고 조화로운 인간상을 추구한다. 이런 인간은 형이상학적인 논변 대신에 사람과 세상을 능동적으로 체험하고 느끼고 표현하면서 자기존재감을 확인하고 자기성숙을 도모할 줄 안다. 이는 이성의 교육철학에서 쉽게 발견하기 어려운 교육적 인간상이다. 이런 사람은 감성 역량이 매우 높다. 그는 실패에 대한 두려움과 미래의 불안감을 잘 다스려 도전과 개척자적인 정신을 갖고 리더 역할을 훌륭히 수행할 줄 안다(윤대혁 · 정순자, 2008: 59).

감성의 교육적 가치를 염두에 둘 때 감성은 자유주의 교육철학(liberal educational philosophy)의 중요한 한 축을 형성한다고 볼 수 있다. 학생의 감성에 기초한 교육이란 학생의 자유를 인정하고, 그 학생의 자유를 회복시켜 주어야 하는 과제를 성립시킨다. 자유로운 감성을 지닌 학생들은 사회적 · 경제적 지위의 가치를 따지는 것이 아니라 자기존재감과 행복함을 느끼고 산다. 특히 감성의 자유는 정서가 억압, 왜곡됨이 없이 감정을 자유롭게 표현함을 뜻한다. 이러한 자유 속에서만 감성의 발달이 가능하다. 감성은 일체 억압됨이 없이 자유로운 표현을 통해 발달 가능하다. 이에 대해 니일(Neil)l은 "정서가 자유롭다면 지력의 문제는 저절로 해결되며 정서적으로 자유로운 아동은 무엇을 선택해서 학습해야 할지를 알고 있다"(Neill, 1945: 48)고 말한다. 지적 학습은 학생의 관심과 호기심에 의해 자발적으로 배울 수 있는 최대한의 감성적 자유를 행사함으로써 이루어질 수 있다. 즉, 감성이 자유로워지면 지적 능력도 자연스럽게 함양된다. 그래서 감성 개념은 학습을 포함한 교육과 삶의 문제의 핵심이며, 주지주의 일변도의 교육 자체를 비판적으로 성찰할 수 있는 토대가 된다.

감성의 부자유는 몸과 마음의 성숙을 위축시켜 결국에는 지성의 발달을 저해한다. 그러나 학생에게 자유로운 감성을 촉진하는 지적 활동과 예체능 활동에 참여하도록 하면 그들은 적극적인 삶의 의지를 갖게 될 뿐만 아니라 새로운 자기 창조를 위한 생명력이 충만해 질 것이다.

감성 교육은 모든 명령, 강제, 금지, 처벌 등의 적극적 방법과는 상극이다. 비록 훌륭한 교훈이라 할지라도, 꼭 배워야 할 지식이라 할지라도 학생의 감정이 쉽게 수용할 수 없는 사정이 생긴다면 이를 미루거나 기다려야 한다. 학생이 스스로 그 교훈과 지식을 섭취할 수 있도록 자유를 주어야 한다는 의미이다. 이런 점에서 소극적 교육방식은 학생의 자유를 위한 '기다림의 교육'을 가능하게 한다. 이 방식은 매사에 간섭하지 않고 마음대로 하게 내버려 두는 방임을 뜻하는 것은 아니다. 어른이 되었을 때 자신의 머리로 생각하고 자신의 감정이 동반되며, 자신의 의사로 행동할 수 있는, 자립하는 인간이 되기 위해서는 어린 시절에 그런 교육방식이 더 좋다는 의미이다. 이는 발도르프학교의 감성교육을 연구한 일본학자 고야스 미치코(子安美知子)(2003: 73)가 한 말이다. 교사가 학생들만의 고유하고 독특한 견해, 사고방식, 감성패턴을 기성세대의 견해, 사고방식, 감성패턴에 인위적으로 짜 맞추려 할 때 학생의 행복은 불가능하다.

감성 함양을 위한 교육은 사회적 편견이나 권위에 의해서 학생을 주조하기 보다는, 학생의 감성을 스스로 발현할 수 있도록 돕는 방식이 중요하다. 이는 강제와 인위를 떨치고 학생 스스로가 자신의 감성을 자유롭게 활성화시킬 수 있도록 하는 방식이다. 만일 그런 방식으로 감성 활동을 촉진하게 되면 학생은 자신의 발달된 감성역량으로 더 많이 더 깊고 새로운 앎을 생성할 뿐만 아니라 자신의 성숙을 주체적으로 이끌어나갈 것이다. 우리는 앞 장에서 – 흄의 감정철학을 통해 – 감정은 인간을 도덕적 행위로 이끄는 힘이자 도덕적 행위가 또한 감정에 영향을 미친다는 점을 확인한 바 있다. 또한 감성은 끊임없이 활동하면서 새로운 창조와 변화의 생명력이다는 점을 니체와 동양사상을 통해 알 수 있었다. 이렇게 도덕성과 창조의 생명력이 움트는 곳인 인간의 감성은 적극적인 지도방식으로 강제되거나 훼손되어서는 결코 안 된다. 우리가 제시하는 소극적인 방식은 학생의 감성을 북돋아주는 것이어서 기존의 적극적인 지도방법보다도 훨씬 더 강력하고 인간적인 효력을 발휘할 것이다.

14강

학문융합과 교육

창의 · 융합형 인재 양성[1)]

1. 학문융합의 개념

21세기 학계에 던져진 새로운 화두는 융합이다. 현대 사회는 다차원적이고 복잡해서 어느 하나의 분과학문으로 해명할 수 없고 그의 문제 또한 어느 한 분과지식으로만 해결될 수 없다(노상우 · 안동순, 2012: 68). 서로 다른 학문이 자기의 경계를 허물고 언제든지 만나 소통하면서, 직면한 현실의 문제 혹은 예상되는 미래의 문제를 풀어나갈 창조적인 노력을 해야 한다. 이런 해법을 학문융합이라는 새로운 길에서 찾고 있다.

우리나라 대표적인 학문융합 주창자인 김광웅(2011: 5)은 학문융합에 대해 "한 우물만 파 깊이를 더해 가는 것도 중요하지만 지나치게 외골수가 되면 학문의 진수를 놓칠 가능성이 있다. 눈가리개를 하고 뛰는 경주마같이 될 이유가 없다면 옆에서 무엇이 이루어지고 있는지를 외면하지 말아야 하고 나아가 섞어 보면 뭔가 더 새롭고 나은 세계가 열릴 수 있다는 기대를 하게 만드는 것"이다고 말한다. 또 최재

1) https://blog.naver.com/angel3375/221426136503 에서 2019.07.26.에 인출

천(2010: 7)은 학문융합은 학문 간의 거리, 경계를 완전히 허물자는 것은 아니고, 건널 수 있을 만큼 충분히 낮추고 구멍도 뚫어 서로 소통하고 교환하는 것"이라고 말한다. 이렇게 볼 때 학문융합이라는 것은 어떤 학문 분야가 다른 학문 분야로 환원적으로 흡수 통합되거나 양자를 기계적으로 묶어 놓는 것이 아니라 두 학문 분야가 서로 만나 새로운 것을 창조해 내는 것을 일컫는다. 그런데 이것이 가능하려면 가장 먼저 두 학문 분야 간에 소통이 이루어져야 한다. 소통이 없다면 융합은 물론이거니와 학문의 통합도 복합도 가능하지 않다(이중원, 2010: 55). 다시 말하면 즉, 융합은 독립된 학문체계를 모두 허물자는 것이 아니고, 각 학문의 독립된 지식들이 서로 만나 뭔가 가능한 것을 찾고 만들어 가는 과정이다.

점점 복잡해져가는 세상에서 해결해야 할 문제는 한두 가지가 아니다. 이 문제들은 어느 한 개인이, 어느 한 분야의 노력만으로 해결되지도 않는다. 이는 각 분야의 전문 지식들이 서로 통섭하고 융합해서 풀 수밖에 없다. 따라서 융합에서 원하는 인재는 이것저것 모두 잘 하는 팔방미인이라기보다는 전문분야에 대한 충분한 소양을 갖추고 다른 분야의 학문과도 소통할 수 있는 사람이다(노상우 · 안동순, 2012: 70). 바로 이러한 대학에서의 융합운동을 보통학교에 적용하는 시도들이 나타나고 있다. 특히 학문융합의 움직임은 초 · 중등학교 교수-학습과정의 혁신에 의미있는 아이디어를 제공하고 있다. 현재 우리나라 보통학교에서는 교과 간의 분리가 엄밀해서 교과 간의 유기적 연계가 매우 부족한 실정이다. 이러한 상황에서 교과 간의 벽을 허물고 교과내용 간의 융합을 통해 어느 현상과 사태를 종합적으로 이해하고 문제를 해결할 수 있는 수업혁신의 하나로 미국에서 개발된 융합인재교육(STEAM)에 주목하고 있는 것이다.

2. 융합인재교육

융합인재교육은 미국의 STEM교육에 기반을 두고 있다. STEM이란 Science(과학), Technology(기술), Engineering(공학), Mathematics(수학)의 앞글자를 따서 만든 용어로 주제 또는 이슈에 초점을 두고 각 교과내용을 통합하는 식의 교육프로그램이다. STEM 교육은 그 개념이 대두될 당시에는 그것을 구성하고 있는 과학기술 관련 학문들을 일컫는 용어로 각 학문의 가치와 중요성을 인식하고 그에 대한 교육을 강조하는 것에 초점을 두었다. 그러나 1980년대 후반부터 과학, 기술, 공학, 수학교육을 통합하여 교육하는 것을 강조하기 시작하였다(서예원, 2011: 70).

우리나라의 융합인재교육은 미국의 STEAM을 정책적으로 받아들여 과학기술에 대한 학생들의 흥미와 이해를 높이고 과학기술 기반의 융합적 사고(STEAM Literacy)와 문제 해결력을 배양하고자 도입하였다. 이러한 도입 배경에는 학교교육에서 학생들이 어렵다고 생각하는 과학이나 수학 과목을 공학, 기술, 예술 등과 접목시켜 가르치고, 이론적인 과학, 수학을 실생활과 연계하여, 활용하고 적용하는 공학, 그리고 기술과 예술의 감성을 연결하여 가르치면 창의적 과학인재로 양성할 수 있을 것이라는 믿음이 있다(한국교육개발원 · 한국과학창의재단, 2012: 14).

현재 STEAM교육을 활성화시키기 위해 다양한 연구시범학교가 운영되고 있다. 그러나 학교 현장에서는 STEAM에 대한 정확한 이해가 부족할 뿐만 아니라 그것이 내포하고 있는 자연과학과 인문학적 지식의 융합을 통해 달성하려는 창의적 인재 양성을 위한 구체적인 방안을 고안하지 못하고 있다. 그 이유 중의 하나가 STEAM의 성격 규정이 아직도 모호하다는 점과 Arts의 좁은 해석으로 인한 혼란이다. 이에 한국에서의 STEAM교육의 성공적인 실시를 위한 방안 중 하나로 현행 STEAM 개념 구성의 문제는 무엇이고 어떤 방향으로 이것이 발전되어야 하는가를 탐구하도록 한다. 이를 위해 우선 미국의 STEM과 STEAM이 어떤 과정을 거치면서 정착되었고, 그것을 통해 무엇을 의도하고 있는가를 알아보도록 한다. 두 번째는 한국이 도입한 STEAM 교육의 실제에서 'Arts'의 좁은 해석의 문제점을 밝히고, 이것의 인문학적 가치를 포괄하는 융합 지식 학습을 논의하도록 한다.

3. 미국의 융합인재교육

1990년대 미국 NSF(National Science Foundation)에서 과학, 기술, 공학, 수학 분야를 통틀어 일컫는 약칭으로 'SMET' 라는 말을 사용한 적이 있었다. 그러나 이 말이 좋지 않은 뜻의 단어와 발음이 비슷하여 STEM으로 바꾸어 사용하였다(M. Sanders, 2009: 20). STEM 용어는 처음에는 과학교과의 통합을 염두에 둔 교육프로그램이 아닌, 단지 과학, 기술, 공학, 수학교육의 혁신이 중요함을 강조하기 위해 과목의 첫 글자를 따서 만들었다. 이 STEM교육은 1980년대 본격적으로 일어나기 시작했다. A Nation at Risk(1983)[2]라는 보고서가 미국의 교육개혁에 방아쇠를 당겼는데, 주요 영역이 수학, 과학, 기술교육분야였다. Science for All Americans(1989)는 과학교육의 개혁을 위해 과학, 수학, 기술을 통합하는 시도를 함으로써 STEM교육의 통합적 접근을 위한 발판을 마련하였다. 이후 AAAS(American Association for the Advancement of Science)의 Benchmarks for Science Literacy(1993)[3]에서는 STEM교육의 통합적 접근을 더욱 강력하게 주장하였다.

그런데 미국이 왜 이런 융합인재교육에 관심을 갖게 되는가? 우리는 이것을 2010년 9월 대통령 과학기술자문위원회(President's Council of Advisors on Science and Technology)가 '미국의 미래를 위한 K-12 STEM 교육'이라는 보고서에서 내놓은 STEM 교육의 목적을 통해 다음과 같은 점을 확인할 수 있다.

> 미국이 전 세계의 리더로 남아있을 수 있을 지를, 또한 에너지, 건강, 환경보호, 국가 안보와 같은 분야에서의 거대한 도전을 해결할 수 있을 지는 STEM 교육에 달려있다. STEM 교육은 거대한 글로벌 시장에서 경쟁할 수 있는 능력있고 유연한 사고를 가진 인력 양성, 토대가 되는 발견을 지속할 수 있도록 하는 것, 우리자신, 지구, 우주에 대한 이해를 촉진시키는 역할을 할 것이다. 또한 STEM 교육은 새로운 아이디어, 새로운 생산품, 21세기의 전혀 새로운 산업을 만들어 낼 과학자, 기술자, 공학자, 수학자를 양성할 것이다. STEM 교육은 개인이 직업을 얻어 생활하고, 자신을 위해, 가족을 위해, 나라를 위해 더 나은 결정을 할 수 있도록 공학적 기술과 산술적 능력(quantitative literacy)을 제공할 것이다. STEM 교육은 모든 국민이 과학기술 사회에서 더 나은 선택을 하도록 준비시켜 우리의 민주주의를 강화 시킬 것이다(http://www.bioin.or.kr/board.do?bid=policy&cmd=view&num=206680).

---

2) The U.S. Department of Education's National Commission on Excellence in Education published the report, 이 문서는 교육개혁을 위한 첫 시도로 자주 인용된다(http://www.ncrel.org/sdrs/areas/issues/content/cntareas/science/sc3risk.htm)에서 2012.06.21 인출.

3) k-12의 각 학년 각 분야별로 학생들이 성취해야 할 핵심적인 내용뿐만 아니라 그 내용에 관련된 교수방법적인 문제들 즉, 과학교과에 관련된 문제들을 다루고 있다.

미국은 STEM 교육을 강대국으로서의 위치를 지키고, 국가의 체제를 유지하고, 환경과 대체 에너지의 문제를 해결하고, 경제적 이익을 가져다 줄 창의적 인재를 양성하기 위한 방법으로 채택하고 있는 것이다.

4. STEAM 융합교육으로의 발전

21세기 불확실성 시대의 핵심 키워드는 창의성이다. 그러나 그 동안의 STEM 교육의 접근에도 불구하고 혁신적이고 경쟁력 있는 인재를 육성하는데 결정적으로 필요한 요소인 창의성 관련 분야가 부족했다. 바로 이러한 이유로 미국은 STEM 교육이 추구하는 과학기술 중심교육에 상상력과 감성을 더하여 창의성을 추구하려는 STEAM 융합교육으로 방향을 수정하였다.

STEAM은 과학(Science), 기술(Technology), 공학(Engineering), 수학(Mathematics)의 STEM에 예술(Arts)를 추가한 것으로, 2006년 미국의 야크만(G. Yakman)이 자신의 학위 논문에 처음 사용하였다. 그는 STEM을 관통하는 교수-학습 요소가 예술 분야의 영향을 받고 있음을 발견하고 딱딱한 과학지식을 예술 분야와 융합할 교육적 프레임을 만들었다. 그가 제안한 각 STEAM 분야에 대한 교육적 범위는 〈표-1〉과 같다(Yakman, 2010: 1).

STEAM 교육에 따르면 수학은 과학의 기초이고, 공학은 과학적 원리와 기술적 방법을 응용하여 공정이나 제품을 개발하는 분야이며, 기술학은 과학적 원리를 유용하게 변환하는 것을 다룬다. 예술은 공학적 산물에 미적 향상을 입혀 창작성을 높이고 시각적 만족과 감성적 즐거움을 준다(이철현 · 한선관, 2011: 144). 이런 점에서 기존의 STEM교육은 Arts를 더하여 STEAM교육으로 발전하게 되었고, 그 교육의 목적은 창의적 융합인재를 양성하는 것이다. 이런 야크만의 주장은 샌더스에 의해 지지되고 있다. 샌더스는 2009년에 'The technology Teacher'라는 전문지에 'STEM교육은 STEM 교과 중 두 가지 이상의 교과 사이의 내용과 과정을 통합하는 교육접근 방식이며, 사회, 예술, 등과 같은 다른 교과목과의 연결을 통해서도 시행될 수 있다'고 말하면서, 기술적 시도는 사회적, 예술적 배경과 분리 될 수 없을 뿐만 아니라 기술적 연구는 사회적 연구와 예술, 인간과 분리될 수 없음을 분명히 밝히고 있다(Mark Sanders, 2009: 21).

〈표-1〉 STEAM 영역과 의미

STEAM	관련학문	의 미
과학	생물학, 생화학, 화학, 지질학, 탐구, 물리와 우주, (혼합) 생명 공학 및 바이오 메디컬	자연적으로 존재하는 것과 그것이 어떻게 작용하는 가에 관한 것
기술	농업, 건설, 통신, 정보, 제조, 의료, 전력 및 에너지, 생산 및 운송	인간이 창조한 것에 관한 것
공학	건축 농업 항공 우주, 화학, 토목, 컴퓨터, 기계 전기, 환경 유체, 산업 및 시스템, 재료, 선박 및 해양	세상에 기여할 수 있는 새로운 것을 창조하기 위한 수단으로 기술을 이용해 수학과 과학을 토대로 창의성과 논리적 사고를 이용하는 것
수학	대수학, 계산법(미적분), 통신, 데이터 분석 및 확률, 도형, 숫자 및 연산, 문제해결, 이유 및 증명, 이론 및 삼각법	사물을 계산, 측정, 기술하는 경험으로부터 그 구조, 순서, 관계 등을 다루는 과학
예술	순수미술, 언어 및 인문학, 신체활동 (교육, 역사, 철학, 정치, 심리학, 사회학, 신학 및 기타.)	사회가 어떻게 발전하고 영향을 미치며, 그 사고방식과 관습을 통해 어떻게 과거, 현재, 미래를 이해하고 소통하는가에 관한 것

STEM 교육은 그 자체로 강력하기 때문에 STEM에 Arts를 첨가하여 STEAM 교육으로 변화하는 것은 당연하다. 그런데 STEM 단독으로는 따뜻함, 인간애, 소통을 만들어 낼 수는 없다. 예를 들어 MP3 Player는 STEM 기술이지만 이것을 우리 생활의 일부로 만드는 것은 예술적 감성을 융합한 STEAM교육의 결과이다(Darby Roach. 2012. 2. 22). 미국의 융합인재교육은 STEM교육이 단순히 연관된 과학지식을 연결하는 수준에서 벗어나 예술 관련 지식을 융합한 STEAM교육의 틀로 발전하고 있다. 그동안 STEM교육에서의 창의성 부족의 해결 방안으로 Arts를 연계한 STEAM 융합교육은 미국 보통학교에서 새로운 시도로 수용되고 있다.

5. 한국의 STEAM교육 실제

과거 10년 동안, 과학기술과 관련하여 우리나라 교육계에서는 수학과 과학에 대한 초 · 중등학생의 흥미 저하, 자연과학 분야에의 진로 기피 등의 문제가 매우 심각한 상황이다. 이에 지난 2010년 12월 17일 교육과학기술부의 청와대 업무보고를 통해 STEAM 교육프로그램을 통해 이 문제를 해결하는 방안이 논의되었다. 교육과학기술부는 이 업무보고를 바탕으로 '창의인재와 선진과학기술을 여는 미래 대한민국'이라는 비전을 바탕으로 6대 중점과제를 발표하였다. 그 6대 중점과제 중 하나인 '세계적 과학기술인재 육성'을 위한 추진전략으로 '초중등 STEAM 교육 강화'를 제시하였다. '초중등 STEAM 교육 강화'는 과학기술에 대한 흥미와 이해를 높이고 융합적 사고와 문제해결능력을 배양할 수 있도록 학습내용을 핵심역량 위주로 재구조화하는 것을 주요 골자로 하고 있다. 이를 위하여 체험 탐구 활동 및 과목 간 연계를 강화하고 예술적 기법을 접목하며 수학 과학 교과별 교육과정 개정 시 기술 · 공학 과목 도입을 검토하도록 하였다. 또한 대학, 학회, 기업, 외국기관 등이 보유한 첨단 시설과 인력을 활용해 교사와 학생 대상 현장 체험 프로그램을 운영하고 첨단 기기, 장비를 활용해 흥미 증진과 첨단기기 활용능력을 향상사킬 수 있는 미래형 과학기술 교실과 수업모델을 개발하도록 하였다(교육과학기술부, 2010: 34).

또 그 다음해인 2012년 대통령 업무보고에서는 '인재대국 진입으로 선진 일류국가 실현'이라는 비전을 모토로 3대 추진 과제를 설정하고 창의 · 융합형 과학인재를 체계적으로 육성하기 위한 융합인재교육을 본격적으로 추진하겠다고 천명하였다. 이를 위하여 'STEAM 리더 스쿨'(융합인재교육 연구시범학교) 80개교를 정하여 STEAM에 적합한 수업 모델을 개발하기 위해 '교사연구회'(2011년 47개에서 2012년 150개로)를 운영하도록 하였다(교육과학기술부, 2011: 63). 이러한 STEAM교육에의 관심은 위에서 언급한 대로 과학기술에 대한 흥미와 이해를 높이는 데 있다. 그것은 융합적 사고 능력 배양만을 목적으로 하는 것이 아니라 수학 · 과학 교과에 대한 흥미와 이해를 높임으로서 미래 문제 해결을 창의적으로 주도하는 인재 육성에 그 목적이 있다(백윤수 외 , 2011: 161). 현재 한국에서 STEAM교육은 새롭게 전개되는 양상을 보이고 있다.

STEAM 교육은 미래 과학기술 사회가 요구하는 과학, 기술, 공학, 예술, 수학 등 다양한 분야의 융합적 지식을 기반으로 새로운 가치를 창출하고, 종합적인 문제 해결력을 갖춘 인재를 양성하는 교육이다(백윤수 외, 2011: 152). 또한 STEAM은 과학기술과 공학을 중심으로 정치, 환경, 사회, 경제 그리고 가치추구 등의 융합적 사고로 미래를 예측 할 수 있는 교육이며, 통합적이고 전체적으로 보는 능력을 배양하는 교육이다(최정훈, 2011: 6). 이러한 STEAM교육은 실과(중등학교에서는 과학과 공학), 수학, 사회, 예술, 언어, 도덕 등 다양한 분야를 고려하고, 정규수업보다는 창의적 체험활동 시간에 활용하고 있으며, 문제 중심의 창의적 문제해결형 교재 개발이 눈에 띈다.

그러나 STEAM 교육을 융합적인 관점에서 살필 수 있는 모형에 대한 연구와 초 · 중등과정의 기술교과 중심의 실천적 연구 이외의 인문학적 교과와 교양의 실천적인 교육프로그램 개발은 매우 미흡하다. 특히 우리나라는 STEM 교육이 소개되고 있는 시작단계에서 STEM 교육에 Arts를 접목하는 STEAM 교육을 국가 정책적으로 받아들이고 육성하는 계획을 세웠기 때문에 그만큼 한국적 STEAM교육에 대한 개념 정립과 그것의 구체적인 실천전략은 미미한 수준에 있다. 특히 현재 연구시범학교 결과 등에서 보여지는 STEAM에서의 Arts에 대한 좁은 해석, 융합교육이 지나치게 과학기술 교과에 치중하고 있다는 점, 그리고 인문학적 교양교육이 소홀하게 되고, 인간이 만들어 낸 지식에 대한 윤리적 가치 설정 문제에 대해서는 매우 등한시하고 있다는 점 등을 지적하지 않을 수 없다.

STEAM 융합교육이 주목을 받는 이유는 STEM 교육에서의 창의성 부족에 대한 대안으로 Arts를 제시했다는 점에서다. '예술'은 예술에 내재된 창의성을 활용하여 경계를 넘나드는 유연한 사고와 풍부한 상상력과 타인과의 소통이 가능한 인재양성을 도모할 수 있다고 생각했다. 하지만 현재 STEAM 융합 교육에서의 예술의 의미는 단순히 과학기술로 만들어진 공학제품이 시각적 만족과 감성적 즐거움을 줄 수 있도록 하는 디자인, 상품 혹은 과학기술을 더 돋보이게 하고 잘 작동하게 하는 창의적 디자인의 수준을 벗어나지 못하고 있다. 현재 STEAM 교육에서의 Arts의 위치는 과학과 수학의 흥미를 제고하고 과학, 수학, 공학, 기술의 수행 능력을 높이기 위한 방법으로 치중하고 있는 경향을 보이고 있다.

이 문제는 예술을 융합한 STEAM 융합교육에 대한 본질, 내용, 방법에 대한 체계적 연구 없이 융합교육의 효과성만을 따지기 때문에 나타날 수밖에 없다. 따라서 이를 극복하기 위해서는 인문학적 차원에서 Arts에 대한 새로운 해석과 그것을 과학기술 교과에 융합시켜 교육하는, 이른바 과학기술+인문학을 융합한 STEAM 교육의 목적과 방법에 대한 새로운 접근이 필요하다.

6. 융합인재교육의 새로운 발전 방향

가. Arts의 인문학적 가치의 확장

STEAM 융합교육에서의 Arts는 좁은 의미에서 디자인 중심의 미술을 생각할 수도 있지만, 인문학을 포함한 매우 포괄적이고 확장된 의미를 지니고 있다. Arts는 타인과의 의사소통과 자신의 생각을 표현하고 실제화 할 수 있는 예술, 인문, 사회 등 다양한 분야의 지식과 기능을 포함하는 개념이다(강인규, 2010).

서양의 Art, 동양의 예(藝)는 현재 우리가 인문학, 기초과학 심지어 기술로 분류하는 것까지 포함하기도 한다(박상천, 2005: 13). Yakman의 Arts 학문 영역의 의미에 의하면 융합인재교육에서의 Arts는 단순한 미술이 아닌 사회 문화를 아우르는 '인문학' 혹은 '예술'의 의미라고 할 수 있다. STEM에 Arts를 융합시키려는 의도는 학생 개개인의 창의적 사고 능력 등을 신장시킬 뿐만 아니라 오늘날 세계가 직면한 사회적 · 문화적 도전과제를 해결하는데 기여할 수 있는 사회적 책무, 사회적 통합, 문화 다양성과 문화 간 소통을 이해하는 인문학적 소양을 갖춘 인재 양성을 목적으로 삼기 때문이다(태진미, 2011: 1022).

STEAM 융합교육에서 Arts의 역할은 융합 지식을 이용하여 새로운 가치를 만들거나 문제해결을 할 수 있도록 창의성을 발휘하도록 하는 것이다. 과학과 예술이 각각 서로 독립적으로 진행되어 가고 있다는 일반적 믿음에는 과학과 예술에 대한 대립적인 관점 즉, 과학은 지성직, 이성직 직업인 반면, 예술은 감성적 작업이라는 이분법적 시각이 깔려있다. 하지만 과학이 가설을 세우기 위해서는 상상력을 기반으로 하고, 그 상상력은 예술 활동을 통해서 발달한다는 점에서 과학과 예술의 융합은 새로운 아이디어와 작품을 생산하는 원동력이 된다(정광수, 2009: 96). 예술적 훈련이 잘 된 과학자, 과학적 훈련이 잘 된 예술가가 창의적 업적을 이룰 가능성이 높다.

융합교육에서의 Arts는 인성과 창의성의 두 마리 토끼를 겨냥한 영역이라 할 수 있다. 융합교육에서의 Arts는 인문학적 능력이라 할 수 있고, 인문학적 능력은 '남과는 다른 생각,' 즉 창의력의 토대가 된다. 뿐만 아니라 인문학이 강조하는 윤리의식은 배려와 협력을 통해 지속 가능한 성장을 추구할 수 있게 해 주다(강인규, 2010). 따라서 Arts 의미를 디자인에 한정하지 않고 인문학이라고 하는 큰 틀에서 살펴야 할 것이다. 이를 교육현장에 옮겨오면 Arts의 의미를 미술교과에 한정하지 않고 국어, 도덕, 음악, 미술, 체육으로의 확장을 모색해야 함을 뜻한다.

나. STEAM 교육의 윤리적 방향

위에서 우리는 학교에서 가르치는 Arts란 소통과 배려, 그리고 창의성을 신장하는 핵심 교과임을 밝혔다. 현대 교육에서의 Arts는 인문학적이고 예술적인 이해를 바탕으로 한 창의성 교육의 밑거름이 된다. 이런 교과들을 융합하여 학습하게 되면 교사와 학생은 자율적인 분위기에서 서로 협동하여 조사하고, 분석하고, 해석하는 과정을 거치는 동안 상호 깊은 교감을 하게 되고 스스로 배우는 과정을 통해 깊이 있게 관찰하고, 생각하고, 몸으로 표현해보고, 미술로 표현하면서 창의적인 결과물을 생산해 낸다. 이러한 결과물은 인간과 사회와 자연을 전체적으로 이해하는 데 큰 도움을 줄 것이다.

오늘날 우리들은 자연을 연구하며 얻은 지식을 대표하는 과학기술의 성과물 안에서 편리함과 풍요로움을 누리며 살아왔다. 하지만 이제 그 성과물이 가져다준 위험을 걱정하며 살고 있다. 동시에 과학기술은 더 이상 도구가 아닌 생활 자체가 되고 있다. 인간이 생산한 지식은 우리를 풍요롭게도 할 수 있지만 위협적인 것도 될 수 있다. 이 말은 인간은 지식의 생산과 사용에 책임의 의무가 뒤따라야 한다는 의미이다. 일부 과학이 그 본래의 목적과는 다른 생명파괴의 용도로 이용되기도 한다. 이러한 부작용을 해결할 방안으로 융합교육이 대두되고 있지만 융합교육 역시 '창의성'이라는 이름을 걸고 지식중심으로 흘러가게 된다면 또 다른 형태의 위험한 가치중립적 과학기술만을 양산할 뿐이다.

과학기술은 그 자체로 자기규제의 내적 기준이 없는 가치중립적인 것이기 때문에 그것을 사용하는 인간의 윤리적 자기규제가 반드시 필요하다. 인간의 편리함과 풍요로움을 위해 사용한 과학기술에 책임, 규제, 윤리의식이 없다면, 과학기술로 인한 파괴는 되돌릴 수 없고 한 지역, 한 나라 뿐만 아니라 전 인류, 지구 상의 모든 생명에게 치명적일 수 있다. 그래서 과학기술교육은 윤리적 책임을 가르쳐야 한다. 특히 융합교육에서 지식활용에 대한 윤리적 의식을 제고할 방안을 찾아야 한다. 현재 융합교육에서는 과학, 수학, 공학, 기술을 어떻게 더욱 잘 작동시킬 것인가에만 관심을 갖지, 그 융합된 지식이 무엇을 위해 이용되어야 하는지에 대한 인문학적 이해는 충분치 않다.

과학기술에 의해 건설되고 아직도 창조되고 있는 우리의 세계가 과학기술의 부작용에 대한 위험을 제거하기 위해서는 또 다른 과학지식인 융합 지식은 반드시 윤리적 가치를 지녀야 한다. 과학과 기술이 융합됨으로써 탄생한 과학기술이 새로운 환경 혹은 세계를 창조했다면, 앞으로는 과학기술과 윤리의 융합은 새로운 세계, 즉 친생명적 세계를 창조하는 일에 관심을 가져야 한다. 과학기술을 통해 인간의 삶을 풍요롭게 하되 그 과학기술이 사회에 어떤 영향을 줄 것이며, 미래에 어떤 영향을 줄 것인지를 생각할 줄 아는 인간 양성이 융합인재교육, 즉 STEAM 교육의 목적이 되어야 한다.

7. 창의적 융합인재교육의 과제

21세기는 융합적 지식과 사고를 지닌 창의적인 인재가 요구되고 있다. 이러한 인재양성 프로그램은 모든 교과와 지식을 융합하여 가르치는 데만 목적이 있는 것은 아니다. 다시 말하면 교과융합이라는 방법으로 미래사회를 이끌어 갈 인재를 양성하는 것이다. 그런데 그 융합교육은 단지 과학기술적 디자인을 통해서만 이루어지는 것은 아니고, 인문학적 가치가 내재된 Arts를 적극적으로 활용해야 한다.

현대사회의 총체적 위기를 논하면서 인문학의 부재, 인문학의 무능력을 말하는 경우가 많다. 왜냐하면 인간다운 삶과 사회생활이 어떤 것인지 따져 묻고 그 위에서 사회 구성원의 행위규범을 제시하는 데 인색하기 때문이다. STEAM 교육에서 Arts의 인문학적 역할은 국어, 도덕, 사회, 음악 등 인문사회학적 지식들을 포함한다. 학생들이 서로 소통하며 협력수업이 이루어지는 모든 과정이 Arts이다. 과거에는 작품 하나를 만들고 그 작품과 소통하기 위해서 오랜 시간이 걸렸다. 하지만 지금은 발달된 디지털 기술로 즉각적인 작품 창작과 그 창작품에 대한 즉각적인 대화적 소통이 이루어지는 시대이다. 직접 손으로 구상하고 만드는 과정도 물론 중요하다. 그러나 가끔은 그러한 과정이 역으로 학생들에게 부담이 될 수도 있다. 오늘의 신세대에게는 STEM으로 탄생한 지식을 구현함에 있어 직접적인 창작과 과학기술을 이용한 방법 모두에 대한 새로운 가능성이 열려 있다.

현재 우리나라는 융합인재 양성을 위한 창의 · 인성교육에 초점을 두고 있다. 창의 · 인성교육의 발생 배경에는 '새로운 가치를 창출하고 동시에 더불어 살 줄 아는 인재 양성'이 미래사회를 열어가는 주역이라는 인식이 자리잡고 있다. 그것을 가능하게 하기 위해서는 과학기술의 실력과 더불어 창의성 배양과 발휘를 촉진하는 인성과 사회문화적 가치와 풍토를 조성하고, 올바른 인성과 도덕적 판단력을 구비한 교육프로그램의 실천이 중요하다. 1990년대 획일적인 교육체제를 반성하며 교육혁신을 위한 방법으로 열린교육이 널리 확산되었던 때가 있었다. 열린교육은 지식이나 기능을 주입시키던 학습방법을 '방법을 학습시킨다'는 교육으로 방향전환을 가져왔다(박영희, 1997: 44). 하지만 열린교육에 대한 잘못된 인식으로 '주체성'은 '방임'으로, '창조성'은 '단순한 즐거움'으로 수단과 목적이 전도된 경우가 많았다. 이제 기지개를 켤 단계에서 STEAM 융합인재교육이 그런 유행으로 나아가게 해서는 안 된다. 과거 열린교육처럼 창조성 배양을 위해 도입한 즐거움(놀이)을 통한 학습이 오히려 열린교육의 목적이 되어버렸듯이 융합교육도 기본이 갖추어지지 않은 상태에서 융합을 목적으로 한다면 열린교육과 똑같은 혼란만 야기시킬 것이다.

STEAM 융합교육은 새로운 인재 양성을 위한 방법론적 성격이 강하다. 그것은 세기적 문제들을 단순한 개별 지식이 아닌 지식 사이의 연결고리를 찾아 창의적으로 해결할 수 있는 인재가 되는 방법을 가르쳐 준다. 문제의 성격에 따라 이런 저런 교과와 지식을 융합하여 그 문제를 해결할 수 있도록 돕는 방법을 고안하고 적용하여 더 좋은 사회로의 발전을 지향한다. 그렇다고 융합교육을 강조한 나머지 개별 교과에 대한 연구와 지도가 소홀해서는 안 된다. 진정한 융합교육이 되기 위해서는 개별 교과에 대한 충분한 이해가 선행되어야 한다.

우리나라의 융합인재교육(STEAM)은 이제 시작단계이다. 학문융합이라는 세계적인 흐름에 발맞추어 한국과학창의재단과 교육과학기술부는 STEAM 교육의 적용 확산을 위해 앞장서고 있다. 그러나 현재 일선 학교 교사들의 STEAM 교육에 대한 이해도는 매우 낮은 편이다. 왜 융합교육이 필요하고 그것을 통해 무엇을 달성하려고 하는가에 대한 체계적인 연구와 소개가 부족한 실정이다. 설사 그에 대한 이해를 하고 있더라도 현행 교과 체제에서 STEAM 교육방법을 새로이 도입하는 것은 교사 개개인에게 큰 부담으로 작용할 수 있다. 따라서 STEAM 융합교육의 저변 확대를 위한 교원연수와 교수-학습모델 개발 그리고 실행에 대한 지원 등이 뒤따라야 할 것이다.

15강
지속가능발전을 위한 교육

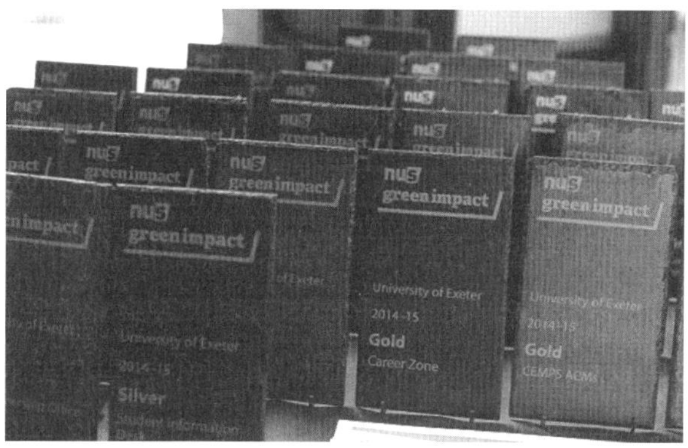

'그린 임팩트' 활동 인증 카드[1]

진정한 휴머니즘 실현과 환경문제 해결 그리고 전생명계의 균형과 공존을 위한 민주주의는 지속가능한 발달을 위한 교육으로 실현 가능하다. 지금 인류는 새로운 지속가능한 발전을 위해 (자연치유가 최선이지만) 과학의 힘을 빌려서라도 불평등의 문제, 비인간적 재앙, 환경오염과 자연파괴의 문제를 해결해야 하는 절박한 상황에 처해 있다. 특히 인간에게 있어 자연은 더 이상 인간의 이익을 위해 이용되고 개발되는 대상이나 자원이 아닌, 인류 모두의 생존과 번영을 위해 함께 조화를 이루며, 하나의 우주를 구성하는 생명체이다. 그래서 이러한 문제들은 어느 한 개인이나 국가만의 노력으로는 해결될 수 없다. 국제연합(UN)은 이러한 세기적 문제 해결해야 한다. 유엔은 이를 위해 새로운 발전 패러다임을 구축하고, 그것을 '지속가능한 발달'이란 이름으로 개념화하였다. 그리고 이 패러다임은 교육영역에 도입되어 '지속가능발전을 위한 교육'이라는 새로운 철학과 이념을 성립시켰다.

---

1) http://blog.naver.com/PostView.nhn?blogId=unescokor&logNo=220844263478&parentCategoryNo=&categoryNo=64&viewDate=&isShowPopularPosts=true&from=search 에서 2019.07.26.에 인출.

1. 지속가능발전교육 개념의 등장

지속가능발전(Sustainable Development)의 개념은 1972년 6월 스톡홀름에서 열린 유엔인간환경회의(United Nations Conference on the Human and Environment: UN-CHE)에서 처음으로 제시되었다. 이후 이 개념은 1992년 브라질 리우데자네이로에서 열린 '유엔 인간개발회의'에서 채택되어 국제사회는 환경과 조화된 지속가능발전을 추구해야 한다는 점을 명시하는 것으로 발전하였다(장영근 · 장민수, 2007: 149-153). 현재 지속가능발전(Sustainable Development, SD)은 경제발전과 환경보전 그리고 사회정의를 통합적으로 고려하면서, 자연과 더불어 모두가 인간다운 삶을 누릴 수 있는 발달로 정의된다. 2002년 남아프리카공화국 요한네스부르크 세계 정상회담에서는 지속가능발전 개념에 환경보호와 함께 사회적 정의와 빈곤에 대응하는 것을 주요 원칙으로 포함하게 되었다. 또한 인간과 사회적인 측면에서 결속, 평등, 파트너 쉽 그리고 협력 역시 매우 중요한 하위개념으로 제시하였다. 이 정상회의는 문화적인 맥락을 고려하면서 지속가능한 발전의 기둥인 경제 발전, 사회 발전 그리고 환경 보호를 향상시키기 위해 공동결의하고 상호협력할 것을 약속하였다. 그리고 난 직후 지속가능한 기술과 행동을 향상시키기 위한 10년 이행계획(2005-2014) 선언이 2002년 12월 유네스코에 의해 채택되었다(UNESCO, 2008: 17-18).

지속가능발전 개념은 미래 세대의 삶의 질을 염두에 두면서, 아이들과 젊은 사람들이 환경파괴, 실업, 빈곤, 기아, 인구증가, 기회균등과 같이 현재 직면한 문제들에 맞서 효과적이고 상호의존적으로 더 잘 대응하도록 준비하는 것을 의미한다(정기섭, 2010). 이런 점에서 1993년 발표된 토인보고서(Toyne Report, 1993)에서 지속가능발전 교육 개념이 처음 사용되었다. 이는 특히 교육이 환경에 관한 인식 수준을 고양시킬 수 있는 중요한 역할을 한다는 점에서, '지속가능성(sustainablility)'과 교육이 결합하였다(정윤경, 2004: 190). 교육은 지속가능발전을 위한 기초가 되며, 가치와 태도, 기술, 국내 · 외에서 지속가능발전에 일치하는 행동과 삶의 방식으로의 변화를 이끄는 주요한 도구이다.

2002년 UN총회는 교육을 지속가능발전의 이행을 위한 동력으로 인식하고, 이를 강화하기 위해 2005년-2014년 기간을 「지속가능발전교육 10년」(UN Decade of Education for Sustainable Development, UN DESD)으로 선포하였다. 그리고 이 기간에 추진될 사업 목표는 ①교육 확대 및 질적 강화, ②교육 프로그램에 지속가능성 반영, ③지속가능발전을 위한 공공인식 제고, ④지속가능발전 실무 교육 제공으로 정했다. UN총회는 DESD를 추진할 선도 기관으로 UNESCO을 지정하였다(김호석 외, 2011). 지속가능발전교육은 기본적인 필요를 박탈당하지 않은 채, 현재와 미래에 풍족한 삶을 살아가도록 하기 위해 학습자들에게 동기를 부여하고 그들의 행동의 변화를 촉구한다. 그리고 그것을 위해, 미래의 행동에 대한 생각, 비판적 · 창조적 사고, 시스템적 사고, 의사소통기술, 충돌 관리 및 문제해결전략 프로젝트, 지속가능한 소비와 생산과 같은 다양한 기술을 습득할 수 있도록 돕는다(Ros Wade and Jenneth Parker, 2008: 57).

지속가능발전을 위한 교육은 특히 유네스코에서 활발히 실천하고 있다. 유네스코가 지향하는 지속가능발전교육은 학습자 개개인이 가지는 가치와 차이에 있어 다양성을 인정하고, 우리가 살아가고 있는 환경과 우리의 삶에 영향을 미치는 지구의 자원을 존중하는 마음을 갖는 것에 역점을 둔다. 이에 유네스코는 환경영역, 경제영역, 그리고 사회영역으로 구분하여 교육할 것을 권고한다. 환경영역에는 자연자원, 재생 가능 에너지, 기후변화, 생물의 다양성, 지속가능한 음식 생산, 지속가능한 도시화가 속한다. 경제영역에는 지속가능한 생산과 소비, 가난의 감소가 포함되며, 사회영역에는 평화와 평등, 문화적인 다양성이 포함된다(UNESCO, 2009). 유럽의 UNESCO 협력학교[7]에서는 이러한 세 영역을 중심으로 각 나라의 사정에 맞게 프로그램을 개발하여 운영하고 있다. 유럽지역의 경우는 환경영역이, 아프리카지역과 같은 제3세계 국가들은 환경문제보다는 빈곤퇴치 프로그램들이 중심이다. 한국의 경우도 다양한 영역에서 이루어지지만 특히 환경영역에 초점을 두고 있다. 그러나 한국의 지속가능발전교육은 매우 형식적일 뿐만 아니라 그 그 실천수준도 낮은 편이다.

---

2) 유네스코협동학교(ASPnet:UNESCO Associated Schools Project Network)는 평화와 인권, 국제이해, 지속가능발전이라는 유네스코의 이념에 기반하고 있는 글로벌 학교 네트워크이다. ASPnet은 '학교 교육을 통한 국제협력 및 평화의 문화 증진'이라는 유네스코의 기본목표 달성을 위해 1953년 11월에 탄생했으며, 현재 전 세계 180개국 9천여 개의 교육기관(유치원, 초 · 중 · 고등학교, 교원양성기관)이 ASPnet으로서 양질의 교육을 위한 시범 및 실험적 교육활동을 수행하고 있다. 1) 범시국적 문제와 국제기구의 역할, 2) 지속가능발전교육(ESD), 3) 인권과 평화, 4)문화 간 학습은 ASPnet의 기본학습 주제로 활용되고 있다(전택수, 2012).

2. 한국의 지속가능발전교육

한국에서도 유엔지속가능발전교육 10년을 효과적으로 수행하기 위하여, 2005년 대통령자문 지속가능발전위원회가 『유엔지속가능발전교육10년을 위한 국가 추진 전략 개발 연구』보고서를 발간하고 활성화 방안이 논의되었다(정기섭, 2010). 한국에서는 2009년 설립된 '유네스코 ESD 한국위원회'가 주도적인 역할을 담당하고 있으며, 이 위원회에는 녹색성장위원회를 비롯하여 관련 부처 및 유관 기관들이 참여하고 있다. 녹색성장위원회, 교육과학기술부, 환경부, 행정안전부는 '2009년 개정 교육과정'에 우리나라 실정에 맞게 지속가능성을 교육하기 위한 녹색성장 교육을 반영하겠다고 밝히면서, '녹색성장 교육 활성화 방안'을 발표했다(교육과학기술부(2009).

'녹색성장 교육 활성화 방안'에서 녹색성장 교육의 필요성에 대하여 다음과 같이 말하고 있다. 2009년 환경보호와 성장은 상반된 개념이 아니라 동시에 추구할 수 있는 개념이고, 녹색성장은 미래 사회에서 우리가 반드시 적응해야 하고, 나아가서는 적극적으로 리드해야 할 시대적 필수 요구 사안이다. 그리고 에너지 절약 등 국민 각자가 일상의 생활과정에서 실천할 수 있는 부분들을 찾아서 실천할 수 있도록 유도할 필요가 있으며, 녹색인재 육성을 위해 미래 사회의 주역인 학생들에게 교육과정에의 반영, 신기술 교육 등을 통한 적극적인 진로지도와 준비가 필요하다. 더불어 '유엔지속가능발전교육 10년(UNDESD/2005-2014)' 선포 등 국제사회(OECD, APEC, ASEAN+3, ASEM 등)의 요구에 선진국과 동등한 수준으로 동참하고, 나아가서는 선도국으로의 자리매김을 위한 노력이 필요하다.

녹색성장 활성화 추진 목표는 녹색생활 실천이 어릴 때부터 자연스럽게 이루어질 수 있도록 교육기반을 강화하고 녹색성장을 선도할 미래 인재 육성 기반을 조성한다는 데 있다. 그리고 녹색성장 활성화 추진 방안으로 미래형 교육과정에 녹색성장 교육 내용을 반영하여, 창의적 체험 활동을 통한 녹색성장 교육을 실시한다. 지속가능발전교육 10년 교육과정 부분 개정 시 사회와 과학 등 기존 교과에 녹색성장 내용을 반영한다(도덕, 사회, 과학, 실과/기술가정 등). 현행 교과서에 녹색성장 내용 반영 및 보안을 통해 녹색성장 교과서 및 교재를 개발하며 녹색성장 학습 보조자료를 개발하고 보급한다. 초 · 중 · 고등학교를 자연친화적인 학교(그린스쿨)로 개선하며, 학교 내 놀이와 병행한 학습체험 공간을 조성한다. 생태에너지 기후를 주제로 한 다양한 녹색 놀이터 모델을 개발하고 학교 안 · 밖 녹색성장교육을 연계하는 지역의 다양한 교육시설과 연계 체험 학습을 강화한다. 온 · 오프라인을 통한 녹색성장 교육 콘텐츠 보급 확산 및 기후 변화교육 게임의 개발 및 활용을 통해 자연스럽게 녹색성장에 대한 이해를 도모한다. 녹색 생활을 위한 범시민 교육 기반을 조성하여 녹색 식생활 보급 및 로컬 푸드 관련 교육과 같은 녹색 소비자 교육을 실시하며, 범시민 녹색 교육 확산을 위한 인프라를 구축한다"(교육과학기술부(2009).

3. 지속가능발전교육의 영역

가. 기준

UNESCO가 제시한『유엔 지속가능발전 교육 10년 국제 이행계획 초안』에 의하면 지속가능발전은 "충돌이 증가하고 있는 세계 속에서 평화를 촉진하는 것, 세계 온난화와 맞서 싸우는 것, 불평등을 줄이고 가난과 맞서 싸우는 것, 성차별에 맞서 싸우는 것, 세계에 대한 다른 관점을 가지는 것"을 의미한다. 또한 지속가능발전은 "경제적 성장, 사회적 발전, 그리고 환경적인 보호를 조화시킴으로써, 미래세대를 포함한 모든 사람들의 삶의 질을 향상시키는 것"을 의미한다(UNESCO, 2005)

이렇게 생산, 소비, 문화, 생활 전반에 걸쳐 변화를 요구하는 지속가능발전은 개인의 삶의 태도와 가치관의 변혁을 전제조건을 삼고 있으며, 결국 교육과 연결될 수밖에 없다(전택수, 2012). 이는 교육이 세계를 변화시키기 위해 사용할 수 있는 가장 강력한 무기(넬슨 만델라)가 되며, 지속가능한 발전을 성취하기 위한 변화인, 가치와 태도의 변화, 기술의 습득, 행동적 변화를 이끄는 주요한 원동력이다(Koïchiro Matsuure/UNESCO, 2005).『유엔 지속가능발전 교육 10년 국제 이행계획 초안』에 의하면 지속가능발전교육은 "모든 사람들이 교육의 혜택을 받음으로써 지속가능한 미래와 긍정적 사회변혁을 위해 필요한 지식, 가치, 태도방식, 삶의 방식을 학습할 수 있는 기회를 갖는 세계를 지향"하는 교육으로 정의되고 있다(UNESCO, 2005). 그리고 지속가능발전교육에 대하여 유네스코가 발간한 'ESD 적요'(Information Brief. 2005)에서는 "모든 연령의 사람들의 지속가능한 미래를 창조하고 향유하는데 필요한 책임의식을 부여하고자 하는 새로운 비전의 교육"으로 정의하고 있다. 마지막으로 유네스코한국위원회 지속가능발전교육 실무 작업단은 "지속가능성의 토대가 되는 환경, 경제 영역의 상호관련성, 세대 간 형평성, 지구적 정의를 인식하고 현 사회에 대한 성찰적 태도, 가치, 실천을 바탕으로 개인적, 지역적, 국가적, 지구적 차원에서 지속가능한 미래를 전망하고 행동을 이끌어 가는 교육"이라고 정의하고 있다(정우탁 외, 2010: 12, 14).

현재와 미래에 직면하게 될 문제에 효과적으로 대응하기 위하여, 지속가능발전교육은 본질적으로 지역과의 관련성과 문화적인 적합성을 지향하며, 환경, 사회, 경제의 세 측면을 고려한다. 따라서 국가와 지역에 따라 지속가능발전교육의 목표는 다르게 나타날 수밖에 없으며, 각기 다른 사회적 특성과 문화적 독창성을 반영할 수밖에 없다(김호석 외, 2011: 5). 그럼에도 불구하고 질적인 교육을 제공하고 지속가능한 인간 발전을 위해서는 '알기 위한 학습(learning to know)', '행동하기 위한 학습(learning to do)', '함께 살기 위한 학습(learning to live together)', '존재하기 위한 학습(learning to be)', '변화하기 위한 학습(learning to transform oneself and society)'의 5가지 공통적인 기둥이 필요하다(UNESCO-Five Pillards of Learning, Dolors Report). 또한 물 보존, 에너지절약 및 지속가능한 에너지 자원에 대한 관심, 기후변화, 재해 및 위험 줄이기, 생물의 다양성 보존, 보건, 사회적 취약성 등의 문제에 관심을 가지는 등의 공통점을 가지고 있다. 더불어 지속가능발전은 양성평등과 사회적 통합을 강조하며, 빈곤감소를 위해 돌봄의 정신을 강조한다. 환경보호와 복원, 천연자원 보존과 지속가능한 사용, 지속 불가능한 생산 및 소비 양상에 대한 대처, 정의롭고 평화로운 사회건설은 지속가능발전교육을 지탱하는 중요한 원칙(Bohn Declaration)들이 되고 있다. 유네스코는 이러한 지속가능발전교육을 실천하기 위한 전 세계 유네스코협동학교네트워크(ASPnet:UNESCO Associated Schools Project Network)를 운영하고 있다. 이는 평화와 인권, 국제이해, 지속가능발전이라는 유네스코의 이념에 기반하고 있는 글로벌 학교 네트워크이다. ASPnet은 '학교 교육을 통한 국제협력 및 평화의 문화 증진'이라는 유네스코의 기본목표 달성을 위해 1953년 11월에 탄생했으며, 현제 전 세계 180개국 9천여 개의 교육기관(유치원, 초 · 중 · 고등학교, 교원양성기관)이 ASPnet으로서 양질의 교육을 위한 시범 및 실험적 교육활동을 수행하고 있다. 이 네트워크는 1) 범지국적 문제와 국제기구의 역할, 2) 지속가능발전교육(ESD), 3) 인권과 평화, 4) 문화 간 학습을 주제로 한다(전택수, 2012).

나. 범위

유네스코의 지속가능발전교육은 환경영역, 경제영역, 사회영역으로 나누고, 이들 각각에 해당하는 하위 목표와 하위 범위들을 제시하였다(유네스코, 2005). ESD의 목표는 경제성장의 잠재성과 한계, 사회와 환경에 대한 영향, 책임 있고 지속가능한 소비, 그리고 도시의 발전에 대한 민감성을 증가시키는 것이다. 이를 실현하기 위해 환경영역에서 다루는 하위 범주들은 자연자원, 재생 가능 에너지, 기후변화, 생물의 다양성, 수질 재생, 지속가능한 음식 생산, 질병의 예방, 지속가능한 도시화 등이다. 경제영역의 목표는 경제성장의 잠재성과 한계, 사회와 환경에 대한 영향, 책임 있고 지속가능한 소비, 그리고 도시의 발전에 대한 민감성을 증가시키는 것이다. 경제영역에서 주로 다루는 하위 범주들은 지속가능한 생산과 소비, 가난의 감소이다. 사회영역의 목표는 변화와 발전에 대한 사회적 기관과 그들의 역할의 이해를 증대시키는 것이며, 사회적 정의, 양성평등, 인간의 권리, 민주적이고 참여적인 시스템, HIV/AIDS를 포함한 건강상의 돌봄을 향상시키는 것이다. 사회영역에서 주로 다루는 하위 범주들은 인간의 권리, 평화와 평등, 문화적인 다양성, 건강, 토착의 지식, 양성평등, 문해력 향상 등이다. 이를 표로 정리하면 아래와 같다.

〈표 1〉 지속가능발전교육의 하위 범주〉

환경영역	경제영역	사회영역
• 자연자원 • 재생 가능 에너지 • 기후 변화 • 생물의 다양성 • 수질 재생 • 지속가능한 음식 생산 • 질병의 예방과 감소 • 지속가능한 교통수단 • 지속가능한 마을/도시화	• 지속가능한 생산과 소비 • 가난의 감소 및 격차 감소	• 인간의 권리 • 평화와 평등 • 문화적인 다양성 • 건강(HIV, 말라리아) • 토착의 지식 • 양성평등 • 읽고 쓰는 능력(문해력)

지속가능발전교육은 모든 사람을 위한 교육과 학습에 새로운 방향을 설정하고 지속가능한 삶을 살아가고 생계를 꾸려나가도록 질 좋은 교육에의 접근과 보존을 향상시키는 것을 강조한다. 그리고 지속가능한 프로그램을 편성 재교육하고, 지속

가능성에 대한 대중들의 이해와 인식을 증가시키며, 이에 관련된 전문적인 훈련을 제공할 것을 강조한다(http://unesco.org →Four thrusts of ESD).

4. 지속가능발전교육 실천

지속가능발전교육에서 학교는 중요한 역할을 담당하고 있으며, 그 역할은 학교 내에서의 작은 변화에서부터 시작되어야 한다. 이런 점에서 앞에서 살펴본 유럽학교들의 지속가능한 발전을 위한 교육프로그램들은 한국학교들에 시사하는 점이 매우 크다. 현재 한국에서 에너지 부족이라는 문제가 있다. 또한 지구 온난화의 영향으로 여름과 겨울이 점점 길어지고 봄과 가을이 짧아지는 기후의 변화도 경험하고 있다. 자원을 절약하고 환경을 보존해야 한다는 많은 메시지들이 매체를 통해 전달되고 있고, 그것은 학생들의 인식과 실천으로 교육되어져야 한다. 그러나 학생들은 구체적으로 어떻게 자원을 절약해야 하고, 지구온난화를 줄이기 위해, 그리고 환경을 보존하기 위해 어떤 행동들을 취해야 하는지에 대해서는 잘 알지 못하고 있다. 아직은 지속가능한 발전을 위한 보다 과학적인 분석과 실천이 부족하다.

핀란드 학교의 경우 현대적인 풍차를 만들어 학교에서 사용하는 전력을 충당하게 하고, 거기에서 발생되는 에너지 생산과정을 컴퓨터를 사용하여 학생들에게 관찰하게 하는 사례에서 구체적인 환경교육의 이론과 실천의 결합을 볼 수 있다. 또한 다른 유럽 학교 프로그램은 학생들이 방관자가 아닌 직접 참여하여 프로그램을 만들고 수행하면서 그 결과를 다른 학생들과 학교들과 공유하고 있음은 우리나라 학교교육에 매우 시사적이다. 학교에서 사용하는 에너지와 물의 사용량을 줄이고 재활용 박스를 활용하고, 학교 식당에서의 포장재를 줄임으로써 쓰레기 양을 줄이는 등의 사례들은 작은 실천적인 행동이 점진적인 지속가능한 발전의 변화를 일으킬 수 있다는 점을 보여준다.

우리나라 일부 학교에서도 태양열 전지판을 설치하고 그것을 통해 학교의 에너지를 충당하는 경우가 있다. 그러나 태양열 전지판을 설치하여 학교에서 필요로 하는 에너지를 충당하고 있다는 사실만 알 뿐, 최초 투자 설비비가 얼마이며, 얼마나 많은 에너지가 생산되고 있는지, 그리고 태양열을 이용한 에너지 생산을 통해 얻을 수 있는 이점은 어느 정도가 되는지 학생들은 알지 못한다. 학교문화는 어른들이 설비투자와 시설을 책임지고 학생들은 그것의 결과만을 인지하는 식의 교육을 하고 있는 것이다. 그러나 학생들로 하여금 직접적으로 지속가능한 발전 시설과 설비를 계획하고 그 과정에 참여하고 관찰하고 관리하게 한다면 그들은 지식은 산지식이 될 뿐만 아니라 지속가능한 발달의 필요와 공감대를 확장시킬 것이다. 지속가능발전교육은 이론적인 학습만으로는 안 되고 보다 직접적인 체험이 따를 때만 의미가 있다. 주변의 작은 것부터 아끼고 절약하고 재활용하는 습관을 통해 자연을 더 잘 보호할 수 있다. 물질적인 풍요 속에서 몽당연필을 볼펜에 끼워 끝까지 사용하던, 그리고 종이가 귀했기 때문에 앞 · 뒷장까지 아껴 썼던 모습은 찾아보기 힘들어졌다. 무분별하게 사용되는 종이와 교실 뒤 사물함과 교실 구석구석에서 다 쓰지 않은 채 버린 필기도구들을 발견하는 것은 어렵지 않다. 지속가능한 발전을 위해서는 그러한 작은 자원의 낭비는 또 다른 귀중한 자원의 소비를 의미하며 환경보전의 차원에서 해로운 행동이 된다. 이런 상황에서 스코틀랜드의 사례는 내 주변에서 내가 실천할 수 있는 작은 활동을 통하여 이룬 작은 절약이 귀중한 자원의 보존에 기여한다는 중요한 교훈을 제시해 준다.

독일과 남미비아 사이에 이루어진 교환 프로젝트와 포르투갈의 가상의 섬과 다문화도시 프로젝트 역시 우리나라 지속가능발전교육에 좋은 아이디어를 제공한다. 세계 속의 IT강국으로 자리매김한 한국은 인터넷 활용이나 기술적인 측면에 있어 어느 나라보다 훌륭한 이점을 가지고 있다. 이러한 좋은 기술을 학생들이 활용하여 국내뿐만 아니라 외국의 아이들과 정보를 공유하고, 서로의 문제에 대해서 함께 고민해보고, 해결하기 위해 노력한다면, 학생들이 자신의 시대의 문제는 무엇이고 이의 해결을 위해 어떤 국제적인 노력과 협력을 해야 할 것인가에 대해 매우 깊이 있는 사고를 하게 될 것이다. 이는 하나의 세계라는 차원에서의 공감대를 형성할 수 있을 뿐만 아니라 다른 나라의 많은 학생들의 다양한 의견을 들을 수 있게 되어 문제 상황에 대한 공동의 분석과 해결 전망도 함께 공유할 수 있는 좋은 기회를 갖게 될 것이다.

유럽 학교의 지속가능발전교육은 단지 환경 영역에만 국한되지 않는다. 그것은 낭비를 줄이고 자원을 절약하는 소비자교육과 공정거래와 같은 경제교육, 그리고 평화와 평등 및 다문화 존중과 민주적 역량을 높이는 일까지 포함한다. 우리나라도 지속가능발전 교육의 범주를 보다 더 확대하여 공정한 생산-소비의 경제영역과 협동적 다문화 공동체 및 평등한 민주사회 실현과 같은 정치 사회영역까지도 함께 다루도록 해야 할 것이다. 학교는 아이들이 지속가능한 삶과 미래에 기여하도록 하기 위해 책임감을 가지고 다른 사람들과 더불어 살아가도록 교육하여야 한다. 또한 지속가능한 사회와의 유대를 위한 제반사항에 대해 탐험하고, 발견한 것들을 분석하고, 결론을 유추하고, 책임 있는 행동을 취하도록 학생들의 욕구를 자극할 필요가 있다. 그런데 이런 교육은 보여주기 위한 행사용이나 임기응변식의 단기적인 계획으로 실시되어서는 안 된다.

그래서 효과적인 지속가능한 발전을 위해서는 정규 교육과정 속에 지속가능발전 교육프로그램을 포함해야 할 것이다. 이를 위해서는 모든 교과 속에서 지속가능발전에 대한 개념이 융합되어 있는 교육과정 개혁이 필요하다. 지속가능발전교육 활동들은 서로 유기적으로 연결되어 긍정적인 효과를 내도록 정부기관과 지역사회와 협조 관계가 성립되어야만 한다. 그리고 지속가능발전의 원칙, 이념 그리고 가치 등이 교과내용에 녹아들도록 하여야 한다. 아울러 각 교과에 맞는 적절한 교수기법이 개발되어져야만 한다. 이러한 것들을 통해 지속가능발전을 위한 비판적 사고, 창의성, 평생학습에 대한 의욕이 생겨날 수 있다.

16강
생태교육

생태교육[1]

1. 생태주의 등장 배경

21세기를 전후해서 인간의 문제와 생태계 위기 등의 부정적 양상의 원인을 규명하고 새로운 대안을 탐색하는 철학적 노력이 활기차다. 이러한 노력은 과학비판적 시각으로 시대의 문제를 예리하게 파헤치고 있는 인문학자들을 중심으로 이루어지고 있다. 이들은 20세기까지 인간이 인간을 위해 이룩한 과학문명이 전생태계를 위협하고 있음을 지적하면서 현재의 생명경시와 생명파괴는 인륜적 도덕의 붕괴와 인간의 실존적 위기를 낳을 것이라고 경고하고 있다. 그러면서 이런 위기적 상황을 극복하기 위해 인간 중심의 근대 철학에서 생태주의 철학으로 바뀌어야 한다고 주

1) http://www.ecofuturenetwork.co.kr/news/articleView.html?idxno=16362에서 2019.07.26.에 인출

장한다.

생태학[2)]적 논의와 주장들은 특히 철학과 사회학, 정치학 그리고 윤리학 분야에서 많이 이루어지고 있다. 이들의 논의들은 우리가 사는 시대 문제의 핵심은 무엇이고, 그 문제의 근원은 무엇이며, 이의 해결 전망을 어떻게 보고 있는가에 대한 다양한 생태학적 접근을 시도하였다. 이들은 에코토피아(ecotopia)의 이상을 가지고 새로운 생태적 민주사회를 제안하고 있고, 이를 위한 에코에틱(ecoethic)의 필요성을 역설하고 있다. 이러한 학문적 패러다임을 재구성하려는 생태주의자들은 가장 먼저 인간중심주의 혹은 이성중심주의의 한계를 지적하고 나선다.

생태주의는 인간과 자연의 역동적인 간주관적 상호작용이 일어나는 장(場)에서 생명체 간의 생존하는 방식을 규명하고 이것이 인간 현상에 주는 시사점이 무엇인가를 철학적으로 사유한다. 그리고 중세 말부터 뿌리내리게 된 인간중심주의의 철학적 한계를 비판하면서 이성과 과학에 토대를 둔 모더니즘적 세계관을 문제 삼는다. 아울러 인간의 자기 본위, 경쟁, 소유 등과 같은 자본주의 사회의 지배적인 가치를 근본적으로 재검토한다. 생태주의는 지구촌의 모든 생명들을 전체의 네트워크 안으로 통합하고 상생의 관계를 회복하여 새로운 생명 존중의 문명 창조라는 거대 담론을 제시한다. 동서양 학계가 21세기의 철학으로 이러한 담론에 관심을 갖고, 새로운 생태적 세계를 위한 21세기 문화를 설계하고자 한다.

생태적 담론을 통해서 새로운 교육의 진로를 탐구해보는 일은 매우 의미 있어 보인다. 특히 첨단과학문명을 이끌고 있는 지식혁명의 시대에 지식의 생산과 관리 그리고 분배를 위한 효율적 방안에 온통 정신을 쏟고 있는 지금, 생태적 담론으로부터 어떤 교육적 교훈을 얻을 수 있는가를 알아보는 일은 매우 중요하다. 특히 생태학으로부터 21세기 교육의 철학과 나아갈 방향을 모색하는 일이 교육학계가 추구해야 할 과제 중의 하나라면 생태주의자들의 공통적인 주장과 논의를 고찰하여 그것이 한국 교육의 미래에 던져주는 의미를 찾아야 한다.

인간과 자연을 분리하고, 자연은 오로지 인간의 삶의 증진을 위한 지식을 제공하

---

2) 원래 생태학이란 용어는 1870년 헤켈(E. Haeckel)이 생물과 환경과의 관계를 생물학의 범주에서 논의하면서 최초로 사용하였다. 그러나 현재는 생물학의 범위를 넘어 새로운 초과학(super- science)의 분야로 이해되고 있다. 특히 환경오염이나 생명파괴 등과 같은 생태학적 문제들과 연관되면서 철학, 정치학, 사회학, 자연과학, 윤리학 등에 접두어로 붙여지고 있다. 생태학은 현대인의 삶의 모든 영역에 대한 진단과 비전을 제시하는 핵심적 논리로 받아들여지고 있는 것이다.

는 객체적인 대상으로 간주하는 과학기술시대의 인식론은 결국 생명경시 · 생명파괴의 가혹한 비인간화 현상을 잉태하였다. 지금까지의 과학주의에 입각한 교육의 전개는 자아와 세계, 주체와 객체를 필연적으로 분리하는 학문적 인식의 계기를 마련하게 되었고, 인간의 삶의 상황에서 그 인간이 자연과 끊임없이 상호작용하고 있다는 점을 소홀히 하였다. 이는 교육적인 반성범주를 단지 인간 자체에만 한정지을 때 나타나는 당연한 귀결이다. 따라서 인간성 추구에 대한 교육학적 문제제기도 기본적으로는 인간의 차원에 머물 수밖에 없다(노상우, 1992: 56).

2. 생태학적 담론의 일반적 특징

생태주의적 접근은 다양하다. 대표적으로 심층생태학(deep ecology)은 주로 탈인간적 관점에서 인간과 자연의 본원적 연관 관계에 관심을 갖고 있고(서규선 · 문종길, 2000), 사회생태학(social ecology)은 생태적 평화와 정의를 위한 인간의 능력을 중시하고 생태적 문제를 자본주의적 정치 경제구조와 관련하여 분석한다. 이러한 접근에 비해 동양사상적 논의는 서구의 이원론적 근대사상의 한계를 동양적 사유방식으로 극복하려는 시도와 함께 인간과 자연의 본원적 관계 회복을 위한 사상적 우위를 주창하고 있다. 이러한 다양한 입장들을 우선 간단히 살펴보도록 한다.

가. 심층생태학의 입장

생태학적 관점이 탈인간중심주의에 기초하고 있다는 점을 감안할 때, 이를 가장 명료하게 이론과 실천으로 내세우고 있는 입장이 심층생태학(deep ecology)이다. 이 용어는 노르웨이 철학자 네스(Arne Naess)에 의해 처음 사용된 이래로 드볼(B. Devall), 세션(G. Sessions), 카프라(F. Capra) 등의 학자들에게서 나타나고 있다. 이러한 심층생태학은 환경문제에 대한 실천적인 연구와 대안을 추구하는 과학자, 예술가, 정치가들의 활동과, 주로 철학적으로 이 문제를 접근하고 있는 에코필로소피(ecophilosophy) 혹은 에코소피(ecosophy)로 구분할 수 있다.

생태론자들에게서 공통적으로 나타나고 있듯이 심층생태학 역시 지배적인 과학적 세계관이 낳은 환경파괴와 위기의 심각성에 대한 문제의식에서 출발한다. 그리고 이러한 인간 중심의 지배적 세계관을 거부하고 인간과 자연을 관계적이고 전일적(holistic)이며 시스템적으로 조망한다. 따라서 심층생태학이 추구하는 것은 생태학적 위기에 대해서 진단과 처방이 근본적이고 심층적이어야 한다는 주장을 내세운다.

세계관의 변화와 실천을 위해 심층생태학이 관심을 갖는 근본적인 문제란 '인간의 본질이란 무엇인가? 인간과 자연과는 어떤 관계인가? 무엇이 실재의 본질인가?' 하는 것 등이다. 이러한 물음들은 형이상학적 질문이다. 심층생태학은 개별 인간을 자연과 분리하는 인간중심적 관점을 부정하고 형이상학적 전일주의를 옹호한다. 다시 말하면 인간은 환경 속에서 다른 요소들과 관계를 맺음으로써 구성되며, 이 점에서 환경은 인간이 어떤 존재인가하는 문제를 결정하게 된다. 즉 전체 영역 내의 관계에서 구분되거나 벗어나는 개체란 없다는 것이다. 인간의 본성이 자연으로부터 분리될 수 없다는 말이다. 인간을 개체로서 보는 견해는 인간을 이해해 왔던 지배적인 세계관의 한 방식이다.

기계론적 세계관의 명확한 한계로부터 유기적, 생태적 세계관으로 유도되는 현대에 있어 이제 모든 사물과 현상은 무수한 분리된 객체로 구성된 기계로 보여지지 않고, 조화를 이루는 분할할 수 없는 전체로 파악된다. 그것은 "역동적인 관계의 그물이며 그 그물 속에는 관찰하는 인간의 의식까지도 근본적으로 포함하고 있다."(F.Capra./이성범 · 구윤서 역, 1993: 47) 다시 말해서 전일적(holistic) 시스템으로 인식할 때, 세계 내 모든 존재자는 상호 연관되어 있고 상호 의존한다고 파악된다. 이는 현상들을 형성하고 있는 부분으로 환원될 수 없는 통합된 전체를 역동적인 관계에 의해서 파악하는 것을 말한다(F.Capra./이성범 · 구윤서 역, 1993: 42). 각각의 유기체는 환경과 계속적으로 상호작용하지만, 그 상호작용이 그 조직체를 결정하는 것이 아니다. 자기 조직의 두 가지 역동적 현상은, 자기 갱신(self-renewal)(살아있는 조직이 그들의 구성 요소들을 계속해서 갱생시키고 재순환시키면서도 그 전체적 구조를 유지할 수 있는 능력)과, 자기 초월(배우고 발전시키고 진화하는 과정에서, 육체적 정신적 한계를 창조적으로 초월)하는 능력이다(F.Capra./이성범 · 구윤서 역, 1993: 254).

심층생태학자들(예를 들어 네스와 세션)은 생태적 세계관으로의 근본적인 변화에 대한 공통적인 입장을 여덟 가지 '근본 지침'으로 제시하면서 환경운동의 근거로 삼고자 한다. 이 '근본 지침'을 살펴보면 다음과 같다(서규선 · 문종길, 2000: 188-189).

1. 땅 위의 인류와 비인류의 생명체가 번성한다는 것은 내재적 가치를 가지고 있다는 것이다. 비인간적 존재의 삶의 가치는 독립된 유용성에 있으며, 이들에 대한 인간의 목적은 제한되어야 한다.
2. 생명체의 풍요와 다양성은 그것 자체로서 가치 있으며, 땅 위의 인류와 비인류의 삶을 번성하게 하는 데 기여한다.
3. 인류는 생명유지에 반드시 필요한 욕구를 제외하고 이러한 풍요와 다양성을 감소시킬 권리를 가지고 있지 않다.
4. 비인류의 세계에 대한 현재 인류의 간섭은 지나치며, 이러한 상황은 급속하게 악화되고 있다.
5. 인류의 삶과 문화를 풍요롭게 하는 것과 인류의 인구수를 지속적으로 감소시키는 것은 서로 경쟁관계에 놓여 있다. 비인류의 생명을 번성하게 하기 위해서는 그러한 감소가 필요하다.
6. 더 나은 삶의 조건에 대한 의미 있는 변화는 정책에서의 변화를 필요로 한다. 이것은 근본적인 경제적 · 기술공학적, 그리고 이념적 구조에 영향을 미친다.
7. 이념의 변화는 높은 수준의 삶에 집착하기보다는 오히려 주로 삶의 질(내재적 가치의 조건 속에서 살고 있는)에 대해서 바르게 이해하도록 하는 것이다. 크다는 것과 위대하다는 것 사이의 심오한 차이를 깨닫는 것이다.
8. 위에서 언급한 것들에 대해서 동의하는 사람들은 요구되는 변화를 이행하기 위한 시도를 하는 데 참여해야 할 직접 또는 간접적으로 의무를 가지는 것이다.

이상의 '근본지침'은 두 가지의 기본과제를 수행하는 지침으로 활용될 수 있다. 첫째는 자아실현이고 둘째는 생물중심적 평등이다. 자아실현이란 인간이 자신을 다른 자연과 상호작용을 통해서 존재하는 것으로서 이해하게 되는 과정이며, 생물중심적 평등이란 모든 유기체와 존재가 동등하게 서로 밀접한 관계가 있는 존재라고 믿는 것이다. 우선 심층생태학에서 자아란 '큰 자아'를 의미한다. 이 '큰 자아'는 자연세계와 하나가 되는 자아이며, 자아실현이란 우리가 더 큰 전체의 부분으로서 자신을 이해하게 되는 자기반성의 과정이다. 이것은 인간과 자연은 물론 다른 존재와 존재 사이에서도 확고한 존재론적 구분이 없다는 것을 이해하는 것이다. 또한 우리 자신을 자연으로부터 분리하여 알게 되는 것이 아니라 더 큰 자아의 부분으로서 인식하는 것이다. 일반적으로 이 더 큰 자아는 형이상학적 전일주의에서 설명되는 자아이다. 만약에 인간의 존재가 자연세계의 다른 부분들과의 관계 속에서 형성되는 것이라면 자아실현이란 이러한 통일성을 충분히 인식하고 이해하게 되는 것이다(서규선 · 문종길, 2000: 201-202). 이러한 자아실현에 대한 이해는 서양 철학적 전통에서 나타난 '단자론적 입장', 즉 개체주의적 자아, 합리적 자아, 이성적 자아개념을 넘어선다. 심층생태학에서의 자아의 의미는 개체로서의 자아, 고립된 인간 범주를 뛰어넘어 탈인간의 세계를 동일시하는 자아이다. 자아실현이란 이런 성숙된 관계를 인식하고 그 관계 안에서 발전되는 과정을 의미한다.

두 번째 과제는 생물적 평등을 이룩하는 것이다. 드볼과 세션에 따르면 생물권의 모든 존재는 더 큰 자아실현 내에서 자아실현과 자기표현 같은 그들 자신의 개체의 형태에 이르고 잘 살아가기 위한 평등한 권리를 가지고 있다. 이와 같은 기본적인 직관은 생태권 안의 모든 유기체와 전체는 상호 관계를 맺고 있는 부분으로서 본래적 가치에 있어 평등하다는 것이다. 카프라는 이를 다음과 같이 유기체의 평등과 협력의 원리로 설명하고 있다(F.Capra./이성범 · 구윤서 역, 1993: 264).

> 과거 수십 년 동안의 생태계 연구는, 살아 있는 유기체 간의 대부분의 관계는 근본적으로 공존과 상호 의존, 여러 가지 정도의 공생을 특징으로 하는 협력적인 관계라는 것을 분명히 보여 주었다. 경쟁도 있지만 그것은 더 큰 시스템이 균형을 유지할 수 있는 광범위한 협력 안에서 일어나는 것이다. 직접적인 피약탈자에게는 파괴적인 약탈자-피약탈자 관계일지라도 일반적으로는 그 두 종에게 이익이 되는 것이다. 이 통찰은, 생을 순전히 경쟁과 투쟁, 파괴로만 보는 사회적 다아윈주의자들의 관점과는 선명한 대조를 이룬다. 그들의 자연관은 자연환경을 착취하고 우리 기술이 주는 불행한 충격을 합리화하는 철학을 만들어 내는 데 도움을 주었다. 그러나 이러한 견해는 과학적 타당성을 지니고 있지 않다. 왜냐하면, 그것은 살아 있는 시스템들이 모든 단계에서 그들 자체를 조직하는 방법의 기본 양상인 통합과 협력의 원리를 보지 못했기 때문이다.

한편, 심층생태학에 나타난 생태지상주의(ecologism)는 일정한 한계를 가지고 있다. 네스가 지적한 바에 따르면 첫째, 생태학이 세계관의 모든 것은 아니다. 생태학이 유익한 것은 사실이지만 생태학적 개념을 지나치게 일반화하는 것은 인식론적 · 철학적 문제에 내재하는 본질적 문제를 소홀히 할 수 있기 때문이다. 둘째, 생태학을 구체적인 환경문제에 대해서 처방하는 것으로 간주하는 경우, 기술공학적인 처방이라는 피상적 기준을 마련하게 될 수 있다는 점이다. 네스는 야생의 자연파괴 또는 종의 소멸과 같은 문제는 우리에게 '어떻게 살아야 하는가?'라는 근본적인 문제를 낳는다고 주장한다(서규선 · 문종길, 2000: 190). 이러한 네스의 지적은 심층생태학이 지나치게 낙관주의와 사변적(형이상학적)으로 흘러가고 있음을 염려한 데서 비롯된다. 그가 염려한 대로 심층생태학은 인간과 자연의 본원적 관계 안에서 생명 중심주의에 머무는 경향이 강하게 나타나고 있다. 이러한 점을 비판하고 나선 학자가 사회생태론자인 머레이 북친(Murray Bookchin)이다.

나. 사회생태론의 입장

북친은 생태학적 문제를 인간의 실존적 위기 문제로 등식화시키면서 생명 중심주의의 형이상학에 머물고 있는 심층생태학을 비판하면서 생태적 민주주의 혹은 진보주의에 관심을 돌린다. 그에 따르면 생명 중심주의가 인간과 인간, 인간과 자연의 상호연관성이라는 인식의 변화를 이끄는 데 기여한 반면, 자본주의 사회에 사는 인간의 고유한 지위와 특성이 현재의 생태학적 위기를 초래한 과정을 면밀하게 추적하지 못하고 있다고 지적한다. 또한 심층생태학은 생태 위기가 사회 위기로부터 비롯된다는 점을 무시하고 인간과 자연의 관계를 단순한 배려와 보호의 차원에서만 다루지 정의와 평화의 인본주의적 관점에서 생태 위기를 고찰하지 못하고 있다고 비판한다.

북친이 지적한 대로 자연과 인간의 변증법적 관계를 무시하고 단지 생명체의 상호 연관성만을 강조한다면, 이러한 생명 중심주의는 무의미한 신비주의로 전락한다. 인간에게는 논증할 수 있는 능력, 예측할 수 있는 능력, 하고자 하는 일을 추진하는 능력, 통찰력 있게 행동할 수 있는 능력이 있다. 북친은 이러한 능력을 인간의 자연적인 속성이라고 보고, 이를 자연으로부터 분리시키는 것은 오히려 자연을 헐뜯는 것이다라고 말한다(Bookchin, M./문순홍 역, 1999: 122). 그에 의하면 인간적 합리성을 통해 자연은 영겁에 걸친 신경과 감각기관의 발달을 거치면서 자신의 주체성을 구체화한다. 주변에 있는 환경에 적응하는 것은 물론, 개념화하고, 일반화하고, 아이디어들을 연결시키고, 상징적 커뮤니케이션에 참여하고, 자신을 둘러싼 세계를 혁신적으로 변화시키는 인간 능력만큼 자연적인 것은 없다(Bookchin, M./문순홍 역, 1999: 163-164). 심층생태론자들과는 달리 북친은 생태적으로 지향된 인간의 이성 속에서 자연의 자기구현이 이루어진다고 생각한다.

그래서 그는 인간 이성은 자의식화된 자연의 표현이라고 한다. 이 자연은 스스로 창조되는 과정에서 자신의 목소리를 발견한 것이다. 우리 인간은 자연 속에 우리 자신의 자리를 가지고 있어야 할 뿐만 아니라, 자연도 우리 속에 자신의 자리를 가지고 있어야 한다. 이러한 태도는 자연 진화에서, 인간의 매개자로서의 역할에 터한 생태 윤리에서, 그리고 생태 사회에서 가능해질 수 있다(Bookchin, M./문순홍 역, 1999: 123).

북친은 인간이 고유하게 가지고 있는 이성을 견지하지만 기술문명을 통해 생태적 위기를 초래한 도구적 이성과는 분명한 선을 그으면서 '변증법적 이성'의 개념을 제안한다. 그는 이성이 역사를 통해 문화적으로 사회적으로 전개된다는 전제로부터 출발하여, 이러한 과정 속에서 인간과 자연의 관계를 파악하는 변증법적 이성은 주어진 상황을 넘어서 논리적으로 도래할 그 어떤 것을 투사할 수 있는 능력이라고 말한다. 변증법적 이성은 진화 · 발전하는 자연과 세계의 과정을 자유의 진보라는 관점에서 파악하고, 이 과정에서 산출되는 질적인 차이들을 새로운 발전의 가능성으로 이해한다. 따라서 변증법적 이성은 도구적 이성을 무조건 배척하는 것이 아니라 역사적 발전의 한 계기로 파악함으로써 더욱 포괄적인 자유의 진화 과정에 예속시키는 것이다.

북친은 자신의 고유한 법칙에 따라 자유를 향해 발전해 가는 주체성을 자연에 부여한다. 자연 역시 주체적인 것이다. 단지 자연의 주체성은 인간과 상관없이 발전되는 것이 아니라 인간의 이성을 통해서만 실현될 수 있을 뿐이라고 단언한다. 이렇게 자유와 주체성의 관점에서 인간과 자연의 관계를 파악하면서 동시에 인간의 고유한 위치를 인정하는 북친의 인본주의적 관점은 아마 생태학적 인본주의로 명명될 수 있을 것이다(이진우, 1998: 199). 이는 현대 생태 문제 해결은 인간중심적 접근으로 가능하다고 본 마르크스주의적 생태주의자인 그룬트만의 입장과 비슷하다. 그는 생태학적 문제의 원인으로서의 자본주의 사회의 토대를 지적하면서 다음과 같이 말한다(Grundmann, R., 1995: 30-34).

> 자연의 정의나 생태학적 문제에 대한 정의는 언제나 인류학적 요소와 연결되어 있다. 평가에서 참조해야 할 사항이 인간이므로 나는 자연 보존에 대한 비인간 중심적인 접근 방식은 결함이 있다고 생각한다. ...나는 자연 속에서 인간의 특수한 지위는 인간의 자연에 대한 지배를 통해 특징 지워지고 있다고 본다. ...인간 중심적인 접근 방식은 어떤 것을 토대로 하여 생태학적 문제들을 평가할 것인가에 대한 방향을 제시한다. ...생태 중심적 접근 방식이 모순적일 수밖에 없는 까닭은 순전히 자연의 입장에 서서 생태학적 문제를 규정하려고 하기 때문이다. 생태 중심적 접근 방식은 인간의 모든 행동은 반드시 자연과 자연의 법칙에 순응해야 한다는 전제에서 출발하고 있다. 그러나 자연에 대한 정의 및 생태학적 균형에 대한 정의는 곧 인간이 행한 것, 다시 말해서 인간의 필요와 쾌락, 욕망 등과의 관계에서 생태학적 균형을 설정한 인간의 정의임에 틀림없다.

이런 점에서 심층생태론자들이 주장하는 생태적 평등은 공허할 수 있다. 만약 심층생태론자들이 주장하듯이 자연 내의 모든 생명체가 평등하다면, 인간은 치명적인 질병을 야기하는 병원균을 근절시킬 아무런 권리도 가지지 못한다. 이런 맥락에서 북친은 인간과 자연 사이에는 본질적인 차이가 있다고 주장한다. 예를 들어 스스로를 완성해야 하는 인간의 권리와 질병을 야기하는 바이러스나 세균의 권리 사이에는 본질적 차이가 있는 것이다(Bookchin, M./문순홍 역, 1999: 160).

위계적, 권위적 사회구조의 연관관계에서 생태론적 문제들을 파악하는 사회적 생태론자들의 주장은 곧 사회적 불의와 생태학적 문제들의 연관관계를 인식하고 사회적 정의 차원에서 논의하고 있다. 자연의 착취와 파괴는 권위주의적이고 위계적인 사회구조들의 필연적 결과라는 점에서 북친은 지배와 위계질서는 사람들이 자신들의 자연적인 협동적 성향과 잠재력을 공동으로 함양하기만 하면 제거될 수 있다고 믿는다. 이에 대해 그의 말을 인용하면 다음과 같다(Bookchin, M./문순홍 역, 1999: 128-129).

> 공유와 협력, 관심이 건강한 인간 연합을 촉진시킬 수 있다는 앎, 인간과 자연 간의 창조적인 신진대사를 여는 기술분야의 개발, 그리고 우리 문명 내에 자연이 현존하고 있음에 대한 새로운 통찰력, 이런 것들은 우리의 곁에 자연이 여전히 함께 하고 있음을 결코 부인하지 못하도록 만든다. 사실 이러한 것들은 우

> 리가 그동안 이윤을 목적으로 해서 자연 자원을 남용하고 생물권을 마음 없는 존재로 단순화하는 것에 이데올로기적으로 도전하는 것이다. 우리의 사회 공동체를 생태공동체 내로 위치짓고, 우리의 사회 관계와 제도들을 이에 맞추어 재단하지 않는다면, 우리들은 '새로운 사회' 또는 '합리적인 사회'를 의미 있게 이야기할 수 없다.

따라서 기술과 지식은 인간을 포함한 생물권 모두를 위해 봉사시키는 길을 선택해야 한다. 생태 기술은 생태계를 풍요롭게 하고, 생명의 자연적인 토대로서의 도덕적인 기술이다. 이 도덕적인 기술은 이윤을 목적으로 설계된 자본주의적인 기술 유형과 조화될 수 없는 기술이며, 나아가 자본주의적인 기술 유형이 환경에 가하는 대량 파괴나 거대주의 등과 아무런 관련성이 없는 기술이다. 지배와 종속을 구조화하는 정치기술적 노력보다는 인간의 연대성과 생태적 안정성을 고양하기 위해서 현재의 편협성과 분할성을 극복해야 한다. 진정으로 합리적이고 생태적인 사회를 창조하고자 한다면 성별과도 무관해야 한다. 생태 공동체는 단순히 공적인 합의라는 잣대를 제공하는 국가주의적 문화가 아니라 자유를 산출하는 사회정치적 실천인 것이다(Bookchin, M./문순홍 역, 1999: 132-134).

70년대 이후 줄곧 개진되고 다양한 형태로 분화되어온 생태담론은 '다른 유형의 이성'을 모색하기보다는 오히려 생명체의 상호연관성이라는 이름으로 이성 자체를 포기하는 경향을 띠고 있다. 따라서 교육학이 인간과 자연의 유기적 관계를 인정하면서도 교육의 대상인 인간의 이성적 행위 자체를 무시함으로써 구체적이고 실천적인 교육의 성격을 성립시키지 못했다. 북친의 말을 빌려 교육학에 적용하면 생태교육학은 현대의 위기를 초래한 서양의 도구적 이성에 대한 비판을 넘어 '인간의 다른 이성'의 힘을 기르는데 관심을 갖지 않을 수 없다. 이런 점에서 북친이 말한 변증법적 이성은 생태교육학이 추구하는 생태적 민주주의 실현의 원동력으로 해석될 수 있다.

다. 동양사상의 입장

생태학적 논의 과정에서 우리의 관심을 끄는 한 가지는 동양사상의 재발견이 활발하게 이루어지고 있다는 점이다. 이는 교육학을 비롯하여 대부분의 학문이 서양의 지식문화를 수용한 이래 계몽주의적 이성관, 객관적이고 과학적 지식관에 매몰되면서 '동양적'인 것의 상실과 무시 혹은 비하에 대한 한국 학계의 반성과 각성을 의미한다. 이러한 한국 지식계의 '의미로운' 변화 현상은 향후 가속화될 것으로 예상된다.

박이문(1996)은 동서 철학에 담겨 있는 인생관의 차이는 우선 생태 중심주의(eco-centrism)와 인간 중심주의(anthropocentrism)라는 용어로 기술될 수 있다고 보았다. 그는 동양의 인간관은 생태학적(ecological)이라는 새롭게 생긴 개념으로 가장 적절히 설명될 수 있다고 보고 다음과 같이 말한다(박이문, 1996: 171-172).

> 동양의 생태학적 인간관은 타자와 완전히 분리된 자아를 믿지도 않고 그러한 자아의 확장을 의미하는 무한한 욕망 충족을 가장 중요한 삶의 가치로 여기지도 않는다. ...동양적 삶의 태도는 물길 따라 떠가는 배처럼 도를 따라, 사물 현상과 상황의 율동에 따라 모를 내지 않고 부드럽게 흘러가면서 자연 나아가서 우주와의 조화를 마련하는 평화적이고 유연성 있는 자유를 최고의 가치로 삼는다. 동양의 삶에 대한 태도가 자연과의 화해적 태도를 나타내고, 동양인이 추구하는 최고의 가치가 그러한 결과로 나타나는 평화와 자유의 내면적 체험인데 반해서 서양의 삶에 대한 태도는 자연에 대한 도전으로 나타나고, 서양인이 추구하는 궁극적 가치는...만족을 모르는 도전적인 지적 탐구 정신, 즉 이성적 욕망으로 상징된다.

서구 사상에 익숙해져 있는 우리 세대는 동양사상으로부터 새로운 생태적 문명 건설의 교육철학적 요소를 발견할 수 있다. 즉 인간을 포괄하는 모든 반생명적 현상을 직시하고, 이 반생명적 상황을 야기한 정신적 - 물질적 - 구조적 원인을 개혁해야 한다는 점뿐만 아니라 죽어 가는 인간생명의 살림의 차원에서 교육적 의미를 발견하게 된다. 이미 과학기술 시대를 철저하게 지탱해 주는 사회경제적인 병리현상과, 이기적인 인간 중심의 과학 문화적 행태로 하늘과 땅과 사람의 생명이 죽어가는 위기적 상황에서 동양사상의 생태철학적 관점은 전생명계의 살림을 위한 교육이념을 구축하는 사상적 토대가 된다.

현재 우리 사회에는 동양사상의 재발견이 새롭게 이루어지면서, 교육에 있어서도 종래의 구미적 교육 사고의 틀에서 벗어나 동양적인 사고방식이나 세계관에서 교육을 다시 재정립해야 한다는 주장이 주목을 끌고 있다. 특히, 생명계를 전일적 접근을 통해 이해하려는 생태중심사상이 새롭게 부각되고 있는 상황에서, 종래의 서구 과학적 세계관과 물질주의적 가치관 그리고 인간중심 문화를 극복하고 인간을 자연과의 상호의존적인 관계적 그물망(Network) 안에서 보는 동양사상과 그로부터 유추되는 교육이념이 제시되고 있는 것이다.

자연과 사람을 일체적인 생명으로 보는 동양사상은 자연과 인간의 협동적 생존능력을 높이는 교육이념을 성립시킨다. 인간으로부터 모든 동식물과 미생물까지도 정성으로 섬겨야 한다는 점을 감안할 때, 교육은 자연으로부터 인간의 삶의 복리를 위한 도구적 지식들을 생산하는 차원에 머무르지 않고, 자연도 하나의 존중되어야 하는 생명자로 인식하여 인간과의 협동적 생존력을 길러주는 일이라고 할 수 있다. 이러한 교육이념은 하늘과 땅과 사람의 일체적 생명의 가치를 존중하는 자세뿐만 아니라 인간과 자연, 인간과 인간이 서로 상생(相生)하는 교육적 인간상을 구현하는 과제를 내포하고 있는 것이다.

3. 생태주의의 기본 정신

이상과 같은 다양한 생태학적 접근과 주장들은 현대 교육을 보는 새로운 시각을 열어주는 많은 공통적인 요소들을 제공하고 있다. 특히 인간과 자연과의 상생 관계 회복, 생태계를 살리는 새로운 인간의 노력과 조직적 운동, 생태학적 문제를 야기시키는 사회구조의 개선, 그리고 새로운 사회를 위한 생태윤리의 실천 등은 새로운 교육학 – 이를 생태교육학이라고 이름 붙일 수 있을 것이다 – 을 구성하는 요소들이다. 여기서는 이러한 생태학적 접근과 주장들 속에서 발견되는 생태교육이론을 구성할 수 있는 몇 가지 공통 요소들을 살펴보도록 한다.

가. 상생의 정신

생태학적 담론에서 첫 번째로 관심을 가질 수 있는 것은 상생의 정신이다. 생태학적 주장들 속에는 동양철학적 용어를 사용한다면 상생이라는 기본 정신이 깔려있다. 생태학의 기본 철학인 탈인간중심주의 혹은 탈주체주의와 일원론적 인식론은 상생의 철학을 의미한다. 카프라(F.Capra./이성범 · 구윤서 역, 1993: 42)에 따르면, 유기적, 생태적 세계관으로 유도되는 현대에 있어, 이제 모든 사물과 현상은 무수히 분리된 요소로 구성된 기계로 보여지지 않고, 조화를 이루는 분할할 수 없는 전체로 파악한다. 그것은 역동적인 관계의 그물이며 그 그물 속에는 관찰하는 인간의 의식까지도 근본적으로 포함하고 있다. 그는 모든 존재를 전일적(holistic) 시스템으로 인식할 때, 세계 내 모든 존재자는 상호 연관되어 있고 상호 의존한다고 파악한다. 동양사상에 담긴 생태적 요소를 선구자적으로 파헤친 김지하(김지하, 1988) 역시 그의 생명철학에서 모든 존재의 현상은 정지하고 있는 것 같이 보이지만 운동하고 있고, 모든 개체는 독자적이고 단자적인 존재자로 존재하고 있는 것 같이 보이지만 서로서로 연결되어 상생하는 관계 내에서 존재하는 것으로 보았다. 그는 서구 근대사상이 정신 혹은 물질을 '유일화'한 이원론의 문제를 지적하면서 모든 생명체는 한 체계의 상호 보완적 활동을 하면서 서로 협력하며 연결을 맺고 통신하는 공존과 상생의 본성을 지닌 존재로 보았다(김지하, 1988: 145). 이와 같은 맥락에서 김용옥은 "21세기의 과제는 인간과 천지와의 화해, 인간과 자연과의 화해, 인간과 그의 환경과의 화해, 그리고 지식과 삶의 화해가 21세기 제1주제이다"(김용옥, 2000: 40)라고 말한다.

상생의 철학적 관점은 현재의 과학적 세계관에 입각한 학문의 기본철학이 바뀌어야 함을 보여준다. 그뿐만 아니라 탈인간중심주의로부터 나타날 새로운 세계관은 지금까지의 국가나 민족 간의 정치 경제 사회에 대한 사유방식 그리고 역사와 문화를 보는 안목에 반영되어야 하며, 교육학 역시 이를 반영한 새로운 교육이론 형성 및 실천을 추구할 필요가 있다.

나. 생태적 인본주의

두 번째 요소로 제시하고자 하는 것은 생태적 인본주의이다. 이는 최근 인간과 자연의 본원적 연관성만을 강조하는 순진한 생명중심주의자(예를 들면, 심층생태학자들)들의 주장에 대한 사회생태론자인 북친(M. Bookchin)과 신좌파 녹색주의자인 그룬트만(R. Grundmann) 등의 비판에서 발견되어진다. 앞에서도 살펴보았듯이, 북친의 경우 자연과 인간의 변증법적 관계를 무시하고 단지 생명체의 상호 연관성만을 강조한다면, 이러한 생명중심주의는 무의미한 신비주의로 전락한다고 경고한다. 생태계의 문제는 인간에게 주어진 능력으로써만 해결가능하기 때문에 인간의 자연적인 속성인 논증할 수 있는 능력, 예측할 수 있는 능력, 하고자 하는 일을 추진하는 능력, 통찰력 있게 행동할 수 있는 능력은 배양되어야 하는 것이다(Bookchin, M./문순홍 역, 1999: 122). 그는 자연의 착취와 파괴는 권위주의적이고 위계적인 사회구조들의 필연적 결과라고 보고, 이는 인간의 '또 다른 능력'으로 풀 수밖에 없음을 주장한다. 그에 있어서 또 다른 능력이란 기술문명을 통해 생태적 위기를 초래한 도구화된 이성이 아닌 '변증법적 이성'이다. 그가 말한 변증법적 이성이란 환경에 적응하는 것은 물론, 개념화하고, 일반화하고, 아이디어들을 연결시키고, 상징적 커뮤니케이션에 참여하고, 자신을 둘러싼 세계를 혁신적으로 변화시키는 인간능력을 의미한다. 그리고 이 능력이 상호 협동적으로 발휘될 때 비로소 자연의 주체성이 드러난다고 말한다. 인간과 자연을 상생적 관계로 파악하면서 동시에 인간의 고유한 위치를 인정한다는 점에서 북친은 생태적 인본주의자이다. 이는 모더니즘의 가장 큰 병폐를 도구적 이성의 결과로 해석한 하버마스(J. Habermas)와 맥을 같이 한다. 그는 환경문제와 생태학적 위기 역시 다른 윤리적 · 정치적 문제와 마찬가지로 오직 인간에 의해서만 해결될 수 있다는 입장을 표명하고 있다(이진우, 1998: 61). 또한 그룬트만 역시 자연의 정의나 생태학적 문제에 대한 정의는 언제나 인류학적 요소와 연결되어 있다고 말하면서 탈인간중심적인 접근 방식은 결함이 있다고 지적한다(Grundmann, R., 1995: 30-34). 심층생태론자들과는 달리 이들 학자들은 생태적으로 지향된 인간의 이성 속에서 자연의 자기구현이 이루어진다고 생각한다. 그리고 자연의 주체성은 인간과 상관없이 발전되는 것이 아니라 인간의 상생의 정신력인 '또 다른 이성'을 통해서만 실현될 수 있음을 강조하고 있다.

만일 생태학이 인간과 자연의 유기적 관계를 인정하면서도 교육의 대상인 인간의 이성적 행위 자체를 무시한다면, 그것은 상생을 위한 구체적이고 실천적인 교육관을 성립시키지 못할 것이다. 21세기 한국 교육은 생태계 위기를 초래한 서양의 도구적 이성에 대한 비판을 넘어 '인간의 다른 이성', 즉 상생을 위한 인간 정신을 도야하는 생태적 인본주의 교육에 관심을 갖지 않을 수 없을 것이다.

다. 산업주의에 대한 비판

인류는 과학과 기술의 눈부신 진보를 달성하였다. 이러한 과학기술은 인간생활의 편의를 가져왔지만, 생산–소비의 산업주의를 고착화시켰다. 당연히 자연은 산업주의 부흥의 자원과 도구가 되었다. 산업주의는 계속적으로 부와 권력을 재생산하였고, 그것은 산업인력양성이라는 교육목표를 추구하였다. 근대의 문을 연 계몽주의는 '자유와 이성의 함성'을 부르짖었지만, 산업주의적 근대성의 측면에서 보자면, 이성은 과학과 기술로 도구화되었고, 인류는 새로운 산업문명에 편입되었다.

산업주의 문명은 '생산과 소비의 극대화', 그리고 '이익과 권력의 극대화'라는 두 가지에 초점을 두고 있다. 그것은 지구상의 모든 물질을 생산라인에 투입하는 '생산자원'으로 규정한다. 그리고 모든 사람들을 '노동자'와 '소비자'로 간주한다. 당연히 '생산과 소비의 극대화', 그리고 '이익과 권력의 극대화' 과정에서 온갖 자연생태계는 도구화된다. 산업주의는 '이윤의 극대화'만 추구하지 '생태계의 균형화'는 추구하지 않는다. 자본주의적 산업주의는 개인과 이익만을 중시하며, 공산주의적 산업주의는 집단과 권력만을 중요시한다. 자본주의와 공산주의는 이념은 다르지만 공통적으로 산업주의를 추구하며, 산업주의는 이들의 공통적인 이데올로기로서, 계층 · 진보 · 기술가 라는 기둥을 통해 구현된다. 로이 모리슨은 이에 대해 다음과 같이 설명한다.

> 계층 : 산업주의의 가장 기초적인 질서원리로써, 산업주의 사회계층은 '생산과 소비의 극대화' 또는 '이익과 권력의 극대화'가 성공했느냐 성공하지 않았느냐의 기준에 의해 형성된다. 불평등에 기초한 사회질서 원리를 의미하며 복종을 미덕으로 간주한다.
>
> 진보 : 산업주의에 바탕을 둔 모든 변화를 선(善)으로 규정하는 척도가 된다. 산업주의는 진보로 인한 결과에 대해서는 무관심하다. 이윤추구를 위해 착취하고 파괴하는 일을 내포하고 있다.
>
> 기술 : 과학, 기술, 관료제 등을 포괄하는 말이다. 이것은 산업주의 사회의 계층형성에 기여하는 수단이다. 산업주의 사회에서 기술이라는 것은 거의 모든 '과학의 힘'을 현실화하고 물질화하는 마술과도 같다. 인간의 이성과 창조성을 이용해서 진보와 계층을 확고히 해준다.

산업주의 사회에서는 이러한 것을 최고선(最高善)으로 간주한다. 산업주의는 기계이면서 수단적 도구이다. 그것은 우리 인간으로 하여금 삶의 지루한 반복과 스트레스를 수용하는 것을 선(善)한 것으로 여기게 한다. 그 뿐만 아니라 기계의 가치를 상식적인 것으로 받아들이게 하고, 인간 개인은 기계의 하인으로, 더 나아가 기계의 부품으로 만들고 있다. 산업주의는 단순히 재화나 자본을 축적하려는 요구에 의해 형성 · 발전되기 보다는, 권력 자체를 축적하려는 요구에 의해 형성 · 발전된 것이다. 산업주의적 관계는 지배와 복종의 권력적 관계에 사회화되도록 한다. 이 권력관계는 나와 타인을 분리하여 생각하는 시각과 다수를 위하여 소수가 희생되어도 괜찮다는 시각을 만연시키면서, 소수를 위한 다수의 무력화에 기여한다.

모리슨은 지난 200년 이상 지속된 산업주의 체제가 인간 자율성의 억압과 공동체의 분열이라는 모순된 사회를 만들어냈다고 지적한다. 산업주의자들은 이 사회적 모순을 20세기 들어와 세계 경영주의와 권위주의로 해결하려고 시도하였다. 그가 비판한 세계 경영주의는 산업주의가 더욱 발전된 모습을 한 것이다. 이는 오늘날 말하는 다국적기업의 세계경영을 말한다. 세계 경영주의는 산업주의의 여러 가지 병폐들, 즉 자연파괴와 부적인 외부효과의 발생들을 극복하기 위해서 시장의 힘과 과학기술의 힘을 이용하고 있다. 산업주의의 무한한 성장욕구가 사라지지 않는 한 세계경영주의는 현 산업주의의 문제를 해결할 수 없을 뿐만 아니라 그러한 문제들을 심화시킬 뿐이다. 산업주의는 자본가의 이익과 산업주의적 엘리트들의 권력 극대화에 집중함으로써 그것으로부터 소외된 자들의 자유를 억압하고 공동체성를 약화시키게 된다.

라. 생태민주주의

산업주의가 인류사에 기여한 바는 매우 크다. 21세기를 사는 인류는 역사상 가장 풍요롭고 편리한 삶을 영위하고 있다. 특히 부를 갖고 있는 사람, 일정한 계층 이상의 사람에게는 천국과도 같은 세상을 만들어주었다. 그런데 환경오염과 파괴, 사회적 약자의 억압과 불평등이 만연되어 있다. 공동체의 쇠락과 함께 자연과의 공존이 위기에 처해 있다. 이 문제는 산업주의가 잉태한 것이다. 지금은 아무리 그 대안을 강구하여도 그 병폐를 쉽게 고칠 수 없다. 그러나 희망은 있다. 교육이 그것의 병폐를 줄이고 새로운 이념과 사회건설의 역군을 만들어낼 수 있다.

문제는 현재의 교육철학으로 이 문제를 치유할 수 있는가? 현재와 같이 창의적 인재양성이라는 목표를 가지고 사회문제, 환경문제를 풀어낼 수 있을까? 기존의 인간중심교육의 목표와 기능 그리고 그 영향력은 산업주의에서 결코 벗어날 수 없다. 우리가 흔히 말하는 창의적 인재는 결국 자연의 가장 미세한 부분까지도 도구화하여 이윤창출을 극대화시킬 수 있는 인간을 일컫는다. 산업주의 사회는 그런 인재만을 인정하고 대접한다. 이런 인재(?)에게 환경문제와 사회문제의 해결을 기대할 수 있겠는가? 이 어렵고도 복잡한 문제가 새로운 교육학, 즉 생태교육학에 관심을 갖게 한다.

생태교육학은 생태민주주의를 구현하는 새로운 교육적 관점이다. 그런데 생태민주주의란 무엇을 의미하는가? 간단히 말하면 그것은 지금까지 주창되고 있는 민주주의에 생태적인 관점을 접맥시킨 이념이자 철학이다. 인류역사의 가장 오래된 이념인 민주주의는 인간의 자율성 신장을 위한 자유와 평등의 가치를 기본원리로 삼고 있다. 그것은 전체를 위해서 소수가 희생되어도 좋다든지, 소수 권력집단의 이익을 위하여 대중이 희생되어도 좋다는 전체주의적이고 권위주의적 체제를 반대한다. 그동안 민주주의는 산업주의와 결합하여 경제적으로는 자유시장 경제체제, 정치적으로는 대의정치체제를 발전시켰다.

자유시장 경제체제는 개인 간의 경쟁을 중시하기 때문에 결국에는 경제적인 불평등을 낳게 된다. 또한 불평등 때문에 자본가와 노동자 사이에는 필연적으로 지배와 종속의 관계가 성립된다. 자유시장 경제체제는 경제적 이익의 극대화라는 목표를 달성하기 위해 돈벌이가 되는 것이면 무엇이든지 자유롭게 허용한다. 그것을 뒷받침하는 신자유주의는 돈벌이를 위해서는 그 어떤 규제도 악이 된다는 신념을 갖고 있다.

현대의 민주국가를 떠받쳐 주고 있는 정치체계인 대의제도 역시 문제가 없는 것은 아니다. 대의정치제도는 주민 혹은 국민의 투표에 의해 선택되어진 소수의 대표자들이 국가의 정책을 수립하고 집행하는 정당성을 부여한다. 그런데 사실 주민들은 그들이 투표할 때에만 자신들의 권리를 행사할 뿐, 그 선거기간만 지나가면 대중은 대의정치가들에게 복종해야 한다. 국민들은 대의정치체제를 이끌고 있는 엘리트들의 정치적 전횡에 의해 소외의식을 느끼게 된다. 모리슨은 이러한 현대의 민주주의체제는 군주체제와 다를 바 없다고 비판하고 있다. 국민들의 소외의식은 공동체에 대한 애착심을 잃게 만든다. 그들은 공동체에 대한 연대의식을 느끼지 못할 뿐만 아니라 공동체에 대한 책임의식도 느끼지 못한다. 이런 점에서 현대의 민주주의체제는 '민주주의'라는 이름표만 붙여져 있는 하나의 허상(虛想)에 불과하다.

생태주의는 개인 상호 간의 의미있는 교류를 촉진하여 상호역동적인 공동체를 구축하는데 기본적인 관심을 갖고 있다. 그것은 인간과 인간, 인간과 자연의 역동적인 상호작용이 일어나는 장(場)에서 유기체 간의 공존을 기본이념으로 삼고 있다. 그것은 지구촌의 모든 생명들을 전체의 네트워크 안으로 통합하고 상생의 관계를 회복하여 새로운 생명존중의 문명창조라는 거대 담론을 제시한다. 이와는 정반대로 산업주의 사회는 서로 간의 경쟁에 의해서 인간들 마음 자체가 고통, 불안, 잔인함, 불신 등으로 가득 차 있기 때문에 인간 서로 간에 사랑을 베푼다는 것은 거의 불가능하다. 그들은 다른 이들에게 사랑을 베풀 수 있는 마음의 여유가 없으며, 사랑을 베푼다 해도 상대방이 그러한 사랑을 이용할 가능성을 의심하기 때문에 사랑을 베푸는 것을 주저하기까지 한다.

생태민주주의는 자유의 실현과 공동체의 구축을 지향한다. 생태민주주의는 개인의 자율성이 자유롭게 실현되는 것을 지지하는 민주주의와 개인과 개인, 인간과 자연의 유기적 상호작용을 드높여 건강한 생태공동체를 건설한다는 정치적 목적을 지니고 있다. 이 목적을 달성하기 위해 모리슨은 연합, 협동, 연대라는 세 가지 방식을 제안한다. 연합은 시민공동체의 내적인 결속을 의미하는 것으로, 그것은 시민공동체를 유지하는 피와 힘줄이다. 연합은 정치적이고 경제적인 해악으로부터 공동체를 보호하고자 하는 민주적인 행위를 포함한다. 이러한 연합에 근거해서 정치조직, 공동체조직, 사교클럽, 비영리단체, 비정부조직들이 형성될 수 있는데, 이들 연합체들은 국가와 대기업들의 중앙집권적인 관료체제가 지니고 있는 막강한 권력을 분산시키는 역할을 한다.

협동은 공동체를 결속해 주는 사회 · 경제적인 힘으로서 공동체 내부의 구성원들을 결속시켜 주는 촉매역할을 한다. 협동은 개인의 힘만을 강조하거나 집단적인 힘만을 강조하는 양 극단을 지양하고 이 양자의 힘을 균형있게 유지하는데 도움이 된다. 연대는 약간의 제한된 정도의 국가적 통제력과 연합력을 전제로 하며, 또한 부분과 전체 사이의 균형에 초점을 맞춘다. 그것은 생태민주주의의 포괄적인 사회적 연결망들을 의미한다. 연대적인 힘이 강화되면 중앙집권적인 정부와 기업의 힘은 약화되고 자율적인 공동조직체들의 힘은 강화된다. 이러한 연합, 협조, 연대의 세 가지는 현재 병폐에 빠진 산업주의체제를 생태민주주의체제로 전환시키는 데 매우 핵심적인 방식이다. 그것들은 사회적인 연결망들이 민주적이고 생태적으로 발전·강화하는 방법적 원리이기도 한다.

모리슨이 제안하는 생태민주주의체제는 교향악단의 조화로움을 이상(理想)으로 삼는다. 그것은 모든 인간들의 자율성의 실현을 위한 민주주의와 그것의 바탕이 되는 공동체의 구축을 구현하기 위한 생태주의를 의미있게 조화시킴으로써 '인간적 자유'와 '건전한 공동체의 구축'을 실현하려 한다. 그래서 그의 '생태민주주의'는 현재 병폐에 빠진 산업주의체제에 대한 적절한 비판과 아울러 새로운 대안을 제시했다는 측면에서 문명의 대전환기를 맞고 있는 이 시대에 시사하는 바가 매우 크다.

마. 생태윤리

다섯 번째 요소로 발견되는 것이 생태윤리이다. 생태론자들은 과학기술시대에서는 일차적으로 인간과 자연의 관계를 새롭게 자각하여 도덕의 문제를 다시 생각해야 한다고 주장한다(노상우, 1994). 지난 94년 7월 환경윤리에 관심 있는 우리나라 종교계 인사들의 '환경윤리 종교인 선언'(한국종교인평화회의 인권, 1994, 이하 '선언')은 처음으로 생태계의 지속적인 생존을 위한 인간의 기본윤리의 성격을 밝혀주는 좋은 한 예라고 할 수 있다. '선언'은 물질의 집착에서 벗어나 정신적 풍요를 소중히 여기는 삶이 되어야 한다고 전제하고, 이를 위해서는 우주가 하나의 생명임을 깨달아야 한다고 주장하였다. 그리고 인간이 모든 동물, 식물, 무생물을 지배한다는 오만을 버리고, 인간은 생태계를 이루는 한 부분으로서 겸손하여야 하며, 모든 생명과 더불어 서로를 살리는 도덕적 심성을 갖추어야 한다고 밝힌 바 있다(한국종교인평화회의 인권, 1994: 4-5). 일본의 생태윤리학자인 이마미치도모노부 역시 이제 "윤리는 대인윤리(對人倫理)에 한정될 것이 아니라 또한 대물윤리(對物倫理)도 포함"해야 하고 이는 "자연의 정복이 아니라, 자연의 관리를 떠맡은 존재로서의 드높은 자각으로 새로운 겸손"의 도덕적 품성이 중시되어야 함을 강조하고 있다(이마미치도보노부/정명환 역, 1993: 11).

이러한 선언의 내용들은 윤리적 대상의 확대에 따른 이른바 생태윤리를 말한 것으로, 이는 김지하의 생명사상에서 줄기차게 제기된 바 있다(김지하, 1991: 66). 그는 과학기술시대의 산업주의 교육으로 말미암아 인간을 경쟁과 약육강식, 출세주의로 내몰고 있다고 지적하면서, 이러한 경쟁과 입신출세주의의 결과 어린아이들 속에는 자비로운 마음이나 이웃에 대한 사랑, 생명에 대한 외경심 등이 완전히 고갈되었다고 말한다. 그리고 기술문명은 소비적 대중문화를 동반하여, 섹스, 폭력, 살인, 방화 등을 선전하고 TV나 비디오를 통해 폭력문화를 정착시켜, 결국에는 자라나는 세대들의 생명을 위협하고 있을 뿐만 아니라, 이런 문화의 영향은 청소년들에게 생명에 대한 사랑은 찾을 수 없고, 오히려 산과 들, 강과 바다에 놀러 다니며 파괴하고 훼손하고 오염시키는 탈도덕적 풍토를 야기시켰다는 것이다. 따라서 김지하는 지금은 새로운 생명도덕 문화운동이 절실히 필요할 때다고 강조한다.

생태론자들은 생태윤리 중에서도 특히 기술시대에 존재론적 의무로서 요청되는 것 중의 하나가 '책임의 윤리성'이라고 말한다. 왜냐하면 정의, 평등, 사랑에 기초한 전통윤리는 자연에 대한 인간의 기술행위를 규제하기에는 한계가 있기 때문에 인간 자신의 행위 결과를 책임지는 윤리를 가져야 하기 때문이다. 책임의 윤리는 근본적으로 다양한 행위의 가능성들을 의식적으로 선택할 수 있는 존재론적 능력에 기인한다. 그래서 인간의 자유 행위의 결과를 책임져야 한다는 것이다(Jonas, H./이진우 역, 1994). 이러한 생태윤리 함양은 새로운 시대가 요청하는 중요한 교육적 과제로 등장하고 있다.

이상에서 생태학적 담론의 특징을 상생의 철학, 생태적 인본주의 지향, 그리고 생태윤리에의 요청을 중심으로 살펴보았다. 이 논의 속에서 우리는 서양문명의 정신적 밑바탕에 깔려 있는 이원론적 형이상학, 인간중심주의, 자연지배적 태도, 과학적 사유의 문제와 한계를 직시하면서 21세기는 일원론적 인식론, 생태주의, 자연친화적 태도, 전일적-직관적 사유를 중시하고 있음을 알 수 있다.

생태학자들의 새로운 시각은 계몽주의 혹은 모더니즘에 기초한 현대교육학의 뿌리를 뒤흔들 수도 있다. 우리가 생태학적 접근을 통해 새로운 교육을 모색하는 일에 관심을 둔다면, 계몽주의적 유토피아 실현을 위한 실천 학문으로서의 교육학은 에코토피아의 실현을 위한 실천 학문으로 전환시켜야 할 과제를 성립시킨다.

4. 생태교육의 기본원리

가. 상생의 교육

생태학적으로 접근하는 학문의 주요 과제는 인류의 공존공영에 기여하는 일이다. 마찬가지로 생태지향적 교육의 목적은 인간과 자연, 그리고 인간과 인간 간의 생태학적 유대성을 존중하면서 새로운 세대들로 하여금 더 좋은 사회 발전에 이바지하게 하는 것이다. 기존의 교육관은 어떻게 하면 인간의 내적 힘을 키워 자연으로부터 더 많은 자원을 획득하는 도구로서의 지식과 기술을 생산하고 그것을 어떻게 효과적으로 전달할 수 있는가에 주된 관심을 두었다. 그러나 생태학적 주장들은 교육이 자연을 인간생명과 연결된 생명체로 인식하는 교육철학과 이러한 생명체가 협동하며 공생하는 '상생 관계'의 증진을 기본 원리로 삼을 것을 시사하고 있다.

교육은 현재의 생명경시 현상, 생명파괴 현상을 인간 자체의 변화나 사회구조의 변화에서뿐만 아니라 인간과 자연의 상생의 관계를 증진하는 데 관심을 갖지 않으면 안된다. 다시 말하면 교육의 목적이 인간의 행복을 추구하는 것이라 할 때, 그 행복은 인간 자체의 변화(자유주의적 교육관)나 사회집단의 변화(사회주의적 교육관)에서만이 아닌 자연과의 정상적인 관계 속에서 가능할 수 있다(노상우, 1994a). 이런 점에서 21세기 교육학은 생태교육이론으로 확대 발전할 수밖에 없을 것이다.

생태적 교육의 과제는 교육의 대상 범주를 인간과 자연이 상호작용하는 장(場) 혹은 구조를 포착하는 일이고, 이 장에서 생성되는 복잡한 의미를 인간과 자연이 상생하는 정신으로 전화(轉化)하는 일이다. 상생의 정신은 북친이 말한 '변증법적 이성'일 수도 있고, 도구적 이성이 아닌 '또 다른 이성'일 수도 있다. 만일 우리의 교육이 새로운 세대들에게 이 정신을 배양하는 데 성공한다면, 자연과 인간의 일체감이 형성될 수 있고, 자연을 대하는 인간의 사고와 행위가 혁신적으로 바뀌어 학습자에게는 친환경적 태도가 생성될 수 있다. 또한 인간과 자연의 상생을 위한 생명력을 활성화할 수 있는 계기가 마련되며, 생태윤리가 배양될 수 있다.

상생의 교육원리로 볼 때, 학교는 교사-학생의 공동체적 협동이념이, 이기적 경쟁의 방법보다는 조화로운 관계 증진이, 타자와의 개별적 갈등보다는 상호 간의 공존을 실현하는 일을 하는 조직이다. 따라서 학교는 학생중심의 독립적 실체에 집중하기보다 교사-학생의 상생의 관계를 일차적으로 인식해야 한다. 본래 교사-학생의 교육적 관계는 정체적이거나 고정적이지 않고 역동적인 상호작용이 끊임없이 이루어지는 과정에서 형성된다. 교사와-학생의 상호작용은 딱딱한 기계적인 구조가 아니라, 역동적인 관계에 의해서 상호 통제되는, 살아 있는 교육적 관계 내부의 유연성과 융통성을 지니고 있다. 이는 생태학의 자기조직(self-organization) 원리로 설명될 수 있다. 생명을 지닌 교사 혹은 학생은 생물체와 같은 학교 내에서 스스로 자기를 조직하는 자치성을 본래적으로 갖고 있지만 자신의 처한 환경으로부터 고립되어 존재할 수는 없다. 교사나 학생은 학교환경과 역동적인 상호작용 속에서 자기갱신과 자기초월을 경험한다.

교사와 학생 각각이 자기갱신과 자기초월을 끊임없이 진행하면서 공존공생한다고 할 때, 교사와 학생 간의 상호 유기적인 상생의 관계가 우선이고, 이 상생 관계 안에서 교육의 수월성을 창출하는 것이며, 이를 위해서 때로는 자유경쟁적 방법을 사용할 수 있다. 여기서 자유경쟁적 방법은 교사-학생간의 상생의 교육이념을 구현하는 차원에서만 채택될 수 있는 것이지, 이러한 방법론이 상생의 교육이념을 훼손하거나 수월성 제고의 수단으로 남용된다면 또 다른 교육의 비인간화를 초래하게 된다.

유감스럽게도 현재의 교육 현실은 상생의 정신을 훼손하는 쪽으로 나아가고 있다. 상생의 정신은 이기심과 대조적이다. 이기심은 자연을 무시하고 인간의 풍요만을 지향한다. 이기적 인간은 타아를 무시하고 오직 자신의 이해관계만을 관철시킨다. 교사는 교사 자신만을, 학생은 학생 자신만을, 학교는 자기 학교만을, 부모는 자기 자녀만을 생각한다. 생태학적 주장들은 각자의 자치성을 인정하고 존중하지만 그것이 유기적인 상호작용을 방해하거나 자기중심 경향으로 흐르게 되면 상호 간의 유대성을 상실하여 결국 공존공영을 위한 생명력이 약화될 것임을 밝히고 있다.

생태학적으로 볼 때 교육의 대상인 인간 존재는 관계적 존재이다. 인간이 타인과 이미 관계하고 있다는 인식은 교육이 인간의 개인적 차원, 즉 개체주의를 넘어, 인간간의 관계, 의미 생산하는 관계를 교육의 대상 범주로 삼아야 된다는 점을 의미한다. 그리고 인간의 존재 양식이 타자와의 관계라고 할 때, 이 관계의 단절이나 훼손은 그 인간의 생명력을 심하게 약화시키게 된다. 다시 말하면 인간 간의 관계 약화는 반생명적인 현상을 초래하게 되는 것이다. 이미 개인주의가 이기주의로 변질되고 인간의 관계성이 악화되고 있는 지금, 상생의 삶을 증진하는 교육적 책임은 새로운 시대의 중요한 과제로 대두될 수밖에 없다.

이런 점에서 한국 교육은 자본주의적이고 개인주의적 교육관에서 발생되는 반생태적 요인들을 새로운 세대들이 인식하고 이를 협동적이고 창의적으로 해결할 수 있는 상생의 정신을 도야하는 데에 주목해야 한다. 순수한 생태론자들의 생명중심주의적 관점에 따른 교육학적 주장으로만 더 좋은 사회 건설이라는 교육적 과제를 수행할 수는 없다. 인간과 자연의 원초적 상호연관성을 인정하지만 이 연관성을 파괴하지 않고 상생의 정신으로 새로운 생태적 민주주의를 실현하는 것은 인간의 책임이고 과제이다. 이는 21세기 교육이 떠맡아야 할 가장 중대한 과업이기도 하다.

생태적 사유에서 발견되는 또 한 가지의 교육적 교훈은 특정한 사고방식(합리주의적 방식)을 절대화할 때 타자에 대한 배려와 감수성이 배제될 수 있다는 점이다. 생태적 교육은 자연을 창조적 진화과정에 참여하는 타자로 인식하기 이전에 우선 타인과의 나눔을 실천할 수 있는 배려와 감수성을 배양한다. 새로운 세기의 진보의 힘은 정신적 번영, 혹은 영성의 풍요로움에서 나올 것이다라고 많은 학자들은 말한다. 지난 세기에서 인간의 생리학적 욕망 충족은 물질적인 것이었고 현대적 의미에서의 진보는 이러한 물질적 번영을 뜻하였다. 그러나 인간의 배려와 감수성이 내재된 삶의 체험은 인간다운 삶이 되게 하고, 이것을 동반하지 않는 물질적 번영은 참된 진보일 수 없다. 인간과 자연, 인간과 인간의 상생 관계는 이러한 서로 간의 배려와 감수성을 전제하고 있는 것이다.

21세기 한국 교육은 학생이라는 개인이 갖는 물질적 소유의 양과 수가 아닌 그의 상생적 체험의 깊이와 질에 관심을 갖는 교육이다. 생태학적 담론은 지금까지의 개인주의적 교육관이 낳은 경쟁적인 인간의 생각과 감정, 가치와 태도를 문제 삼는다. 그리고 교사와 개인과 사회 모두가 상생하는 전일적 연관 속에 각각의 생명의 건강한 가치 창출을 추구하는 교육의 기본 틀을 제공하고 있다. 우리 사회가 바라는 새로운 진보의 주체는 지식의 무분별한 소유를 위해 정신없이 앞만 보고 뛰는 사람이 아니다. 새 시대에 요구되는 사람은 배려하는 마음과 감수성을 지닌 자이며, 상생의 정신을 구현하는 자이다.

또 한 가지 부연할 것은 상생의 교육은 생태윤리관을 반드시 수반한다는 점이다. 왜냐하면 자연을 도구화하여 물질적 진보를 최선으로 생각하는 자들에 대한 윤리적 행위 기준을 마련하고 이를 내면화시키는 일은 상생의 교육을 위한 중대한 과제 중의 하나가 될 수밖에 없기 때문이다. 앞에서도 언급했듯이 이마미치도모노부는 새로운 기술 연관 환경에서는 인간의 지각범위와 행동범위가 넓어진 관계로 새로운 대물윤리가 요구된다고 하였다(이마미치도보노부/정명환 역, 1993: 61-62). 이렇게 새롭게 요청되는 대물윤리는 기술사회의 도덕적 가치가 아닌 자연환경을 위한 윤리와 생태계 파괴의 현실에 대처하는 친환경적 도덕 행위와 가치관 함양을 위한 교육실천을 필요로 하고 있다. 교육에서의 생태윤리의 강화는 과학기술시대의 인간조건을 규정하고, 인간다운 삶의 규범적 방향을 설정할 수 있는 새로운 가치를 추구해야 한다는 점에서 상생을 위한 교육의 중핵적 과제이기도 하다.

끝으로 생태학적 접근을 통해 새로운 21세기 한국 교육의 발전 방향을 논하면서 – 위 논의 내용과는 다소 동떨어진 이야기지만 – 꼭 첨가하고 싶은 말이 있다. 그것은 생태학적 주장이 동양사상의 전통을 21세기 교육연구에 밀착시키는 계기를 마련하고 있다는 점이다. 생태학적 논의 과정에서 우리의 관심을 끄는 한 가지는 동양사상에 대한 재발견이 활발하게 이루어지고 있다는 점이다. 이는 교육학을 비롯하여 대부분의 학문이 서양의 지식문화를 수용한 이래 계몽주의적 이성관, 객관적이고 과학적 지식관에 매몰되면서 '동양적'인 것이 상실되고 무시되고 혹은 비하된 것에 대한 한국 학계의 반성과 각성을 의미한다. 이러한 한국 지식계의 '의미로운' 변화 현상은 향후 가속화될 것으로 예상된다.

동양사상에 대한 관심이 커지면서, 교육에 있어서도 종래의 구미적(과학적) 사고의 틀에서 벗어나 동양적인 사고방식이나 세계관에서 교육을 다시 보는 안목과 관점이 필요하다. 특히 생명계를 전일적 접근을 통해 이해하려는 생태중심사상이 새롭게 부각되고 있는 상황에서, 서구 과학적 세계관과 객관주의적 지식관을 넘어 인간을 자연과의 상생적 관계 안에서 보는 동양사상과 그로부터 유추되는 교육이념은 우리교육이 나아갈 새로운 방향을 예시해 주고 있다.

지금까지의 한국 교육에서는 서구의 계몽주의 사상을 토대로 삼았기 때문에 한국인의 역사적 삶의 기반인 동양적 사유의 결핍 증세가 없지 않았다. 서구의 인간중심주의에 매료되어 '자아실현'과 '자아의 완전성'을 목적으로 개인의 능력이나 잠재력 계발에 주로 관심을 기울였지 동양적 상생의 정신을 도야하는 데는 소홀하였다. 이는 결과적으로 한국인의 삶의 토대인 동양사상적 사유방식과 세계관 그리고 윤리관에 내재한 교육적 가치를 생소하게 만들었다.

동양사상에 대한 새로운 각성에의 요청은 서구사상에 기초한 한국교육학의 한계만을 지적하기 위해 동양사상으로 회귀해야 한다는 주장은 아니다. 다만 한국인의 삶의 역사성의 기초가 되는 상생의 철학적 요소들을 탐색하여 이를 21세기 한국교육의 이념 형성과 교육적 인간상을 발견하는데 보탬이 되도록 더 많은 관심을 기울려야 한다는 말이다. 이미 유행하는 말이 되어버렸지만 동양사상에 나타난 상생의 기본정신이 한국 교육의 미래에 주는 의미는 상당하다.

나. 생태적 지식관

상생의 교육원리는 교사냐 학생이냐, 학교냐 사회냐, 국가냐 개인이냐, 교사냐 학부모냐 등과 같은 분리적 인식에서 벗어나 인간과 자연, 교사와 학생, 국가와 개인, 교사와 학부모의 상생의 관계를 일차적으로 생각하도록 한다. 상생의 관계 증진을 생태 담론이 지향하는 것임을 감안한다면 이원론에 기반을 둔 모든 계몽주의적 교과의 목표와 내용은 재검토되어야 한다. 다시 말하면 교과의 목표는 어떤 현상과 사물에 대한 이해와 설명에서 '생태적 가치'를 추구하는 것으로 바뀌어야 하며 그 가치를 담은 지식을 선정하고 재구조화하여 가르치는 이른바 '생태적 지식관과 방법론'을 강구해야 한다.

현재까지 생태적 관점을 가장 잘 반영하고 있는 지식관은 통합교육과정에서, 방법론은 협동학습지도 방안에서 찾아볼 수 있다. 통합교육과정은 교육과정 혹은 교육방법 영역에서 기존의 개별 교과지도(개별화학습)의 한계를 넘어서는 대안을 탐색하면서 이미 소개되었다. 또한 이는 교사의 전문 분야, 학교여건, 학교가 추구하는 교육철학 그리고 학생들의 관심과 흥미를 고려하여 주제를 중심으로 단원을 구성하여 가르치는(홍영기, 1997: 106-107) 열린교육을 위한 교육개혁안에 제시되어 있기도 하다.

그러나 생태학적 담론이 시사하고 있는 지식의 성격은 전혀 다른 차원을 중시한다. 즉, 과학적 방법론을 통한 현상에 대한 이해 혹은 설명의 법칙을 포함한 인간과 자연, 인간과 인간의 상생의 역사적 전통과 그것이 어떤 방법에 의한 것이든 상생의 정신에 기초하고 이것을 증진하는 지식을 중심으로 교육내용을 재발견 · 재해석 · 재구조화해야 함을 의미한다. 기존의 과학적 방법론에 의해 생성된 객관주의적 지식들은 인간과 자연의 상생의 정신사적 맥락에서 다시 점검되고 해석되어 상생의 의미를 드러내는 식으로 재편되고 통합되어야 하는 것이다.

듀이(J. Dewey)는 일찍이 이원론에 바탕을 둔 학문구조의 문제를 지적하고 생태학적 방안을 제시한 바 있다(Dewey, J./이홍우 역, 1991: 441). 그는 인간과 자연을 대립적인 것으로 보는 이원론적 철학은 자연교과와 인문교과의 구분, 그리고 인문교과를 단순히 과거의 문학적 기록으로 파악하려는 경향에 반영되어 있다고 지적하고, 경험에는 인간적 관심사와 순전히 기계적인 자연현상이 구분되지 않는다라고 말한다(Dewey, J./이홍우 역, 1991: 435). 그러면서 인간의 보금자리는 자연이며, 인간의 목적이나 목표가 달성되고 안 되고는 자연적 조건에 달려 있다고 보았다. 그에 따르면 인간은 자연의 바깥에 있는 국외자로서 자연적 과정에 들어오는 것이 아니라, 자연의 연속적인 존재이다. 그러므로 인문교과와 자연교과 모두에 대하여 교육은 양자가 그와 같이 면밀한 상호의존 관계에 있다는 사실을 출발점으로 삼아야 할 것을 제안하였다. 이를 위해 교과의 분리를 극복하고, 자연과학에 관한 교과내용이 인간의 문제에서 차지하는 위치를 확실히 하는 데도 관심을 갖도록 가르쳐야 한다고 주장하였다(Dewey, J./이홍우 역, 1991: 442).

교육은 어린아이의 마음속에 여러 가지 다양한 종의 씨앗을 심어주는 활동이다(Michael, M., 1998: 11-20). 그래서 상생의 철학에 입각한 교육은 다양한 문화를 교육시키며, 여러 가지 학문들을 서로 연관지어 교육한다. 오늘날 다양성의 문화와 생태계 사이의 상호작용을 주제로 삼는 문화생태학(cultural ecology)이 바로 이러한 교육의 필요성을 적극적으로 제기해 주고 있다. 문화생태학은 여러 가지 문화를 반영한 여러 가지 과목을 연계하는 견해를 갖고 있다. 교사는 인간의 생존과 관련된 생태문제를 이해하고 해결하기 위해서는 그 문제가 발생하는 사회의 여러 가지 문화를 알아야 하고, 그러기 위해서는 사회적, 정치적, 경제적, 과학적, 종교적인 시스템이 인간의 문명(human civilization)과 자연의 상호작용에 미친 영향을 알아야 한다. 이를 위해서는 여러 과목 담당 교사들 간의 협동적 교수-학습은 필수적이다(Kapyla, M., 2014: 82-92).

그러나 현재까지도 과학적 세계관에 기초한 객관주의적 지식관이 지배적이다. 과학적 방법론을 통해 엄밀하게 확정된 지식만을 신뢰할 수 있기 때문에, 이러한 지식을 철저히 수준별 · 영역별로 분리시켜 가르쳐야 한다는 논리가 최선으로 받아들여지고 있는 것이다. 사실 객관주의적 지식관은 인식 주체의 감정, 행동, 가치판단 등이 배제된 가치중립적 지식관이다(홍은숙, 1999: 271). 이런 지식관에 입각한 교육은 개인 혹은 집단의 욕망과 필요만을 충족시키는 기술적 관심 내지 도구적 관심에서 벗어날 수 없다. 그리고 인간은 그 지식에 압도되거나 소외되어 살아갈 수밖에 없다. 김용옥은 이를 지식이 인간의 삶 위에 군림하고 있다고 표현한다(김용옥, 2000: 58). 그는 지식은 (상생하는) 삶에 어떤 의미가 있는가에 대한 근원적인 질문과 관련되어 있는 것으로 본다. 그래서 지식이 인간과 인간, 인간과 자연과의 상생적 삶에 어느 정도 정당한 가치를 지니는 것인가에 대한 물음이 있어야 하고 이 물음은 지식의 도덕성 문제를 따져야 한다는 것이다. 예를 들어 유전자 조작이라는 과학적 지식이 생태계 질서를 근본적으로 바꾸는 일은 인간의 삶의 상황에서 도덕성의 문제를 제기하게 되는 것이다. 상생의 가치관과 도덕관을 배제하고 단지 현상 혹은 존재의 원인과 결과의 인과관계를 밝히는 차원에서 제시된 객관주의적 지식관은 근본적으로 재검토되지 않으면 안될 것이다.

다. 생태적 교육방법

상생의 삶을 반영하고 상생의 관계를 증진하는 지식관은 당연히 상생의 교육방법을 필요로 한다. 위에서 말한 바 있지만 협동학습방법이 상생의 교육방법에 가장 근접해 있다. 생태학적 관점은 현재까지의 주도적 학습방식인 경쟁학습이나 그의 대안으로 제시되고 있는 개별화학습의 한계를 드러낸다. 그 대신 협동학습(cooperative Learning)이 가장 생태적이라고 할 수 있다.

협동학습은 학생으로 하여금 관심 있는 주제를 선정하고 그 주제와 관련 있는 여러 교과의 맥락을 통합하여 학습하고 경험하게 한다. 그리고 각 교과의 심층적이고 차별적인 성격 혹은 특성에 대해 생각해 보게 하는 기회를 제공함으로써 관점을 선택하는 안목이나 지식에 대한 비판적이고 유기적인 사고 배양을 가능케 한다(양미경, 1997: 120). 그렇기 때문에 이 방법은 학생중심의 교육개혁안에서 주요한 학습방법으로 강조되면서 교사는 안내자 혹은 보조자가 되어야 하고 학생 상호 간의 협동을 통해 스스로 학습하는 방식으로 이해되고 있다.

그런데 상생의 지도방법은 학생주도적인 방식이 아니다. 당연히 교사는 안내자 혹은 보조자가 아니고 수업의 주체자이다. 상생의 지도방법은 학생이라는 주체와 교사라는 주체가 교육적 관계 속에서 상호 협동하여 주제를 선정하고 이를 함께 토의하며 함께 배워나가는 교사의 주도성을 인정하는 방식이다. 이런 점에서 학생주도적 협동학습과는 구별된다.

생태학적 상생의 정신을 교육에 적용하면 교사-학생이 목표를 공유하고, 아이디어와 자료를 공유하고, 과제를 공동으로 설정하여 분업하고, 일의 수행 결과를 함께 나누는 상호작용의 과정이 중요하게 취급된다. 따라서 상생을 위한 협동학습은 단순히 학생과 학생들 간의 작업보다는 교사와 학생 간의 적극적인 상호작용을 전제하는 것이다. 협동학습을 대안적 방법론으로 제시하고 있는 콘(A. Kohn)에 따르면 교사는 학생을 가르침으로써 자신의 지식을 보충하고 교과내용을 더 잘 이해하게 된다(Kohn, A./성재상 역, 1995: 84). 학생들만큼 교사도 배우게 된다는 말이다. 그는 상호 협력하는 교실에서의 지도는 경쟁적 또는 개별화 학습방식보다 실제로 돕는 사람과 도움을 받는 사람 양쪽 모두에게 더 보탬이 됨을 실증적으로 밝히고 있다.

협동수업 활동에 참가하는 교사와 학생 모두는 자기 나름대로의 고유한 삶의 목적 또는 가치를 추구하는 동시에, 상생적 활동이 가져오는 학습의 가치와 의미를 알게 된다. 오늘날처럼 기술공학적이고 조작적인 도구의 차원에서 지식을 가르치고, 객관성이라는 미명하에 기본 개념과 이론 등의 명제, 또는 실험이나 탐구 방법 등의 기술적 측면을 전달하는 방식은 상생의 정신을 훼손할 뿐만 아니라 지식의 탈도덕화와 도구화를 초래하여 심각한 반생명적 문제를 야기할 가능성이 높다. 이를 극복하기 위해서도 우리 교육계는 상생의 정신이 역사적으로 어떻게 발전해 왔으며 이를 실현하기 위한 지식과 과학은 무엇이며, 그것을 어떻게 계승 발전해 나가야 하는지에 대한 안목과 방법과 비전을 함께 공유하고 논의하는 일에 관심을 쏟지 않으면 안될 것이다.

5. 생태교육을 위한 학교개혁

21세기 한국 교육개혁은 상생의 정신을 살리는데 우선순위를 두어야 한다. 이 정신 안에서 교육목적, 교육내용, 그리고 교육방법과 교육여건 등에 관련된 새로운 개혁 방안들이 나와야 한다. 현행 교육개혁 이념인 학생중심주의와 이로부터 이끌어낸 수많은 개혁안들을 상생의 교육원리로 재평가하고 이 원리를 실현할 수 있는 새로운 생태적 방안들을 고안할 필요가 있는 것이다.

생태학적 관점에서 볼 때 21세기를 위한 교육개혁은 학생중심이념 혹은 교육수요자중심이념을 비판하는 데서 출발해야 할 것이다. 이 이념은 근대 서구의 인간중심주의가 기본 뿌리이고, 인간 대신에 학생을 바꿔놓은 것이다. 그리고 교육수요자중심주의는 자본주의를 지탱하는 자유주의와 최근의 신자유주의를 관통하는 '자유' 이념을 그대로 학생이라는 교육 주체에 연결시킨 것에 불과하다. 그래서 학생중심주의 혹은 교육수요자중심주의의 교육개혁은 학생의 선택의 자유를 신장시키는 다양한 방안을 내놓게 되는 것이다.

한국에서 채택된 이러한 교육개혁이념은 해방 이후 보수적이고 권위적인 교육문화를 바꾸는데 기여한 바가 적지 않았다. 또한 이 이념은 1980년대 이래 대중에게 형성된 민주적 논리가 결합되어 교육의 인간화에 상승작용하면서 교육 전반에 긍정적 변화를 가져오기도 하였다. 그러나 엄밀하게 말해서, 이 이념은 교사와 학생을 분리하는 이원론적이면서 매우 극단적이기까지 하다. 왜냐하면 교사의 존재가치가 무시되거나 교사를 '안내자' 혹은 '보조자' 성격으로 전락시켜 교육 주체로서의 교사의 위상을 혼란 속에 몰아넣기 때문이다. 아무리 생각해보아도 보통교육에서 '안내자 혹은 보조자'로서의 교사 역할은 이론상으로나 가능하다. 진정한 의미에서 안내자로서의 교사의 역할은 보통교육기관이 아닌 대안학교에서나 가능한 일이 아닌가? 우리의 교육개혁의 목표가 학생에게 완전한 선택의 자유를 부여하는 대안학교화가 아니라면 분명 이 이념은 실천적 한계가 있을 수밖에 없다.

그런데도 현재까지 학생중심의 교육이념에 우리 교육계가 관심을 집중하고 있다. 근대 서구의 인간중심주의가 한국 교육계에 그대로 록인(lock in)되어 좀처럼 빠져나오지 못하고 있는 것이다. 단순히 인간의 창조적 사고력을 향상시킨다는 목적하에 다양한 개혁안들이 제시되고 있지만 이는 김용운이 지적하였듯이 이성이라는 명확한 인간 요소로 환원하는 식의 단순계의 교육개혁이다(김용운, 1999: 263). 이러한 교육개혁은 또 다른 학교교육의 규격화와 평균적인 모범생만을 재생산할 수밖에 없다. 교육현상계는 인간과 자연, 학교와 사회, 학생과 교사 등의 얽히고설킨 상생의 복잡계이고 이 복잡계를 충실히 반영한 다양한 교육체제, 교육과정, 교육기회가 주어질 때 한국 교육의 새로운 발전이 가능하다.

다음으로, 생태적 세계관은 현행 신자유주의 교육개혁이념에 관한 근본적인 문제제기, 즉 학생이라는 인간교육적 담론에 바탕을 두고 경쟁력과 수월성 확보를 위한 경쟁주의 방법의 문제와 한계를 명확하게 보여준다. 무엇보다도 학생 간의, 학교 간의 경쟁을 심화시켜 교육의 비인간화를 초래할 위험이 클 수밖에 없다. 현재 '국민의 정부'에서 추진하고 있는 지식기반사회 구축을 위한 교육개혁 역시 경제적 가치 창출의 극대화를 지향하고 있다. 이로 인해 현행 경제체제에서 학생이라는 존재의 경제적 가치 중시는 학생 상호간의 경쟁을 촉발하고 있으며, 이들 가치를 지나치게 강조함으로 해서 우리 사회는 위험하고 비윤리적인 목표 추구를 권장하고 제도화하고 있다. 그러나 경제적 효용성의 본질은 그 사회를 사는 인간의 가치관과 사회적 관계가 결정하지, 경제적 가치가 인간의 생명존중을 결정하는 것은 아니다. 우리 교육을 지배하는 경제우선주의는 상생보다는 조작과 경쟁에 치중하게 하고, 통합적이고 조화적이기보다는 자기중심적이게 하며, 그 결과 교육의 민주성과 도덕을 파괴하는 반생명적인 분열적 행태를 야기하게 된다. 불행히도 지금 우리는 치열한 경쟁으로 수단과 목적이 전도된 현실에서 살아가고 있고, 누가 '슈퍼맨'이고 '슈퍼팀'(superteam)인가에만 정신을 팔고 있는 것이다.

21세기를 위한 교육개혁은 우선 공유와 협력하는 인간간의 연대를 촉진하는 삶의 세계를 재구성하고, 인간과 자연 간의 창조적인 '신진대사'(Bookchin, M./문순홍 역, 1999: 128-130)를 촉진하는 창조적인 기술 개발을 이끄는 데 관심을 가져야 한다. 그리고 교육과 관련한 각 부문 간의 네트워크를 구성하고 구성원 간의 상호작용을 촉진하여야 한다. 한편으로는 학습자의 수월성을 높여 무한경쟁시대에 대비해야 하지만, 그에 못지않게, 아니 그에 앞서 20세기까지 발전된 과학기술문명이 야기한 반생명적 위기 현상을 통찰하여 상생하는 삶의 가치를 추구하는 교육개혁의 청사진이 새롭게 제시되어야 할 것이다. 교수-학습 방법 역시 기존의 학생중심이냐 교사중심이냐가 아닌 상생의 교육원리에 토대를 둔 지식관을 구현하는 방법을 고안해야 한다. 그 뿐만 아니라 교실배치, 교사-학생의 자리배치, 학년구분 등의 교육여건에 이르기까지 상생의 교육원리를 실현할 수 있는 학교의 생태주의화를 위한 방안을 마련해야 한다.

끝으로 새로운 교육개혁은 과학기술력의 확대재생산에 집중하는 교육 현실에서, 과학적 지식과 기술의 도구적 사용가치에 대한 옳고 그름의 판단여부를 결정하고 자연친화적인 도덕심과 자연에 책임을 지는 윤리교육의 성격을 강화하는 방안을 세워야 한다. 자신의 삶의 환경의 질을 높이는 책임 있는 인간형성이 과학기술사회가 특별히 현대교육에 요구하는 윤리적 책무이자 의무이다. 환경을 위한 도덕적 인간됨은 현대사회가 요구하는 인격의 중요한 자리를 차지한다. 21세기 한국 교육개혁은 인간만이 아닌 전 생명계 모두를 위해 봉사하는 상생의 인간됨을 실현하는 이념으로 재정립되어야 할 것이다.

참고문헌

강영안(2005). 『타인의 얼굴』. 서울: 문학과 지성사.

고야스 미치코(1997). 『자유 발도르프학교의 감성교육』. 임영희 역(2003). 서울: 밝은누리.

고철환(2008). 생태적 근대화, 지속가능발전, 그리고 우리나라에서의 함의. 『인간 · 환경 · 미래』 1, 123−155.

고현범(2012). 다문화주의 속 욕망 −이데올로기 비판을 중심으로. 『헤겔연구』 제3부 일반논문. 352−370.

孔 子. 『論語』.

곽노의(1988). 낭만주의적 유아교육이론에 관한 연구, 박사학위논문. 중앙대학교.

곽영순(2001). 구성주의 인식론의 이론적 배경. 『한국지구과학회』 22(5). 427−447.

교육과학기술부(2010). 2011 교과부 대통령 업무보고. 교육과학기술부. 2010.12.17.

교육과학기술부(2011). 2012 교과부 대통령 업무보고. 교육과학기술부. 2011.12.14.

권수현(2009). 감성의 윤리적 차원. 『철학연구』 제112집. 29−51.

권순범, 남동수, 이태욱(2011). STEAM 기반 통합교과 학습이 초등학생의 창의적 인성에 미치는 영향. 『한국컴퓨터정보학회 논문집』 17(2). 79−86.

권영임(2010). 영국의 지속가능발전교육 추진 현황에 관한 연구 −유아 및 초등학교 아동을 대상으로−. 『생태유아교육연구』 9(1). 119−136.

권은주(1989). 불교가 한국 전통아동교육에 미친 영향. 석사학위논문. 숙명여자대학교.

권혁수(2011). STEM! 교육이 융합의 철학을 품다. 『과학기술정책』 21(2). 8−13.

김갑수(1993). 장자철학에서의 자연과 인간에 관한 연구. 박사학위논문. 성균관대학교.

김경호(2009). 선비의 감성 − 고봉의 '樂'을 중심으로. 『호남문화연구』 45. 133−169.

김광웅(2011). 『융합학문 어디로 가고 있나?』. 서울: 서울대학교출판문화원.

김근원(편)(1996). 논어. 서울: 혜원출판사.

김기수(1997). 자유주의와 신자유주의에 관하여. 한국교육연구 한국교육연구소.

김기수(1998). 신자유주의정책과 한국교육의 문제. 한국교육연구소 교육정책 세미나 발표논문. 1998. 7. 30.

김기주(1985). 브라멜드의 사회적 자아실현 교육론 연구. 석사학위논문. 고려대학교.

김덕삼(2007). 장자의 현대 교육적 해석. 『비교교육연구』 제17권 3호. 61−84.

김동윤(2010). 창조적 문화와 문화컨텐츠의 창발을 위한 인문학적 기반 연구. 『인문컨텐츠』. 19. 417-442.

김무길(2005). 『존 듀이의 교호작용과 교육론』. 서울: 원미사.

김무길(2008). 듀이의 흥미 개념 재이해와 그 교육적 함의. 『교육철학』 제42집. 7-28.

김미자(2005). '지속가능한 발전' 개념의 현실화를 위한 일고. 『21세기정치학보』 15(2). 171-190.

김미진(2011). 『학교교육과정 강화 방안 연구- 창의적 체험활동의 지속가능발전교육 관련자료』

김병구(1989). 『교육철학 및 교육사』. 서울: 재동문화사.

김복례(2009). 프랑스, 영국, 미국의 다문화주의에 대한 비교 고찰: 삼국의 이민통합정책을 중심으로. 『유럽연구』 제27권 1호. 207-236.

김상봉(2003). 감성의 홀로주체성. 『기호학연구』 제14집. 한국기호학회.

김상봉(2009). 『자기의식과 존재사유 - 칸트철학과 근대적 주체성의 존재론』. 파주: 한길사.

김성원, 정영란, 우애자, 이현주(2012). 융합인재교육(STEAM)을 위한 이론적 모형의 제안. 『한국과학교육학회지』 32(2). 388-401.

김성진 외 8명(1999). 『생태문제와 인문학적 상상력』. 서울: 나남출판.

김수동(2012). 노자와 루소의 자연개념 분석. 『교육철학연구』 34(2). 23-48.

김승현 외(1994). 『현대의 사회과학』. 서울: 박영사.

김시천(2007). 감각이란 무엇인가-동양철학적 접근. 『시대와 철학』 제18권 3호. 492-519.

김연숙(1999). 레비나스의 타자윤리에 관한 연구. 박사학위논문. 서울대학교.

김영래(2003). 『칸트의 교육이론』. 서울: 학지사.

김영정(2006). 산파술(産婆術)을 넘어 지적 수태술(受胎術)로 - 대학 철학교육의 현황과 과제. 『철학윤리교육연구』 제22권 제37호 pp.159-172.

김용옥(1990). 『도올세설』. 서울: 통나무.

김용옥(2000). 『노자와 21세기(상)』. 서울: 통나무.

김용운(1999). 『카오스의 날개짓-복잡성 과학과 원형사관으로 본 한국』. 서울: 김영사.

김용일(1986). 『교육사 및 교육철학』. 서울: 법문사.

김인성(2012). 러시아에서의 민족주의와 다문화주의. 『민족연구』. 23-49.

김정아, 김병수, 이지훤, 김종훈(2011). 융합형 인재양성을 위한 IT 기반 STEAM 교수·학습 방안 연구. 『수산해양교육연구』 23(3). 445-460.

김정현(2001). 『니체의 몸철학』. 문학과 현실사.

김정환(1974).『페스탈로찌의 생애와 사상』. 서울: 박영사.
김정환(1988).『교육철학』. 서울: 박영사.
김제한(1995).『유아교육개론』. 서울: 학문사.
김종두(2000).『하이데거에 있어서 존재와 현존재』. 서울: 서광사.
김지하(1988).『밥』. 서울: 창작과 비평.
김지하(1991).『타는 목마름에서 생명의 바다로』. 서울: 동광출판사.
김진수(2007). 기술교육의 새로운 통합교육 방법인 STEM 교육의 탐색.『한국기술교육학회지』7(3). 1-29.
김천기(1992). 진보주의 교육이 한국 교육정책에 미친 영향에 관한 수정주의적 분석: 미군정기를 중심으로.『교육학연구』30(2).
김천기(1998).『교육의 사회학적 이해』. 서울: 학지사.
김철호(1995).『동양철학 이야기 주머니』. 서울: 녹두.
김충열(1995).『노장철학강의』. 서울: 예문서원.
김호기(1997).『공공영역과 민주주의의 구조적 변동. 현대 자본주의와 한국사회』. 서울: 사회비평사.
김효선 외(1989).『동양 교육고전의 이해』. 서울: 이화여자대학교 출판부.
나카우치 도시오. 새로운 교육사, 김경희 외 역, 서울: 집문당 1995, 33쪽.
남궁용권(1983). 동학교육사상연구, 논문집(관동대학)(11).
남궁용권(1996).『교육의 역사 철학적 기초』. 서울: 학문사.
노상우(1992). 인간의 탈자아중심적 주체성.『교육학연구』30(4).
노상우(1994). 과학기술시대에서의 새로운 윤리교육적 과제 -환경론적 관점을 중심으로- .『한남교육연구』2. 33-50.
노상우(1994a). 천지인(天地人)의 일원론적 생명관에서 본 환경교육의 철학적 기초-동학사상을 중심으로.『교육학연구』32(3). 135-152.
노상우(1995). 21세기 교육적 패러다임 전환의 사상적 동인.『교육철학』13호.
노상우(2003). 생태적 담론의 교육학적 함의. 교육학연구 Vol. 41. No. 1,『한국교육학회』. 1-22.
노상우(2010). 근대 이성개념과 교육학적 사유.『교육철학』제49집. 25-47.
노상우(2011).『교육의 역사와 사상』. 서울: 교육과학사.
노상우(2012). 감성담론과 그의 교육철학적 함의. 교육철학연구 34(1). 71-97.
노상우, 권희숙(2009). 타자의 타자성의 교육학적 메시지 - E. Levinas의 철학을 중심으로.『교육학연구 』47. 1-22.

노상우, 권희숙(2010). Buber와 Levinas의 "관계의 철학"에 내포된 교육적 함의. 『교육의 이론과 실천』 15(2). 47-67.

노상우, 박성자(2005). 불교사상에 나타난 탈자아중심적 교육관 고찰. 『교육철학』 33집. 191-210.

노상우, 신병준(2003). 코메니우스의 교사상 연구. 『한독교육학연구』 8(2). 45-65.

노상우, 안동순(2012). 학문융합관점에서 본 현대교육의 이론적-실천적 변화 모색. 『교육종합연구소』. 10(1). 67-88.

노상우, 안오순(2008). 타자성철학의 현대교육학적 의미 – Derrida를 중심으로. 『교육철학』 42. 135-156.

노상우, 이인화(2012). 로크의 경험철학에서 본 자유이념과 이성 계발. 교육철학 47권. 21-53.

노상우, 이혜은(2009). 배려윤리가 중학교 도덕과(道德科) 교육에 주는 함의. 『교육의 이론과 실천』 14(3). 1-23.

노상우, 장명(2014). 노자의 천지인사상과 생태교육적 함의. 교육종합연구 12(1). 51-70.

노상우, 황혜연(2013). 유럽학교의 지속가능발전을 위한 교육프로그램 분석 – 유네스코 협동학교를 중심으로 –. 교육의 이론과 실천 18(1). 105-129.

노양진(2009). 『몸 · 언어 · 철학』. 서울: 서광사.

『老子』.

녹색성장위원회, 교육과학 기술부, 환경부, 행정안전부(2009). 녹색성장교육 활성화 방안 2005년 국토해양부보도자료.

대구교대부설초(2011). 교육과정 재구조화를 통한 융합인재교육(STEAM)수업모델 개발 및 적용 방안. 융합인재교육(STEAM) 연구시범학교보고서.

大巡典經(1979).

독정초등학교(2011). 천지인 프로젝트를 통한 창의적 미래 인재 키우기. 융합인재교육(STEAM) 연구시범학교보고서. 융합인재교육(STEAM) 연구시범학교보고서.

東經大全(1880).

류병래(2004). 노자의 위도자에 관한 연구. 박사학위논문. 동국대학교.

마르티 마르티노엘로. 『현대사회와 다문화주의』, 윤진 역, 한울아카데미, 2002.

머레이 북친. 문순홍 역(1999). 사회생태론의 철학. 서울: 솔출판사.

牟宗三(民國78年). 『中國哲學19講』. 臺灣: 學生書局.

목영해(1994). 『후현대주의 교육학』. 서울: 교육과학사.

문대영(2008). STEM 통합 접근의 사전공학 교육 프로그램 모형 개발. 『공학교육연구』

11(2). 90−101.
문민정(2008). 노자사상과 환경윤리적 의미. 석사학위논문. 인제대하교.
문화관광부(2010). 2010 색깔의 꽃과 새 그리고 물고기를 위하여. 2010 유네스코 세계문화예술교육대회 결과보고서. 1−340. http://www.arte.or.kr.에서 2012. 05.22 인출.
민경국(2000). 구성주의적 합리주의와 진화론적 합리주의.『과학철학』5. 131−156.
박동수, 전명구 외(2005). 감성노동의 개념화와 선행요인.『인사관리연구』제29집 4권. 한국인사관리학회. 133−167.
박득자(1994). 루소의 교육사상. 석사학위논문, 경상대학교 교육대학원.
박민정(2012). 한국 다문화교육 담론에 대한 비판적 고찰. 학습자중심교과교육학회.
박상천(2005). 디지털 시대의 문학의 확장 가능성.『한국언어문화』. 31. 5−28.
박세일 외(1995).『소비자 주권의 교육대개혁론』. 서울: 길벗.
박승현(2007). 不生之生의 道: 牟宗三의 老子哲學에 대한 이해.『철학탐구』21. 41−68.
박영희(1997).『열린교육의 교육적 가치와 한계에 관한 연구』.『교육과학논문집』1. 43−60.
박용석(1998). Neill에 있어서 자유와 자율의 개념에 관한 연구. 박사학위 논문. 연세대학교.
박우룡(2009). 서양의 감성 인식의 지적 전통.『서양사론』102호 비평논문. 321−357.
박윤덕(2014). 루소와 프랑스 혁명.『프랑스학연구』67. 299~316.
박이문(1993).『과학철학이란 무엇인가』. 서울: 민음사.
박이문(1996).『문명의 위기와 문화의 전환−생태학적 세계관을 위하여』. 서울: 민음사.
박이문(1998).『문명의 위기와 문화의 전환−생태학적 세계관을 위하여』. 서울: 민음사.
박이문(2001).『더불어 사는 인간과 자연』. 서울: 미다스북스.
박준영(2004). John Dewey의 지성에 대한 개념분석과 교육적 논의.『교육사상연구』제15집.
박준영, 천정미(2003). John Dewey의 지성적 성장에 관한 교육적 논의.『교육철학』23. 41−55.
박철홍(1993). 존 듀이 成長理念의 再理解.『교육철학』11. 297−325.
박해용(2010). 레오나르드 넬슨의 소크라테스 대화 이해와 그 적용.『사회와 철학 연구회 논문집』제19호. 227−264.
박휴용(2012a). 교육과정 이념으로서의 다문화주의와 지속가능발전교육론에 대한 비판적 논의.『교육과정연구』30(1). 1−26.
반채익(2005). 교육에서 자유의 의미(자유교육과 아동중심 교육을 중심으로).『교육발전연구』22(1). 5−24.

배선아(2009). 공업계열 전문계 고등학교 활동중심 STEM 교육프로그램 개발 모형.『실과교육연구』15(4). 345−368.

백윤수 외 8명(2011). 우리나라 STEAM 교육의 방향.『학습자중심교과연구회』11(4) 149−171.

법 성(1989).『앎의 해방 삶의 해방 − 근본불교의 인식론과 실천론』. 서울: 한마당.

브리태니커 2권, 4권, 6권, 10권, 12권.

司馬遷.『史記』. 許嘉璐 主編(2004).『二十四史全譯: 史記』. 上海: 漢語大詞典出版社.

서규선, 문종길(2000).『환경윤리와 환경윤리교육』. 서울: 인간사랑.

서상문, 장사형(2007). Derrida의 '선험현상학 해체'와 그 교육학적 함의.『교육학연구』45(3). 107−137.

서예원(2011). STEAM 교육의 추진과 과제.『교육개발』2011 여름. 68−76.

서울대학교 교육연구소(편)(1998).『교육학대백과사전』. 서울대학교 교육연구소.

서울특별시 교육청 과학전시관 STEAM 교육연구팀(2012). 융합과학인재교육(STEAM) 교수 · 학습 개발 및 적용. 서울교육 2012−18. 2011연구과제 보고서.

小澤有作, 민족해방과 교육운동, 백산서당 편집부 역, 서울: 백산서당 1985.

손인수(1990).『교육철학 및 교육사』. 서울: 교육출판사.

송도선(2013). 노자의 도덕경에 담긴 '무(無)'의 교육적 함의.『교육사상연구』27(2). 95−122.

송승석(1981). 동학사상에 나타난 인간관에 관한 고찰. 논문집(광주교대)(21).

송원임(1995). 코메니우스의 교육사상. 석사학위논문. 성신여자대학교.

송정범(2010). 교육용 로봇을 활용한 STEM 통합교육이 학업성취, 교과태도에 미치는 효과.『한국정보교육학회 논문지』15(1). 11−22.

신승환(2011).『포스트모더니즘에 대한 성찰』. 파주: 살림.

신일철(1982). 동학사상의 전개 − 시천주 · 사인여천을 거쳐 인내천사상에로−. 동학사상 논총(천도교중앙본부)(1).

신철순(1988). 미국의 주립대학 교육 − 그 배경과 기능. 전북대학교 논문집(30) 인문사회과학편.

신헌재(2008). 감성 소통을 위한 문학교육의 방향.『학습자중심교과교육연구』. 1−23.

심승환(2017). 아우구스티누스의 〈고백론〉을 통한 만남과 나눔의 영성교육 고찰.『교육철학연구』39(4). 63−86.

아우구스티누스. 고백론. 강영계 역(2014). 서울: 서광사.

안소니 케니(1991).『데카르트의 철학』. 김성호 역. 서울: 서광사.

안오순(2009). Derrida의 해체담론에서 본 타자성의 교육관. 박사학위논문. 전북대학교.

안인희 외(1992). 『루소의 자연교육사상』. 서울: 이화여자대학교 출판부.

안종수(2006). 『동양의 자연관』. 파주: 한국학술정보.

야나기 히사오, 교육사상사, 임상희 역, 서울: 백산서당 1985, 41쪽.

양미경(1997). 교과 통합지도의 의의 및 방법적 원리 탐색. 『교육학연구』 35(4).

양미경(2002). 교육과정의 성격에 대한 구성주의 관점의 시사. 『교육과정연구』 20(1). 1-26.

양은주(1999). 듀이의 "교육적 경험"의 해방적 통합 성격. 『교육과학연구』 29. 19-34.

여동찬(1975). 미륵사상과 증산사상. 논문집(증산사상연구회).

여익구(1985). 『민중불교 입문』. 서울: 풀빛.

오오하마 아끼라(1962). 『老子の哲學』. 임헌규 옮김(1992). 『老子의 哲學』. 서울: 인간사랑.

오인탁(1990). 『현대교육철학』. 서울: 서광사.

오정혜(1993). 『조선 유학의 학파들, 한국사상사연구회(편)』. 서울: 예문서원.

王明(1961). 『太平經合校』. 北京: 中華書局.

王邦雄(1991). 『老子哲學』. 臺灣: 東大圖書公司.

왕 필. 『老子註』. 임채우 옮김(1997). 『왕필의 노자 - 無의 철학을 연 왕필의 노자 읽기』. 서울: 도서출판 예문서원.

왕 필. 『老子註』. 임채우 역(2005). 서울: 예문서원.

饒尙寬 譯註(2007). 『老子』. 北京: 中華書局.

용타 스님(1997). 『마음알기 다루기 나누기』. 서울: 대원정사.

우정길(2009). 타자의 타자성과 교육학 지식. 『교육철학』 45. 151-174.

熊铁基(1995). 『中国老学史』. 福建: 福建人民出版社.

유네스코(2008). First Collection of Good Practices for Quality Education.

유네스코한국위원회(2008). 『지속가능한 미래를 위한 교육, 유엔 지속가능발전교육 10년을 향하여』.

유네스코한국위원회(2009). Regional Collection of Good Practice, Millennium Development Goal & Education for Sustainable Development in Asia and the Pacific Region, Schools can make a difference!!

유성태(1995). 장자의 자연사상에서 본 환경보호의 방향. 『정신개벽』 제14권. 291-327.

劉笑敢(1997). 『老子——年代新考及思想新诠』. 김용섭 옮김(2000). 『노자 철학- 노자의 연대 고증과 텍스트 분석』. 수원: 청계출판사.

유영진(1980). 『교육의 철학적 이해』. 서울: 교육과학사.

윤대혁, 정순자(2008). 감성리더십과 조직감성이 조직구성원의 몰입적인 태도에 미치는 영향.『인적자원관리연구』제15권 특별호. 57-86.
윤이흠(1987). 동학운동의 개벽사상 - 신념유형과 사회변화의 동인을 중심으로-.『한국문화』(8).
이강수(1999).『노자와 장자』. 서울: 도서출판 길.
이군천(2003). J.Dewey의 교육철학에서의 지성의 의미와 인간성에 대한 연구. 박사학위논문. 건국대학교.
이 권(1999). 老莊과『周易』의 天人合一觀 比較 硏究. 박사학위논문. 연세대학교.
이기석 편역, 정순목 평설(1991).『교육세대를 위한 孟子 選』. 서울: 배영사.
이기종(2005). 감성지능 구성요인에 관한 이론적 탐색.『교육논총』25(1). 93-111.
이마미치도모노부(정명환 역: 1993). 에코에티카 - 기술사회의 새로운 윤리학. 서울: 솔출판사.
이미라(2007). 교장의 감성리더십과 학교의 조직 감성과 조직학습의 관계. 박사학위 논문. 충남대학교.
이상화(1992).『대화에 대한 실천철학적 고찰: 하버마스의 의사소통 능력이론을 중심으로, 대화의 철학』. 서울: 서광사.
이석렬(2006). 교장의 감성리더십 진단척도 개발.『교육행정학연구』24(3). 한국교육행정학회. 55-78.
이 선(2008). 감성학으로서의 에스테틱.『동서철학연구』제47호. 한국동서철학회.
이승미(2007).「메논」에서 본 교육의 의미와 교사의 역할에 관한 고찰.『한국교육학 연구』. 13(2).
이윤복(2009). 과학, 기술 그리고 윤리.『철학연구』112. 197-222.
이윤식, 이상미(2009). 학교장의 수업지도성과 감성지도성이 교사효능감과 교사헌신에 미치는 영향.『교육행정학연구』27(2). 1-24.
이재룡(1999). 신앙과 이성 사이의 조화.『사목』247. 6-21.
이종성(2005). 이강수의 장자관.『철학연구』제94집. 247-271.
이종성(2012). 장자철학의 지혜와 현대적 의의.『동서철학연구』제64호. 129-153.
이주한(2003). 듀이의 습관 개념과 교육.『교육철학』30. 189-208.
이준기, 권용주(2008). 생명현상에 대한 과학적 가설생성과 이해과정에서 나타나는 감성의 유형.『중등교육연구』56(3). 1-36.
이중원(2010).『융합학문 어디로 가고 있나?』. 서울: 서울대학교출판문화원.
이진우(1998).『녹색사유와 에코토피아』. 서울: 문예출판사.
이진우(편)(1993).『포스트모더니즘의 철학적 이해』. 서울: 서광사.

이철현, 한선관(2011). 실과교과중심의 STEAM 융합인재교육 모형 개발. 『한국실과교육학회지』 24(4). 139-161.

이향진(1986). 대중문화비판이론에 관한 연구: 프랑크프르트학파 이론을 중심으로. 석사학위논문. 연세대학교.

임태평(2010). 쉴러의 미학과 인간성의 미적인 교육. 『교육철학』 제40집. 251-178.

장기균(1987). 『中國哲學史』. 서울: 일지사.

장명, 노상우(2018). 장자사상의 일원론적 세계관에서 본 현대교육학적 함의. 교육종합연구 16(1). 127-147.

张艳梅(2012). 『老子』生态意蕴研究. 硕士学位论文. 河南大学.

장영근, 장민수(2007). 지속가능발전의 개념과 논의전개. 『한국동서경제연구』 19(1). 143-164.

장영란(2009). 『플라톤의 교육 - 영혼을 변화시키는 힘』. 파주: 살림출판사.

전용만(1997). 『불교학개론』. 경기도: 불교통신교육원.

전택수(2012). 『유네스코한국위원회와 지속가능발전교육』. 한국유네스코한국위원회.

정 훈(2006). 프레네의 일 개념과 일에 토대를 둔 학교. 『교육과학연구』 제37집 1호. 1-28.

정광수(2009). 과학과 예술의 공약 가능성과 한계. 『과학철학』 12(2). 87-109.

정기섭(2010). 독일에서 지속가능발전교육의 생성 및 전개. 『교육의 이론과 실천』15(3). 153-173.

정기섭(2011). 지속가능발전교육의 관점에서 본 상호문화역량. 『교육의 이론과 실천』 16(3). 133-149.

정순목(1975). 『퇴계 이황의 교육사상, 한국의 교육사상』. 한국교육사연구회 편.

정영근(2011). 학교 상호문화교육과 교사의 역량. 『교육의 이론과 실천』 16(3). 151-167.

정영기(2012). 철학과 공학의 융합사례 연구. 『한국동서철학회 논문집』 63. 271-291.

정용선(1994). 『내가 하늘 되기, 이 땅이 하늘 만들기』. 한국의 사상. 한샘신서.

정우탁 외(2010). 『DESD 후반기 유네스코 한위 ESD 사업 추진방안』. 유네스코한국위원회(유네스코 한국위원회사무처 ESD실무작업단).

정윤경(2004). '지속가능한 개발'을 위한 환경교육은 지속가능한가? 『교육철학』 32. 181-198.

정재걸(1998). 신자유주의와 전통적 자유의 개념. 한국교육연구소 교육정책 세미나 발표논문.

정지은, 강기수(2016). 존 듀이 성장이론에 나타난 습관의 교육적 의의. 『교육사상연구』

30(2). 201~228.

정창화, 허영식(2012년 봄). 사회통합의 관점에서 바라본 다문화주의와 공화주의적 주도 문화: 독일의 사례를 중심으로.『유럽연구』제30권 1호. 73-101.

정태욱(2011). 법철학연구 검사모임 발표글. http://cafe.daum.net/epistle.

정태욱(2014). 루소, 인간, 혁명의 시작.『법철학연구』17(3). 123~158.

정해남(2003). 老子思想의 教育哲學적 意義. 석사학위논문. 한국교원대학교.

정효일, 김왕배 외(2010). 감성과학을 위한 측정기법의 최근 연구 동향.『감성과학』13(1). 235-242.

조준하 외(1996).『한국인물유학사2』. 서울: 한길사.

조중걸(2009).『플라톤에서 비트겐슈타인』. 서울: 베아르피.

조태성(2009). 두려움으로부터의 소외, 감성 -감정과 정서, 감성의 관계론적 고찰.『현대문학이론연구』211-229.

조현규(2002). 노자 자연철학의 환경윤리교육적 의미.『교육철학』21. 209-225.

주영흠(2007).『아우구스티누스 교육사상』. 서울: 학지사.

周桂鈿(1990).『中國傳統哲學』. 문재곤 외 옮김(1996).『강좌중국철학』. 서울: 예문서원.

지순임(2005).『중국화론으로 본 회화미학』. 서울: 미술문화.

陳鼓應(1992).『老莊新論』. 上海: 上海古籍出版社.

陈铭彬(2006). 老子生态伦理思想及其现代意义.『广西社会科学院 学术论坛』. 189. 36-38.

천도(교)경진(1956).

천도교 창건사(1933).

천세영(1998). 신자유주의정책과 교육의 공공성 문제. 한국교육연구소 교육정책세미나 발표 논문.

청산선사(1983).『삶의 길』. 서울: 신라출판사.

최돈형 외(2012).『교사가 실천하는 지속가능발전교육, 미래세대와 동행하기』. 유네스코 한국위원회.

최석진 외(2009).『저탄소 녹색성장을 위한 외국의 환경교육 비교분석연구』. 환경부.

최염열(1984). 노자의 자연관-노자철학에 있어서 희언자연의 장을 중심으로.『한국동서철학회』1(1). 145-162.

최유현(2011). 기술기반 STEM 교육 교재 개발 방안에 대한 연구.『한국실과교육학회지』24(3). 79-97.

최재목(1995). 환경윤리의 이론적 근거.『현대와 종교』18. 247-269.

최재천(2010). 자연과 통섭하라. 『Design Talk』. 4권. 7-12.
최정웅(1982). 『교육사상사』. 서울: 학문사.
최정훈(2011). STEAM 교육이 성공하려면. 『교육정책 포럼 통권』. 215호. 13-17.
최충옥(2009). 외국의 다문화교육정책 동향과 시사점. 『비교교육연구』.
최혜실(2002). 문화산업과 인문학, 순수예술의 소통방안을 위한 일 고찰. 『국어국문학』. 130. 395-415.
탁양현(2010). 장자의 감성적 사유방식. 『동양철학연구』 제62집. 274-299.
태진미(2011). 창의적 융합인재양성, 왜 예술교육에 주목하는가. 『영재교육연구』 21(4). 1011-1032.
톰 보트모아(1984). 프랑크프르트 학파의 사회비판이론, 진덕규 역, 서울: 학문과 사상사.
풍우란(1996). 『중국철학사』. 서울: 형설 출판사.
하재홍(2010). 소크라테스식(문답식) 교수법. 이화여자대학교 『법학논집』 14(4).
한국교육개발원 · 한국과학창의재단(2012). 현장적용 사례를 통한 융합인재교육(STEAM)의 이해. 2012(2). 1-53.
한규원 외(1996). 『서양교육사』. 서울: 교육과학사.
한기언(1972). 『 서양교육사』. 서울: 전영사.
한기언(1983). 『교육사』. 서울 : 범문사.
한명희(1999). 21세기 한국의 교육학 - 현재성의 반성과 비판에 기초하여 -. 1999년도 한국교육학회 연차대회 발표논문집. 1-20.
한정혜, 박주현, 조미헌, 박일우, 김진오(2011). 초등정규교육과정에서 STEAM을 위한 로봇활용교육. 『한국정보교육학회 논문지』 15(3). 483-492.
한창훈(2011). 인간의 감각. 『한겨레』 7월 22일.
함규정, 윤위석(2008). 리더의 감성지능이 팀내 정서적 갈등, 응집성 및 창의성에 미치는 영향. 『인적자원관리연구』 15(4). 265-284.
허수선(2013). 장자사상을 통한 한국교육의 대안 모색. 『철학논총』 74(4). 59-78.
허양원, 문윤섭(2010). 학교에서의 지속가능 발전 교육 평가준거 개발 연구. 『환경교육』. 23(4), 96-111.
현인홍(1971). 실학주의 교육사상에 대한 소고. 논문 3집.
홍경실(2004). 데카르트의 이원론적 실체관에 대한 베르그손의 비판과 극복. 『철학』 80. 315-336.
홍남기(2013). 듀이의 '사회적 지성' 개념의 교육적 함의. 『교육철학연구』 35(1). 141-159.
홍성욱(2012). 『융합이란 무엇인가?』. 서울: 사이언스북스.
홍영기(1997). 중등학교 학문간 통합교육과정의 구성과 운영에 관한 연구. 『교육학연구』

35(4).

홍은숙(1999). 『지식과 교육』. 서울: 교육과학사.

홍은영(2011). 포스트식민적 관점에서 본 상호문화교육. 『교육의 이론과 실천』 17(1). 143-162.

홍장화(1990). 『천도교 교리와 사상』. 천도교중앙총부.

황금중(2005). 노자의 교육론과 그 사상사적 의미. 『미래교육연구』 18(2). 47-70.

황준연(1995). 『율곡 철학의 이해』. 서울: 서광사.

Adorno, Th. · Horkheimer, M.(2001). 『계몽의 변증법』. 김유동 역. 서울: 문학과지성사.

Antonio Damasio(2003), Looking for Spinoza: Joy, Sorrow, and the Feeling Brain, New York: Harcourt, 임지원 역(2007), 스피노자의 뇌, 사이언스북스).

ARTBOTICS. http://artbotics.cs.uml.edu.

Asmara(2005). MILENNIUM DEVELOPMENT GOALS REPORT. The states of Eritrea.

Ballauff, Th.(1966). Philosophische Begruendungen der Paedagogik. Die Frage nach Ursprung und Mass der Bildung, Duncker & Humblot, Berlin.

Ballauff. Th. und Schaller. K.(1973). Paedagogik - Eine Geschichte der Bildung und Erziehung Band Ⅲ, Verlag K. Alber Freiburg/Muenchen 1973.

Bar-On, R.(1997). The emotional quotient inventory(EQ-Ⅰ): A test of emotional intelligence. Toronto: Multi-healthy systems.

Barrow, R.(1996). 『플라톤과 교육』. 박재문 외 역. 서울: 문음사.

Blankertz, H.(1982). Die Geschichte der Paedagogik. Von der Aufklaerung bis zur Gegenwart. Buechse der Pandora: Wetzlar.

Bookchin, M. 사회생태론의 철학, 문순홍 역(1999). 서울: 솔.

Boyd, W.(1996). 『서양교육사』. 이홍우 외 역. 서울: 교육과학사.

Brunkhorst, H.(1990). "Die hermeneutische Regression des emanzipatorischen Erkenntnisinteresses der Erziehungwissenschaften". In: H-H. Krueger, (hrsg.): Abschied von der Aufklaerung: Perspectiven der Erziehungswissenschaft. Leske/Budrich: Opladen.

Bruntlant Report(1987).

Capra, F. 새로운 과학과 문명의 전환. 이성범, 구유서 역(1993). 서울: 범양사.

Darby Roach.(2012). STEM to STEAM: An Interview With RISD's President, John Maeda . 2012. 02. 22. http://www.huffingtonpost.com/darby-roach/john-mae-

da-interview_b_1254548.html.에서 2012.06.02. 인출.
Desardings, J. R.(1999). 환경윤리의 이론과 전망. 김명식 역. 서울: 자작아카데미.
Dewey, J.『경험과 교육』. 강윤중 역(1995). 서울: 배영사.
Dewey, John(1934). Art as Experience. 이재언 역(2011).「경험으로서의 예술」. 서울: 책세상.
Dewey, J.『민주주의와 교육』. 이홍우 역(1991). 서울: 교육과학사.
Dewey, John(1938). Experience and education. 박철홍 역(2002).「아동과 교육과정/경험과 교육」. 서울: 문음사.
Dewey, John(1948). Reconstruction in Philosophy. Boston: Beacon Press. 정범모 역(1960).「철학의 개조」. 서울: 을유문화사.
Dewey, J.(1916). Democracy and Education, 이홍우 역(2007). 서울: 교육과학사.
Dewey, J.(1897).『The Collected Works of John Dewey: The Early Works, Vol.5. "My Pedagogic Creed". Carbondale and Edwardsville: Southern Illinois University Press.
Dilthey, W.(2009).『고대 그리스와 로마의 교육』. 손승남 역. 서울: 지식을만드는지식.
Doren, C. V.(1995).『지식의 역사II』. 오창호 역. 서울: 고려문화사.
Druskat, V. U., & Wolff, S. B.(2001). Building the emotional intelligence of groups. Harvard Business Review, 79(3). 80-90.
Edward O. Willson(1998). Consilience: The Unity of Knowledge. 최재천, 장대익 역(2005). 통섭. 서울: 사이언스북스.
Elias, N.(1988). Ueber den Prozess der Zivilisation. Suhrkamp 159.
Freire, P.(1974). (Deutsche Uebersetzung v. J. Fischer u. F. Irmen), Erziehung als Praxis der Freiheit. Deutschland: Kreuz Verlag Stuttgart.
Gaarder, J.(1995).『소피의 세계1, 2, 3 - 소설로 읽는 철학』. 장영은 역. 서울: 현암사.
Gibson, R.(1989). 비판이론과 교육, 이지헌, 김회수 역, 서울: 성원사.
Giddens, A. 좌파와 우파를 넘어서. 김현옥 역(1998). 서울: 한울.
Gilligan, C.(1982). In a difference Voice: Philosophical Theory and Woman's evelopment, New Jerey: Hummaniities Press.
Giroux, A Henry(2003). 교사는 지성인이다. 이경숙 역. 서울: 아침이슬.
Glynne Mackey(2012). To know, to decide, to act: the young child's right to participate in action for the environment. Environmental Education Research. Vol. 18, No. 4, August. 473-484.
Goetz, B.(1973). Erfahrung und Erziehung - Prinzipien der pragmatischen Erziehungstheorie, Verlag Herder KC Freiburg.

Grimshaw, C.(1986). Feminist Philosophers: Women Perspectives on Philosophical Tradition. Great Britain.

Grundmann, R.(1995). 마르크스주의와 생태학. 박만준 · 박준건 역. 서울: 동녘.

Gutting, G.(1999). 『미셸 푸코의 과학적 이성의 고고학』. 홍은영, 박상우 역. 서울: 백의.

Hardy, J.(2002). Levinas and Environment Education. Educational Philosophy and Theory. Vol. 34, No. 4. 459-476.

Hassan, I.(1987). "Pluralism in Postmodern Perspective" in The Postmodern Turn, Columbus: Ohio State University Press.

Hayek, F.(1948). Individualism and economic order. Chicago: University of Chicago Press.

Heid, H./Pollak, G(1990). "Kritischer Rationalismus – Moderne – Grundfragen Ihrer Wechselbeziehung und Probleme der Bestimmung ihrer Identitaet." In: H-H. Krueger (hrsg.): Abschied von der Aufklaerung: Perspektiven der Erziehungswissenschaft. Leske/Budrich: Opladen.

Helsper, W.(1990). "Schule in den Aporien der Moderne." In: H-H. Krueger, (hrsg.): Abschied von der Aufklaerung: Perspektiven der Erziehungswissenschaft. Leske/Budrich: Opladen.

Horkheimer, M.(1970). Traditionelle und Kritische Theorie. Vier Aufsaetze, Fischer Taschenbuch Verlag.

Illich, I.(1982). Vom Recht auf Gemeinschaft, Rowohlt Taschenbuch.

ITEEA. STEM Connections. http://www.iteea.org/Publications/STEMconnections/STEMconnections.htm에서 2012.05.25. 인출.

Jonas, H. 기술시대의 생태학적 윤리. 이진우 역(1994), 서울: 서광사.

Kapyla, M.(2014). Cultural-Ecological Frame of Reference as Organizer of Contents in environmental Education, European Education, Fall 96, Vol.28(3). 82-92.

Karsten, M-E./Otto, H-U.(1990). "Die, postmoderne Familie"-Nur ein Zitat der Idee der buergerlichen Familie?". In: H-H. Krueger, (hrsg.): Abschied von der Aufklaerung: Perspektiven der Erziehungswissenschaft. Leske/Budrich: Opladen.

Klafki, W.(1978). Aspekte kritisch-konstruktiver Erziehungswissenschaft. Weinheim.

Klafki, W.(1990). "Abschied von der Aufklaerung, Grundzuege eines bildungstheoretischen Gegenentwurfs". In: H-H. Krueger, (hrsg).: Abschied von der Aufklaerung – Perspektiven der Erziehungswissenschaft. Leske/Budrich: Opladen.

Kneller, G. F. 교육의 철학과 사상. 안상원 외 역(1992). 서울: 학문사.

Knight, George R.(1998). Issues and Alternatives in Educational Philosophy. Andrews University Press. 3ed.

Kohn, A.(1995). 경쟁을 넘어서. 성재상 역. 서울: 비봉출판사.

Levinas, E.(1961). Totality and Infinity (Alphonso Lingis Trans., 1991). Netherlands: Kluwer Academic Publishiers.

Levi-Strauss. 『신화를 찾아서』. 이동호 역(1994). 서울: 동인.

Mark Sanders(2009). "STEM, STEMEduction, STEMmania". 『The Technology Teacher』. 20. 20-26.

Mark Sanders, 권혁수, 박경숙, 이효녕(2011). "통합적 STEM 교육". 『중등교육연구』. 59(3). 729-762.

Mecheril, P.(2004). Einfuehrung in die Migrationspadagogik. Weinheim: Beltz.

Meyer-Drawe, K.(1984). Leiblichkeit und Sozialitaet. Wilhelm Fink Verlag Muenchen.

Meyer-Drawe, K.(1990). "Provokationen eingespielter Aufklaerungsgewohnheiten durch postmodernes Denkens". In: H-H Krueger, (hrsg.): Abschied von der Aufklaerung: Perspektiven der Erziehungswissenschaft. Leske/Budrich: Opladen.

Michael, M.(1998). Ecological Education. Journal of Environmental Education, Summer 1998, Vol. 29(4), 11-20쪽.

Morrison, R.(2005). 생태민주주의. 노상우, 오성근 역. 서울: 교육과학사.

Naess, A.(1973). The Shallow and the Deep Ecology Movement. A Summary. Inquiry. 16.

Nietzsche, F. W.(1968). Nietzsche Werke, KGW Ⅵ 1. 정동호(역) (2003). 『차라투스트라는 이렇게 말했다』. 서울: 책세상.

Noddings, N.(1986). Caring: A Feminist Approach to Ethics & Moral Education. California: Univ. of California Press.

Peatalozzi, J-H.(1782). "Ueber den Bauern", In: Auswahl aus seinen Schriften1.

Pepper. D. 현대환경론. 이명우 외 역(1991). 서울: 한길사.

Pestalozzi, J-H.(1777). "Briefe an Herrn Niklaus Emanuel Tscharmer ueber die Erziehung der armen Landjugend", In: Auswahl aus seinen Schriften2, UTB.

Pestalozzi, J-H.(1815). "An die Unschuld, den Ernst und den Edelmut meines Zeitalters und meines Vaterlandes". In: Auswahl aus seinen Schriften2. UTB.

Pestalozzi, J-H. 은자의 황혼. 최종묵 역(1994). 서울: 민성사.

Rauch, F., Steiner, R(2006). School development through Education for Sustainable Development in Austria.

Raulet, G.(1990). "Zur gesellschaftlichen Realitat der Postmoderne". In: H-H Krueger, (hrsg.): Abschied von der Aufklaerung: Perspektiven der Erziehungswissenschaft. Leske/Budrich: Opladen.

Riley-Taylor, E.(2003). Relational Knowing: An Ecological Perspective on Curriculum. Source: JCT 19 No. 3. 39-49.

Roessner, L.(1979). Einfuehrung in die analytisch-empirische Erziehungswissenschaft. Ein Studienbuch: Freiburg, Basel, Wien.

Ros Wade and Jenneth Parker(2008). EFA-ESD Dialogue: Educating for a sustainable world, UNESCO, p.57 / 로스 웨이드 · 제네스 파커(2008). EFA-ESD 대화 지속가능한 세상을 위한 교육. 유네스코 지속가능발전교육 정책대화 제1호. 한국유네스코 위원회.

Rousseau, J. 『에밀』. 정봉구 역(2008). 파주: 종합출판 범우.

Rousseau, J. 『에밀』. 권응호 역(1993). 서울: 홍신문화사 1993.

Rousseau, J. 인간불평등기원론. 최 현 역(1993). 서울: 집문당.

Said, E.(1993). Culture and imperialism. New York: Vintage Books.

Salovery, P. & Mayer, J. D.(1999). Emotional Intelligence. Imagination, Cognition and Personality, Vol.9(3). 185-211.

Schaefer, K-H.(1985). "Die Laborschule der Universitat von Chicago und die Interaktionspaedagogik John Deweys." In: F. Baumgart/K. Meyer-Drawe/B. Zymek, (hrsg.), Emendatio rerum humanarum. Erziehung fuer eine demokratische Gesellschaft, Peter Lang: Frankfurt am Main.

Schleife, H.(1985). Politik und Paedagogik im Werk Johann Heinrich Pestalozzis, Martin Luther Universitaet (Diss.).

Scott, S. G., & Bruce, R. A.(1994). Determinants of Innovative Behavior: A Path Model of Individual Innovation in the Workplace. Academy of Management Journal, 37(3), 580-607.

Solomon, C. R.(2008). The Philosophy of Emotions, Michael Lewis, Jeannette M. Haniland-Jones, and Rida Feldman Barrett, eds, Handbook of Emotions. Third Ed. New York.

UNDP(2011). Human Development Report 2011, Sustainability and Equity: A better Future of All/human development statistical annex. the United Nations Development programme.

UNESCO(2005). United National Decade of Education for Sustainable Development 2005-2014.

UNESCO(2007). Reaching the Millennium Development Goals(MDGs). An overview of current process and its implication for UNESCO.

UNESCO(2008). First Collection of Good Practices for Quality Education.

UNESCO(2009). Second Collection of Good Practices, Education for Sustainable Development, UNESCO Associated Schools, Europe and North America.

UNESCO(2009). UNESCO World Conference on Education for Sustainable Development. 31 March–2 April 2009. Born, Germany [Bohn Declaration]. www.esd–world–conference–2009.org

UNESCO(김기곤 역: 1992). 환경교육의 세계적 동향. 서울: 배영사.

UNESCO/UNECE(2007). United Nations Decade of Education for Sustainable Development(2005–2014) –Good Practices in the UNECE region. UNESCO Education Sector.

United Nations(1992). Report of the United Nations Conference on Environment and Development.A/CONF.151/26(Vol.1). http://www.un.org/documents/ga/conf151/aconf15126–1annex1.htm.

United Nations(2011). The United Nations Development Programme–Human Development Report 2011, Sustainability and Equiry: A better Future for All, Human Development Statistical annex.

Wallerstein, I.(1996). 자유주의 이후, 강문구 역. 서울: 당대.

Watzlawick u.a., P.(1971). Menschlichen Kommunikation. Formen, Stoerungen, Paradoxien. 4 Aufl. Stuttgart.

Wilds, E. H. 교육사. 김봉수 역(1994). 서울: 학문사.

Wong, C., & Law, K. S.(2002). The effects of leader and follower emotional intelligence on performance and attitude. The Leadership Quarterly, Vol. 13. 243–274.

World Commission on Environment and Development(1987). Our Common Future. Oxford: Oxford University Press. 27.

Wulf, C.(1978). Theorien und Konzepte der Erziehungswissenschaft. Juventa Verlag Muenchen.

Yakman(2010). What is the point of STEAM. 1–9. http://www.steamedu.com에서 2012.04.22. 인출.

Zizek, S.(1997). Multiculturalism, or, the cultural logic of multinational capitalism. New Left Review(I), 225.

찾아보기

ㄱ

ㅂ

ㅇ

ㅈ

ㅊ

ㅋ

ㅌ

ㅍ

ㅎ

영문

T

번호

저자 소개

노 상 우

전북대 교육학과를 졸업하고, 1991년 독일 Ruhr-Universitaet Bochum에서 Ph.D를 취득하였다. 현재 전북대 교육학과 교수로 재직하고 있으며, 교육철학과 청소년교육론을 가르치고 있다. 주된 관심사는 탈근대철학과 생태교육을 연구하는 데 있다.

주요저서

- Bildungstheoretische Elemente der Minjung-Bewegung und die Paedagogik der Kommunikation(Sankt Augustin, 1991)
- 생태민주주의(노상우 · 오성근 공역, 교육과학사, 2007)
  (2007년도 대한민국학술원 기초학문육성 우수학술도서 선정)
- 교육의 역사와 사상(교육과학사, 2014, 3판 2쇄)
- 인간과 자연의 상생을 위한 생태교육학(교육과학사, 2014) 외 다수

인문학으로 읽는 **교육철학사**

2020년 2월 15일 1판 1쇄 발행
2022년 10월 31일 1판 2쇄 발행

지 자: 노 상 우
발행인: 한 정 주
발행처: 교육과학사

경기도 파주시 광인사길 71
전화: (031) 955-6956~8 팩스: (031) 955-6037
Home-page: www.kyoyookbook.co.kr / E-mail: kyoyook@chol.com
등록: 1970년 5월 18일 제2-73호

정가 17,000원

ISBN 978-89-254-1438-6

Printed in Korea.